Winfried Schwabe

Lernen mit Fällen
Sachenrecht

Winfried Schwabe

Lernen mit Fällen

Sachenrecht

Materielles Recht
& Klausurenlehre

9., überarbeitete Auflage, 2014

AchSo! | BOORBERG

Bibliografische Information der Deutschen Nationalbibliothek | Die Deutsche Nationalbibliothek verzeichnet diese Publikation in der Deutschen Nationalbibliografie; detaillierte bibliografische Daten sind im Internet über www.dnb.de abrufbar.

9. Auflage, 2014
ISBN 978-3-415-05339-7

Umschlag: Neil McBeath, Stuttgart | Gesamtherstellung: Beltz Bad Langensalza GmbH, Neustädter Straße 1–4, 99947 Bad Langensalza

Richard Boorberg Verlag GmbH & Co KG | Scharrstraße 2 | 70563 Stuttgart
Stuttgart | München | Hannover | Berlin | Weimar | Dresden
www.boorberg.de

Vorwort

Die 9. Auflage bringt das Buch auf den Stand von August 2014. Rechtsprechung und Literatur sind bis zu diesem Zeitpunkt berücksichtigt und eingearbeitet.

Dem Leser lege ich wie immer ans Herz, zunächst die Hinweise zur sinnvollen Arbeit mit diesem Buch – gleich folgend auf der nächsten Seite – sorgfältig durchzusehen.

Köln, im September 2014 — Winfried Schwabe

Zur Arbeit mit diesem Buch

Das Buch bietet dem Leser *zweierlei* Möglichkeiten:

Zum einen kann er anhand der Fälle das ***materielle Recht*** erlernen. Zu jedem Fall gibt es deshalb zunächst einen sogenannten »Lösungsweg«. Hier wird Schritt für Schritt die Lösung erarbeitet, das notwendige materielle Recht aufgezeigt und in den konkreten Fallbezug gebracht. Der Leser kann so in aller Ruhe die einzelnen Schritte nachvollziehen, in unzähligen Querverweisungen und Erläuterungen die Strukturen, Definitionen und sonst notwendigen Kenntnisse erwerben, die zur Erarbeitung der Materie, also hier konkret des Sachenrechts, unerlässlich sind.

Zum anderen gibt es zu jedem Fall nach dem gerade beschriebenen ausführlichen Lösungsweg noch das klassische ***Gutachten*** im Anschluss. Dort findet der Leser dann die »reine« Klausurfassung, also den im Gutachtenstil vollständig ausformulierten Text, den man in der Klausur zum vorliegenden Fall hätte anfertigen müssen, um die Bestnote zu erzielen. Anhand des Gutachtens kann der Leser nun sehen, wie das erarbeitete Wissen tatsächlich nutzbar gemacht, sprich in ***Klausurform*** gebracht wird. Der Leser wird die klassische zivilrechtliche Gutachtentechnik lernen bzw. wiederholen: Gezeigt wird unter anderem, wie man richtig subsumiert, wie man einen Meinungsstreit in der Klausur angemessen darstellt, wie man einen Obersatz und einen Ergebnissatz vernünftig aufs Papier bringt, wie man beim Gutachten Wichtiges von Unwichtigem trennt, mit welchen Formulierungen man dabei arbeiten sollte, mit welchen Formulierungen man dabei ***nicht*** arbeiten sollte usw. usw.

Und noch ein Tipp zum Schluss: Die im Buch zitierten Paragrafen sollten auch dann nachgeschlagen und vor allem gelesen werden, wenn der Leser meint, er kenne sie schon. Das ist nämlich leider zumeist ein Irrtum. Das Bürgerliche Recht erschließt sich nur mit der sorgfältigen Lektüre des Gesetzes. Wer anders arbeitet, verschwendet seine Zeit.

Inhaltsverzeichnis

3. Abschnitt

Das Eigentümer-Besitzer-Verhältnis, §§ 987 ff. BGB

4. Abschnitt

Die Abwehrrechte des Eigentümers (§§ 1004, 903 und 906 BGB) und des Besitzers (§§ 858 ff. BGB)

5. Abschnitt

Das Pfandrecht an den beweglichen Sachen, §§ 1204 ff. BGB

6. Abschnitt

Grundstücksrecht I: Der Erwerb und die Übertragung des Eigentums am Grundstück (§§ 873 ff. BGB)

7. Abschnitt

Grundstücksrecht II: Hypothek und Grundschuld

8. Abschnitt

Grundstücksrecht III: Die Vormerkung (§§ 883 ff. BGB)

1. Abschnitt

Der Eigentumserwerb an den beweglichen Sachen durch Rechtsgeschäft (→ §§ 929 ff. BGB) und durch Realakt (→ §§ 946 ff. BGB)

Fall 1

Grönemeyer – live!?

Rechtsanwalt A bittet seinen Referendar R, für das am nächsten Tag in der örtlichen Stadthalle stattfindende Konzert von *Herbert Grönemeyer* für ihn (A) noch eine Eintrittskarte zu kaufen und händigt dem R zu diesem Zweck 50 Euro aus. R macht sich in der Mittagspause auf den Weg zur Vorverkaufsstelle, stellt sich in die Schlange und erwirbt vom Veranstalter V eines der letzten Tickets zum Preis von 40 Euro. Dass er die Karte für A kauft, erwähnt R an der Kasse nicht.

Als R sich dann gerade ins Auto setzen und zur Kanzlei zurückfahren will, wird er von seinem Bekannten B angesprochen, der zufällig auch in der Schlange stand, indessen keine Karte mehr bekommen hatte. B meint, er würde die Karte des R gerne kaufen und biete dafür 60 Euro. R überlegt einen Augenblick und erklärt dann, er habe das Ticket zwar für einen Freund gekauft, sei aber auch zum Weiterverkauf berechtigt, wenn der Preis stimme. Nachdem B auf 80 Euro erhöht hat, übergibt R gegen Zahlung des Geldes die Karte an B. Als R dem A dann wenig später stolz die Geschichte erzählt und ihm das Geld aushändigen will, meint A, daran sei er nicht interessiert, er wolle das Konzert sehen.

A ruft den B an und verlangt die Herausgabe der Karte. **Zu Recht?**

> **Schwerpunkte:** Der rechtsgeschäftliche Eigentumserwerb nach den §§ 929 ff. BGB; Begriffe der Einigung und der Übergabe aus § 929 Satz 1 BGB; der Eigentumserwerb mithilfe Dritter; Übergabeersatz durch die §§ 855 und 868 BGB; Übereignung an den, den es angeht; Begriff des Besitzdieners aus § 855 BGB; guter Glaube an die Veräußerungsbefugnis bei § 932 BGB.

Lösungsweg

Anspruch des A gegen B auf Herausgabe der Karte

<u>AGL.</u>: **§ 985 BGB**

Voraussetzungen: Damit der Anspruch des A gegen B aus § 985 BGB begründet sein kann, muss A als Anspruchssteller der Eigentümer und B als Anspruchsgegner der Besitzer der Karte (ohne Recht zum Besitz) sein.

I. Fraglos hat der B im vorliegenden Fall den unmittelbaren Besitz an der Sache gemäß **§ 854 Abs. 1 BGB** erlangt, er hat die Karte von R übergeben bekommen.

II. Es stellt sich aber die Frage, ob der A zum Zeitpunkt der Anspruchsstellung auch der ***Eigentümer*** der Karte ist.

Durchblick: Es muss nun im Einzelnen geprüft werden, ob der A zum einen überhaupt das Eigentum an der Karte erworben und wenn ja, ob er zum anderen dieses Eigentum nicht später möglicherweise wieder verloren hat. Eine solche Prüfung der Eigentümerstellung macht in unzähligen Klausuren oder Hausarbeiten aus dem Sachenrecht den Schwerpunkt der Bearbeitung aus. Um dies nun möglichst angemessen in den Griff zu bekommen, hält man sich zunächst bitte mal an folgende **Regel:**

> Die Prüfung der Eigentumsverhältnisse an einer Sache erfolgt in der Klausur stets in der tatsächlichen zeitlichen Abfolge, also ***chronologisch***. Das heißt, man prüft die einzelnen Teilakte, die die Eigentumsverhältnisse betreffen bzw. ändern können, aus der Sicht des Anspruchsstellers nacheinander durch, beginnt immer mit dem ***ersten*** ursprünglichen Eigentümer und verwendet in der Klausur zum Satz- bzw. Prüfungsbeginn tunlichst das vom Korrektor dort gesuchte Wort »**ursprünglich**«. Also:

Ursprünglich stand die Karte im Eigentum des Veranstalters V. Der V könnte sein Eigentum jedoch auf A übertragen haben, als R im Auftrag des A die Karte an der Vorverkaufsstelle erworben hatte. Der rechtsgeschäftliche Übergang des Eigentums an beweglichen Sachen richtet sich nach den **§§ 929 ff. BGB**. Gemäß **§ 929 Satz 1 BGB** erfordert der Übergang des Eigentums an einer beweglichen Sache die ***Einigung*** zwischen dem Eigentümer und dem Erwerber und die ***Übergabe*** der Sache.

Problem: Der A selbst als potentieller Erwerber der Karte hat gegenüber dem Veräußerer und Eigentümer V weder eine Einigungserklärung persönlich abgegeben noch die Sache von V übergeben bekommen. Gehandelt hat insoweit allein der R, und zwar im Auftrag des A. Es fragt sich, ob auch unter diesen Umständen eine Eigentumsübertragung von V auf A nach § 929 Satz 1 BGB in Betracht kommen kann. Und um das herauszufinden, müssen wir uns zunächst die beiden in § 929 Satz 1 BGB genannten Akte der ***Einigung*** und ***Übergabe*** näher ansehen, sie beschreiben unterschiedliche Vorgänge bzw. Rechtshandlungen, die in der Klausur sehr sorgfältig auseinander gehalten werden müssen:

1.) Bei der von § 929 Satz 1 BGB geforderten ***Einigung*** handelt es sich um eine bzw. zwei ***rechtsgeschäftliche*** Erklärungen. Dahinter verbirgt sich der dingliche Vertrag – gerichtet auf die Übertragung des Eigentums an der Sache. Bekanntermaßen gibt es nicht nur bei der schuldrechtlichen Abrede (z.B. Kaufvertrag) eine vertragliche Vereinbarung, vielmehr existiert davon unabhängig immer auch eine separate ***dingliche Einigung*** (Abstraktionsprinzip!), die z.B. auf die Übertragung des Eigentums gerichtet sein kann, wenn dies – wie etwa beim Kaufvertrag aus § 433 Abs. 1 BGB – geschuldet wird.

Die von der schuldrechtlichen Einigung streng abzugrenzende dingliche Einigung – gerichtet auf die Übertragung des Eigentums – steht nun ausdrücklich in § 929 Satz 1 BGB. Und auf diese dingliche Einigung finden selbstverständlich auch die Regeln über ***Willenserklärungen*** aus den §§ 104 ff. BGB Anwendung. Denn – wie gesagt – auch diese Einigung aus § 929 Satz 1 BGB ist ein ***Vertrag***, und Verträge setzen sich bekanntlich zusammen aus (übereinstimmenden) Willenserklärungen.

2.) Demgegenüber handelt es sich bei der ***Übergabe*** als weitere Voraussetzung des § 929 Satz 1 BGB nicht um einen rechtsgeschäftlichen Vorgang, vielmehr ist dies ein rein ***tatsächlicher Akt***, man nennt ihn auch »**Realakt**« (vgl. etwa *Soergel/Henssler* § 929 BGB Rz. 49; *Jauernig/Berger* § 929 BGB Rz. 8; *Prütting* Rz. 376). Und logischerweise finden auf diesen Realakt die Vorschriften über Willenserklärungen nun ***keine*** Anwendung mehr, denn es ist ja kein rechtsgeschäftlicher Vorgang, sondern nur etwas Tatsächliches. Insoweit müssen dann vielmehr die Regeln der Besitzverschaffung nach den **§§ 854 ff. BGB** geprüft werden.

Im vorliegenden Fall ist nun angesichts des soeben Erläuterten zu prüfen, ob zwischen V und A (!) eine entsprechende Einigung und auch eine Übergabe im Sinne des § 929 Satz 1 BGB vollzogen wurde.

a) Die Einigung

A selbst hat keine Einigungserklärung im Sinne des § 929 Satz 1 BGB gegenüber V abgegeben. Da aber auf diese Einigung die Vorschriften über die Willenserklärungen aus den §§ 104 ff. BGB Anwendung finden, kommt im vorliegenden Fall eine Wirkung der Erklärung des R für den A gemäß **§ 164 Abs. 1 BGB** in Betracht.

Regel Nr. 1: Die Einigungserklärung des § 929 Satz 1 BGB kann auch vom Stellvertreter des Erwerbers wirksam und vor allem mit unmittelbarer Wirkung für den Vertretenen (= Erwerber) abgegeben werden. Das folgt aus dem Umstand, dass es sich bei der in § 929 Satz 1 BGB geforderten Einigung um ein ***Rechtsgeschäft*** handelt, auf das sämtliche Vorschriften über Willenserklärungen angewendet werden können (BGH BB **2014**, 1602 = EBE/BGH **2014**, 277; *Baur/Stürner* § 51 Rz. 6; PWW/*Prütting* § 929 BGB Rz. 13; MüKo/*Oechsler* § 929 BGB Rz. 61).

Im vorliegenden Fall wirkt daher die Einigungserklärung des R nach § 929 Satz 1 BGB dann für den A, wenn bei R sämtliche Voraussetzungen der Stellvertretung aus § 164 Abs. 1 BGB vorliegen. Und insoweit kann zunächst problemlos festgestellt werden, dass R gegenüber V neben der schuldrechtlichen Erklärung auch eine auf das dingliche Geschäft (= Übereignung) gerichtete Willenserklärung abgibt und sich mit dieser Erklärung auch innerhalb der von A erteilten Vertretungsmacht hält. Der A hatte den R schließlich ausdrücklich beauftragt, die Karte für ihn zu erwerben und die entsprechenden Willenserklärungen abzugeben.

Problematisch ist der vorliegende Fall aber deshalb, weil der R beim Kauf und der Übereignung der Karte nicht sagt, dass er für den A handelt (R nennt nach der Sachverhaltsschilderung beim Kauf – was bei solchen Verträgen wohl ziemlich üblich sein dürfte – keinen Namen). Das Handeln in fremdem Namen indessen ist zwingende Voraussetzung für § 164 Abs. 1 BGB, der Vertreter muss seinen Willen, für einen anderen zu handeln, offen legen, ansonsten ist er gemäß § 164 Abs. 2 BGB selbst verpflichtet. Und daraus könnte sich im vorliegenden Fall ergeben, dass nicht A, sondern der R ***selbst*** das Eigentum an der Karte erlangt hat.

Aber: Beim Eigentumserwerb durch Stellvertreter ist das Merkmal der Offenkundigkeit aus § 164 Abs. 1 BGB dann entbehrlich, wenn es dem Veräußerer im konkreten Fall egal ist, an wen er die Sache tatsächlich übereignet.

Regel Nr. 2: Ist es dem Veräußerer bei § 929 Satz 1 BGB gleichgültig, ob er an den übereignet, der die Übereignungserklärung abgibt, oder an einen anderen, von diesem Vertretenen, dann kommt die Einigung nach § 929 Satz 1 BGB auch dann mit dem Vertretenen zustande, wenn der Erklärungsgegner ohne Offenlegung des Vertretungswillens für diesen Hintermann erwerben will (RGZ **140**, 223; *Erman/Michalski* § 929 BGB Rz. 26; *Staudinger/Wiegand* § 929 BGB Rz. 39). Es handelt sich dann um einen Fall der **»Übereignung an den, den es angeht«** (vgl. auch *Schwabe*, Lernen mit Fällen, BGB-AT Fall 15; *Palandt/Bassenge* § 929 BGB Rz. 25).

Im vorliegenden Fall ist davon auszugehen, dass es dem Veranstalter des Konzerts völlig gleichgültig ist, ob er die Karte nun an den R, der gerade vor ihm steht, oder an einen anderen übereignet. Entscheidend ist aus seiner Sicht natürlich nur, dass die Karte überhaupt verkauft bzw. bezahlt und übereignet wird. Daraus folgt, dass nach der eben benannten Regel in unserem Fall tatsächlich trotz fehlender Offenlegung des Vertreterwillens bei R die Übereignungserklärung gemäß § 164 Abs. 1 BGB mit Wirkung für den A abgegeben wurde: Der R hatte einen entsprechenden Willen und dem Veräußerer war die Person des Übereignungsempfängers gleichgültig. Es handelt sich um eine **»Übereignung an den, den es angeht«** (RGZ **140**, 223; *Palandt/Bassenge* § 929 BGB Rz. 25; *Erman/Michalski* § 929 BGB Rz. 26).

<u>**ZE.**</u>: Bei seinen Erklärungen gegenüber dem V handelte R somit als Stellvertreter des A im Sinne des § 164 Abs. 1 BGB.

<u>**ZE.**</u>: Eine Einigung über den Eigentumsübergang an der Karte im Sinne des § 929 Satz 1 BGB zwischen V und A, letzterer wirksam vertreten durch den R, liegt vor.

b) Die Übergabe

Die Übergabe im Sinne des § 929 Satz 1 BGB ist nun – wie weiter oben schon festgestellt – kein rechtsgeschäftlicher Akt mehr, hier geht es ausschließlich um die besitzrechtliche Verbindung zwischen der Sache und der jeweiligen Person nach den

§§ 854 ff. BGB. Diese Übergabe in § 929 Satz 1 BGB übrigens ist nötig, um einen nach außen, vor allem für den Rechtsverkehr sichtbaren Akt zu vollziehen, der die Rechtsänderung anzeigt (nennt man »Publizitätsprinzip«).

> Im Regelfall ist das die Verschaffung des unmittelbaren Besitzes im Sinne des § 854 Abs. 1 BGB. Die Übergabe nach § 929 Satz 1 BGB ist demnach erfolgt, wenn ein von beiden Seiten gewollter Wechsel des unmittelbaren Besitzes ausgeführt ist; der Erwerber muss den alleinigen Besitz erhalten und der Veräußerer seinen Besitz vollständig verlieren (BGH BB **2014**, 1602 = EBE/BGH **2014**, 277; BGHZ **67**, 209; *Prütting* Rz. 376; *Damrau* in JuS 1978, 520; *Baur/Stürner* § 51 Rz. 12).

Neben diesem Regelfall der Besitzverschaffung nach § 854 Abs. 1 BGB beachtenswert sind dann natürlich noch die ***Ausnahmen*** hiervon, also die sonstigen Möglichkeiten, nach denen die Übergabe aus § 929 Satz 1 BGB auch erfolgen kann; ***zwei*** davon wollen wir uns hier näher anschauen, und zwar:

a) Zum einen genügt auch die Verschaffung der Sachherrschaft beim ***Besitzdiener*** nach **§ 855 BGB**, da unter diesen Voraussetzungen der Erwerber als sogenannter **»Besitzherr«** dennoch der alleinige unmittelbare Besitzer der Sache ist (BGH NJW **2014**, 684; *Soergel/Stadler* § 855 BGB Rz. 11; *Palandt/Bassenge* § 855 BGB Rz. 1).

b) Zum anderen genügt für die Übergabe nach § 929 Satz 1 BGB nahezu unstreitig auch die Verschaffung des ***mittelbaren Besitzes*** beim Erwerber nach **§ 868 BGB.** Auch in diesem Fall ist die Sache dem Erwerber »übergeben« im Sinne des § 929 Satz 1 BGB (BGHZ **92**, 280; *Baur/Stürner* § 51 Rz. 16; a.A. *Hager* in WM 1980, 666).

> **Merke:** Zur Erfüllung des Begriffes der ***Übergabe*** im Sinne des § 929 Satz 1 BGB ist ein tatsächlicher Akt erforderlich, der den Erwerber entweder zum unmittelbaren Besitzer nach den §§ 854 / 855 BGB oder aber zum mittelbaren Besitzer nach § 868 BGB macht. In allen drei Fällen, die sich übrigens gegenseitig jeweils ausschließen, ist die Sache »übergeben« im Sinne des § 929 Satz 1 BGB (BGH NJW-RR **2010**, 983; RGZ **137**, 23; *Palandt/Bassenge* § 929 BGB Rz. 9; PWW/*Prütting* § 929 BGB Rz. 10).

Zum Fall: Da der A mit der Übergabe von V an R jedenfalls nicht den unmittelbaren Besitz an der Sache im Sinne des § 854 Abs. 1 BGB erhält, kommt nur eine der beiden eben benannten Ausnahmen in Betracht. Wir müssen also nunmehr prüfen, ob A durch die Übergabe an R entweder mittelbarer Besitzer nach § 868 BGB oder sogar unmittelbarer Besitzer nach § 855 BGB geworden ist. Und anschauen wollen wir uns insoweit zunächst mal den sogenannten **»Besitzdiener«**, geregelt in **§ 855 BGB**: Übt jemand die tatsächliche Gewalt über eine Sache für einen anderen in dessen Haushalt oder Erwerbsgeschäft oder in einem ähnlichen Verhältnis aus, vermöge dessen er den sich auf die Sache beziehenden Weisungen des anderen Folge zu leisten hat, so ist nur der andere Besitzer (lies: § 855 BGB; vgl. etwa BGH NJW **2014**, 684).

Erklärung: Die Vorschrift des § 855 BGB steht in direkter Verbindung zu § 854 Abs. 1 BGB und soll dem Umstand Rechnung tragen, dass nicht jeder, der rein tatsächlich auf die Sache einwirken kann, gemäß § 854 Abs. 1 BGB zum unmittelbaren Besitzer mit entsprechender Rechtsmacht wird (*Baur/Stürner* § 7 Rz. 64). Wer in Bezug auf die Sache abhängig ist von den Weisungen eines anderen in dem in § 855 BGB beschriebenen Sinne, soll selbst nicht als Besitzer gelten; vielmehr soll der Besitz gemäß § 855 BGB dann ***alleine*** bei dem Weisungsbefugten, man nennt ihn »Besitzherrn«, verbleiben (das meint die Formulierung in § 855 BGB a.E., wo steht »*so ist nur der andere Besitzer*«). Den Unterschied dazu bildet dann der mittelbare Besitzer nach **§ 868 BGB**, der gegenüber dem unmittelbaren Besitzer nur begrenzte Weisungsrechte hat. Der unmittelbare Besitzer ist in diesem Falle aus dem mit dem mittelbaren Besitzer geschlossenen Rechtsverhältnis (z.B. Miete) sogar auf Zeit zum Besitz berechtigt oder verpflichtet (bitte lesen: § 868 BGB). Hinsichtlich der Sache hat der unmittelbare Besitzer (= »Besitzmittler«) – im Gegensatz zum Besitzdiener – nun ***eigene Rechte*** und ist nur im Rahmen des Besitzmittlungsverhältnisses einer beschränkten Kontrolle des mittelbaren Besitzers unterworfen.

Also: Der ***Besitzdiener*** handelt ausschließlich auf Weisung des anderen im Sinne des § 855 BGB und hat deshalb selbst keine eigene besitzrechtliche Position (BGH MDR **2014**, 270). Der andere (= »Besitzherr«) behält den alleinigen unmittelbaren Besitz. Der ***Besitzmittler*** hingegen ist aus einem Rechtsverhältnis (lies: § 868 BGB) gegenüber dem mittelbaren Besitzer auf Zeit zum Besitz berechtigt oder verpflichtet und unterliegt nur im Rahmen des jeweiligen Rechtsverhältnisses (z.B. einer Miete) den Weisungen des anderen. In diesem Falle erhält der eine Teil den unmittelbaren Besitz, der andere Teil den sogenannten *mittelbaren* Besitz (= § 868 BGB).

Für § 929 Satz 1 BGB nun ist diese Unterscheidung zwischen Besitzdiener und Besitzmittler zunächst mal nicht weltbewegend, denn man muss als Fall-Bearbeiter nur klären, ob und welche der beiden Varianten vorliegt, vorausgesetzt, der Erwerber hat nicht den unmittelbaren Besitz nach § 854 Abs. 1 BGB erlangt (so wie bei uns). Bitte noch mal erinnern, dass jede der beiden gerade vorgestellten Varianten – also Besitzdiener oder Besitzmittler – unstreitig ausreicht zur Erfüllung des Übergabebegriffes aus § 929 Satz 1 BGB.

Im vorliegenden Fall muss nun subsumiert werden unter die Definition des § 855 BGB, wobei hier nur das dort benannte **»ähnliche Verhältnis«** in Betracht kommt, denn R ist zwar Referendar des Rechtsanwalts A, wird beim Kauf der Eintrittskarte allerdings nicht innerhalb des »Erwerbsgeschäfts« des A im Sinne des § 855 BGB tätig. Der vorliegende Vorgang ist rein privater Natur.

Dennoch wird R im vorliegenden Fall ausschließlich auf konkrete ***Weisung*** des A tätig, er soll die Karte mit dem übergebenen Geld kaufen und dem A in die Kanzlei bringen. Der R hat somit hinsichtlich der Eintrittskarte den Weisungen des A Folge zu leisten, soll keine eigenen Rechte und Pflichten im Sinne eines der in § 868 BGB genannten Rechtsverhältnisse erwerben und wird mithin mit der Übergabe der Karte nur ***Besitzdiener*** des A gemäß § 855 BGB hinsichtlich der Sache. Und daraus folgt, dass der unmittelbare Besitz an der Karte allein und ausschließlich bei A begründet wird. R selbst hat keinen Besitz an der Sache erlangt, obwohl er tatsächlich auf die Sache – zumindest vorübergehend – einwirken kann (§ 855 BGB!).

ZE.: Mit der Übergabe der Karte von V an R hat A (!) gemäß **§ 855 BGB** den alleinigen unmittelbaren Besitz an der Sache erlangt.

ZE.: Folglich ist die Eintrittskarte dem A vom Veräußerer V »übergeben« worden im Sinne des § 929 Satz 1 BGB. Und damit ist auch die zweite Voraussetzung des Eigentumsüberganges aus § 929 Satz 1 BGB erfüllt; es liegt sowohl eine wirksame Einigung als auch eine Übergabe zwischen V und A vor.

ZE.: Der A hat somit in dem Moment, in dem V dem R die Karte übergab, das Eigentum an der Eintrittskarte gemäß **§ 929 Satz 1 BGB** und damit auch die Anspruchsberechtigung nach § 985 BGB erlangt.

Aber: Der A könnte dieses Eigentum an der Karte und somit auch seine Anspruchsberechtigung aus § 985 BGB nachträglich wieder **verloren** haben, und zwar durch die Weitergabe der Karte von R an B. Möglicherweise hat R dadurch dem B wirksam das Eigentum an der Eintrittskarte verschafft.

I.) Ausgangspunkt der Prüfung sind insoweit wieder die **§§ 929 ff. BGB**, wonach – wie wir mittlerweile wissen – das Eigentum rechtsgeschäftlich übertragen wird. Und gemäß **§ 929 Satz 1 BGB** ist mithin wieder zu prüfen, ob eine Einigung zwischen dem Berechtigten (Eigentümer) und dem Erwerber und auch eine entsprechende Übergabe stattgefunden haben:

1.) Es fragt sich zunächst, ob überhaupt eine ***Einigung*** im Sinne des § 929 Satz 1 BGB zwischen dem Berechtigten (Eigentümer) A und dem Erwerber B vorliegt.

> Und das ist natürlich deshalb problematisch, weil die Einigungserklärung hier auch wieder von R abgegeben wird, der Eigentümer der Karte aber zu diesem Zeitpunkt schon der A ist (vgl. soeben). Die Einigungserklärung des R gegenüber B wirkt daher nur dann im Sinne des § 929 Satz 1 BGB für den A, wenn der R auch insoweit den A wieder wirksam vertreten hat nach § 164 Abs. 1 BGB. Der R müsste jetzt also wirksamer Vertreter des ***Veräußerers*** (A) sein. Daran aber scheitert es, denn der R war – entgegen seiner Behauptung – ***nicht*** berechtigt und bevollmächtigt, die Karte weiter zu veräußern. Bei diesem Geschäft handelt R ***nicht*** innerhalb der ihm zustehenden Vertretungsmacht mit der Folge, dass die Voraussetzungen einer Stellvertretung gemäß § 164 Abs. 1 BGB insoweit nicht vorliegen. Die Erklärung des R bei der Übereignung der Karte an B wirkt folglich nicht für und gegen den A im Sinne des § 929 Satz 1 BGB. R hat keine Einigungserklärung zur Übertragung des Eigentums auf B für den A abgegeben.

<u>**ZE.**</u>: Es fehlt an einer wirksamen Einigungserklärung nach § 929 Satz 1 BGB zwischen dem Eigentümer und dem Erwerber der Sache. B kann das Eigentum nicht nach § 929 Satz 1 BGB von A erworben haben.

II.) In Betracht kommt dann noch ein ***gutgläubiger Erwerb*** der Eintrittskarte durch B nach den **§§ 929 Satz 1, 932 BGB**. Voraussetzung für einen gutgläubigen Eigentumserwerb nach den gerade benannten Vorschriften ist, dass der Erwerber gutgläubig in Bezug auf den Umstand ist, dass die Sache dem Veräußerer gehört. Der B müsste demnach den R für den Eigentümer halten.

Aber: Daran glaubt der B gar nicht! Denn R hat ihm ausdrücklich gesagt, dass er die Karte für einen Freund gekauft habe (und auch zum Weiterverkauf berechtigt sei). Damit weiß der Erwerber B also, dass die Sache gerade ***nicht*** demjenigen gehört, von dem er sie erwirbt. Der B glaubt bei genauer Betrachtung nur daran, dass der R zur (Weiter-)Veräußerung der Sache im Auftrag des Eigentümers befugt sei.

Es fragt sich somit, ob dieser gute Glaube an die Befugnis zur Veräußerung von § 932 BGB auch geschützt wird.

> **Aber:** Der gute Glaube an das Bestehen einer solchen Veräußerungsbefugnis wird in den §§ 932 ff. BGB grundsätzlich ***nicht*** berücksichtigt. Für einen gutgläubigen Erwerb nach den §§ 932 ff. BGB muss man vielmehr stets und ausschließlich an die ***Eigentümerstellung*** des Veräußerers glauben. Das ergibt sich aus dem ***Wortlaut*** des § 932 Abs. 2 BGB (lesen), wonach der Erwerber nur dann bösgläubig ist, wenn ihm bekannt oder infolge grober Fahrlässigkeit unbekannt war, dass die Sache nicht dem Veräußerer »gehört«.

Feinkost: Der gute Glaube an die Veräußerungsbefugnis findet allerdings Berücksichtigung im ***Handelsgesetzbuch***, und zwar bei **§ 366 Abs. 1 HGB** (bitte prüfen). Wenn Kaufleute im Betrieb ihres Handelsgewerbes Sachen veräußern, gilt im Unterschied zum BGB etwas anderes, nämlich: Die Regeln des BGB aus den §§ 929, 932 BGB gelten gemäß § 366 Abs. 1 HGB in diesem Falle auch in Bezug auf die Befugnis des Veräußerers, über die Sache für den Eigentümer zu verfügen. Dort also wird schon der gute Glaube an die ***Veräußerungsbefugnis*** geschützt; man braucht nicht an die Eigentümerstellung des Veräußerers zu glauben (vgl. im Einzelnen *Schwabe*, Handels- und Gesellschaftsrecht, Fall 9).

Zum Fall: Bei der vermeintlichen Veräußerung der Karte an B handeln keine Kaufleute, sondern mangels entgegenstehender Angaben im Sachverhalt »normale« Leute mit der Konsequenz, dass § 366 Abs. 1 HGB nicht Anwendung findet. Daraus folgt, dass die Eigentumsübertragung auf B sich nach den §§ 929, 932 BGB regelt.

ZE.: Der gute Glaube des B an die Veräußerungsbefugnis des R wird nicht geschützt. Der B hat mithin ***nicht*** gutgläubig das Eigentum an der Karte nach den §§ 929, 932 BGB erwerben können.

Erg.: Der A ist somit der Eigentümer der Karte geblieben und kann die Herausgabe von B nach § 985 BGB fordern.

Gutachten

Und jetzt kommt – wie weiter oben (vgl. vorne: »Zur Arbeit mit diesem Buch«) schon angekündigt – die ausformulierte Lösung, also das, was man dem Prüfer als Klausurlösung des gestellten Falles vorsetzen sollte, das **Gutachten**.

Hierzu vorab noch zwei Anmerkungen:

1.) Zunächst ist wichtig zu verstehen, dass diese ausformulierte Lösung – also das Gutachten – sich sowohl vom Inhalt als auch vom Stil her maßgeblich von dem eben dargestellten Lösungsweg, der ausschließlich der ***inhaltlichen*** Erarbeitung der Materie diente, unterscheidet:

In der ausformulierten (Klausur-)Lösung haben sämtliche Verständniserläuterungen nichts zu suchen. Da darf nur das rein, was den konkreten Fall betrifft und ihn zur Lösung bringt. Inhaltlich darf sich die Klausurlösung, die man dann zur Benotung abgibt, ausschließlich auf die gestellte Fall-Frage beziehen. Abschweifungen, Erläuterungen oder Vergleiche – wie ich sie oben in den Lösungsweg haufenweise zur Erleichterung des Verständnisses eingebaut habe – dürfen ***nicht*** in das Niedergeschriebene aufgenommen werden. Die ausformulierte Lösung ist mithin deutlich kürzer und inhaltlich im Vergleich zum gedanklichen Lösungsweg erheblich abgespeckt. Wie gesagt, es darf nur das rein, was den konkreten Fall löst. Alles andere ist überflüssig und damit – so ist das bei Juristen – ***falsch***.

2.) Man sollte sich als Jura-StudentIn rechtzeitig darüber im Klaren sein, dass die Juristerei eine Wissenschaft ist, bei der – mit ganz wenigen Ausnahmen – nur das ***geschriebene*** Wort zählt. Sämtliche Gedanken und gelesenen Bücher sind leider so gut wie wertlos, wenn die gewonnenen Erkenntnisse vom Kandidaten nicht vernünftig, das heißt in der juristischen Gutachten- bzw. Subsumtionstechnik, zu Papier gebracht werden können. Die Prüfungsaufgaben bei den Juristen, also die Klausuren und Hausarbeiten, werden nämlich bekanntermaßen ***geschrieben***, und nur dafür gibt es dann auch die Punkte bzw. Noten. Übrigens auch und gerade im Examen.

Deshalb ist es außerordentlich ratsam, frühzeitig die für die juristische Arbeit ausgewählte (Gutachten-)Technik zu erlernen. Die Gutachten zu den Fällen stehen aus genau diesem Grund hier stets im Anschluss an den jeweiligen Lösungsweg und sollten im höchsteigenen Interesse dann auch nachgelesen werden. Es ist nur geringer Aufwand, hat aber einen beachtlichen Lerneffekt, denn der Leser sieht jetzt, wie das erworbene Wissen tatsächlich nutzbar gemacht wird. Wie gesagt: In der juristischen Prüfungssituation zählt nur das ***geschriebene*** Wort. Alles klar!?

Und hier kommt der (Gutachten-)Text für unseren ersten Fall:

Als Anspruchsgrundlage für das Begehren des A gegen B auf Herausgabe der Karte kommt § 985 BGB in Betracht.

Der Anspruch aus § 985 BGB ist dann begründet, wenn A der Eigentümer und B der Besitzer der Karte ohne Recht zum Besitz ist.

I.) Die Karte befindet sich im unmittelbaren Besitz des B gemäß § 854 BGB. Fraglich ist die Eigentümerstellung des Anspruchsstellers A. Ursprünglicher Eigentümer der Karte war der V. Der V könnte sein Eigentum jedoch auf A übertragen haben, als R im Auftrag des A die Karte an der Vorverkaufsstelle erworben hatte. Der rechtsgeschäftliche Übergang des Eigentums an beweglichen Sachen richtet sich nach den §§ 929 ff. BGB. Gemäß § 929 Satz 1 BGB erfordert der Übergang des Eigentums an einer beweglichen Sache die Einigung zwischen dem Eigentümer und dem Erwerber und die Übergabe der Sache.

1.) Es muss somit zunächst gemäß § 929 Satz 1 BGB eine wirksame Einigung bezüglich des Eigentumsüberganges an der Karte zwischen V und A vorliegen. Dies ist vorliegend insoweit problematisch, als dass der A selbst gegenüber V keinerlei rechtsgeschäftliche Erklärung abgegeben hat. In Betracht kommt aber eine Wirkung der Erklärung des R für und gegen den A im Wege der Stellvertretung gemäß § 164 Abs. 1 BGB. Dann muss R bei der Erklärung gegenüber V Stellvertreter des A gewesen sein. Dafür erforderlich ist nach § 164 Abs. 1 BGB die Abgabe einer Willenserklärung im Namen des Vertretenen innerhalb der dem Vertreter zustehenden Vertretungsmacht.

Fraglich ist hier insoweit allein das Handeln im Namen des Vertretenen, der R erwirbt die Karte von V, ohne einen Namen zu nennen. Daraus könnte gefolgert werden, dass gemäß § 164 Abs. 2 BGB diese Erklärung nicht für den A, sondern für den R selbst Wirkung entfaltet. Allerdings ist beim Eigentumserwerb durch Stellvertreter das Merkmal der Offenkundigkeit aus § 164 Abs. 1 BGB dann entbehrlich, wenn es dem Veräußerer im konkreten Fall egal ist, an wen er die Sache tatsächlich übereignet. Es handelt sich dann um einen Fall der Übereignung an den, den es angeht. Ein Bedürfnis zur Offenlegung des Stellvertreterwillens ist unter diesen Umständen nicht ersichtlich.

Im vorliegenden Fall ist davon auszugehen, dass es dem Veranstalter des Konzerts gleichgültig ist, ob er die Karte an den R, der gerade vor ihm steht, oder an einen anderen übereignet. Entscheidend ist aus seiner Sicht allein, dass die Karte überhaupt verkauft bzw. bezahlt und übereignet wird. Daraus folgt, dass im vorliegenden Fall trotz fehlender Offenlegung des Vertreterwillens bei R die Übereignungserklärung gemäß § 164 Abs. 1 BGB mit Wirkung für den A abgegeben wurde. R hatte einen entsprechenden Willen, und dem Veräußerer war die Person des Übereignungsempfängers gleichgültig. Es handelt sich um eine Übereignung an den, den es angeht mit der Konsequenz, dass eine Einigung zwischen A und V im Sinne des § 929 Satz 1 BGB vorliegt.

2.) Des Weiteren erforderlich für die Übereignung nach § 929 Satz 1 BGB ist die Übergabe der Sache, wobei in der Regel der unmittelbare Besitz gemäß § 854 BGB übertragen wird. Im vorliegenden Fall erhält der A als möglicher Erwerber jedoch nicht die tatsächliche Sachherrschaft über die Karte im Sinne des § 854 BGB. Es fragt sich, ob diese Form der Übergabe durch eine andere Art der Besitzverschaffung ersetzt werden kann. In Betracht kommt die Besitzverschaffung gemäß § 855 BGB und alternativ nach § 868 BGB.

Unter den in § 855 BGB beschriebenen Voraussetzungen wäre R der Besitzdiener des A und A als sogenannter »Besitzherr« alleiniger unmittelbarer Besitzer. Übt jemand die tatsächliche Gewalt über eine Sache für einen anderen in dessen Haushalt oder Erwerbsgeschäft oder in einem ähnlichen Verhältnis aus, vermöge dessen er den sich auf die Sache beziehenden Weisungen des anderen Folge zu leisten hat, so ist nur der andere Besitzer.

Es kommt im vorliegenden Fall für R nur das in § 855 BGB benannte ähnliche Verhältnis in Betracht. R ist zwar Referendar des Rechtsanwalts A, wird beim Kauf der Eintrittskarte allerdings nicht innerhalb des Erwerbsgeschäfts des A im Sinne des § 855 BGB tätig. Der vorliegende Vorgang ist rein privater Natur. Dennoch wird R ausschließlich auf konkrete Weisung des A tätig, er soll die Karte mit dem übergebenen Geld kaufen und dem A in die Kanzlei bringen. R hat somit hinsichtlich der Eintrittskarte den Weisungen des A Folge zu leisten, soll keine eigenen Rechte und Pflichten im Sinne eines der in § 868 BGB genannten Rechtsverhältnisse erwerben und wird mithin mit der Übergabe der Karte Besitzdiener des A gemäß § 855 BGB hinsichtlich der Sache. Und daraus folgt, dass der unmittelbare Besitz an der Karte allein und ausschließlich bei A begründet wird. R selbst hat keinen Besitz an der Sache erlangt, obwohl er tatsächlich auf die Sache – zumindest vorübergehend – einwirken kann. Mit der Übergabe der Karte an R hat somit A den alleinigen unmittelbaren Besitz an der Sache gemäß § 855 BGB erlangt. Eine Übergabe von V an A im Sinne des § 929 Satz 1 BGB ist mithin erfolgt.

Erg.: A ist folglich in dem Moment, in dem R die Karte von V erhielt, neuer Eigentümer geworden und hat somit die Anspruchsberechtigung aus § 985 BGB grundsätzlich erworben.

II.) Der A könnte sein Eigentum und damit die Anspruchsberechtigung aus § 985 BGB jedoch durch die Weitergabe der Karte von R an B wieder verloren haben. Auch insoweit ist der rechtsgeschäftliche Eigentumsübergang nach den §§ 929 ff. BGB zu prüfen, wonach gemäß § 929 Satz 1 BGB wieder eine Einigung zwischen dem Eigentümer und dem Erwerber und die Übergabe der Sache erforderlich ist.

1.) Es fragt sich zunächst, ob eine Einigung im Sinne des § 929 Satz 1 BGB zwischen dem Berechtigten (Eigentümer) A und dem Erwerber B vorliegt. Dies ist insoweit problematisch, als die Einigungserklärung hier auch wieder von R abgegeben wird, der Eigentümer der Karte aber zu diesem Zeitpunkt schon der A ist. Die Einigungserklärung des R gegenüber B wirkt daher nur dann im Sinne des § 929 Satz 1 BGB für den A, wenn der R auch insoweit den A wieder wirksam vertreten hat nach § 164 Abs. 1 BGB. Der R müsste jetzt also wirksamer Vertreter des Veräußerers (A) sein.

Das allerdings ist nunmehr zu verneinen, R war – entgegen seiner Behauptung gegenüber B – nicht berechtigt und bevollmächtigt, die Karte weiter zu veräußern. Bei diesem Geschäft mit B handelt R nicht innerhalb der ihm zustehenden Vertretungsmacht mit der

Folge, dass die Voraussetzungen einer Stellvertretung gemäß § 164 Abs. 1 BGB insoweit nicht vorliegen. Die Erklärung des R bei der Übereignung der Karte an B wirkt folglich nicht für und gegen den A. R hat mithin keine Einigungserklärung zur Übertragung des Eigentums auf B für den A abgegeben.

Es fehlt an einer wirksamen Einigungserklärung nach § 929 Satz 1 BGB zwischen dem Eigentümer und dem Erwerber der Sache. B kann das Eigentum nicht nach § 929 Satz 1 BGB von A erworben haben.

2.) In Betracht kommt ein gutgläubiger Erwerb der Eintrittskarte durch B nach den §§ 929 Satz 1, 932 BGB. Voraussetzung für einen gutgläubigen Eigentumserwerb nach den gerade benannten Vorschriften ist, dass der Erwerber gutgläubig in Bezug auf den Umstand ist, dass die Sache dem Veräußerer gehört. Der B müsste demnach den R für den Eigentümer halten.

a) Allerdings glaubt B daran nicht. R hat dem B erklärt, dass er die Karte für einen Freund gekauft habe und auch zum Weiterverkauf berechtigt sei. Damit weiß der Erwerber B, dass die Sache gerade nicht demjenigen gehört, von dem er sie erwirbt. B glaubt vielmehr nur daran, dass der R zur (Weiter-)Veräußerung der Sache im Auftrag des Eigentümers befugt sei.

b) Es fragt sich, ob dieser gute Glaube an die Befugnis zur Veräußerung von § 932 BGB geschützt wird. Dies kann indessen nicht angenommen werden. Der gute Glaube an das Bestehen einer solchen Veräußerungsbefugnis wird in den §§ 932 ff. BGB grundsätzlich nicht berücksichtigt. Für einen gutgläubigen Erwerb nach den §§ 932 ff. BGB muss man an die Eigentümerstellung des Veräußerers glauben. Das ergibt sich aus dem Wortlaut des § 932 Abs. 2 BGB, wonach der Erwerber nur dann bösgläubig ist, wenn ihm bekannt oder infolge grober Fahrlässigkeit unbekannt war, dass die Sache nicht dem Veräußerer gehört. Eine andere Beurteilung ist lediglich unter den Voraussetzungen des § 366 HGB angezeigt, wenn Kaufleute im Betrieb ihres Handelsgewerbes Dinge veräußern. Dann wird auch der Glaube an die Veräußerungsbefugnis berücksichtigt. Bei der Veräußerung der Karte an B handeln indessen keine Kaufleute mit der Konsequenz, dass § 366 Abs. 1 HGB auch keine Anwendung findet. Daraus folgt, dass die Eigentumsübertragung auf B sich allein nach den §§ 929, 932 BGB regelt. Der gute Glaube des B an die Veräußerungsbefugnis des R wird – wie gesehen – nicht geschützt. Der B hat mithin nicht gutgläubig das Eigentum an der Karte nach den §§ 929, 932 BGB erwerben können.

Ergebnis: A ist somit der Eigentümer der Karte geblieben und kann die Herausgabe von B nach § 985 BGB fordern.

Fall 2

Die Lohnerhöhung

Rechtsstudent R hat einen Ferienjob angenommen und fährt jetzt für den Elektrohändler E im Stadtgebiet dessen Kunden an, um bei E gekaufte Geräte anzuliefern. Als er einen von E übergebenen, für den Käufer K vorgesehenen PC im Wert von 2.000 Euro bei K wegen dessen Abwesenheit nicht anliefern kann und es bereits Abend ist, nimmt R das Gerät nach Rücksprache mit E mit nach Hause, um am nächsten Morgen die Anlieferung noch einmal zu versuchen.

Am späteren Abend interessiert sich dann der Studienfreund F des R, der von der Anstellung des R bei E nichts weiß und den R deshalb auch für den Eigentümer hält, überschwänglich für den PC. Da R sich sowieso unterbezahlt fühlt, verkauft und übergibt er kurzerhand dem ahnungslosen F den PC zum Preis von 1.800 Euro. Für weitere 300 Euro erhält F auch noch den Flachbildschirm, den E dem R für die dreimonatige Dauer der Anstellung leihweise zur Verfügung gestellt hatte.

Als die Geschichte rauskommt und R unauffindbar ist, verlangt E von F die Herausgabe des Computers und des Bildschirms. **Zu Recht?**

Schwerpunkte: Gutgläubiger Erwerb des Eigentums nach den §§ 929, 932 BGB; Ausschluss des gutgläubigen Erwerbes wegen § 935 Abs. 1 BGB; Begriff des »Abhandenkommens«; Problem der Herausgabe durch den Besitzdiener (§ 855 BGB); Abgrenzung von § 855 BGB zu § 868 BGB; Begriff des mittelbaren Besitzes und der Besitzdienerschaft.

Lösungsweg

§ 611 (PC) / § 598 (Schirm) — § 433 BGB

E -- **R** -- **F**

Übergabe — §§ 929, 932, 935 BGB? — Sachen

Anspruch des E gegen F auf Herausgabe des PC

<u>AGL.</u>: § 985 BGB

Voraussetzung für einen Herausgabeanspruch des E gegen F aus § 985 BGB ist zunächst natürlich die Eigentümerstellung des E.

Ursprünglicher Eigentümer war der E.

E könnte aber sein Eigentum verloren haben. Der rechtsgeschäftliche Eigentumsübergang an einer beweglichen Sache richtet sich nach den **§§ 929 ff. BGB**:

1.) Kein Eigentumsverlust zulasten des E hinsichtlich des PC tritt ein durch die Übergabe der Sache an den R. In dieser Übergabe liegt kein Vollzugsakt im Sinne des § 929 Satz 1 BGB, denn R sollte lediglich im Rahmen seines Anstellungsverhältnisses die Übergabe der Sache von E auf den K und damit auch einen entsprechenden Eigentumsübergang bewirken. R selbst aber sollte durch diese Übergabe nicht Eigentümer werden.

2.) In Betracht kam nun natürlich ein Eigentumsverlust zulasten des E durch das zwischen R und F getätigte Rechtsgeschäft. Da der R nicht der Eigentümer war, kommt ein Eigentumsübergang nur nach den Vorschriften des gutgläubigen Erwerbes gemäß den **§§ 929 Satz 1, 932 BGB** in Frage.

a) Erste Voraussetzung für einen entsprechenden Eigentumserwerb ist eine ***Einigung*** im Sinne des § 929 Satz 1 BGB zwischen R und F. Und da wird man vorliegend auch kaum dran zweifeln können, denn R verkauft dem F den PC zum Preis von 1.800 Euro und übergibt ihn dann auch. Hieraus ist zu schließen, dass eine entsprechende Einigung über den Eigentumsübergang nach § 929 Satz 1 BGB stattgefunden hat.

b) R hat dem F des Weiteren die Sache auch ***übergeben***, das steht so im Fall.

c) Der F wusste nichts von der Anstellung des R bei E und war deshalb in Ermangelung entgegenstehender Angaben im Sachverhalt auch ***gutgläubig*** im Sinne des § 932 Abs. 2 BGB zum Zeitpunkt der Übergabe.

<u>ZE.</u>: Die Voraussetzungen des gutgläubigen Erwerbes vom Nichtberechtigten nach den §§ 929 Satz 1, 932 BGB liegen demnach in Bezug auf den PC vor.

Aber: Der gutgläubige Erwerb kann gemäß **§ 935 Abs. 1 BGB** dann nicht eintreten, wenn die Sache dem Eigentümer gestohlen wurde, verloren gegangen oder sonst abhanden gekommen war (lies: § 935 Abs. 1 Satz 1 BGB).

Und das ist in unserem Fall fraglich:

Ausgangspunkt der Überlegung ist der Umstand, dass der PC dem R im Rahmen seiner Tätigkeit von E mit dem Auftrag übergeben wurde, die Sache dem Kunden K anzuliefern (bzw. die Sache über Nacht bei sich aufzubewahren), der R den PC dann aber abredewidrig an den F weitergegeben hat.

Es stellt sich die Frage, ob in dieser Weitergabe an F aus der Sicht des Eigentümers E nicht ein **»Abhandenkommen«** im Sinne des § 935 Abs. 1 BGB gesehen werden muss mit der möglichen Folge, dass der Eigentumserwerb des F dann ausgeschlossen wäre.

> **Definition:** Eine Sache ist ***abhanden gekommen*** im Sinne des § 935 Abs. 1 BGB, wenn entweder der Eigentümer (Satz 1) oder sein Besitzmittler (Satz 2) den unmittelbaren Besitz ohne bzw. gegen seinen Willen verloren hat (BGH MDR **2014**, 270; BGH NJW **1995**, 2097; MüKo/*Oechsler* § 935 BGB Rz. 2; *Palandt/Bassenge* § 935 BGB Rz. 3; *Soergel/Henssler* § 935 BGB Rz. 2; *Bamberger/Roth/Kindl* § 935 BGB Rz. 3; *Baur/Stürner* § 52 Rz. 36).

1.) Zunächst muss nun geklärt werden, wer zu der Sache welche besitzrechtliche Position hatte. Das ist deshalb wichtig, weil nach der – für das Sachenrecht übrigens lebenswichtigen – Definition von eben der Wille des unmittelbar besitzenden Eigentümers der Sache (§ 935 Abs. 1 Satz 1 BGB) oder alternativ des Besitzmittlers (der dann anstelle des Eigentümers der unmittelbare Besitzer ist, vgl. § 935 Abs. 1 Satz 2 BGB) maßgeblich sein soll. Es kommt also nach der Definition in jedem Falle immer auf den ***unmittelbaren Besitzer*** der Sache an: Entweder ist es der Eigentümer selbst, oder aber ein Dritter, der den unmittelbaren Besitz inne hat und für den Eigentümer mit dessen Einverständnis mittelt (= Besitzmittler). Merken, wichtig.

Es stellt sich demnach hier in unserem Fall zunächst die Frage, wer der unmittelbare Besitzer der Sache ist: Insoweit ist zu beachten, dass R bei der Ausfahrt der Geräte im Rahmen des Anstellungsverhältnisses (§ 611 BGB) mit E tätig war und die ganze Sache innerhalb des Stadtgebietes durchgeführt wurde. R sollte im Auftrag des E die Sachen zu den Kunden fahren und in der konkreten Situation nach Rücksprache mit E den Gegenstand dann auch noch über Nacht vorübergehend zuhause aufbewahren, um ihn am nächsten Tag nochmals anzuliefern. R übt also die tatsächliche Gewalt über die Sachen in dem Erwerbsgeschäft des E aus, vermöge dessen er den sich auf die Sache beziehenden Weisungen des anderen (also des E) Folge zu leisten hat. Und das ist genau die Definition des sogenannten **»Besitzdieners«** aus **§ 855 BGB** (bitte überprüfen).

> Gemäß § 855 BGB ist nur »***der andere***« der Besitzer der Sache. Bitte beachte insoweit unbedingt, dass dieser Besitz »*des anderen*« im Sinne des § 855 BGB immer den ***unmittelbaren*** Besitz meint. Der Besitzdiener selbst hat somit überhaupt keinen Besitz an der Sache, obwohl er das Ding tatsächlich in Händen hält (BGH MDR **2014**, 270; *Soergel/Stadler* § 855 BGB Rz. 11; MüKo/*Joost* § 855 BGB Rz. 1). Der unmittelbare Besitz liegt vielmehr weiterhin ***allein*** beim sogenannten »Besitzherrn«.

ZE.: Der E war mithin weiterhin der ***unmittelbare*** Besitzer der Sache, R war lediglich ***Besitzdiener*** im Sinne des § 855 BGB und hatte folglich überhaupt keinen Besitz an der Sache, obwohl er über den PC tatsächlich verfügen konnte. Und damit wäre nach dem weiter oben Gesagten eigentlich alles klar: Der E ist weiterhin alleiniger unmittelbarer Besitzer der Sache und folglich kommt es nur auf ***seinen*** Willen hinsichtlich der Weitergabe der Sache an; und da der E einen solchen Willen zur Weitergabe an F nicht hatte, wäre die Sache damit gegen seinen Willen aus seinem unmittelbaren Besitz gelangt (= § 935 Abs. 1 Satz 1 BGB).

2.) Ganz so einfach ist es dann aber doch nicht, denn wir müssen nun noch dem Umstand Rechnung tragen, dass zwischen E und R aufgrund des Besitzdienerverhältnisses ja nun eine irgendwie geartete Verbindung bestand, im Zuge derer der E dem R die tatsächliche Verfügungsmacht an dem PC bewusst und auch gewollt übertragen hat. Möglicherweise ergibt sich nämlich daraus, dass der E, obwohl er unmittelbarer Besitzer der Sache geblieben ist, deshalb die Handlungen des R in Bezug auf diese Sache für bzw. gegen sich gelten lassen muss.

Und hier gibt es dann auch einen fetten und bei den Prüfern außerordentlich beliebten Meinungsstreit, der an folgender Frage aufgehängt wird: Ist eine Sache für den Eigentümer und Besitzherrn auch dann abhanden gekommen im Sinne des § 935 Abs. 1 Satz 1 BGB, wenn sein Besitzdiener sie unbefugt an einen Dritten weitergibt?

Antwort: Streitig.

- Nach einer Meinung ist die Sache dann ***nicht*** abhanden gekommen im Sinne des § 935 Abs. 1 BGB, wenn der Besitzdiener sich außerhalb des räumlichen Herrschaftsbereiches des Besitzherrn befindet und die Besitzdienerschaft für den Erwerber objektiv nicht erkennbar war (MüKo/*Oechsler* § 935 BGB Rz. 10; *Staudinger/Wiegand* § 935 BGB Rz. 14; *Neuner* in JuS 2007, 401; *Schmelzeisen* in AcP 136, 149; *Erman/Michalski* § 935 BGB Rz. 6; *Wieling* § 10 V 3 c).

Begründung: In diesem Falle sei der Erwerber deshalb schutzwürdig, weil aus seiner Sicht der Veräußerer durch den scheinbaren unmittelbaren Besitz legitimiert ist. Der Besitzdiener stehe diesbezüglich dem Besitzmittler des Eigentümers gleich, der unstreitig das Eigentum an einen Gutgläubigen veräußern kann. Der Eigentümer habe durch die Verschaffung der tatsächlichen Sachgewalt beim Besitzdiener den notwendigen Rechtsscheinträger für den gutgläubigen Erwerb geschaffen.

- Nach anderer – überwiegender – Auffassung hingegen ist in diesen Fällen der gutgläubige Erwerb vom Nichtberechtigten wegen § 935 Abs. 1 BGB ausgeschlossen, denn die Sache ist dem Eigentümer abhanden gekommen (BGH MDR **2014**, 270; OLG Köln MDR **2006**, 90; OLG Köln VersR **94**, 1428; OLG München NJW **1987**, 1830; OLG Frankfurt OLGZ **89**, 198; RGZ **71**, 248; *Schreiber* Rz. 174; *Soergel/Henssler* § 935 BGB Rz. 8; *Jauernig/Berger* § 935 BGB Rz. 8; *Bamberger/Roth/Kindl* § 935 BGB Rz. 6; *Prütting* Rz. 76; *Baur/Stürner* § 52 Rz. 39; *Palandt/Bassenge* § 935 BGB Rz. 8; *Witt* in AcP 201 (2001), 165).

Begründung: Diese Meinung beruft sich zunächst auf die unstreitige Definition des Begriffs des »Abhandenkommens«, wonach es hinsichtlich des maßgeblichen Willens nur auf den unmittelbar besitzenden Eigentümer oder alternativ dessen Besitzmittler ankommt. Wenn nun aber der gemäß § 855 BGB nicht besitzende Besitzdiener die Sache unbefugt herausgebe, geschehe dies eindeutig ***gegen*** den Willen des unmittelbar besitzenden Eigentümers und die Sache sei damit abhanden gekommen. Im Übrigen schütze das Gesetz in § 932 BGB nicht das Vertrauen auf das Vorliegen eines tatsächlich nicht bestehenden Besitzrechtes. Bei der Beurteilung der Besitzverhältnisse stelle das Gesetz an keiner Stelle auf einen Schein, sondern nur auf objektive Begebenheiten ab. Das Gesetz habe in § 56 HGB vielmehr ausdrücklich einen Ausnahmetatbestand geschaffen, bei dem Angestellte in Läden oder Warenlagern trotz Besitzdienereigenschaft zur Veräußerung befugt sind.

Also: Hier muss man sich nun selbstverständlich entscheiden und diese Entscheidung mit den benannten Argumenten auch begründen. Die zweite gerade dargestellte Ansicht kann als »herrschende Meinung« angesehen werden, wobei vor allem das Argument ziehen dürfte, dass der gute Glaube an das Bestehen eines Besitzrechtsverhältnisses vom Gesetz tatsächlich nicht geschützt wird. Das Gesetz schützt in § 932 BGB zwar grundsätzlich die Legitimationswirkung des Besitzes (*Prütting* Rz. 423), dieser Besitz muss aber objektiv auch tatsächlich bestehen, das heißt, der vormals unmittelbar besitzende Eigentümer muss seinen unmittelbaren Besitz ***freiwillig*** aufgegeben bzw. übertragen haben. Hat er dies nicht, ist er als Eigentümer schutzwürdiger als der Erwerber, denn dann hat der Eigentümer willentlich keinen Rechtsscheintatbestand geschaffen. Gibt der Eigentümer die Sachherrschaft nur an einen Besitzdiener heraus, bleibt er selbst gemäß § 855 BGB alleiniger unmittelbarer Besitzer und damit auch schutzwürdig im Sinne des § 935 BGB.

ZE.: Nach herrschender Meinung kommt die Sache dem Besitzherrn abhanden gemäß § 935 Abs. 1 Satz 1 BGB, wenn der Besitzdiener den Gegenstand unbefugt an einen Dritten weiter gibt.

ZE.: Der F konnte wegen § 935 Abs. 1 Satz 1 BGB nicht Eigentümer des PC werden.

Erg.: E ist der Eigentümer der Sache geblieben und kann von F die Herausgabe nach § 985 BGB fordern.

Anspruch des E gegen F auf Herausgabe des Bildschirms

AGL.: **§ 985 BGB**

Voraussetzung für das Bestehen des Anspruchs aus § 985 BGB ist wieder, dass der E noch der Eigentümer der Sache ist. Die Eigentumsübertragung an beweglichen Sachen regelt sich nach wie vor nach den §§ 929 ff. BGB. Ursprünglicher Eigentümer war E. Der E könnte sein Eigentum aber verloren haben:

1.) Die vorübergehende Übergabe des Bildschirms an R für die Zeit der Anstellung erfüllt sicher nicht die Voraussetzung der Eigentumsübertragung nach § 929 Satz 1 BGB; bei einem solchen als Leihvertrag gemäß § 598 BGB auszulegenden Geschäft wird lediglich der Besitz übertragen (*Palandt/Weidenkaff* § 598 BGB Rz. 1).

2.) In Betracht kommt aber eine Eigentumsübertragung von R auf F nach den Vorschriften über den gutgläubigen Erwerb gemäß den §§ 929 Satz 1, 932 BGB.

a) Wie weiter oben schon mal geprüft, ist die erste Voraussetzung für einen entsprechenden Eigentumserwerb eine ***Einigung*** im Sinne des § 929 Satz 1 BGB zwischen R und F. Und die liegt bezüglich des Bildschirms fraglos vor, R übergibt gegen Zahlung von weiteren 300 Euro dem F auch den Bildschirm. Darin liegt eine Einigung hinsichtlich des Eigentumsübergangs nach § 929 Satz 1 BGB.

b) Der R hat dem F des Weiteren die Sache auch ***übergeben***.

c) Der F wusste auch hier natürlich nichts von der Anstellung des R bei E und war deshalb in Ermangelung entgegenstehender Angaben im Sachverhalt auch ***gutgläubig*** im Sinne des § 932 Abs. 2 BGB zum Zeitpunkt der Übergabe.

ZE.: Die Voraussetzungen des gutgläubigen Erwerbes vom Nichtberechtigten nach den §§ 929 Satz 1, 932 BGB liegen demnach in Bezug auf den Bildschirm vor.

Problem: Wieder ein Fall des § 935 Abs. 1 BGB?

Lösung: Nein! Denn der Bildschirm ist dem E – im Gegensatz zum PC – ***nicht*** abhanden gekommen im Sinne des § 935 Abs. 1 BGB. Wir erinnern uns bitte:

> **Definition:** Eine Sache ist ***abhanden gekommen*** im Sinne des § 935 Abs. 1 BGB, wenn entweder der Eigentümer (Satz 1) oder sein Besitzmittler (Satz 2) den unmittelbaren Besitz ohne bzw. gegen seinen Willen verloren hat (BGH MDR **2014**, 270; *Palandt/Bassenge* § 935 BGB Rz. 3; PWW/*Prütting* § 935 BGB Rz. 3).

Nach dem, was wir oben gelernt haben, wäre die Sache dann – nach herrschender Meinung – abhanden gekommen im Sinne des § 935 Abs. 1 Satz 1 BGB, wenn R der ***Besitzdiener*** gemäß **§ 855 BGB** in Bezug auch auf den Bildschirm war. Denn dann wäre die Sache mit der Herausgabe an F dem alleinigen unmittelbaren Besitzer E unfreiwillig entzogen worden (= § 935 Abs. 1 Satz 1 BGB).

Aber: Den Bildschirm hat E dem R für die dreimonatige Dauer des Anstellungsverhältnisses ***ausgeliehen***. Damit übt R die tatsächliche Sachherrschaft ***nicht*** im Erwerbsgeschäft des E nach dessen Weisungen aus (§ 855 BGB), sondern benutzt den Gegenstand privat und frei verfügbar mit einer Rückgabepflicht nach Ablauf der drei Monate. Und wenn jemand eine Sache im Rahmen eines Rechtsverhältnisses besitzt, vermöge dessen er gegenüber dem anderen auf Zeit zum Besitze berechtigt ist, so entsteht ein sogenanntes »**Besitzmittlungsverhältnis**« gemäß **§ 868 BGB**. Dieses besagt, dass der »eine« der unmittelbare und der »andere« der mittelbare Besitzer ist (lies: § 868 BGB). Und weil die hier vorliegende Leihe problemlos unter § 868 BGB als »ähnliches Verhältnis« zu subsumieren ist (OLG Düsseldorf NJW **1986**, 2513), ergibt sich, dass hinsichtlich des Bildschirms der E der mittelbare und der R der unmittelbare Besitzer (und damit dann auch der »Besitzmittler« des E) gewesen sind.

Und jetzt bitte noch mal die Definition von oben lesen:

Wie soeben festgestellt, war R aufgrund des Leihvertrages nach § 598 BGB der unmittelbare Besitzer (und auch: »Besitzmittler«) und E der mittelbare Besitzer der Sache (vgl. § 868 BGB). Und da oben in der Definition steht, dass es entweder auf den unmittelbar besitzenden Eigentümer (§ 935 Abs. 1 Satz 1 BGB) oder aber auf dessen Besitzmittler ankommt (§ 935 Abs. 1 Satz 2 BGB), können wir hier sagen, dass jetzt nicht mehr § 935 Abs. 1 Satz 1 BGB entscheidend ist, sondern vielmehr § 935 Abs. 1 Satz 2 BGB zur Anwendung kommt mit der Folge, dass ***allein*** auf die Sicht des ***Besitzmittlers*** und unmittelbaren Besitzers R abzustellen ist.

Der Besitzmittler R aber hat den Bildschirm ***freiwillig*** herausgegeben, nämlich zur Erfüllung des mit F geschlossenen Kaufvertrages. Und wenn der R den unmittelbaren Besitz freiwillig aufgegeben hat, ist die Sache ***nicht*** abhanden gekommen, denn das setzte ja ein Handeln ohne bzw. gegen den Willen des unmittelbar Besitzenden voraus (vgl. die Definition oben).

ZE.: Der unmittelbare Besitz an der Sache ist folglich ***mit*** Willen des Besitzmittlers auf den Dritten übergegangen mit der Konsequenz, dass die Sache ***nicht*** abhanden gekommen ist im Sinne des § 935 Abs. 1 Satz 2 BGB.

ZE.: Somit bleibt es beim gutgläubigen Erwerb zugunsten des F gemäß den §§ 929 Satz 1, 932 BGB, die Vorschrift des § 935 Abs. 1 BGB ist nicht anwendbar.

Erg.: E hat sein Eigentum an F verloren und kann folglich den Anspruch aus § 985 BGB nicht begründet geltend machen.

Nachtrag: »Abhandenkommen« bei Verlust des Mitbesitzes (→ § 866 BGB)?

Im Hinblick auf die Frage, unter welchen Voraussetzungen der § 935 Abs. 1 BGB den gutgläubigen Eigentumserwerb verhindert, musste der BGH am **13. Dezember 2013** (→ MDR **2014**, 270) den folgenden interessanten Fall entscheiden: Ein Arzt (A) hatte sich einen BMW gekauft, den er anschließend gemeinsam mit seiner Frau (F) benutzte. Als A in finanzielle Schwierigkeiten geriet, übergab und übereignete er den BMW ohne Wissen der F zur Sicherung eines Darlehns an eine Treuhand AG (AG), die das Fahrzeug weiter veräußerte. **Frage**: Konnte die AG überhaupt Eigentümerin werden und somit den BMW wirksam weiter veräußern? **Problem**: Zwar hatte A als unmittelbarer Besitzer das Auto ***willentlich*** an die AG weitergegeben, allerdings geschah dies ***ohne Kenntnis*** und Willen der ebenfalls unmittelbar besitzenden (→ § 866 BGB)

Ehefrau F. **Konsequenz**: Kein Eigentumserwerb der AG wegen § 935 Abs. 1 BGB, da die Sache einem (zweiten) unmittelbaren Besitzer abhanden gekommen ist?

Lösung: Der BGH ***verneinte*** die Anwendung des § 935 Abs. 1 BGB – mit folgender Begründung: Zum einen sei der § 935 Abs. 1 Satz 1 BGB schon von seinem Wortlaut her nicht anwendbar, da F nur unmittelbare ***Mitbesitzerin***, nicht aber auch ***Miteigentümerin*** gewesen ist. Wäre sie auch Miteigentümerin gewesen, hätte § 935 Abs. 1 Satz 1 BGB unstreitig den Eigentumserwerb der AG verhindert (BGH NJW **1995**, 2097; OLG München MDR **1993**, 918). Des Weiteren scheide auch § 935 Abs. 1 Satz 2 BGB aus, da A im Verhältnis zu F ja nicht – wie von § 935 Abs. 1 Satz 2 BGB gefordert – mittelbarer, sondern auch unmittelbarer Besitzer des Wagens war. Schließlich komme auch keine ***analoge*** Anwendung des § 935 Abs. 1 BGB in Betracht, da es schon an einer planwidrigen Gesetzeslücke fehle. Wörtlich heißt es (BGH MDR **2014**, 270): »*...Die Regeln des § 935 Abs. 1 BGB sollen den* ***Eigentümer*** *davor schützen, dass ohne seinen Willen die Eigentumsvermutung des unmittelbaren Besitzes (****§ 1006 Abs. 1 BGB****) verändert wird. Sofern er willentlich den unmittelbaren Besitz an der Sache herausgibt und damit selbst die Grundlage für diese Eigentumsvermutung schafft, kann er sich anschließend aber* ***nicht*** *darauf berufen, dass ein Mitbesitzer von diesem Vorgang nichts wusste. Der Schutzzweck des § 935 Abs. 1 BGB ist vielmehr gewahrt und der Gesetzgeber hat auch nicht den Fall planwidrig übersehen, dass nur ein Mitbesitzer, der aber nicht auch Eigentümer der Sache ist, von der Besitzverschiebung keine Kenntnis hatte...Der § 935 Abs. 1 BGB kann daher* ***nicht*** *analog angewandt werden, wenn der Alleineigentümer ohne Willen eines Mitbesitzers die Sache herausgibt...Der Eigentümer ist in diesen Fällen* ***nicht*** *schutzwürdig...*«

Gutachten

Anspruch auf Herausgabe des PC

E könnte gegen F einen Anspruch auf Herausgabe des Computers (PC) aus der Vorschrift des § 985 BGB haben.

Voraussetzung für einen Herausgabeanspruch des E gegen F aus § 985 BGB ist zunächst die Eigentümerstellung des E. Ursprünglicher Eigentümer der Sache war E. Der E könnte aber sein Eigentum verloren haben. Der rechtsgeschäftliche Eigentumsübergang an einer beweglichen Sache richtet sich nach den §§ 929 ff. BGB.

I.) In Betracht kommt zunächst ein Eigentumsverlust zulasten des E hinsichtlich des PC durch die Übergabe der Sache an R. In dieser Übergabe aber liegt kein Vollzugsakt im Sinne des § 929 Satz 1 BGB, R sollte lediglich im Rahmen seines Anstellungsverhältnisses die Übergabe der Sache von E auf K und damit auch einen entsprechenden Eigentumsübergang bewirken. R selbst aber sollte durch diese Übergabe nicht Eigentümer werden.

II.) In Betracht kommt aber ein Eigentumsverlust zulasten des E durch das zwischen R und F getätigte Rechtsgeschäft. Da R nicht der Eigentümer der Sache war, kommt ein Eigentumsübergang nur nach den Vorschriften des gutgläubigen Erwerbes gemäß den §§ 929 Satz 1, 932 BGB in Frage.

1.) Erste Voraussetzung für einen entsprechenden Eigentumserwerb ist eine Einigung im Sinne des § 929 Satz 1 BGB zwischen R und F. Eine solche Einigung hat stattgefunden, R hat sich mit F über den Übergang des Eigentums an der Sache geeinigt.

2.) R hat dem F, der den R für den Eigentümer hielt und deshalb gutgläubig im Sinne des § 932 BGB war, des Weiteren die Sache auch übergeben.

Die Voraussetzungen des gutgläubigen Erwerbes vom Nichtberechtigten nach den §§ 929 Satz 1, 932 BGB liegen demnach in Bezug auf den PC zunächst vor.

III.) Diesem gutgläubigen Erwerb kann im vorliegenden Fall aber noch § 935 Abs. 1 BGB entgegenstehen. Gemäß § 935 Abs. 1 BGB ist der gutgläubige Erwerb des Eigentums ausgeschlossen, wenn die Sache dem Eigentümer gestohlen wurde, verloren gegangen oder sonst abhanden gekommen war. Eine Sache ist abhanden gekommen im Sinne des § 935 Abs. 1 BGB, wenn der Eigentümer (Satz 1) oder sein Besitzmittler (Satz 2) den unmittelbaren Besitz ohne bzw. gegen seinen Willen verloren hat. Es ist somit zunächst zu klären, wer zu der Sache welche besitzrechtliche Position hatte. Gemäß § 935 Abs. 1 BGB kommt es alternativ entweder auf den Willen des unmittelbar besitzenden Eigentümers der Sache (§ 935 Abs. 1 Satz 1 BGB) oder des Besitzmittlers an. Im vorliegenden Fall muss daher geklärt werden, wer den unmittelbaren Besitz an der Sache hatte.

1.) In Betracht kommt eine Besitzdienerschaft des R gemäß § 855 BGB. Insoweit ist zu beachten, dass R bei der Ausfahrt der Geräte im Rahmen des Anstellungsverhältnisses (§ 611 BGB) mit E tätig war und die ganze Sache innerhalb des Stadtgebietes durchgeführt wurde. R sollte im Auftrag des E die Sachen zu den Kunden fahren und in der konkreten Situation nach Rücksprache mit E den Gegenstand dann auch noch über Nacht vorübergehend zuhause aufbewahren, um ihn am nächsten Tag nochmals anzuliefern. R übt also die tatsächliche Gewalt über die Sachen in dem Erwerbsgeschäft des E aus, vermöge dessen er den sich auf die Sache beziehenden Weisungen des anderen (also des E) Folge zu leisten hat. R ist mithin Besitzdiener des E im Sinne des § 855 BGB mit der Folge, dass der alleinige unmittelbare Besitz bei E verblieben ist. Der E war also weiterhin der unmittelbare Besitzer der Sache, R war lediglich Besitzdiener im Sinne des § 855 BGB und hatte folglich überhaupt keinen Besitz an der Sache, obwohl er über den PC tatsächlich verfügen konnte. Daraus folgt, dass es gemäß § 935 Abs. 1 Satz 1 BGB allein auf den Willen des E hinsichtlich der Weitergabe des PC ankommt, denn E war weiterhin unmittelbarer Besitzer. Das Verhalten des R erfolgte im vorliegenden Fall gegen bzw. ohne den Willen des E mit der Konsequenz, dass die Sache dem E im Sinne des § 935 Abs. 1 BGB abhanden gekommen und ein Eigentumserwerb ausgeschlossen wäre.

2.) Etwas anderes kann sich aber noch aus dem Umstand ergeben, dass zwischen E und R aufgrund des Besitzdienerverhältnisses nach § 855 BGB eine Verbindung bestand, im Zuge derer E dem R die tatsächliche Verfügungsmacht an dem PC bewusst und vor allem auch gewollt übertragen hat. Möglicherweise folgt daraus, dass der E, obwohl er unmittelbarer Besitzer der Sache geblieben ist, deshalb die Handlungen des R in Bezug auf diese Sache für bzw. gegen sich gelten lassen muss. Es ist daher zu prüfen, ob eine Sache für den Eigentümer auch dann abhanden gekommen ist im Sinne des § 935 Abs. 1 Satz 1 BGB, wenn sein Besitzdiener sie unbefugt an einen Dritten weitergibt. Die Beantwortung dieser Frage ist umstritten.

a) Nach einer Meinung ist die Sache dann nicht abhanden gekommen im Sinne des § 935 Abs. 1 BGB, wenn der Besitzdiener sich außerhalb des räumlichen Herrschaftsbereiches des Besitzherrn befindet und die Besitzdienerschaft für den Erwerber objektiv nicht erkennbar war. In diesem Falle sei der Erwerber deshalb schutzwürdig, weil aus seiner Sicht der Veräußerer durch den scheinbaren unmittelbaren Besitz legitimiert ist. Der Besitzdiener stehe diesbezüglich dem Besitzmittler des Eigentümers gleich, der unstreitig das Eigentum an einen Gutgläubigen veräußern kann. Der Eigentümer habe durch die Verschaffung der tatsächlichen Sachgewalt beim Besitzdiener den entsprechenden Rechtsscheinträger für den gutgläubigen Erwerb geschaffen.

b) Dieser Auffassung kann nicht gefolgt werden. Auch in den Fällen der vorliegenden Art ist der gutgläubige Erwerb vom Nichtberechtigten wegen § 935 Abs. 1 BGB vielmehr ausgeschlossen. Von der Gegenmeinung übersehen wird insoweit zunächst die unstreitige Definition des Begriffs des »Abhandenkommens«, wonach es hinsichtlich des maßgeblichen Willens nur auf den unmittelbar besitzenden Eigentümer oder alternativ dessen Besitzmittler ankommt. Wenn nun aber der gemäß § 855 BGB nicht besitzende Besitzdiener die Sache unbefugt herausgibt, geschieht dies gegen den Willen des unmittelbar besitzenden Eigentümers und die Sache ist damit abhanden gekommen. Im Übrigen schützt das Gesetz in § 932 BGB nicht das Vertrauen auf das Vorliegen eines tatsächlich nicht bestehenden Besitzrechtes. Bei der Beurteilung der Besitzverhältnisse stellt das Gesetz an keiner Stelle auf einen Schein, sondern nur auf objektive Begebenheiten ab. Das Gesetz schützt in § 932 BGB zwar grundsätzlich die Legitimationswirkung des Besitzes, dieser Besitz muss aber objektiv auch tatsächlich bestehen. Lediglich in § 56 HGB ist ein Ausnahmetatbestand geschaffen, bei dem Angestellte in Läden oder Warenlagern trotz Besitzdienereigenschaft zur Veräußerung befugt sind. Weitergehende Ausnahmen dieses Prinzips sind vom Gesetzgeber offensichtlich nicht gewollt. Nach der hier verfolgten Ansicht kommt die Sache dem Besitzherrn somit abhanden gemäß § 935 Abs. 1 Satz 1 BGB, wenn der Besitzdiener den Gegenstand unbefugt an einen Dritten weiter gibt. Der F konnte also wegen § 935 Abs. 1 Satz 1 BGB nicht Eigentümer des PC werden.

Erg.: E ist der Eigentümer der Sache geblieben und kann von F die Herausgabe nach § 985 BGB fordern.

Anspruch des E gegen F auf Herausgabe des Bildschirms

Der E könnte gegen F aber einen Anspruch auf Herausgabe des Bildschirms aus § 985 BGB haben.

Voraussetzung für das Bestehen des Anspruchs aus § 985 BGB ist wieder, dass E der Eigentümer der Sache geblieben ist. Ursprünglicher Eigentümer des Bildschirms war E. Der E könnte sein Eigentum aber gemäß den §§ 929 ff. BGB verloren haben.

I.) Die vorübergehende Übergabe des Bildschirms an R für die Zeit der Anstellung erfüllt nicht die Voraussetzung der Eigentumsübertragung nach § 929 Satz 1 BGB; bei einem solchen als Leihvertrag gemäß § 598 BGB auszulegenden Geschäft wird lediglich der Besitz übertragen.

II.) In Betracht kommt aber eine Eigentumsübertragung von R auf F nach den Vorschriften über den gutgläubigen Erwerb gemäß den §§ 929 Satz 1, 932 BGB.

1.) Eine nach § 929 Satz 1 BGB erforderliche Einigung liegt bezüglich des Bildschirms vor, R übergibt gegen Zahlung von weiteren 300 Euro dem F auch den Bildschirm. Darin liegt eine Einigung hinsichtlich des Eigentumsübergangs nach § 929 Satz 1 BGB.

2.) Der R hat dem gutgläubigen F des Weiteren die Sache auch übergeben.
Die Voraussetzungen des gutgläubigen Erwerbes vom Nichtberechtigten nach den §§ 929 Satz 1, 932 BGB liegen demnach in Bezug auf den Bildschirm vor.

III.) Es fragt sich allerdings auch hinsichtlich des Bildschirms, ob der gutgläubige Erwerb an der Vorschrift des § 935 Abs. 1 BGB scheitert. Dann müsste der Bildschirm abhanden gekommen sein. Eine Sache ist abhanden gekommen im Sinne des § 935 Abs. 1 BGB, wenn entweder der Eigentümer (Satz 1) oder sein Besitzmittler (Satz 2) den unmittelbaren Besitz ohne bzw. gegen seinen Willen verloren hat. Ansatzpunkt der Beurteilung ist die besitzrechtliche Position an der Sache, es kommt auf den unmittelbar Besitzenden bzw. dessen Willen an. Es ist somit zu prüfen, wer an dem Bildschirm den unmittelbaren Besitz innehatte.

1.) Hinsichtlich des Bildschirms kommt ein Besitzmittlungsverhältnis gemäß § 868 BGB zwischen E und R in Betracht. Den Bildschirm hat E dem R für die dreimonatige Dauer des Anstellungsverhältnisses ausgeliehen. Damit übt R die tatsächliche Sachherrschaft nicht im Erwerbsgeschäft des E nach dessen Weisungen im Sinne des § 855 BGB aus, sondern benutzt den Gegenstand privat und frei verfügbar mit einer Rückgabepflicht nach Ablauf der drei Monate. Besitzt jemand eine Sache im Rahmen eines Rechtsverhältnisses, vermöge dessen er gegenüber dem anderen auf Zeit zum Besitze berechtigt ist, so entsteht ein Besitzmittlungsverhältnis gemäß § 868 BGB. Dieses besagt, dass der »eine« der unmittelbare und der »andere« der mittelbare Besitzer ist. Die hier vorliegende Leihe ist wegen der vorübergehenden Besitzüberlassung unter § 868 BGB als »ähnliches Verhältnis« zu subsumieren mit der Folge, dass hinsichtlich des Bildschirms der E der mittelbare und der R der unmittelbare Besitzer und damit dann auch der Besitzmittler des E gewesen ist.

2.) Daraus folgt, dass hinsichtlich der Frage, auf wessen Willen es bei der Besitzaufgabe ankommt, im vorliegenden Fall nunmehr allein auf den unmittelbar besitzenden R abzustellen ist. Der Besitzmittler R hat den Bildschirm freiwillig herausgegeben, nämlich zur Erfüllung des mit F geschlossenen Kaufvertrages. Gibt R den unmittelbaren Besitz freiwillig auf, ist die Sache nicht abhanden gekommen, denn dies setzt nach der Definition ein Handeln ohne bzw. gegen den Willen des unmittelbar Besitzenden voraus. Der unmittelbare Besitz an der Sache ist folglich mit Willen des Besitzmittlers auf den Dritten übergegangen mit der Konsequenz, dass die Sache nicht abhanden gekommen ist im Sinne des § 935 Abs. 1 Satz 2 BGB. Somit bleibt es beim gutgläubigen Erwerb zugunsten des F gemäß den §§ 929 Satz 1, 932 BGB, die Vorschrift des § 935 Abs. 1 BGB ist nicht anwendbar.

Erg.: E hat sein Eigentum an F verloren und kann folglich den Anspruch aus § 985 BGB nicht begründet geltend machen.

Fall 3

Autokauf um die Ecke

Rechtstudent R hat beim Autohändler H einen gebrauchten Wagen zum Preis von 3.000 Euro gekauft. H hat beim Kauf versprochen, den Wagen noch einmal gründlich zu inspizieren, deshalb soll die Übergabe des Fahrzeugs und die Zahlung des Kaufpreises erst in einer Woche erfolgen.

Eine Woche später erscheint R bei H und erklärt, er könne den Kaufpreis nicht bar zahlen, sondern nur in zwei Raten zu je 1.500 Euro. Im Übrigen möge H den Wagen bitte direkt an D liefern, dem nämlich habe er (R), was der Wahrheit entspricht, das Auto zwischenzeitlich schon weiterverkauft. H ist einverstanden, erscheint am nächsten Tag bei D und übergibt D unter Hinweis auf die Erklärung des R den Wagen.

Als R dann wider Erwarten die Raten nicht pünktlich zahlt, will H wissen, welche Rechte ihm nun gegen D und R zustehen.

> **Schwerpunkte:** Der Geheißerwerb nach § 929 Satz 1 BGB, Grundfall; Erwerb des Eigentums beim sogenannten »Streckengeschäft«; schuldrechtliche und dingliche Abwicklung; Besitzverschaffung durch Dritte; Einigungserklärung mithilfe einer dritten Person; Begriff der Geheißperson; Eigentumsvorbehalt gemäß § 449 BGB – durch einfache nachträgliche Ratenzahlungsvereinbarung?

Lösungsweg

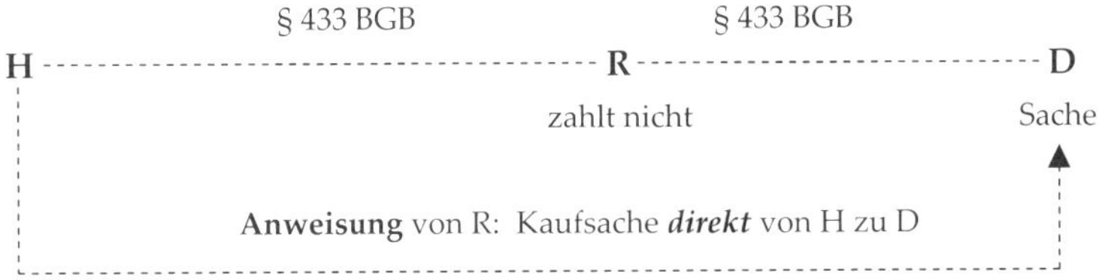

Ansprüche des H gegen D auf Zahlung

<u>AGL.</u>: **§ 433 Abs. 2 BGB (Kaufvertrag)**

Aber: Dieser Anspruch scheitert daran, dass zwischen H und D kein Kaufvertrag gemäß § 433 BGB zustande gekommen ist. Die vorliegenden Verträge waren vielmehr nur geschlossen worden zwischen H und R sowie zwischen R und D. Eine vertragliche Absprache zwischen H und D indessen ist nicht ersichtlich.

Erg.: Ein vertraglicher Zahlungsanspruch des H gegen D aus § 433 Abs. 2 BGB scheitert am insoweit fehlenden Kaufvertrag.

Ansprüche des H gegen D auf Herausgabe des Wagens

AGL.: § 985 BGB

Voraussetzung für das Vorliegen dieses Anspruchs aus § 985 BGB ist nun zunächst einmal die Eigentümerstellung des H zum Zeitpunkt der Geltendmachung des Begehrens gegenüber D. Ursprünglicher Eigentümer des Wagens war der H. Es stellt sich aber die Frage, ob er dieses Eigentum nicht verloren hat. Der Eigentumsübergang richtet sich nach den **§§ 929 ff. BGB**:

a) Insoweit muss dann zunächst gesehen werden, dass der Abschluss des Kaufvertrages mit R natürlich keinesfalls einen Eigentumsverlust zur Folge hatte, denn bei diesem Geschäft ist nur die schuldrechtliche Grundlage des später folgenden dinglichen Geschäfts vereinbart worden. Ein Rechtsübergang im Sinne der §§ 929 ff. BGB wurde damit noch nicht herbeigeführt.

b) Als mögliche Übereignungstatbestände kommen somit nur die eine Woche später abgewickelten Geschäfte zwischen H, R und D in Betracht.

Durchblick: Um die weitere Lösung zu verstehen, wollen wir uns hier jetzt mal in einem Zwischenschritt genau ansehen, was rechtsgeschäftlich, sowohl schuldrechtlich als auch dinglich, durch die von den Parteien getroffenen Vereinbarungen und Vollzugsakte eigentlich passiert ist. Und das ist eine ganze Menge, der Reihe nach:

> → H und R haben einen (unbedingten) Kaufvertrag gemäß § 433 BGB über das Auto geschlossen. Des Weiteren hat R ebenfalls einen unbedingten Kaufvertrag über das Auto gemäß § 433 BGB mit D geschlossen. Das sind zunächst die ***schuldrechtlichen*** Vereinbarungen des Falles, und die sind auch ohne Probleme wirksam; insbesondere ist es rechtlich unbedenklich, dass R den Wagen, den er zwar selber noch gar nicht besitzt, gleich weiterverkauft an den D. Wir haben es vorliegend also zu tun mit ***zwei*** schuldrechtlichen Geschäften, die beide darauf gerichtet sind, das Eigentum an dem Wagen zu verschaffen, einmal von H auf den R, und dann von R auf den D.
>
> → Die Durchführung dessen auf der ***dinglichen*** Seite ist nun vergleichsweise kompliziert. Ausgangspunkt der Überlegung ist, dass ***zwei*** Übereignungstatbestände vorliegen müssen (von H auf R und von R auf D), die sich natürlich nach den **§§ 929 ff. BGB** richten, denn nach diesen Normen geht rechtsgeschäftlich das Eigentum von der einen auf die andere Person über. Da aber in unserem Fall nun die Sache vom Erstverkäufer H direkt zum D (= Abkäufer des R) geliefert wird, fragt sich, wie in solchen Situationen des sogenannten »Streckengeschäfts« (auch: »**Durchgangserwerb**«) die Verfügungen

funktionieren. Erforderlich ist in jedem Falle gemäß § 929 Satz 1 BGB die ***Einigung*** und die ***Übergabe*** zwischen dem jeweiligen Erwerber und dem Veräußerer (Eigentümer).

Die dinglichen Geschäfte werden bei dieser Konstellation so abgewickelt:

1. Schritt: Der Eigentumsübergang von H auf R

a) Die für den Eigentumsübergang gemäß § 929 Satz 1 BGB erforderliche ***Einigung*** zwischen H und R liegt darin, dass der R dem H anträgt, die Sache direkt an D zu liefern (= Antrag) und der H dies entweder ausdrücklich bejaht oder einfach nur ausführt und damit diesen Antrag des R auf Eigentumsübertragung entsprechend annimmt. Somit hat H seinen Willen, das Eigentum aufzugeben und auf R (!) zu übertragen, dokumentiert.

b) Die des Weiteren nach § 929 Satz 1 BGB erforderliche ***Übergabe*** erfolgt nun ebenfalls unter Zuhilfenahme des D; und zwar mit der Rechtsfigur des **»Geheißerwerbes«**, wonach grundsätzlich auch dritte Personen, sofern sie auf »Geheiß« eines Vertragspartners eingeschaltet werden, für den jeweils Betroffenen handeln können. Und der D ist in unserem Falle nun konkret **»Geheißperson des Erwerbers«**, denn er erhält auf Geheiß des R den unmittelbaren Besitz vom Vertragspartner H des R.

Folge: Mit der Übergabe der Sache an die Geheißperson ist der Besitzerwerb aus § 929 Satz 1 BGB auf Erwerberseite erfüllt. Der Erwerber (R) hat mit der Besitzverschaffung bei seiner Geheißperson (D) ***selbst*** den für § 929 Satz 1 BGB erforderlichen Besitz und damit auch, da die entsprechende Einigung ja vorliegt (vgl. soeben), das Eigentum erlangt (BGH NJW **1999**, 425; MüKo/*Oechsler* § 929 BGB Rz. 67; *Palandt*/*Bassenge* § 929 BGB Rz. 19; *Tiedtke* in JZ 1989, 179).

Also: Aufgrund der Vereinbarung zwischen H und R und der folgenden anweisungsgerechten Lieferung der Sache von H an D ist der R (!) – wenn sonst keine Bedenken mehr bestehen – der Eigentümer der Sache gemäß § 929 Satz 1 BGB geworden. D ist in dieser Konstellation **»Geheißperson des Erwerbers«**.

2. Schritt: Die Eigentumsübertragung von R auf D

a) Hier müssen sich jetzt dann R und D entsprechend des § 929 Satz 1 BGB ***einigen***, und das funktioniert so: Den Antrag des R auf Eigentumsübertragung gemäß § 929 Satz 1 BGB gegenüber dem D ***überbringt*** nun der H, der ja im Auftrag des R die Sache zu D liefert. Und man sagt, dass in dieser Lieferung aus der Sicht des Erklärungsempfängers D die von R abgegebene Einigungserklärung hinsichtlich des Eigentumsüberganges nach § 929 Satz 1 BGB (bzw. der Antrag dazu) liegt; der H fungiert in dieser Konstellation dann entweder als Bote oder aber als Stellvertreter des R. Und angenommen wird dieser von H überbrachte Antrag des R von Seiten des D durch die Entgegennahme der Sache. Die gesamte Einigung erfolgt somit stillschweigend bzw. konkludent (BGH NJW **1986**, 1166).

b) Und die ***Übergabe*** schließlich von R auf D erfolgt auch unter Zuhilfenahme des H, nämlich so, dass H jetzt auf »Geheiß« des R tätig wird. Der H überbringt den unmittelbaren Besitz an der Sache und wird folglich tätig als **»Geheißperson des Veräußerers«**. Wenn der Veräußerer die Sache weder in unmittelbarem noch in mittelbarem Besitz hat, kann die Übergabe auf den Erwerber im Sinne des § 929 Satz 1 BGB dennoch erfolgen, und zwar so, dass auf Anweisung bzw. Geheiß des Veräußerers der Besitzer die Sache an den Erwerber übergibt. Und das ist dann der klassische Fall des sogenannten »Geheißerwerbs« (BGHZ **36**, 56; BGH NJW **1974**, 1132; *Jauernig/Berger* § 929 BGB Rz. 13; MüKo/*Oechsler* § 929 BGB Rz. 67; *Palandt/Bassenge* § 929 BGB Rz. 19; *Schmidt* in JuS 1982, 858).

<u>ZE.</u>: Aufgrund der Vereinbarung zwischen R und H und der später erfolgten Lieferung des Wagens von H an D hat auch eine Eigentumsübertragung von R auf D stattgefunden. Der H ist in diesem Falle **»Geheißperson des Veräußerers«** und vermittelt den Eigentumsübergang von R auf D.

Zusammenfassung

Bei der hier vorliegenden Art des sogenannten **»Streckengeschäfts«**, bei dem der Verkäufer die Sache auf Anweisung des Käufers direkt an den zweiten Erwerber, also den Abkäufer des Erstkäufers, liefert, vollziehen sich ***zwei*** Eigentumsübertragungen (BGH NJW **1986**, 1166; MüKo/*Oechsler* § 929 BGB Rz. 67; *Baur/Stürner* § 51 Rz. 17):

> Zunächst erfolgt ein Eigentumsübergang vom Verkäufer (H) auf den Erstkäufer (R) unter Zuhilfenahme des Zweitkäufers (D) als **»Geheißperson des Erwerbers«**. Mit der Besitzübertragung auf den Zweiterwerber (D) durch den Verkäufer erfolgt die Übergabe im Sinne des § 929 Satz 1 BGB zwischen Verkäufer (H) und Käufer (R). Die zweite Eigentumsübertragung vollzieht sich dann zwischen Erstkäufer / Zweit*ver*käufer (R) und Zweitkäufer (D). Hier fungiert nun der Erstverkäufer (H) als **»Geheißperson des Veräußerers«** R und überträgt den unmittelbaren Besitz auf Geheiß des Veräußerers auf den Zweitkäufer. Darin liegt dann die Übergabe zwischen Verkäufer R und Käufer D nach § 929 Satz 1 BGB (vgl. zum Ganzen: *Padeck* in Jura 1987, 460). Im Ergebnis wird also zunächst der Erstkäufer – quasi für eine juristische Sekunde – Eigentümer der Sache und überträgt sodann das gerade erworbene Eigentum gleich weiter auf den zweiten (seinen) Käufer. Und daraus folgt dann logischerweise, dass es beim »Streckengeschäft« ***keine*** Eigentumsübertragung direkt vom Erstverkäufer auf den Zweiterwerber gibt. Der Eigentumserwerb vollzieht sich vielmehr in zwei Schritten. Merken.

Zurück zum Fall:

Mit den eben gewonnenen Erkenntnissen, die unbedingt erlernt und vor allem auch behalten werden sollten, können wir nun im vorliegenden Fall versuchen, die Lösung und die noch versteckten Probleme zu finden. Wir hatten oben den Zwischenschritt mit den ganzen Erläuterungen eingebaut bei der Frage, ob der H noch Eigentümer der Sache ist und demnach dann möglicherweise von D gemäß § 985 BGB die Herausgabe des Wagens fordern kann.

Und da machen wir jetzt auch weiter und fragen uns unter Berücksichtigung des Erlernten zunächst mal, ob denn der Eigentumsübergang von H auf R gemäß § 929 Satz 1 BGB in unserem Fall wirklich reibungslos – wie oben beschrieben – verlaufen ist. Erforderlich war dafür die Einigung, die wir aufgrund des »gestreckten« Geschäfts darin gesehen haben, dass R den H anweist, die Sache an D zu liefern und der H hiermit einverstanden ist. Das war die Einigung nach § 929 Satz 1 BGB – im **Normalfall** des Streckengeschäfts.

> **Aber:** In unserer konkreten Fall-Situation kommt nun noch hinzu, dass der Käufer R ***vor*** der Abwicklung des dinglichen Geschäfts mit H noch mitteilt, dass er den Kaufpreis nur in Raten zahlen kann. Und aus diesem Umstand könnte man folgern, dass der H angesichts dessen anschließend nur zu einer ***bedingten*** Übereignung, namentlich unter ***Eigentumsvorbehalt*** gemäß § 449 Abs. 1 BGB i.V.m. §§ 929, 158 Abs. 1 BGB, bereit gewesen ist. Hierfür spricht, dass es den üblichen Geschäftsgepflogenheiten des Rechtsverkehrs der Kaufleute entspricht, dass nicht sofort bezahlte Ware in der Regel nur unter dem Vorbehalt der vollständigen Zahlung des Kaufpreises übereignet werden soll. Und das sollte man eigentlich unter Berücksichtigung der Verkehrssitte auch als redlicher Käufer wissen. Grundsätzlich ist die Vereinbarung eines Eigentumsvorbehaltes auch konkludent bzw. stillschweigend möglich (BGH NJW **2006**, 3488; BGHZ **64**, 395; *Palandt/Weidenkaff* § 449 BGB Rz. 10). Würde man dies annehmen und der Vereinbarung zwischen H und R in Bezug auf die Ratenzahlung auch dingliche Wirkung beimessen, hätte H im vorliegenden Fall den Wagen nur aufschiebend bedingt nach den §§ 929 Satz 1, 158 Abs. 1 BGB übereignet mit der Folge, dass das Eigentum mangels Ratenzahlung zumindest nicht auf R übergegangen ist.

Aber, aber: So einfach geht es dann doch nicht. Zwar ist die Einverständniserklärung des Käufers hinsichtlich des Eigentumsvorbehaltes grundsätzlich auch stillschweigend möglich, allerdings kann sie nicht in der bloßen Annahme der Ware ohne Zahlung gesehen werden (*Prütting* Rz. 390). Vielmehr hat zum einen der Verkäufer dem Käufer im Regelfall – also solange nicht bereits vorher langfristige entsprechende Geschäftskontakte zwischen den Parteien bestanden – seinen Wunsch nach der Vereinbarung eines Eigentumsvorbehaltes ***deutlich*** zu erklären (BGHZ **64**, 395). Ein stillschweigend angenommener Eigentumsvorbehalt seitens des Käufers allein aufgrund des Umstandes, dass der Kaufpreis nicht sofort bar gezahlt wird, widerspricht zum anderen der gesetzlichen Wertung und hätte zur Folge, dass jedes Kreditgeschäft automatisch unter Eigentumsvorbehalt steht (*Deneke* in JuS 1988, 965; *Prütting* a.a.O.).

Konsequenz: Die vereinbarte Ratenzahlung bezüglich des Wagens beinhaltet ***nicht*** auch die stillschweigende Abrede über einen Eigentumsvorbehalt mit der möglichen Folge der lediglich bedingten Übereignung. Vielmehr hat H dem R das Auto ***unbedingt*** gemäß § 929 Satz 1 BGB übereignet. Für einen Eigentumsvorbehalt fehlt es an einem entsprechend geäußerten Willen des H und einer entsprechenden Einverständniserklärung des R.

ZE.: Damit ist R – wie weiter oben erörtert – neuer Eigentümer des Wagens geworden, als H nach entsprechender Abrede mit R das Auto auf Geheiß des R dem D übergab. H hat sein Eigentum somit gemäß § 929 Satz 1 BGB an R verloren.

Erg.: Mithin steht H mangels Eigentümerstellung kein Anspruch gegen D auf Herausgabe des Fahrzeugs aus § 985 BGB zu.

Erg.: Da weitere Anspruchsgrundlagen für den H in Bezug auf D nicht ersichtlich sind, stehen H gegen D überhaupt keine Ansprüche zu.

Ansprüche des H gegen R auf Zahlung des Kaufpreises

AGL.: § 433 Abs. 2 BGB

Das ist keine Aktion, der Kaufvertrag zwischen H und R gemäß § 433 BGB ist problemlos wirksam und damit ist der Anspruch auf Zahlung aus § 433 Abs. 2 BGB auch entstanden. Vorausgesetzt (wie hier), die Fristen für die Zahlung sind abgelaufen, ist dieser Anspruch aus § 433 Abs. 2 BGB auch ***fällig*** und ***durchsetzbar***, denn H hat seine Leistung in Form der Eigentumsübertragung bereits erbracht.

Erg.: H kann von R die Zahlung der 3.000 Euro fordern.

Weitere mögliche Ansprüche bzw. Rechte des H gegen R

Rücktritt vom Vertrag nach den §§ 323, 346 BGB:

Da der R aber die Raten, die er nach § 433 Abs. 2 BGB schuldet, nicht bezahlt, stellt sich die Frage nach weiteren Möglichkeiten des H. Und insoweit wäre ein ***Rücktritt*** zu erwägen, und zwar nach den **§§ 323 Abs. 1, 346 Abs. 1 BGB**.

Dann müsste H dem R eine angemessene ***Nachfrist*** zur Zahlung setzen und könnte nach Ablauf der Frist vom Vertrag gemäß § 323 Abs. 1 BGB i.V.m. § 346 BGB zurücktreten. Die Rechtsfolge wäre die Verpflichtung zur Rückgewähr der empfangenen Leistungen nach § 346 Abs. 1 BGB.

> **Aber:** Wir haben zwar weiter oben festgestellt, dass R zumindest vorübergehend das Eigentum an dem Wagen von H erlangt hat mit der Konsequenz, dass R dem H dieses Eigentum eigentlich wieder verschaffen müsste. Indessen ist das Eigentum im nächsten Schritt der Vertragsabwicklungen ja direkt weiter auf D übertragen worden, sodass eine Rückübertragung von R auf H gemäß **§ 346 Abs. 2 Nr. 2 BGB** ausscheidet. R hatte den Wagen weiter veräußert und muss deshalb nur ***Wertersatz*** leisten (§ 346 Abs. 2 Nr. 2 BGB). Eine Ausnahme von dieser Regel gilt übrigens für den Fall, dass der Schuldner zur Wiederbeschaffung imstande ist, dann muss er dies besorgen und ist dann wieder zur Rückübertragung der Sache auf den Gläubiger verpflichtet (MüKo/*Gaier* § 346 BGB Rz. 41; *Gaier* in WM 2002, 9).

Erg.: Nach dem Setzen einer angemessenen Nachfrist kann H von dem Vertrag mit R gemäß den §§ 323, 346 BGB zurücktreten und dann nach § 346 Abs. 2 Nr. 2 BGB **Wertersatz** für den Verlust des Eigentums am Wagen verlangen. Sollte R zur Wiederbeschaffung des Wagens bei D imstande sein, kann H dies von R verlangen.

Das Letzte: Ein Schadensersatzanspruch des H gegen R gemäß **§ 281 Abs. 1 i.V.m. § 280 Abs. 3 BGB** auf Zahlung der 3.000 Euro kommt nicht in Betracht. Denn es macht keinen Sinn, den Primärleistungsanspruch auf Geld in einen Schadensersatzanspruch gerichtet auf Geld umzuwandeln (*Palandt/Grüneberg* § 281 BGB Rz. 5). Hier muss dem Gläubiger der Erfüllungsanspruch aus dem Vertrag genügen.

Gutachten

Ansprüche des H gegen D

I.) H könnte gegen D einen Anspruch auf Kaufpreiszahlung aus § 433 Abs. 2 BGB in Höhe von 3.000 Euro haben.

Voraussetzung dafür ist ein wirksamer Kaufvertrag zwischen H und D gemäß § 433 BGB. Ein solcher aber ist lediglich zwischen H und R sowie R und D geschlossen worden, nicht jedoch zwischen H und D. Mithin kann H gegen D auch keinen Anspruch aus § 433 Abs. 2 BGB geltend machen.

II.) H könnte gegen D aber ein Anspruch auf Herausgabe des Wagens aus § 985 BGB zustehen.

Voraussetzung für diesen Anspruch aus § 985 BGB ist die Eigentümerstellung des H zum Zeitpunkt der Geltendmachung des Begehrens gegenüber D. Ursprünglicher Eigentümer des Wagens war der H. Es stellt sich die Frage, ob er dieses Eigentum nicht nach den §§ 929 ff. BGB verloren hat.

1.) Insoweit ist zunächst zu beachten, dass der Abschluss des Kaufvertrages mit R keinesfalls einen Eigentumsverlust zur Folge hatte, bei diesem Geschäft ist nur die schuldrechtliche Grundlage des später folgenden dinglichen Geschäfts vereinbart worden. Ein Rechtsübergang im Sinne der §§ 929 ff. BGB wurde damit noch nicht herbeigeführt.

2.) Es fragt sich, ob die Lieferung des Wagens an D auf Anweisung des R einen Eigentumsverlust des H bewirkt hat. Voraussetzung dafür ist eine Einigung zwischen dem Eigentümer und dem Erwerber und die Übergabe der Sache. Im vorliegenden Fall kommt insoweit zunächst ein Eigentumsübergang von H auf R gemäß § 929 Satz 1 BGB in Betracht.

a) Die für den Eigentumsübergang gemäß § 929 Satz 1 BGB erforderliche Einigung zwischen H und R liegt darin, dass R dem H anträgt, die Sache direkt an D zu liefern und H dies entweder ausdrücklich bejaht oder ausführt und damit diesen Antrag des R auf Eigentumsübertragung entsprechend annimmt. Somit hat H seinen Willen, das Eigentum aufzugeben und auf R zu übertragen, dokumentiert.

aa) Es fragt sich, wie es sich auf die Einigungserklärung des H auswirkt, dass der Käufer R vor der Abwicklung des dinglichen Geschäfts mit H noch mitteilt, dass er den Kaufpreis nur in Raten zahlen kann. Insoweit könnte man folgern, dass H angesichts dessen nur zu einer bedingten Übereignung, namentlich unter Eigentumsvorbehalt gemäß § 449 Abs. 1 BGB i.V.m. §§ 929, 158 Abs. 1 BGB, bereit gewesen ist. Hierfür spricht, dass es den üblichen Geschäftsgepflogenheiten des Rechtsverkehrs der Kaufleute entspricht, dass nicht sofort bezahlte Ware in der Regel nur unter dem Vorbehalt der vollständigen Zahlung des Kaufpreises übereignet werden soll. Dies sollte man unter Berücksichtigung der Verkehrssitte auch als redlicher Käufer wissen. Grundsätzlich ist die Vereinbarung eines Eigentumsvorbehaltes auch konkludent bzw. stillschweigend möglich. Würde man dies annehmen und der Vereinbarung zwischen H und R in Bezug auf die Ratenzahlung auch dingliche Wirkung beimessen, hätte H im vorliegenden Fall den Wagen nur aufschiebend bedingt nach den §§ 929 Satz 1, 158 Abs. 1 BGB übereignet mit der Folge, dass das Eigentum mangels Ratenzahlung zumindest nicht auf R übergegangen ist.

bb) Dem kann jedoch nicht zugestimmt werden. Zwar ist die Einverständniserklärung des Käufers hinsichtlich des Eigentumsvorbehaltes grundsätzlich auch stillschweigend möglich; allerdings kann sie nicht in der bloßen Annahme der Ware ohne Zahlung gesehen werden. Vielmehr hat zum einen der Verkäufer dem Käufer im Regelfall – also solange nicht bereits vorher langfristige entsprechende Geschäftskontakte zwischen den Parteien bestanden – seinen Wunsch nach der Vereinbarung eines Eigentumsvorbehaltes deutlich zu erklären. Ein stillschweigend angenommener Eigentumsvorbehalt seitens des Käufers allein aufgrund des Umstandes, dass der Kaufpreis nicht sofort bar gezahlt wird, widerspricht zum anderen der gesetzlichen Wertung und hätte zur Folge, dass jedes Kreditgeschäft automatisch unter Eigentumsvorbehalt steht.

Die vereinbarte Ratenzahlung bezüglich des Wagens beinhaltet nicht auch die stillschweigende Abrede über einen Eigentumsvorbehalt mit der möglichen Folge der lediglich bedingten Übereignung. Vielmehr hat H mit R trotz der vereinbarten Ratenzahlung eine unbedingte Einigung im Sinne des § 929 Satz 1 BGB geschlossen.

b) In Bezug auf die Übergabe gemäß § 929 Satz 1 BGB ist im vorliegenden Fall zunächst zu beachten, dass R zu keiner Zeit den unmittelbaren Besitz an der Sache erlangt. Des Weiteren wird R auch nicht mittelbarer Besitzer im Sinne des § 868 BGB. Dennoch kann in den Konstellationen der hier zu prüfenden Art eine Übergabe angenommen werden, sie erfolgt unter Zuhilfenahme des Dritten, an den die Sache vom Veräußerer durchgeliefert wird. Dies geschieht mit Hilfe der Rechtsfigur des »Geheißerwerbes«, wonach grundsätzlich auch dritte Personen, sofern sie auf Geheiß bzw. Anweisung eines Vertragspartners eingeschaltet werden, für den jeweils Betroffenen handeln können. D ist im vorliegenden Falle Geheißperson des Erwerbers, er erhält auf Geheiß des R den unmittelbaren Besitz vom Vertragspartner H des R. Mit der Übergabe der Sache an die Geheißperson ist der Besitzerwerb aus § 929 Satz 1 BGB auf Erwerberseite erfüllt; der Erwerber R hat mit der Besitzverschaffung bei seiner Geheißperson D selbst den für § 929 Satz 1 BGB erforderlichen Besitz erlangt. Somit ist R mit der Übergabe der Sache an D neuer Eigentümer des Wagens gemäß § 929 Satz 1 BGB geworden.

Erg.: H ist nicht mehr Eigentümer der Sache und kann folglich von D auch nicht die Herausgabe gemäß § 985 BGB fordern.

Ansprüche des H gegen R

I.) H steht aufgrund des mit R geschlossenen Kaufvertrages gegen R ein Anspruch auf Zahlung des Kaufpreises in Höhe von 3.000 Euro aus § 433 Abs. 2 BGB zu.

II.) Angesichts der Tatsache, dass R die Raten, die er nach § 433 Abs. 2 BGB schuldet, nicht zahlt, stellt sich die Frage nach weiteren Möglichkeiten des H. Und insoweit kommt ein Rücktritt nach den §§ 323 Abs. 1, 346 Abs. 1 BGB in Betracht.

1.) Dann müsste H dem R eine angemessene Nachfrist zur Zahlung setzen und könnte nach Ablauf der Frist vom Vertrag gemäß § 323 Abs. 1 i.V.m. § 346 BGB zurücktreten. Die Rechtsfolge wäre die Verpflichtung zur Rückgewähr der empfangenen Leistungen nach § 346 Abs. 1 BGB. Es fragt sich, ob H auf diesem Wege dann das Eigentum am Fahrzeug von R zurück verlangen könnte. Es ist oben festgestellt worden, dass H im Zuge der Vertragserfüllung das Eigentum auf R übertragen hatte. Mithin wäre R nach wirksam erklärtem Rücktritt zur Rückübertragung des Eigentums verpflichtet.

2.) Dem könnte jedoch § 346 Abs. 2 Nr. 2 BGB entgegenstehen, wenn R den Wagen an D wirksam veräußert und gemäß § 929 Satz 1 BGB übereignet hat. Hinsichtlich dieser Übereignung sind erforderlich eine entsprechende Einigung und die Übergabe der Sache.

a) Den Einigungsantrag des R auf Eigentumsübertragung gemäß § 929 Satz 1 BGB gegenüber D überbringt H, der im Auftrag des R die Sache zu D liefert. In dieser Lieferung liegt aus der Sicht des Erklärungsempfängers D die von R abgegebene Einigungserklärung hinsichtlich des Eigentumsüberganges nach § 929 Satz 1 BGB; der H fungiert in dieser Konstellation dann entweder als Bote oder aber als Stellvertreter des R. Angenommen wird dieser von H überbrachte Antrag des R von Seiten des D durch die Entgegennahme der Sache. Die gesamte Einigung erfolgt somit stillschweigend bzw. konkludent.

b) Die für § 929 Satz 1 BGB erforderliche Übergabe von R auf D erfolgt unter Zuhilfenahme des H, in der Form, dass H auf Geheiß bzw. Anweisung des R tätig wird. H überbringt den unmittelbaren Besitz an der Sache und wird folglich tätig als Geheißperson des Veräußerers R. Wenn der Veräußerer die Sache weder in unmittelbarem noch in mittelbarem Besitz hat, kann die Übergabe auf den Erwerber im Sinne des § 929 Satz 1 BGB dennoch erfolgen, und zwar so, dass auf Anweisung bzw. Geheiß des Veräußerers der Besitzer die Sache an den Erwerber übergibt.

Aufgrund der Vereinbarung zwischen R und H und der später erfolgten Lieferung des Wagens von H an D hat eine Eigentumsübertragung von R auf D stattgefunden. Der R hat den Wagen somit weiter veräußert und auf D übereignet im Sinne des § 929 Satz 1 BGB.

Erg.: H könnte von R nach wirksam erklärtem Rücktritt wegen § 346 Abs. 2 Nr. 2 BGB lediglich Wertersatz fordern, demnach die 3.000 Euro.

III.) Ein Schadensersatzanspruch des H gegen R gemäß § 281 Abs. 1 i.V.m. § 280 Abs. 3 BGB auf Zahlung der 3.000 Euro kommt nicht in Betracht. Es ist nicht zulässig, den Primärleistungsanspruch auf Geld in einen Schadensersatzanspruch gerichtet auf Geld umzuwandeln. Insoweit muss dem Gläubiger der Erfüllungsanspruch aus dem Vertrag genügen.

Fall 4

Der Dumme

Rechtsanwalt R ist pleite und muss deshalb einige Stücke seiner wertvollen Kunstsammlung versetzen. Aus Zeitmangel beauftragt er den Makler M mit der Vermittlung von Kaufverträgen. M schließt einige Tage später einen Kaufvertrag mit K über das Bild »*Der Dumme*« zum Preis von 50.000 Euro, gibt sich gegenüber dem ahnungslosen K allerdings als Eigentümer und Verkäufer aus. M und K vereinbaren, dass K das Bild in den nächsten Tagen von Rechtsanwalt R übergeben erhält, da sich das Bild – wie M dem K erklärt – wegen eines gerade erst erledigten Rechtsstreites zur Zeit noch in der Obhut des R befindet. Er (M) werde den R entsprechend anweisen und der K soll mit der Übergabe des Bildes Eigentümer werden und dann auch den Kaufpreis zahlen.

Dem R erklärt M am nächsten Tag, er habe mit dem K einen Interessenten für das Bild »*Der Dumme*« gefunden, K wolle das Werk aber zunächst für einige Tage zur Ansicht haben. R ist einverstanden und übermittelt dem K daraufhin per Bote das Bild. K zahlt nach Erhalt des Bildes die 50.000 Euro an M. Als R dann zwei Wochen später bei K anruft, um sich nach der Angelegenheit zu erkundigen, klärt sich der Sachverhalt auf.

Da M mittlerweile natürlich unauffindbar ist, will R nun wissen, was er von K begründet verlangen kann.

Schwerpunkte: Der Scheingeheißerwerb nach den §§ 929 ff. BGB, gutgläubiger Erwerb nach den §§ 929, 932 BGB bei Glauben an die Redlichkeit der Weisung?; arglistige Täuschung des Anweisenden; Begriff der Übergabe aus § 929 BGB; Eigentumserwerb nach den §§ 929, 930, 933 BGB; Eigentumserwerb gemäß §§ 929, 931, 934 BGB.

Lösungsweg

Auftrag — § 433 BGB im eigenen Namen

R -- **M** -- **K**

M sagt: Lieferung durch R — Sache

Anspruch des R gegen K auf Zahlung der 50.000 Euro

AGL.: § 433 Abs. 2 BGB

Der Anspruch auf Zahlung der 50.000 Euro aus § 433 Abs. 2 BGB ist dann begründet, wenn zwischen R und K ein Kaufvertrag über das Bild zustande gekommen ist. Das aber wird sich im vorliegenden Fall schwerlich konstruieren lassen, denn den Vertrag mit K hat M im ***eigenen*** Namen geschlossen. Und in diesem Falle – zumal M auch gar nicht für R handeln wollte – liegt eine vertragliche Einigung lediglich zwischen K und M vor. Ein Vertrag zwischen R und K ist hingegen nicht geschlossen worden.

Erg.: R kann von K aus § 433 Abs. 2 BGB mangels Kaufvertrages die 50.000 Euro nicht begründet fordern.

Anspruch des R gegen K auf Herausgabe des Bildes

AGL.: § 985 BGB

Voraussetzung für das Bestehen dieses Anspruchs ist natürlich zunächst die ***Eigentümerstellung*** des R an dem Bild.

Ursprünglich stand das Bild fraglos im Eigentum des R. Der R könnte sein Eigentum aber an K verloren haben. Voraussetzung für diesen Eigentumsübergang ist das Vorliegen einer der Übereignungstatbestände der §§ 929 ff. BGB. Und in unserem Fall kommt angesichts der Tatsache, dass R dem K das Bild zunächst sicher nicht im Sinne des § 929 Satz 1 BGB übereignen wollte, nur ein Eigentumserwerb über den Makler M in Betracht.

> **Beachte:** Als R dem K das Bild per Bote übermittelt, tut er dies, weil er glaubt, der K wolle das Bild zunächst einmal für einige Tage zur Ansicht haben. In diesem Verhalten nun schon eine Übereignung nach § 929 Satz 1 BGB zu sehen, dürfte außerordentlich lebensfremd und damit abzulehnen sein. Vielmehr wäre – nach der Vorstellung des R – ein Eigentumsübergang erst dann in Frage gekommen, wenn K sich zum Kauf entschlossen hätte. Dann übrigens wäre das Ganze über **§ 929 Satz 2 BGB** (lesen) gegangen. Schließlich will sich der K als Empfänger des Bildes auch gar nicht mit dem R nach § 929 BGB einigen, sondern glaubt bei der Übergabe des Bildes vielmehr daran, dass der M seine Verpflichtung aus dem Kaufvertrag erfüllt.

Da sich also K und R bei der Übermittlung des Bildes nicht über den Eigentumsübergang nach § 929 BGB geeinigt haben, kam – wie oben schon angesprochen – nur eine Eigentumsübertragung unter Zuhilfenahme des M in Betracht. Und da der M nun mal offensichtlich nicht der Eigentümer der Sache gewesen ist, kann dieser mögliche Eigentumserwerb des K nur unter Berücksichtigung der Vorschriften des ***gutgläubigen Erwerbes*** nach den **§§ 932 ff. BGB** vollzogen worden sein.

Im vorliegenden Fall kommt zunächst ein gutgläubiger Eigentumserwerb nach den **§§ 929 Satz 1, 932 Abs. 1 Satz 1 BGB** in Betracht:

1.) Dass der M ein ***Nichtberechtigter*** hinsichtlich des von ihm getätigten dinglichen Geschäfts ist, haben wir eben schon gesagt. Bitte beachte insoweit, dass der von R erteilte Auftrag dies natürlich nicht ausschließt, denn R hatte den M lediglich zur ***Vermittlung*** eines Käufers beauftragt, nicht aber zum Abschluss des dann später getätigten Geschäfts oder gar zur Übereignung.

2.) Der K muss sich mit dem Nichtberechtigten M des Weiteren dann ***geeinigt*** haben im Sinne des § 929 Satz 1 BGB. Diese Einigung muss sich auf den Eigentumswechsel an der Sache beziehen und auch zum Zeitpunkt der Übergabe noch bestehen (BGH NJW **1976**, 1539). Bei einer der Besitzerlangung vorausgehenden Einigung ist für § 929 Satz 1 BGB erforderlich, dass die Einigung im Moment der Übergabe bzw. der Besitzerlangung noch fortbesteht (BGH NJW **1976**, 1539; *Palandt/Bassenge* § 929 BGB Rz. 9). Und in unserem Fall ist das auch keine wirklich schwierige Aktion, der K und der M haben sich nach Auskunft des Sachverhaltes beim Abschluss des Kaufvertrages auch über den späteren Eigentumswechsel – unter Zwischenschaltung des Rechtsanwaltes – geeinigt. Konkret sollte K sogar ausdrücklich das Eigentum durch die ***Übergabe*** der Sache von Seiten des R erlangen, und zwar vermittelt vom (Schein-) Eigentümer M, der den R entsprechend anweisen wollte.

> **Vorsicht:** Bitte beachte insoweit noch mal, dass es selbstverständlich nur auf die Einigung zwischen **K und M** ankommt und es demnach völlig unerheblich ist, dass der R bei Kenntnis der Sachlage nicht einverstanden wäre. Denn auf den R kommt es nicht an; K erwirbt das Eigentum vom Nichtberechtigten M, also ist auch nur diesbezüglich die Einigung zu prüfen.

ZE.: Eine für die §§ 929 Satz 1, 932 BGB erforderliche Einigung zwischen M und K liegt somit vor.

3.) Interessant wird es natürlich dann aber jetzt, denn der M muss dem K das Bild auch ***übergeben*** haben im Sinne des § 929 Satz 1 BGB. Hinsichtlich dieser Übergabe nach **§ 929 Satz 1 BGB** sind regelmäßig ***drei*** Voraussetzungen zu beachten, nämlich: Der Eigentümer muss den unmittelbaren Besitz aufgeben; der Erwerber muss den unmittelbaren Besitz erlangen und der Besitzübergang muss auf Veranlassung des Eigentümers erfolgen (*Baur/Stürner* § 51 Rz. 12; *Erman/Michalski* § 929 BGB Rz. 1).

a) Und insoweit ist zunächst beachtlich, dass der K auf jeden Fall den unmittelbaren Besitz an der Sache erlangt hat und damit schon mal auf seiner Seite die für § 929 Satz 1 BGB besitzrechtlich erforderliche Position eingetreten ist.

b) Fraglich ist nun allerdings, ob auch die beiden anderen Voraussetzungen vorliegen, namentlich, ob der Eigentümer (oder beim gutgläubigen Erwerb der Nichtberechtigte) den unmittelbaren Besitz aufgegeben hat und der Besitzwechsel auch auf Veranlassung des Eigentümers bzw. Nichtberechtigten erfolgt ist.

Der Reihe nach:

aa) Dass der Veräußerer in unserem Fall überhaupt keinen unmittelbaren Besitz an der Sache hatte, ist für die Übergabe nach § 929 Satz 1 BGB erstaunlicherweise nicht schädlich, sofern nämlich die Übertragung des unmittelbaren Besitzes mithilfe eines Dritten unter bestimmten Voraussetzungen erfolgt, und zwar: Grundsätzlich ist die Übergabe nach § 929 **Satz 1** BGB auch dann erfüllt, wenn der Erwerber den unmittelbaren Besitz nicht vom Veräußerer, sondern von einem Dritten, der auf Anweisung (Geheiß) des Veräußerers handelt, erhält. Das nennt man – wie wir schon im vorherigen Fall gelernt haben – **»Geheißerwerb«** und erklärt die Zulässigkeit einer solchen Übereignung im Rahmen des § 929 **Satz 1** BGB mithilfe einer Geheißperson, die den unmittelbaren Besitz auf den Erwerber überträgt, wie folgt:

> Dass der Dritte dem Geheiß des Veräußerers zu folgen bereit ist, weist diesen (also den Veräußerer) ebenso wie eigener Besitz als den Herren der Sache aus (wörtlich so bei *Medicus/Petersen* BR Rz. 564; vgl. auch BGHZ **36**, 56; NJW **1974**, 1132). Übersetzt heißt das, dass man aufgrund der weisungsbedingten Handlung des Dritten dem Veräußerer auch ohne unmittelbaren Besitz die ***Herrschaftsmacht*** über die Sache zuspricht und damit auf die Besitzübertragung seitens des Eigentümers verzichtet. Man erleichtert damit die rechtsgeschäftliche Veräußerung, da man so dem Veräußerer den Umweg erspart, den er gehen müsste, wenn er den Gegenstand der Übereignung nun erst selbst in seinen unmittelbaren Besitz holen müsste, um die Sache dann erst an den Erwerber weiterzugeben. Das ist unnötig und nicht sinnvoll, denn wenn der Veräußerer den Dritten entsprechend anweisen kann, soll dies genügen, um die Herrschaftsmacht und Berechtigung des Veräußerers zu dokumentieren.

In unserem Fall nun erfolgt tatsächlich eine solche Übertragung des unmittelbaren Besitzes von einem Dritten auf den Erwerber, nämlich die Übermittlung des Bildes von R auf K.

ZE.: Dass der Veräußerer M überhaupt keinen unmittelbaren Besitz an der Sache hatte, sondern dieser unmittelbare Besitz bei einem Dritten war, der ihn nun auf Veranlassung des Veräußerers auf den Erwerber übertragen hat, ist nicht schädlich für die Übergabe nach § 929 Satz 1 BGB.

bb) Fraglich ist allerdings, ob unter den vorliegenden Umständen auch und überhaupt davon gesprochen werden kann, dass der Dritte (also der R) hier tatsächlich **»auf Veranlassung«** des Veräußerers handelt. Denn zum einen ist der M, der hier die Weisung erteilt, nicht der Eigentümer und zum anderen ist die Weisung, die hinter der ganzen Geschichte steckt, auch noch schlicht gelogen. Der M veranlasst den R nur aufgrund einer ***arglistigen Täuschung*** zur Herausgabe des Bildes an K. R hat keine Ahnung davon, dass er mit der Herausgabe eine vertragliche Pflicht des M aus dem zwischen K und M geschlossenen Kaufvertrag gemäß § 433 BGB erfüllen soll.

Durchblick: Wir hatten oben gelernt, dass der Geheißerwerb im Normalfall deshalb die Übergabe nach § 929 Satz 1 BGB unter Einschaltung eines Dritten erfüllen kann, weil mit der Verschaffung des unmittelbaren Besitzes durch den Dritten auf Weisung des Veräußerers der Veräußerer seine Herrschaftsmacht über die Sache ausreichend dokumentiert hat. Nämlich dadurch, dass sich der Dritte seiner Weisung unterwirft. Deshalb verzichtet man auf den Umweg über den Veräußerer und gestattet, dass der unmittelbare Besitz von dem Dritten verschafft wird. Ist einfacher, erleichtert den Rechtsverkehr und entspricht vor allem dem Bedürfnis des Erwerbers, der kommt so nämlich problemloser und schneller an die Sache und damit auch an das Eigentum.

So weit unproblematisch und auch unstreitig (vgl. insoweit auch den vorherigen Fall). Das Problem unseres Falles hier liegt nun aber darin, dass der M als Veräußerer nicht nur kein Eigentümer der Sache ist, sondern vor allem darin, dass der R als »Dritter« nur aufgrund einer arglistigen Täuschung des M die Sache bzw. den unmittelbaren Besitz an der Sache herausgibt. Der R handelt also rein objektiv betrachtet keinesfalls »**auf Veranlassung**« des M zur Eigentumsübertragung von M auf K, sondern deshalb, weil er irrtümlich glaubt, er erledige mit diesem Akt eine ***eigene*** Angelegenheit (hier konkret die Möglichkeit der Ansicht des Bildes zum späteren Kauf von R selbst!). Und angesichts dessen fragt sich, ob ein gutgläubiger Geheißerwerb nach den §§ 929 Satz 1, 932 Abs. 1 Satz 1 BGB auch dann möglich ist, wenn der Dritte nur aufgrund einer irrtümlichen Annahme und nicht auf wirklichen »Geheiß« des Veräußerers handelt und den unmittelbaren Besitz verschafft. Dogmatisch einwandfrei lösen kann man diese Frage nur, wenn man klärt, worauf sich der gute Glaube des Erwerbers beim Geheißerwerb nach den §§ 929, 932 BGB tatsächlich erstrecken kann und muss (wichtiger Satz, bitte noch mal lesen):

Zum Fall: K glaubt hier zum einen daran, dass M der Eigentümer ist und zum anderen, dass R auf die entsprechende Anweisung des M hin ihm den unmittelbaren Besitz verschafft hat. Beides entspricht aber nicht den Tatsachen, M ist ***nicht*** der Eigentümer und R ist – wie gesehen – objektiv ***nicht*** die »Geheißperson« des M, denn die Anweisung war geflunkert und nur mit arglistiger Täuschung zustande gekommen.

1.) Dass sich der gute Glaube des K auf die Eigentümerstellung des M bezieht, ist nun zunächst einmal logisch zwingend und ***obligatorisch***. Denn ansonsten käme ein gutgläubiger Erwerb vom ***Nichtberechtigten*** (!) überhaupt nicht in Frage. Das ergibt sich im Übrigen aus dem Wortlaut des § 932 Abs. 1 und 2 BGB, der voraussetzt, dass die Sache nicht dem Veräußerer gehört, der Erwerber das aber glaubt.

2.) Nicht geklärt ist im Wortlaut des § 932 BGB aber, ob in den Fällen des Geheißerwerbes auch ein gutgläubiger Erwerb möglich sein kann, wenn der Erwerber den Veräußerer nicht nur irrtümlich für den Eigentümer hält, sondern zudem auch noch irrtümlich auf eine bestehende redliche Anweisung zwischen Veräußerer und Drittem vertraut. Die Frage lautet also, ob der gute Glaube an das Bestehen eines entsprechenden redlichen Verhältnisses zwischen Veräußerer und Drittem über § 932 BGB den Eigentumserwerb ermöglichen kann.

Die Beantwortung dieser Frage ist selbstverständlich streitig:

- Nach einer Meinung soll in solchen Fällen der gutgläubige Erwerb über die vermeintliche Geheißperson ***nicht*** möglich sein (*Medicus/Petersen* BR Rz. 564; *Prütting* Rz. 377; *Palandt/Bassenge* § 932 BGB Rz. 4; *Baur/Stürner* § 52 Rz. 13; *Martinek* AcP 188, 629; *von Caemmerer* in JZ 1963, 586).

Begründung: Zwar ist es grundsätzlich möglich und auch vom Gesetzeswortlaut des § 932 Abs. 1 BGB gedeckt, dass man vom Nichtberechtigten Eigentum erwirbt. In Fällen der vorliegenden Art aber müsste sich der gute Glaube daneben auch auf die ordnungsgemäße Weisung des Veräußerers beziehen. Und berücksichtigt man, dass nach allgemeinem Verständnis diese Weisungsbefugnis den Rechtsschein des unmittelbaren Besitzes beim Veräußerer ersetzen soll, handelt es sich beim guten Glauben an die Redlichkeit der Weisung nicht um einen für § 932 BGB zulässigen Rechtsscheinträger (*Medicus/Petersen* BR Rz. 564). Auf das Vorliegen einer Weisung kann man – im Gegensatz zur Eigentumsvermutung des Besitzers aus § 1006 BGB – nicht gutgläubig vertrauen. Beim redlichen Eigentumsübergang nach § 929 Satz 1 BGB muss die Besitzübertragung durch den Veräußerer stets zum Zwecke der Übereignung erfolgen. Diese notwendige Beziehung der Besitzverschaffung auf das schuldrechtliche Grundgeschäft ist aber auch beim Geheißerwerb nur dann gegeben, wenn der Dritte sich einer echten Weisung des Veräußerers unterwirft, allerdings dann nicht, wenn der Dritte in der vermeintlichen Erfüllung eines eigenen Geschäfts handelt (*von Caemmerer* in JZ 1963, 587). Hier kann der mangelnde innere Wille zur Übereignung nicht durch den guten Glauben des Erwerbers ersetzt werden.

- Nach anderer Auffassung hingegen soll auch in den Fällen der vorliegenden Art ein gutgläubiger Geheißerwerb nach den §§ 929 Satz 1, 932 Abs. 1 Satz 1 BGB zugunsten des redlichen Käufers möglich sein (BGHZ **36**, 56, 60; BGH NJW **1974**, 1132; *Soergel/Henssler* § 932 BGB Rz. 6; *Westermann/Gursky* § 45 Rz. 6; *Staudinger/Wiegand* § 932 BGB Rz. 22; MüKo/*Oechsler* § 932 BGB Rz. 17; *Musielak* in JuS 1992, 713; *Erman/Michalski* § 932 BGB Rz. 2; *Pinger* AcP 179 (1979), 301).

Begründung: Hinsichtlich der Redlichkeit der Weisung kommt es nicht auf die rein objektiven Umstände an, sondern vielmehr darauf, wie es sich aus der Betrachtungsweise des Erwerbers darstellt. Es genügt für § 932 BGB beim Geheißerwerb, wenn die Lieferung des Dritten aus der Sicht des Erwerbers als Leistung des Veräußerers erscheint (BGH NJW **1974**, 1132). Der Erwerber sei insoweit schutzwürdiger als der Eigentümer der Sache, der diese bzw. den unmittelbaren Besitz daran auf die Weisung des Dritten hin herausgibt. Aus der Sicht des Erwerbers sei es häufig nicht feststellbar, ob und inwiefern der Veräußerer die Sachherrschaft habe; die Tatsache aber, dass der Veräußerer ihm (also dem Erwerber) den unmittelbaren Besitz jedenfalls mit Hilfe eines Dritten verschafft, stelle einen ebenso starken Rechtsscheintatbestand dar wie der Besitz des Veräußerers selbst (MüKo/*Oechsler* § 932 BGB Rz. 17. Im Übrigen handele es sich bei dieser Art des Geheißerwerbes im heutigen Geschäftsleben um eine sehr gebräuchliche Art des Warenverkehrs, die unnötige Lieferwege erspart und regelmäßig zum Vorteil aller Beteiligten gereicht. Ein Ausnehmen des gutgläubigen Erwerbes würde diese verkehrsübliche, rationale Übung gesetzlich diskriminieren.

Wie man das nun als Bearbeiter in der Klausur entscheidet, ist selbstverständlich im besten Sinne des Wortes »gleichgültig«. Allerdings müssen in jedem Falle die Argumente für die eine oder andere Ansicht fallen (weitere Argumente – z.B. für eine Hausarbeit – stehen etwa noch bei *Gursky*, Problem Nr. 7). Hierbei sollte man sich darauf konzentrieren, dass man zum einen die BGH-Ansicht parat hat mit dem Argument, dass es ***auf die Sicht des Erwerbers*** ankommt und daher auch der gute Glaube an die Redlichkeit der Weisung für § 932 BGB reicht. Zum anderen erscheint das Argument der gegensätzlichen Auffassung merkbar, dass der gute Glaube an die Redlichkeit deshalb nicht für § 932 BGB ausreicht, weil es kein tauglicher Rechtsscheinträger wie etwa der unmittelbare Besitz, der ja durch die Weisung ersetzt werden soll, ist.

Klausurtipp: Als Prüfer ist man in der Regel schon glücklich, wenn das Problem überhaupt gesehen wurde und dann mit einem der gerade angesprochenen Argumente bewältigt wird. Das reicht jedenfalls für eine brauchbare Note. Wenn man dann sogar noch zwei, drei sinnvolle Sätze mehr hinschreiben kann, ist das natürlich prima und garantiert den Sprung in die obere Tabellenregion (zur Darstellung des Streites in der Klausur vgl. bitte das Gutachten gleich unten im Anschluss).

ZE.: In unserem Fall beeinflusst der Streit den Ausgang der Geschichte, denn wenn man der ersten Ansicht folgt, erwirbt der K kein Eigentum über die §§ 929 Satz 1, 932 BGB, denn sein guter Glaube an die Redlichkeit der Weisung wird nicht geschützt. Folgt man hingegen dem BGH, hat K mit der Erlangung des unmittelbaren Besitzes von R nach den Regeln des gutgläubigen Geheißerwerbes das Eigentum an dem Bild erlangt und mithin wäre der Anspruchssteller R natürlich nicht mehr Eigentümer. Ein Anspruch aus § 985 BGB wäre dann nicht begründet.

Erg.: Je nach verfolgter Meinung hat R gegen K den Herausgabeanspruch aus § 985 BGB oder eben nicht. Für diejenigen (und nur für die!), die ihm den Anspruch aus § 985 BGB nicht zubilligen wollen, muss die Prüfung dann noch weitergehen, und zwar mit § 812 BGB (kommt jetzt noch).

Anspruch des R gegen K aus Bereicherung

AGL.: § 812 Abs. 1 Satz 1, 1. Alt. BGB (Leistungskondiktion)

Aber: Unser K hat das Bild aufgrund einer Leistung des M (!) aus dem Kaufvertrag erhalten. Eine Rückabwicklung nach den Regeln der ***Leistungskondiktion*** kommt somit für den R nicht in Betracht. Diesen Anspruch könnte allenfalls M geltend machen, und das auch nur, wenn der Rechtsgrund fehlt bzw. nachträglich wieder wegfällt. Für den R käme angesichts dessen dann nur eine ***Eingriffskondiktion*** nach § 812

Abs. 1 Satz 1, 2. Alt. BGB in Frage. Diese aber entfällt wegen des Vorrangs der Leistungskondiktion, wonach die Abwicklung bei erbrachter Leistung nur zwischen Leistungsempfänger und dem Erbringer der Leistung durchgeführt wird. Hat der Empfänger die Vermögensverschiebung durch die Leistung eines anderen erlangt, so hat grundsätzlich nur dieser einen Bereicherungsanspruch gegen den Empfänger (*Palandt/Sprau* § 812 BGB Rz. 2).

Erg.: R steht gegen K, für den Fall, dass man oben § 985 BGB abgelehnt hat, auch kein Anspruch aus § 812 BGB auf Herausgabe des Bildes zu.

Anhang

Zum Schluss möchte ich noch darauf hinweisen, dass der Fall unter Umständen noch einen ganz anderen Lösungsweg – allerdings nur scheinbar – anbot, nämlich:

Man hätte auch auf die Idee kommen können, dem K hier das Eigentum nach den **§§ 931, 934 BGB**, also durch den gutgläubigen Erwerb mithilfe der Abtretung eines Herausgabeanspruchs, zu verschaffen. Nach § 934 BGB erwirbt man vom Nichteigentümer dann gutgläubig das Eigentum, wenn der Nichteigentümer entweder einen ihm tatsächlich zustehenden Herausgabeanspruch abtritt (§ 934 1. Alt. BGB) oder aber einen tatsächlich nicht bestehenden Herausgabeanspruch abtritt ***und*** der Erwerber in diesem Fall dann noch den unmittelbaren Besitz erlangt (§ 934 2. Alt. BGB). Da dem M gegen R tatsächlich ***kein*** Herausgabeanspruch zustand (woher auch?), kam in unserem Fall nur die 2. Variante des § 934 BGB in Betracht, also die Abtretung eines nur vermeintlich bestehenden Herausgabeanspruchs ***und*** die spätere Erlangung des unmittelbaren Besitzes durch K.

> **Aber**: Zwar erhält K von R den unmittelbaren Besitz an der Sache. Die Verabredung zwischen K und M beinhaltet allerdings keine Abtretung eines vermeintlich bestehenden Herausgabeanspruchs im Sinne der §§ 931, 934 BGB. Und zwar nicht mal dann, wenn man unter Zuhilfenahme der Auslegung von Willenserklärungen berücksichtigt, dass die Parteien den Vollzug einer »**Forderungsabtretung**« explizit eher nicht vereinbaren werden (*Prütting* Rz. 384) und man daher eine Abtretung nach § 931 BGB auch unter Umständen einem anders geäußerten Parteiwillen entnehmen kann.

Im vorliegenden Fall sollte K aber gerade nicht nur den scheinbar bestehenden Herausgabeanspruch gegen den R und damit bereits das Eigentum erhalten, um es später dann mit einer entsprechenden Geltendmachung gegen R durchzusetzen. Vielmehr hatten K und M ausdrücklich vereinbart, dass der K erst mit der ***Übergabe*** des Bildes durch R das Eigentum erwerben sollte. Im Anschluss daran sollte K auch erst den Kaufpreis zahlen. Für eine Abtretung nach § 931 BGB aber ist Willensübereinstimmung der Parteien hinsichtlich eines entsprechenden Eigentumsüberganges durch Forderungsabtretung erforderlich; beiden Parteien muss klar sein, dass bereits durch die Abtretung des Anspruchs der neue Gläubiger Eigentümer werden soll (*Prütting* Rz. 382). Genau das aber war von den Parteien nicht gewollt.

Das Letzte

Ebenfalls nicht in Betracht kam schließlich noch eine Eigentumsübertragung nach den **§§ 930, 933 BGB** durch den gutgläubigen Erwerb eines Besitzmittlungsverhältnis, denn: Hierfür erforderlich ist das tatsächliche Vorliegen eines solchen Besitzmittlungsverhältnisses nach § 868 BGB; der gute Glaube heilt gemäß § 933 BGB nur die fehlende Eigentümerstellung des Veräußerers, nicht aber auch die mangelnde Existenz des Besitzmittlungsverhältnisses (*Palandt/Bassenge* § 933 BGB Rz. 2).

In unserem Fall war der R objektiv alleiniger unmittelbarer Besitzer der Sache, dem M stand keinerlei besitzrechtliche Position an dem Bild zu. Und deshalb gibt's dann auch keinen gutgläubigen Erwerb nach den §§ 930, 933 BGB mithilfe einer Vereinbarung zwischen K und M, wonach der K den mittelbaren Besitz der Sache und dann später durch die Übergabe das Eigentum hätte erlangen können.

Gutachten

1.) R könnte gegen K einen Anspruch auf Zahlung von 50.000 Euro aus § 433 Abs. 2 BGB haben.

Der Anspruch auf Zahlung der 50.000 Euro aus § 433 Abs. 2 BGB ist dann begründet, wenn zwischen R und K ein Kaufvertrag über das Bild zustande gekommen ist. Allerdings haben R und K einen solchen Kaufvertrag nicht geschlossen. R hat sich lediglich mit M geeinigt, zwischen R und K wurde kein Kaufvertrag vereinbart.

Ergebnis: R kann von K aus § 433 Abs. 2 BGB mangels Kaufvertrages die 50.000 Euro nicht begründet fordern.

2.) R könnte gegen K aber ein Anspruch auf Herausgabe des Bildes gemäß § 985 BGB zustehen.

Fraglos befindet sich K im Besitz der Sache. Zu prüfen ist, ob der Anspruchssteller R noch der Eigentümer des Bildes ist. Ursprünglich stand das Bild im Eigentum des R. Der R könnte sein Eigentum aber an K verloren haben. Voraussetzung für diesen Eigentumsübergang ist das Vorliegen einer der Übereignungstatbestände der §§ 929 ff. BGB.

I.) Als R dem K das Bild per Bote überbringen ließ, wollte sich R nicht gemäß § 929 Satz 1 BGB mit K einigen, sondern das Bild nach seiner Vorstellung nur zur vorübergehenden Ansicht übermitteln. Eine Einigung gemäß § 929 Satz 1 BGB zwischen R und K hat mithin nicht stattgefunden.

II.) Eine Eigentumsübertragung auf K kommt im vorliegenden Fall somit lediglich unter Einschaltung des Maklers M in Betracht. K hat den M für den Eigentümer gehalten mit der Konsequenz, dass der Eigentumsübergang sich nur nach den Vorschriften des gutgläubigen Erwerbes gemäß den §§ 929, 932 BGB richten kann. Voraussetzung ist demnach eine Einigung zwischen dem Nichtberechtigten M und dem Erwerber K und die Übergabe der Sache.

1.) M und K haben sich darauf geeinigt, dass der K mit der Übergabe der Sache seitens des R Eigentümer werden sollte. Eine Einigung im Sinne der §§ 929 Satz 1, 932 BGB liegt vor.

2.) Fraglich ist indessen die Übergabe der Sache vom Veräußerer auf den neuen Eigentümer. Hinsichtlich der Übergabe nach § 929 Satz 1 BGB ist erforderlich, dass der Eigentümer den unmittelbaren Besitz aufgibt, der Erwerber den unmittelbaren Besitz erlangt und der Besitzübergang auf Veranlassung des Eigentümers erfolgt.

a) K hat den unmittelbaren Besitz an der Sache erlangt und damit ist auf seiner Seite die für § 929 Satz 1 BGB besitzrechtlich erforderliche Position eingetreten. Fraglich ist allerdings, ob auch die beiden anderen Voraussetzungen vorliegen, namentlich, ob der Eigentümer – oder beim gutgläubigen Erwerb der Nichtberechtigte – den unmittelbaren Besitz aufgegeben hat und der Besitzwechsel auch auf Veranlassung des Eigentümers bzw. Nichtberechtigten erfolgt ist.

b) Dass der Veräußerer M im vorliegenden Fall überhaupt keinen unmittelbaren Besitz an der Sache hatte, ist für die Übergabe nach § 929 Satz 1 BGB nicht schädlich, sofern die Übertragung des unmittelbaren Besitzes mithilfe eines Dritten unter bestimmten Voraussetzungen erfolgt. Grundsätzlich ist die Übergabe nach § 929 Satz 1 BGB auch dann erfüllt, wenn der Erwerber den unmittelbaren Besitz nicht vom Veräußerer, sondern von einem Dritten, der auf Anweisung (Geheiß) des Veräußerers handelt, erhält. Dass der Dritte dem Geheiß des Veräußerers zu folgen bereit ist, weist diesen (also den Veräußerer) ebenso wie eigener Besitz als den Herren der Sache aus. In vorliegenden Fall erfolgt eine solche Übertragung des unmittelbaren Besitzes von einem Dritten auf den Erwerber, nämlich die Übermittlung des Bildes von R auf K. Dass der Veräußerer M überhaupt keinen unmittelbaren Besitz an der Sache hatte, sondern dieser unmittelbare Besitz bei einem Dritten war, der ihn nun auf Veranlassung des Veräußerers auf den Erwerber übertragen hat, ist somit grundsätzlich nicht schädlich für die Übergabe nach § 929 Satz 1 BGB.

c) Fraglich ist allerdings, ob unter den vorliegenden Umständen auch davon ausgegangen werden kann, dass der Dritte (also der R) hier auf Veranlassung des Veräußerers handelt. Denn zum einen ist der M, der hier die Weisung erteilt, nicht der Eigentümer und zum anderen ist die Weisung aufgrund einer arglistigen Täuschung des M gegenüber R erfolgt. R weiß nicht, dass er mit der Herausgabe eine vertragliche Pflicht des M aus dem zwischen K und M geschlossenen Kaufvertrag gemäß § 433 BGB erfüllen soll. Der R handelt folglich rein objektiv betrachtet nicht auf Veranlassung des M zur Eigentumsübertragung von M auf K, sondern deshalb, weil er irrtümlich glaubt, er erledige mit diesem Akt eine eigene Angelegenheit, hier konkret die Möglichkeit der Ansicht des Bildes zum späteren Kauf von R selbst. Es fragt sich, ob ein gutgläubiger Geheißerwerb nach den §§ 929 Satz 1, 932 Abs. 1 Satz 1 BGB auch dann möglich ist, wenn der Dritte nur aufgrund einer irrtümlichen Annahme und nicht auf wirklichen Geheiß des Veräußerers handelt und den unmittelbaren Besitz verschafft.

Die zu lösende Frage lautet, ob der gute Glaube an das Bestehen eines entsprechenden redlichen Verhältnisses zwischen Veräußerer und Drittem über § 932 BGB den Eigentumserwerb ermöglichen kann. Die Beantwortung dieser Frage ist umstritten.

aa) Nach einer Auffassung soll in den Fällen der vorliegenden Art ein gutgläubiger Geheißerwerb nach den §§ 929 Satz 1, 932 Abs. 1 Satz 1 BGB zugunsten des redlichen Käufers möglich sein. Begründet wird dies zum einen damit, dass es hinsichtlich der Redlichkeit der Weisung nicht auf die rein objektiven Umstände ankomme, sondern vielmehr darauf, wie es sich aus der Betrachtungsweise des Erwerbers darstellt. Es genüge für § 932 BGB beim Geheißerwerb, wenn die Lieferung des Dritten aus der Sicht des Erwerbers als Leistung des Veräußerers erscheint. Der Erwerber sei insoweit schutzwürdiger als der Eigentümer der Sache, der diese bzw. den unmittelbaren Besitz daran auf die Weisung des Dritten hin herausgibt. Aus der Sicht des Erwerbers sei es häufig nicht feststellbar, ob und inwiefern der Veräußerer die Sachherrschaft habe. Die Tatsache aber, dass der Veräußerer ihm (also dem Erwerber) den unmittelbaren Besitz jedenfalls mit Hilfe eines Dritten verschafft, stelle einen ebenso starken Rechtsscheintatbestand dar wie der Besitz des Veräußerers selbst. Im Übrigen handele es sich bei dieser Art des Geheißerwerbes im heutigen Geschäftsleben um eine sehr gebräuchliche Art des Warenverkehrs, die unnötige Lieferwege erspart und regelmäßig zum Vorteil aller Beteiligten gereicht. Ein Ausnehmen des gutgläubigen Erwerbes würde diese verkehrsübliche, rationale Übung gesetzlich diskriminieren.

bb) Dieser Auffassung kann jedoch nicht gefolgt werden. Vielmehr ist den Fällen der vorliegenden Art der gutgläubige Erwerb über eine vermeintliche Geheißperson nicht möglich. Zwar ist es grundsätzlich möglich und auch vom Gesetzeswortlaut des § 932 Abs. 1 BGB gedeckt, dass man vom Nichtberechtigten Eigentum erwirbt. In Fällen der vorliegenden Art aber müsste sich der gute Glaube daneben auch auf die ordnungsgemäße Weisung des Veräußerers beziehen. Berücksichtigt man, dass nach allgemeinem Verständnis diese Weisungsbefugnis den Rechtsschein des unmittelbaren Besitzes beim Veräußerer ersetzen soll, handelt es sich beim guten Glauben an die Redlichkeit der Weisung nicht um einen für § 932 BGB zulässigen Rechtsscheinträger. Auf das Vorliegen einer Weisung kann man – im Gegensatz zur Eigentumsvermutung des Besitzers aus § 1006 BGB – nicht gutgläubig vertrauen. Beim redlichen Eigentumsübergang nach § 929 Satz 1 BGB muss die Besitzübertragung durch den Veräußerer stets zum Zwecke der Übereignung erfolgen. Diese notwendige Beziehung der Besitzverschaffung auf das schuldrechtliche Grundgeschäft ist aber auch beim Geheißerwerb nur dann gegeben, wenn der Dritte sich einer echten Weisung des Veräußerers unterwirft, allerdings dann nicht, wenn der Dritte in der vermeintlichen Erfüllung eines eigenen Geschäfts handelt. Hier kann der mangelnde innere Wille zur Übereignung nicht durch den guten Glauben des Erwerbers ersetzt werden. Im vorliegenden Fall ist daher aus den genannten Gründen der gutgläubige Eigentumserwerb am Bild durch K ausgeschlossen. K erwirbt kein Eigentum über die §§ 929 Satz 1, 932 BGB, denn sein guter Glaube an die Redlichkeit der Weisung wird nicht geschützt. Das Eigentum verbleibt bei R.

Erg.: R kann von K die Herausgabe des Bildes gemäß § 985 BGB fordern.

Fall 5

Kalte Füße?

Rechtsanwalt R hat den Bauunternehmer U damit beauftragt, im Rahmen einer umfassenden Renovierung in sein Haus auch eine Fußbodenheizung einzubauen. Die bei dem Einbau von U dann verwendeten Rohre (Wert: 5.000 Euro) gehören jedoch nicht dem U. Der mit U befreundete Unternehmer B hatte die Rohre neben anderen platzraubenden Gegenständen einige Tage vorher zur vorübergehenden Aufbewahrung in den Betrieb des U gebracht, weil sein eigenes Lager gerade von Grund auf saniert wird. U erzählt dem R nichts von der Herkunft der Rohre und vereinbart mit R vielmehr, dass er sich bis zur vollständigen Zahlung der Rechnung das Eigentum an den Materialien vorbehalte. Nach dem Einbau gerät der R in finanzielle Not und kann die Rechnung nicht mehr zahlen. Als der ahnungslose B eine Woche darauf seine Heizungsrohre bei U wieder abholen möchte, klärt sich der Sachverhalt auf.

Da auch U mittlerweile mittellos ist, will B wissen, welche Ansprüche oder Rechte ihm nun gegen R zustehen.

Schwerpunkte: §§ 946 ff. BGB, der Eigentumserwerb durch Realakt; Unabdingbarkeit der §§ 946 ff. BGB; wesentlicher Bestandteil eines Grundstücks und eines Gebäudes nach § 94 Abs. 1 und Abs. 2 BGB; der Wertersatzanspruch aus den §§ 951, 812 BGB; § 951 Abs. 1 BGB als Rechtsgrundverweis; Wegnahmerechte aus § 997 Abs. 1 BGB und § 951 Abs. 2 BGB.

Lösungsweg

Verwahrung (§ 688 BGB) — § 631 BGB (+ EV)

B -- **U** -- **R**

Übergabe — § 946 BGB ? — Sachen eingebaut

Anspruch des B gegen R auf Herausgabe der Rohre

<u>AGL.</u>: **§ 985 BGB**

Damit der Anspruch aus § 985 BGB begründet sein kann, muss B zunächst einmal noch der ***Eigentümer*** der Rohre sein.

1.) Kein Eigentumsverlust zulasten des B ist durch die Übergabe der Sachen an U im Rahmen des ***Verwahrungsvertrages*** nach § 688 BGB eingetreten. Bei der Verwahrung wird selbstverständlich nur der Besitz übertragen, nicht aber das Eigentum (*Erman/Herrmann* § 688 BGB Rz. 3). Dies ergibt sich aus dem Umkehrschluss der Vorschrift des § 700 BGB (*Jauernig/Mansel* § 700 BGB Rz. 1/2).

2.) B könnte sein Eigentum an den Rohren aber durch den Einbau der Sachen durch U bei R verloren haben.

a) R hat das Eigentum allerdings ***nicht*** durch Rechtsgeschäft nach § 929 Satz 1 BGB von U erworben. Zum einen nämlich hätte R – wenn überhaupt – das Eigentum sowieso nur vom ***Nichtberechtigten*** gemäß den §§ 929, 932 BGB erwerben können, denn der U war ja gar nicht der Eigentümer der Sachen. Im Übrigen aber hatten U und R einen Eigentumsvorbehalt nach **§ 449 Abs. 1 BGB** vereinbart mit der Folge, dass es schon an einer nach wie vor erforderlichen rechtsgeschäftlichen Einigung durch den Nichtberechtigten im Sinne der §§ 929, 932 BGB mangelte. Der nichtberechtigte U wollte das Eigentum nämlich nicht auf R übertragen.

> Feinkostliebhaber wollen hier dann bitte noch beachten, dass R durch die Einigung mit U hinsichtlich einer Übereignung unter Eigentumsvorbehalt tatsächlich aber eine ***Anwartschaft*** an den Rohren erworben hatte. Schließt nämlich der Nichteigentümer mit einem gutgläubigen Erwerber einen Vertrag unter Eigentumsvorbehalt, so erwirbt der gutgläubige Vertragspartner gemäß § 932 BGB ein Anwartschaftsrecht an der Sache (BGHZ **10**, 72; **30**, 377; *Baur/Stürner* § 59 Rz. 38; *Palandt/Bassenge* § 929 BGB Rz. 38). Und diese Anwartschaft könnte dann schließlich sogar zum Vollrecht erstarken, wenn der Erwerber die Raten vollständig zahlt, dann hätte er gemäß den §§ 929, 932 BGB das Eigentum vom Nichtberechtigten erworben.

<u>ZE.</u>: Das aber passiert in unserem Fall nun nicht, denn der R hat zwar – wie gesehen – die Anwartschaft gutgläubig von U erworben, kann später allerdings die Rechnung nicht zahlen mit der Konsequenz, dass er das Vollrecht nicht erhält. R hat das Eigentum an den Rohren nicht durch Rechtsgeschäft erworben.

b) In Betracht kam dafür aber natürlich der Rechtserwerb aufgrund der Vorschriften der **§§ 946 ff. BGB**, demnach ein Erwerb des Eigentums durch »**Realakt**«.

Prüfen wir mal: B könnte sein Eigentum an R gemäß **§ 946 BGB** verloren haben. Dann muss eine bewegliche Sache mit einem Grundstück dergestalt verbunden worden sein, dass sie wesentlicher Bestandteil des Grundstücks wird (BGH NJW **2012**, 778). Unter diesen Umständen erstreckt sich das Eigentum an dem Grundstück auch auf diese Sache (§ 946 BGB). Die Fußbodenheizung bzw. die dafür erforderlichen Rohre könnten ein wesentlicher Bestandteil des Grundstücks im Sinne des **§ 94 BGB** geworden sein. Gemäß **§ 94 Abs. 1 BGB** gehören zu den wesentlichen Bestandteilen eines Grundstücks die mit dem Grund und Boden fest verbundenen Sachen, insbesondere Gebäude oder Erzeugnisse des Grundstücks, solange sie mit dem Boden zusammenhängen.

Und insoweit ist es durchaus vertretbar, die Rohre der Fußbodenheizung unter die Vorschrift des § 94 Abs. 1 BGB zu subsumieren, etwa wenn man annimmt, dass die Rohre, wie das bei so einer Heizung nun mal ist, im Fußboden verlegt (***Fußboden***heizung!) und folglich mit dem Grund und Boden verbunden sind. Diesbezüglich durfte man dann des Weiteren auch noch einen Augenblick darüber nachdenken, ob denn die Teile auch »**fest**« mit Grund und Boden verbunden wurden, so wie es das Gesetz fordert. Bei der Frage nach der Festigkeit einer Verbindung entscheiden die Anschauungen des täglichen Lebens (BGH NJW **2012**, 778; BGH NJW **1978**, 1311; BGH NJW **1983**, 568; PWW/*Völzmann-Stickelbrock* § 94 BGB Rz. 2), wobei man die Festigkeit schon dann annehmen kann, wenn die Trennung der Sache vom Boden nur mit unverhältnismäßigem Aufwand möglich ist (BGH NJW **2012**, 778; RG Warn **32**, 114), was bei einer Fußbodenheizung vermutlich angenommen werden kann.

Näher liegend erscheint es indessen, die Fußbodenheizung im vorliegenden Fall unter **§ 94 Abs. 2 BGB** zu subsumieren, denn die Heizung wurde laut Schilderung des Sachverhaltes im Rahmen einer umfassenden Renovierung in das Gebäude eingebaut. Und berücksichtigt man, dass der in § 94 Abs. 2 BGB verwendete Begriff der »Herstellung« eines Gebäudes nicht allein auf das Erbauen an sich beschränkt ist, sondern auch spätere Arbeiten, die namentlich der Renovierung dienen, mit umfasst (BGH NJW-RR **2013**, 652; BGHZ **53**, 326; *Palandt/Ellenberger* § 94 BGB Rz. 6), handelt es sich bei der eingebauten Fußbodenheizung um einen wesentlichen Bestandteil des Gebäudes im Sinne des § 94 Abs. 2 BGB. Und wenn die Heizung ein wesentlicher Bestandteil des Gebäudes im Sinne des § 94 Abs. 2 BGB und das Gebäude nach § 94 Abs. 1 BGB stets ein wesentlicher Bestandteil des Grundstücks ist, ist die zum Gebäude gehörende Heizung natürlich auch wesentlicher Bestandteil des Grundstücks (§ 94 Abs. 1 BGB i.V.m. § 94 Abs. 2 BGB).

ZE.: Die Rohre der Heizung sind wesentliche Bestandteile des ***Gebäudes*** im Sinne des § 94 Abs. 2 BGB mit der Folge, dass die zu dem Gebäude gehörende Heizung gemäß § 94 Abs. 1 BGB auch ein wesentlicher Bestandteil des Grundstücks ist.

ZE.: Mit dem Einbau der Heizung in das Haus erstreckt sich das Eigentum am Grundstück gemäß § 946 BGB auch auf die Heizung. Mithin hat B sein Eigentum an der Heizung durch Realakt nach § 946 BGB an R verloren.

Problem: Dem könnte möglicherweise aber noch entgegenstehen, dass laut der Verabredung zwischen U und R der R das Eigentum an der Sache erst mit vollständiger Zahlung des Kaufpreises erwerben sollte (§ 449 Abs. 1 BGB). Insoweit hatten wir oben ja festgestellt, dass der R – obwohl U gar nicht Eigentümer war – durch diese Abrede zumindest gutgläubig eine ***Anwartschaft*** gemäß den §§ 929, 932 BGB an den Rohren erworben hatte, die durch vollständige Zahlung zum Vollrecht erstarkt. Und da R die Rechnung nicht gezahlt hat, könnte man nun annehmen, dass er trotz der Vorschrift des § 946 BGB hier im vorliegenden Fall das Eigentum vor Eintritt der Bedingung nicht erwerben konnte.

Aber: Der Eigentumserwerb durch Realakt nach § 946 BGB vollzieht sich unabhängig jeder schuldrechtlichen Absprache und ist sogar an gestohlenen Sachen möglich und selbst dann, wenn der Eigentümer bösgläubig hinsichtlich der Herkunft der Sachen ist (BGH VersR **2014**, 348; BGHZ **53**, 327; RGZ **130**, 310; *Baur/Stürner* § 53 Rz. 5; *Palandt/Bassenge* § 946 BGB Rz. 3; *Soergel/Henssler* § 946 BGB Rz. 1). Die Rechtsfolge des § 946 BGB tritt ***zwingend*** ein und ist ***nicht*** abdingbar. Wichtig, bitte merken.

ZE.: Trotz der Absprache zwischen U und R hinsichtlich des vorbehaltenen Eigentums hat R das Eigentum an der Heizungsanlage gemäß § 946 BGB durch den Einbau als »Realakt« erworben.

Erg.: Und damit ist B ***nicht*** mehr Eigentümer der Sachen und kann folglich von R auch nicht die Herausgabe der Rohre gemäß § 985 BGB fordern.

Anspruch des B gegen R auf Wertersatz

AGL.: **§§ 951 Abs. 1, 812 Abs. 1 BGB**

Vorab: Die Vorschrift des § 951 Abs. 1 BGB ist notwendig, um die durch Realakt eingetretenen Rechtsverluste aufgrund der §§ 946-950 BGB auszugleichen. Wir hatten ja weiter oben gelernt, dass der Eigentumserwerb nach den gerade benannten Normen eintritt, ohne dass es auf den Parteiwillen ankommt. Wenn nun also eine Person ohne ihren Willen allein kraft Gesetzes (§§ 946-950 BGB) einen Rechtsverlust erleiden und damit logischerweise eine andere Person dadurch einen Rechtserwerb erhalten kann, muss es der Gerechtigkeit wegen eine Norm geben, die diesen Vorgang wenigstens vermögensrechtlich ausgleicht. Und das ist § 951 Abs. 1 BGB. Bitte jetzt mal Abs. 1 Satz 1 lesen.

Beachte: Wissen muss man, dass der in § 951 Abs. 1 Satz 1 BGB beschriebene Verweis auf die Vorschriften der ungerechtfertigten Bereicherung ein sogenannter **»Rechtsgrundverweis«** und vor allem ***nicht*** lediglich ein »Rechtsfolgenverweis« ist (BGHZ **40**, 272; BGHZ **55**, 176; OLG Hamm NJW-RR **1992**, 1105; *Bamberger/Roth/Kindl* § 951 BGB Rz. 2; *Erman/Ebbing* § 951 BGB Rz. 3; MüKo/*Füller* § 951 BGB Rz. 3; PWW/*Prütting* § 951 BGB Rz. 1). Die Bedeutung dessen liegt darin, dass aufgrund des Charakters des § 951 BGB als Rechtsgrundverweisung neben den Voraussetzungen des § 951 Abs. 1 Satz 1 BGB auch und ***zusätzlich*** die Voraussetzungen des Tatbestandes § 812 BGB immer vollständig vorliegen müssen. Wäre § 951 BGB lediglich ein Rechtsfolgenverweis, würde dies bedeuten, dass man bei Vorliegen des § 951 Abs. 1 Satz 1 BGB ohne weitere Prüfung der Voraussetzungen des § 812 BGB einfach eine Herausgabepflicht bejaht und dann lediglich den Umfang dieser Pflicht nach den §§ 812 ff. BGB bemisst.

So wie gerade zum Schluss beschrieben, geht es aber nicht, denn § 951 Abs. 1 BGB ist eine ***Rechtsgrundverweisung***. Und wir schauen uns jetzt mal am Fall an, welche Konsequenzen das hier hat:

1.) Dass der B aufgrund der Vorschriften der §§ 946-950 BGB einen Rechtsverlust erlitten hat, haben wir weiter oben geprüft, B hat sein Eigentum an den Rohren nach § 946 BGB an den R verloren.

2.) Des Weiteren muss nun aber unstreitig noch der **Tatbestand** des **§ 812 Abs. 1 BGB** vorliegen (Rechtsgrundverweis!), um dem B einen Anspruch über die Vorschriften der ungerechtfertigten Bereicherung zusprechen zu können. Auf welche Variante des § 812 Abs. 1 BGB bei § 951 Abs. 1 Satz 1 BGB verwiesen wird, ist streitig:

> Nach einer Meinung soll es sich bei einem Rechtsverlust nach den §§ 946–950 BGB nämlich immer um eine Form der sogenannten Eingriffskondiktion aus § 812 Abs. 1 Satz 1, 2. Alt. BGB handeln, denn der Rechtsverlust stelle immer eine Bereicherung »in sonstiger Weise« dar (*Bamberger/Roth/Kindl* § 951 BGB Rz. 2; *Palandt/Bassenge* § 951 BGB Rz. 2; *Baur/Stürner* § 53 Rz. 24; MüKo/*Füller* § 951 BGB Rz. 3; *Staudinger/Gursky* § 951 BGB Rz. 2; OLG Brandenburg BeckRS **2009**, 23346; OLG Hamm NJW-RR **1992**, 1105). Nach anderer Auffassung hingegen könne § 951 BGB auch dann Anwendung finden, wenn ein Fall der Leistungskondiktion im Sinne des § 812 Abs. 1 Satz 1, 1. Alt. BGB vorliegt (BGHZ **40**, 272; BGHZ **108**, 256; BGH NJW **1989**, 2745; *Prütting* Rz. 467; RGRK-*Pikart* § 951 BGB Rz. 7).

Und jetzt aufgepasst:

Im vorliegenden Fall können wir nun zunächst einmal Folgendes feststellen: Der U hat die Rohre bei R bewusst und gewollt in Erfüllung seiner vertraglichen Pflicht aus dem mit R geschlossenen Werkvertrag gemäß § 631 BGB eingebaut. Und wenn jemand ***bewusst*** und ***gewollt*** in Erfüllung einer Verbindlichkeit das Vermögen eines anderen vermehrt, entspricht das exakt dem ***Leistungsbegriff*** des § 812 Abs. 1 Satz 1 BGB (BGHZ **40**, 272; BGH NJW **1999**, 1393; *Palandt/Sprau* § 812 BGB Rz. 3). Zwischen **U und R** liegt demnach in Bezug auf die Rohre ein Leistungsverhältnis vor.

Zwischen **R und B** hingegen liegt offensichtlich ***kein*** Leistungsverhältnis vor, denn der B wusste ja gar nichts von der ganzen Geschichte. Aus der Sicht des B kommt somit keine Rückabwicklung eines Leistungsverhältnisses im Sinne des § 812 Abs. 1 Satz 1, 1. Alt. BGB in Betracht; für B bleibt dann allenfalls die oben schon mal erwähnte Bereicherung in sonstiger Weise (die Eingriffskondiktion) übrig.

> Das Problem liegt nun aber darin, dass im Bereicherungsrecht als eine der fundamentalsten Grundregeln der sogenannte »**Vorrang der Leistungskondiktion**« gilt. Diese Regel besagt, dass eine Eingriffskondiktion immer nur dann vorliegen kann, wenn der Entreicherte das Gut nicht durch Leistung, auch nicht durch Leistung eines Dritten verloren hat (*Prütting* Rz. 469; *Stürner/Heggen* in JuS 2000, 328; *Huber* in JuS 1970, 343; OLG Stuttgart NJW-RR **1998**, 1171). Sollte die Vermögensvermehrung durch Leistung eingetreten sein, erfolgt die bereicherungsrechtliche Rückabwicklung nur im Verhältnis des Leistenden und des Leistungsempfängers. Andere Ansprüche aus § 812 BGB sind in diesem Falle ausgeschlossen. Der Empfänger soll nur mit den

Personen abwickeln müssen, mit denen er in Vertrags- bzw. Leistungsbeziehungen steht.

Und genau so ist das in unserem Fall: Der entreicherte B hat die Rohre durch die ***Leistung*** des U gegenüber R verloren, denn U hat bewusst und zweckgerichtet in Erfüllung des Werkvertrages nach § 631 BGB gehandelt. Und deshalb – Regel ! – kann zugunsten des B im vorliegenden Fall keine Eingriffskondiktion mehr zur Anwendung kommen, denn R hat den Vorteil aufgrund einer ***Leistung*** des U erhalten. Eine Rückabwicklung über die §§ 812 ff. BGB wäre somit nur im Verhältnis von U und R möglich, ein Durchgriff des B gegen R ist aber ausgeschlossen.

Feinheit: Anders soll das aber dann sein, wenn der »Leistende« die Sachen dem Entreicherten ***gestohlen*** hat oder sie ihm sonst abhanden gekommen sind ***und*** dann im Rahmen eines Vertragsverhältnisses beim Empfänger vom Leistenden einbaut werden. In diesem Falle bestehe keine Rechtfertigung dafür, den Empfänger allein gegenüber dem Leistenden haften zu lassen (BGHZ **55**, 176; *Soergel/Henssler* § 951 BGB Rz. 7; *Staudinger/Gursky* § 951 BGB Rz. 17; *Jauernig/Berger* § 951 BGB Rz. 14). Hier gilt der Vorrang der Leistungskondiktion nicht, der Entreicherte kann trotz des Leistungsverhältnisses gegen den Bereicherten vorgehen.

So aber ist das bei uns ja nicht, denn der B hatte die Sachen dem U vorübergehend zur Verwahrung gegeben, damit seinen unmittelbaren Besitz freiwillig aufgegeben und somit galt für ihn dann eben doch der Vorrang des Leistungsverhältnisses.

ZE.: Da es ein Leistungsverhältnis zwischen U und R gegeben hat, scheidet eine Eingriffskondiktion aus dem Tatbestand des § 812 Abs. 1 Satz 1, 2. Alt. BGB zugunsten des B aus. Es gilt der Vorrang der Leistungskondiktion.

ZE.: Damit liegen die Tatbestandsvoraussetzungen des § 812 Abs. 1 Satz 1, 2. Alt. BGB zugunsten des B ***nicht*** vor.

ZE.: Und da § 951 Abs. 1 Satz 1 BGB eine Rechtsgrundverweisung ist, kann B gegen R ***nicht*** aus den §§ 951, 812 BGB vorgehen, denn die Voraussetzungen der Norm, auf die verwiesen wird, liegen nicht vor.

Erg.: B steht gegen R kein Anspruch aus den § 951 Abs. 1 Satz 1, § 812 Abs. 1 Satz 1, 2. Alt. BGB zu. Eine vermögensrechtliche Rückabwicklung scheitert an dem zwischen R und U bestehenden Leistungsverhältnis.

Beachte: Und das gilt übrigens, obwohl im vorliegenden Fall der Leistende U selbst gegen R gar nicht aus § 812 Abs. 1 Satz 1 BGB vorgehen könnte; denn die Leistung, die der U gegenüber R erbringt, erfolgt nicht ohne, sondern ***mit*** Rechtsgrund. Der Rechtsgrund für die Leistung des U ist nämlich der Werkvertrag, den R und U geschlossen haben. Und da der Vertrag problemlos wirksam ist, fehlt für die Leistung des U auch nicht der Rechtsgrund, was aber für § 812 Abs. 1 Satz 1 BGB (bitte prüfen) zwingende Voraussetzung wäre. Wie gesagt, das hindert die Anwendung der Regel des »**Vorrangs der Leistungskondiktion**« nicht. Wenn ein Leistungsverhältnis vorliegt, schließt dies selbst bei Bestehen eines Rechtsgrundes die Eingriffskondiktion des Entreicherten aus, es sei denn – wie oben erwähnt – die Leistung erfolgt in Bezug auf eine dem Eigentümer abhanden gekommene Sache (BGH NJW-RR **1991**, 343; *Palandt/Sprau* § 812 BGB Rz. 43).

Recht des B gegen R auf Wegnahme der Sache

AGL.: **§ 951 Abs. 2 Satz 2 BGB**

Vorab: Ein Anspruch aus § 997 Abs. 1 BGB (bitte mal lesen) kommt nicht in Betracht, denn der B war zu keiner Zeit der Besitzer der Hauptsache (= Haus bzw. Grundstück). Ein Anspruch aus § 997 Abs. 1 BGB würde aber voraussetzen, dass der Besitzer die Sache mit der Hauptsache des Eigentümers als wesentlicher Bestandteil verbunden hat.

> **Beispiel:** B besitzt – unbewusst unrechtmäßig – ein Grundstück mit einem Haus drauf und baut in das Haus eine Heizung ein. Dann stellt sich heraus, dass das Grundstück dem E gehört und dass B es nach § 985 BGB herausgeben muss. Jetzt kann B gemäß § 997 Abs. 1 BGB die Heizung ausbauen und »wegnehmen«, obwohl der E aufgrund des Einbaus nach § 946 BGB Eigentümer geworden ist.

In unserem Fall ging § 997 Abs. 1 BGB demnach nur dann, wenn der B unrechtmäßiger Besitzer des Grundstücks (= Hauptsache) gewesen wäre, dieses nun herausgeben muss und dann die Heizungsrohre, die wesentlicher Bestandteil der Hauptsache geworden sind, ausbauen will. So war das hier aber offensichtlich nicht, der B war nämlich zu keiner Zeit der (unrechtmäßige) Besitzer der Hauptsache. Also scheidet § 997 Abs. 1 BGB aus.

Jetzt zu § 951 Abs. 2 Satz 2 BGB:

Diese Norm nun erweitert nach dem aufmerksamen Lesen des Gesetzestextes den Anwendungsbereich des § 997 Abs. 1 BGB darauf, dass das Wegnahmerecht auch dann bestehen soll, wenn die Verbindung nicht von dem Besitzer der Hauptsache bewirkt worden ist. **Beispiel:**

> Wir bleiben insoweit mal zunächst im Beispiel von eben, das würde dann so aussehen: Der B besitzt immer noch das Haus unbewusst unrechtmäßig, lässt jetzt die Heizung aber vom Klempner K einbauen. Und dann kommt wieder der Grundstückseigentümer E, der die Herausgabe des gesamten Grundstücks nach § 985 BGB gegenüber B geltend macht. Es fragt sich jetzt, wem der Anspruch auf Ausbau der Heizung zusteht. **Dem B oder dem K?**

Der B war der unrechtmäßige Besitzer der Hauptsache (Grundstück), demnach stünde ihm eigentlich hinsichtlich eines Anspruchs auf Wegnahme der Heizung der § 997 Abs. 1 BGB zur Seite. Allerdings hat B die Sache selbst nicht eingebaut und somit nicht die Verbindung hergestellt, was möglicherweise zur Folge haben könnte, dass nur der K berechtigt zur Wegnahme sein könnte.

> → Nach Ansicht des **BGH** aber spielt der Umstand, dass der Besitzer die Sache nicht selbst eingebaut hat, keine Rolle. Der Dritte erhalte dadurch keinen eigenen Anspruch. Die Vorschrift des § 951 Abs. 2 Satz 2 BGB billige lediglich dem ***unrechtmäßigen Besitzer*** der Hauptsache das Wegnahmerecht zu, wobei der Verweis auf § 997 Abs. 1 BGB nur eine Erweiterung dahingehend bewirkt, dass der Besitzer auch dann die Wegnahme beanspruchen kann, wenn der Einbau auf seine Veranlassung hin von einem Dritten vorgenommen wurde (BGHZ **40**, 272; *Erman/Ebbing* § 951 BGB Rz. 20).

Also: Nach Ansicht des BGH stünde in unserem 2. Beispielsfall das Wegnahmerecht somit nur dem unrechtmäßigen Besitzer B zu, freilich nur, sofern ihm auch ein Rechtsverlust entstanden ist, was gesondert zu prüfen wäre.

> → Nach ***anderer Auffassung*** aber begründet § 951 Abs. 2 Satz 2 BGB ein ***selbstständiges Wegnahmerecht*** für jeden, der durch den Einbau einen Rechtsverlust erleidet und dem deshalb dem Grunde nach ein Anspruch auf Wertersatz aus den §§ 951, 812 BGB zusteht (*Baur/Stürner* § 53 Rz. 36; *Palandt/Bassenge* § 951 BGB Rz. 25; *Baur/Wolff* in JuS 1966, 393; MüKo/*Füller* § 951 BGB Rz. 24). Hierbei soll es unerheblich sein, ob derjenige dann überhaupt jemals (unberechtigter) Besitzer der Sache war oder nicht. Sofern ihm ein Rechtsverlust nach § 946 BGB entstanden ***und*** auch der Anspruch über die §§ 951, 812 BGB erwachsen ist, kann er auch die Wegnahme nach § 951 Abs. 2 Satz 2 BGB gegenüber dem Eigentümer beanspruchen. Das Wegnahmerecht aus § 951 Abs. 2 Satz 2 BGB stellt insoweit eine Ergänzung zum Wertersatzanspruch aus § 951 Abs. 1 BGB dar mit der Folge, dass dessen Voraussetzungen grundsätzlich auch vorliegen müssen (*Palandt/Bassenge* § 951 BGB Rz. 25; *Staudinger/Gursky* § 951 BGB Rz. 55; *Baur/Stürner* § 53 Rz. 36 a.E.).

Also: Nach dieser Meinung könnte K im obigen Fall, sofern er einen Rechtsverlust durch den Einbau der Heizung über § 946 BGB erlitten hat, die Wegnahme der Heizung aus den §§ 951 Abs. 2 Satz 2 i.V.m. § 997 BGB gegenüber E beanspruchen.

Und jetzt zu unserem Fall:

Die Rohre gehörten dem B. Eingebaut hat sie der U. Eigentum erworben nach § 946 BGB hat der R.

- Nach Ansicht des BGH steht das Recht auf Wegnahme aus den §§ 951 Abs. 2 Satz 2 i.V.m. § 997 Abs. 1 BGB weder dem U, der die Rohre eingebaut hat, noch dem B, der Eigentümer war und dann den Rechtsverlust nach § 946 BGB erlitten hat, zu. **Denn:** Der Besitzer der Hauptsache und damit alleiniger möglicher Anspruchsberechtigter war der R (!). Der B, der hier den Rechtsverlust erlitten hat, war zu ***keiner*** Zeit (unberechtigter) Besitzer der Hauptsache. Und deshalb kommt für ihn mangels besitzrechtlicher Position weder ein Anspruch aus § 997 Abs. 1 BGB noch aus § 951 Abs. 2 Satz 2 BGB i.V.m. § 997 BGB in Betracht. Ein Anspruch des U hingegen scheitert schon daran, dass U gar keinen Rechtsverlust erlitten hat.

- Die andere Auffassung, die ***jedem***, der einen Rechtsverlust über § 946 BGB erlitten hat, ein Wegnahmerecht nach § 951 Abs. 2 Satz 2 BGB zubilligen will, muss nun noch fragen, ob denn dem B dem Grunde nach auch der Wertersatzanspruch aus § 951 Abs. 1 BGB zusteht, denn das war Grundvoraussetzung auch für das Wegnahmerecht (*Baur/Stürner* § 53 Rz. 36).

Und daran scheitert es in unserem Fall logischerweise, denn wir hatten weiter oben gesehen, dass dem B gegen R gerade ***kein*** Anspruch aus den §§ 951 Abs. 1, 812 BGB auf Wertersatz zusteht. Das lag daran, dass zugunsten des B die Tatbestandsvoraussetzungen des § 812 Abs. 1 BGB nicht vorlagen, weil wegen des Vorrangs der Leistungskondiktion eine mögliche Eingriffskondiktion für B ausschied.

Tja, und deshalb muss auch die andere Ansicht dem B den Anspruch bzw. das Recht auf Wegnahme nach den §§ 951 Abs. 2 Satz 2 i.V.m. § 997 Abs. 1 BGB hier absprechen, da ihm schon der Anspruch auf Wertersatz nach § 951 Abs. 1 BGB fehlt.

Erg.: B kann dem R die Heizung nach den §§ 951 Abs. 2 Satz 2 i.V.m. § 997 Abs. 1 BGB ***nicht*** wegnehmen. Und da ihm – wie oben erörtert – auch kein Anspruch auf Wertersatz zusteht, geht der B insgesamt leer aus.

Kniffliges zum Abschluss

Im Zusammenhang mit den weiter oben in der Lösung angesprochenen Fragen nach der Eigentumszuordnung gemäß den §§ 93 und 94 BGB hatte der BGH am **9. Oktober 2012** den folgenden, ziemlich kniffligen und daher prüfungstauglichen Fall zu entscheiden (NJW-RR **2013**, 652 = MDR **2013**, 1217): Im Jahre 1959 errichtete eine Frau auf ihrem Grundstück ein Wohnhaus und ließ in etwa 20 Meter Entfernung zum Wohnhaus in den Boden einen Öltank zur Lagerung des Heizöls vergraben. Wohnhaus und Öltank waren durch ein Rohr verbunden, durch das das Öl in die Heizung des Hauses gelangte. Im Jahre 1987 ließ die Dame dann das Grundstück teilen, und zwar genau in der Mitte zwischen Haus und Öltank: Die eine Hälfte des Grundstücks (die mit dem Haus) verschenkte sie an ihren Sohn (S), die andere Hälfte (die mit dem Öltank im Boden) verkaufte sie an einen Bekannten (Ö). In einem gesonderten Vertrag wurde vereinbart, dass der Bekannte dem Sohn die Nutzung des Öltanks gestatten musste. Nachdem viele Jahre alles problemlos lief, ließ der Sohn im Jahr 2010 die (inzwischen uralte) Heizungsanlage im Haus durch eine Gasheizung ersetzen und legte anschließend den Öltank, da er das Öl ja nun nicht mehr benötigte, still.

Und dann kam, was kommen musste: Selbstverständlich forderte nun der Öltankgrundstückseigentümer (Ö) von dem Sohn (S) die Entfernung des Öltanks; der Tank stand bzw. lag ja immer noch unter der Erde des Grundstücks und wurde jetzt nicht mehr genutzt. In Ermangelung anderweitiger Normen kam als Anspruchsgrundlage nur **§ 1004 Abs. 1 Satz 1 BGB** (aufschlagen!) in Betracht, denn der Tank störte seit seiner Stilllegung quasi »grundlos« das Eigentum des Ö, vor allem weil eine Duldungspflicht aus § 1004 Abs. 2 BGB nun nicht mehr bestand. **Problem**: Befand sich der Öltank unter Umständen seit der Teilung des Grundstücks im Jahre 1987 wegen der Regelung des § 94 Abs. 1 BGB (aufschlagen!) längst im ***Eigentum*** des Ö, was den Anspruch des Ö gegen S aus § 1004 Abs. 1 Satz 1 BGB logischerweise ausgeschlossen hätte?

Lösung: Der BGH ordnete das Eigentum an dem Öltank zur Überraschung aller Beteiligten dem S zu, obwohl sich das Monstrum tief im Boden des Grundstücks des Ö befand (BGH NJW-RR **2013**, 652 = MDR **2013**, 1217). **Begründung**: Der § 94 Abs. 2 BGB gehe als *lex spezialis* dem § 94 Abs. 1 BGB vor. Eine Sache könne auch dann nach § 94 Abs. 2 BGB zu einem Gebäude und dem folgend zu dem entsprechend Grundstück gehören, wenn sie auf einem anderen Grundstück in dessen Boden gelagert sei. Die Tatsache, dass der Öltank fraglos mit Grund und Boden des einen Grundstücks fest verbunden im Sinne des § 94 Abs. 1 BGB sei, hindere diese Wertung nicht. Wörtlich heißt es:

> *»...denn selbst wenn man davon ausgeht, dass der Öltank gemäß § 94 Abs. 1 BGB mit der Teilung der Grundstücke im Jahre 1987 zum »wesentlichen Bestandteil« des einen Grundstücks (desjenigen ohne Haus) wurde, spricht dies nicht gegen eine rechtliche Zuordnung zum anderen Grundstück und dessen Eigentümer. Die Vorschrift des § 94 Abs. 2 BGB* ***verdrängt*** *bei dieser Sachlage nämlich die Zuordnungsregel des § 94 Abs. 1 BGB. Der Tank wurde namentlich zum* ***Bestandteil*** *des* ***Gebäudes*** *und stand damit zum Zeitpunkt der Teilung des Grundstücks im Eigentum des S, der der Eigentümer des Grundstücks war, auf dem das Gebäude vormals errichtet wurde...Diese Zuordnung und der daraus folgende Beseitigungsanspruch wird schließlich auch nicht durch die Stilllegung des Tanks im Jahre 2010 oder eine mögliche Dereliktion des Eigentums am Tank durch S aufgehoben; entscheidend ist allein, dass die Störung des Eigentums des Ö nur durch die Entfernung der dem S zuzuordnenden Sache endgültig aufgehoben werden kann ...«*

Ergebnis: Ö steht gegen S ein Anspruch auf Entfernung des Öltanks aus § 1004 Abs. 1 Satz 1 BGB zu, da ihn nach der Stilllegung keine Pflicht mehr trifft, die Nutzung des Tanks auf seinem Grundstück gemäß § 1004 Abs. 2 BGB zu dulden und die Eigentumszuordnung den S als Verpflichteten der Beseitigung ausweist (BGH NJW-RR **2013**, 652 = MDR **2013**, 1217).

Gutachten

I.) B könnte gegen R einen Anspruch auf Herausgabe der Rohre aus dem Eigentumsrecht des § 985 BGB haben.

Voraussetzung dafür ist zunächst die Eigentümerstellung des B in Bezug auf die Rohre. Ursprünglicher Eigentümer war der B. Durch die Aufbewahrung bei U ist kein Eigentumsverlust zulasten des B eingetreten, bei einer Verwahrung wird lediglich der Besitz übertragen.

B könnte sein Eigentum jedoch durch den Einbau der Rohre bei R an R verloren haben. In Betracht kommt insoweit ein Rechtserwerb aufgrund der Vorschriften der §§ 946 ff. BGB, demnach ein Erwerb des Eigentums durch einen sogenannten »Realakt«. B könnte sein Eigentum an R gemäß § 946 BGB verloren haben.

1.) Dann muss eine bewegliche Sache mit einem Grundstück dergestalt verbunden worden sein, dass sie wesentlicher Bestandteil des Grundstücks wird. Unter diesen Umständen erstreckt sich das Eigentum an dem Grundstück auch auf diese Sache (§ 946 BGB). Die Fußbodenheizung bzw. die dafür erforderlichen Rohre könnten ein wesentlicher Bestandteil des Grundstücks im Sinne des § 94 BGB geworden sein. Gemäß § 94 Abs. 1 BGB gehören zu den wesentlichen Bestandteilen eines Grundstücks die mit dem Grund und Boden fest verbundenen Sachen, insbesondere Gebäude oder Erzeugnisse des Grundstücks, solange sie mit dem Boden zusammenhängen. Gemäß § 94 Abs. 2 BGB gehören zu den wesentlichen Bestandteilen des Gebäudes die zur Herstellung des Gebäudes eingefügten Sachen. Im vorliegenden Fall ist insoweit beachtlich, dass die Heizung im Rahmen einer umfassenden Renovierung in das Gebäude eingebaut wurde. Berücksichtigt man, dass der in § 94 Abs. 2 BGB verwendete Begriff der »Herstellung« eines Gebäudes nicht allein auf das Erbauen an sich beschränkt ist, sondern auch spätere Arbeiten, die namentlich der Renovierung dienen, mitumfasst, handelt es sich bei der eingebauten Fußbodenheizung um einen wesentlichen Bestandteil des Gebäudes im Sinne des § 94 Abs. 2 BGB. Und soweit die Heizung ein wesentlicher Bestandteil des Gebäudes im Sinne des § 94 Abs. 2 BGB und das Gebäude gemäß § 94 Abs. 1 BGB immer ein wesentlicher Bestandteil des Grundstücks ist, ist die zum Gebäude gehörende Heizung dann auch wesentlicher Bestandteil des Grundstücks (§ 94 Abs. 1 i.V.m. § 94 Abs. 2 BGB). Mit dem Einbau der Heizung in das Haus erstreckt sich das Eigentum am Grundstück gemäß § 946 BGB auch auf die Heizung. Mithin hat B sein Eigentum an der Heizung durch Realakt nach § 946 BGB an R verloren.

2.) Dem könnte möglicherweise aber noch entgegenstehen, dass laut der Verabredung zwischen U und R der R das Eigentum an der Sache erst mit vollständiger Zahlung des Kaufpreises erwerben sollte. Daraus könnte sich ergeben, dass der R aufgrund der Vereinbarung mit U trotz der Vorschrift des § 946 BGB dennoch kein Eigentum erwerben konnte, weil es dem Parteiwillen widersprach. Indessen muss insoweit beachtet werden, dass der Eigentumserwerb durch Realakt nach § 946 BGB sich unabhängig jeder schuldrechtlichen Absprache vollzieht und sogar an gestohlenen Sachen möglich ist und selbst dann, wenn der Eigentümer bösgläubig hinsichtlich der Herkunft der Sachen ist. Die Rechtsfolge der §§ 946 ff. BGB tritt zwingend ein und ist nicht abdingbar. Trotz der Absprache zwischen U und R hinsichtlich des vorbehaltenen Eigentums hat R das Eigentum an der Heizungsanlage gemäß § 946 BGB durch den Einbau als »Realakt« erworben.

Erg.: Damit ist B nicht mehr Eigentümer der Sachen und kann folglich von R auch nicht die Herausgabe der Rohre gemäß § 985 BGB fordern.

II.) B könnte gegen R aber einen Anspruch auf Wertersatz aus den §§ 951 Abs. 1, 812 ff. BGB haben.

Insoweit ist zunächst festzustellen, dass B aufgrund der Vorschrift des § 946 BGB einen Rechtsverlust erlitten hat. Gemäß § 951 Abs. 1 BGB kann B somit nach den Regeln der ungerechtfertigten Bereicherung eine Vergütung in Geld verlangen. Diesbezüglich ist jedoch zu beachten, dass § 951 Abs. 1 BGB eine sogenannte Rechtsgrundverweisung darstellt mit der Folge, dass stets auch die Tatbestandsvoraussetzungen der §§ 812 ff. BGB positiv vorliegen müssen.

Im vorliegenden Fall könnte einem Ersatzanspruch des B der im gesamten Bereicherungsrecht geltende Vorrang der Leistungskondiktion entgegenstehen. R hat die Rohre bzw. das Eigentum an den Rohren erhalten aufgrund einer bewussten zweckgerichteten Vermehrung seines Vermögens durch U. Der U hat beim Einbau der Rohre in Erfüllung seines mit R geschlossenen Vertrages gehandelt. U hat die Rohre mithin an R geleistet im Sinne des § 812 Abs. 1 BGB. Daraus folgt, dass eine bereicherungsrechtliche Rückabwicklung wegen des Vorranges der Leistungskondiktion nur im Verhältnis zwischen U und R, also dem Leistenden und dem Leistungsempfänger erfolgen kann. Ein bereicherungsrechtlicher Anspruch zwischen B und R ist ausgeschlossen.

Erg.: B kann von R keine Vergütung in Geld nach den §§ 951 Abs. 1, 812 ff. BGB fordern, eine bereicherungsrechtliche Rückabwicklung ist insoweit ausgeschlossen.

III.) Ein Wegnahmerecht hinsichtlich der Rohre aus § 997 Abs. 1 BGB kommt im vorliegenden Fall für B nicht in Betracht, denn B war zu keiner Zeit Besitzer der Hauptsache; das Haus stand im alleinigen Besitz des R.

IV.) B könnte aber noch ein Wegnahmerecht in Bezug auf die Rohre aus § 951 Abs. 2 Satz 2 BGB i.V.m. § 997 Abs. 1 BGB zustehen.

1.) Gemäß § 951 Abs. 2 Satz 2 BGB ist eine Wegnahme in den Fällen der §§ 946, 947 BGB auch dann zulässig, wenn die Verbindung nicht von dem Besitzer der Hauptsache bewirkt worden ist. Es stellt sich die Frage, ob angesichts dessen im vorliegenden Fall der B nunmehr die Rohre bei R entfernen darf. Dies ist deshalb problematisch, weil in Bezug auf die Bedeutung und den Anwendungsbereich des § 951 Abs. 2 Satz 2 BGB Streit besteht.

a) Nach einer Ansicht spielt der Umstand, dass der Besitzer die Sache nicht selbst eingebaut hat, keine Rolle. Der Dritte erhalte dadurch keinen eigenen Anspruch. Die Vorschrift des § 951 Abs. 2 Satz 2 BGB billige lediglich dem unrechtmäßigen Besitzer der Hauptsache das Wegnahmerecht zu, wobei der Verweis auf § 997 Abs. 1 BGB nur eine Erweiterung dahingehend bewirkt, dass der Besitzer auch dann die Wegnahme beanspruchen kann, wenn der Einbau auf seine Veranlassung hin von einem Dritten vorgenommen wurde.

b) Nach anderer Auffassung aber begründet § 951 Abs. 2 Satz 2 BGB ein selbstständiges Wegnahmerecht für jeden, der durch den Einbau einen Rechtsverlust erleidet und dem deshalb dem Grunde nach ein Anspruch auf Wertersatz aus den §§ 951, 812 BGB zusteht. Hierbei soll es unerheblich sein, ob derjenige dann überhaupt jemals (unberechtigter) Besitzer der Sache war oder nicht. Sofern ihm ein Rechtsverlust nach § 946 BGB entstanden und auch der Anspruch über die §§ 951, 812 BGB erwachsen ist, kann er auch die Wegnahme nach § 951 Abs. 2 Satz 2 BGB gegenüber dem Eigentümer beanspruchen. Das Wegnahmerecht aus § 951 Abs. 2 Satz 2 BGB stellt insoweit eine Ergänzung zum Wertersatzanspruch aus § 951 Abs. 1 BGB dar mit der Folge, dass dessen Voraussetzungen grundsätzlich auch vorliegen müssen.

2.) Nach der ersten Ansicht nun steht das Recht auf Wegnahme aus den §§ 951 Abs. 2 Satz 2 i.V.m. § 977 Abs. 1 BGB weder dem U, der die Rohre eingebaut hat, noch dem B, der Eigentümer war und dann den Rechtsverlust nach § 946 BGB erlitten hat, zu. Denn der Besitzer der Hauptsache und damit alleiniger möglicher Anspruchsberechtigter war der R. Der B, der hier den Rechtsverlust erlitten hat, war zu keiner Zeit (unberechtigter) Besitzer der Hauptsache. Und deshalb kommt für ihn mangels besitzrechtlicher Position weder ein Anspruch aus § 997 Abs. 1 BGB noch aus § 951 Abs. 2 Satz 2 BGB i.V.m. § 997 BGB in Betracht. Ein Anspruch des U hingegen scheitert schon daran, dass U gar keinen Rechtsverlust erlitten hat.

Die andere Auffassung, die jedem, der einen Rechtsverlust über § 946 BGB erlitten hat, ein Wegnahmerecht nach § 951 Abs. 2 Satz 2 BGB zubilligen will, müsste nun noch fragen, ob dem B dem Grunde nach auch der Wertersatzanspruch aus § 951 Abs. 1 BGB zusteht, denn das war Grundvoraussetzung auch für das Wegnahmerecht. Und daran scheitert es in unserem Fall, denn es ist weiter oben festgestellt worden, dass dem B gegen R gerade kein Anspruch aus den §§ 951 Abs. 1, 812 BGB auf Wertersatz zusteht. Das liegt daran, dass zugunsten des B die Tatbestandsvoraussetzungen des § 812 Abs. 1 BGB nicht vorliegen, weil wegen des Vorrangs der Leistungskondiktion eine mögliche Eingriffskondiktion für B ausscheidet.

Somit muss auch die andere Ansicht dem B den Anspruch bzw. das Recht auf Wegnahme nach den §§ 951 Abs. 2 Satz 2 i.V.m. § 997 Abs. 1 BGB absprechen, da ihm schon der Anspruch auf Wertersatz nach § 951 Abs. 1 BGB fehlt.

Erg.: B kann dem R die Heizung nach den §§ 951 Abs. 2 Satz 2 i.V.m. § 997 Abs. 1 BGB nicht wegnehmen und kann somit überhaupt keine Ansprüche gegen R geltend machen.

2. Abschnitt

Die Kreditsicherung bei beweglichen Sachen:

Der Eigentumsvorbehalt, das Anwartschaftsrecht, die Sicherungsübereignung (§§ 929, 930 BGB) und die Sicherungsabtretung (§§ 929, 931 BGB)

Fall 6

Ärzte ohne Grenzen

Doktor D geht für 12 Monate ins Ausland und hat während dieser Zeit diverse Teile seiner Praxiseinrichtung an den Kollegen K verliehen. K gerät einige Wochen später in Geldnot und veräußert deshalb das Röntgengerät des D an den gutgläubigen Kollegen G zum Preis von 60.000 Euro, vereinbart mit dem G aber einen Eigentumsvorbehalt, wonach G erst nach Zahlung der letzten von vier Monatsraten zu je 15.000 Euro von K das Eigentum erwerben soll.

D kehrt nach drei Monaten unerwartet zurück und verlangt nun von G, der bereits drei Monatsraten an K gezahlt hat, die Herausgabe des Gerätes. G weigert sich und zahlt vielmehr kurz darauf die letzte Rate an K.

Nunmehr klagt D gegen G auf Herausgabe der Maschine. Mit Erfolg?

> **Schwerpunkte:** Das Anwartschaftsrecht, gutgläubiger Erwerb nach den §§ 929, 932, 158 BGB; Bedingungseintritt trotz späterer Bösgläubigkeit?; Erwerb bei gutem Glauben an die vertragliche Abrede?; Verkauf einer geliehenen Sache unter Eigentumsvorbehalt gemäß § 449 BGB.

Lösungsweg

Leihe (§ 598 BGB) §§ 433, 449 BGB

D -- K -- G

Besitzverschaffung §§ 929, 932, 158 Abs. 1 BGB?

D gegen G auf Herausgabe der Röntgenmaschine

AGL.: § 985 BGB

Der Anspruch des D gegen G auf Herausgabe der Maschine nach § 985 BGB ist natürlich nur dann begründet, wenn der D (noch) ***Eigentümer*** der Sache ist. Dass er das ursprünglich war, steht angesichts der Schilderung des Sachverhaltes (»seine« Praxiseinrichtung) außer Frage. Problematisch ist allerdings, ob D sein Eigentum nicht verloren hat. Ein Eigentumsverlust zugunsten des K kommt nicht in Betracht, denn D hatte dem K die Maschine nur geliehen. Fraglich ist indessen, ob D sein Eigentum nicht durch die Rechtsgeschäfte zwischen K und G an den G verloren hat. Der Reihe nach:

1.) K könnte dem G durch die Vereinbarung des Eigentumsvorbehaltes ein bedingtes Eigentum nach § 158 Abs. 1 BGB und damit ein Anwartschaftsrecht an der Maschine verschafft haben. Da K allerdings nicht der Eigentümer der Maschine gewesen ist, kommt für den G nur ein gutgläubiger Erwerb des Anwartschaftsrechts nach den §§ 929, 932, 158 Abs. 1 BGB in Betracht.

Nach der Vereinbarung zwischen K und G sollte G den Besitz an der Sache erhalten und mit Zahlung der letzten Rate auch das Eigentum erwerben. Eine solche Abrede lässt sich zwanglos unter § 449 BGB subsumieren mit der Folge, dass G mit Abschluss dieser Vereinbarung und der Übergabe der Maschine grundsätzlich ein Anwartschaftsrecht mit der Möglichkeit des späteren Eigentumserwerbes gemäß § 158 Abs. 1 BGB hat erlangen können. Zudem war unser G auch noch gutgläubig in Bezug auf die Eigentümerstellung des K, und das konnte er wegen des Besitzes des K an der Maschine auch sein (lies: § 1006 Abs. 1 BGB). Schließlich war die vertragliche Abrede zwischen K und G gemäß § 449 BGB – obwohl K Nichtberechtigter gewesen ist – selbstverständlich wirksam mit der Folge, dass der Eintritt der Bedingung auch nicht ausgeschlossen war.

ZE.: G hat somit von K mit der Übergabe der Sache gemäß den §§ 929, 932, 158 Abs. 1 BGB gutgläubig und vor allem wirksam das Anwartschaftsrecht an der Maschine erworben.

Beachte: Dass der gutgläubige Erwerb des Anwartschaftsrechts vergleichsweise einfach gelingt, versteht man, wenn man sich anhand des vorliegenden Falles vor Augen führt, dass K dem G über die §§ 929, 932 BGB sogar ohne Probleme sofort das ***Eigentum*** an der Maschine hätte verschaffen können. Denn der G war gutgläubig und der K war unmittelbarer Besitzer (§ 935 Abs. 1 BGB lag nicht vor – geliehen!), was ausreicht, um den gutgläubigen Eigentumserwerb nach den soeben benannten Normen schmerzlos zu erfüllen. Und da das Anwartschaftsrecht quasi die Vorstufe zum Eigentumserwerb darstellt, funktioniert der gutgläubige Erwerb dieses »Weniger« (= das Anwartschaftsrecht) im Vergleich zum Vollrecht (= Eigentum) nach den gleichen Regeln. Merken.

2.) Der G könnte nun durch die Zahlung der letzten Rate die Bedingung gemäß § 158 Abs. 1 BGB herbeigeführt haben mit der Folge, dass die von dem Eintritt der Bedingung abhängig gemachte Wirkung eintritt (lies: § 158 Abs. 1 BGB). Die von dem Eintritt der Bedingung abhängig gemachte Wirkung ist in unserem Fall der ***Eigentumserwerb*** an der Maschine durch G. Das hatten K und G so vereinbart. Und wenn G mit Zahlung der letzten Rate das Eigentum an der Maschine erlangt hat, kann er logischerweise von D gemäß § 985 BGB nicht mehr in Anspruch genommen werden.

Aber: Als G die letzte Rate an K zahlt, weiß er bereits, dass K der Nichtberechtigte in Bezug auf die Maschine ist. Immerhin nämlich hatte der D von ihm (G) nach seiner Rückkehr schon die Herausgabe der Maschine gefordert. Die Frage, die sich stellt, ist demnach die, ob man bei einem gutgläubig erworbenen Anwartschaftsrecht auch dann den Bedingungseintritt gemäß § 158 Abs. 1 BGB herbeiführen kann, wenn man vorher von der Nichtberechtigung des Veräußerers erfährt und somit seine Gutgläubigkeit eingebüßt hat.

Antwort: Der gute Glaube an die Berechtigung des Veräußerers muss beim gutgläubigen Erwerb eines Anwartschaftsrechtes nach allgemeiner Auffassung nur im Zeitpunkt der ***Einigung*** zwischen den Parteien und der ***Übergabe*** der Sachen vorliegen; eine später eingetretene Bösgläubigkeit schadet nicht und verhindert vor allem nicht den Eigentumserwerb beim Käufer (BGHZ **10**, 69; BGHZ **30**, 374; *Prütting* Rz. 393; MüKo/*Oechsler* § 932 BGB Rz. 19; *Medicus/Petersen* BR Rz. 465; *Schreiber* Rz. 330; *Brox* in JuS 1984, 657; *Palandt/Bassenge* § 929 BGB Rz. 38).

Zur Begründung wird hauptsächlich angeführt, dass der Käufer, der einmal ein wirksames Anwartschaftsrechts erlangt habe, darauf vertrauen dürfe, dass dieses Anwartschaftsrecht dann auch zum Vollrecht erstarkt, selbst wenn die Nichtberechtigung des Verkäufers zu einem späteren Zeitpunkt bekannt wird (BGHZ **10**, 69). Man hält in solchen Fällen den Erwerber für schutzwürdiger als den vormaligen Eigentümer. Und wer genau hinschaut, sieht übrigens auch hier die Parallele zum unbedingten gutgläubigen Eigentumserwerb nach den §§ 929, 932 BGB: Auch dort schadet eine Bösgläubigkeit, die nach der Übergabe der Sache eintritt, grundsätzlich nicht (*Palandt/Bassenge* § 932 BGB Rz. 16).

ZE.: Der G hat mit der Zahlung der letzten Rate an K das Eigentum an der Maschine gemäß den §§ 929, 932, 158 Abs. 1 BGB erworben.

ZE.: Somit hat D mit dieser Zahlung sein Eigentum an der Maschine verloren.

Erg.: Der Herausgabeanspruch des D gegen G aus § 985 BGB ist ***nicht*** begründet.

Abwandlung

Zum kompletten Verständnis der gerade aufgezeigten Problematik um den gutgläubigen Erwerb einer Anwartschaft bzw. des daraus erwachsenden Eigentums schauen wir uns jetzt noch gerade eine kleine Abwandlung zur vorherigen Fallgestaltung an, und die geht so:

Der Sachverhalt bleibt grundsätzlich wie bisher, also D hat dem K einige Geräte aus seiner Praxis für ein paar Monate ausgeliehen. Der K verkauft nun dem Arzt A ein Ultraschallgerät des D zum Preis von 40.000 Euro. Im Unterschied zum Ausgangsfall aber erklärt K dem A, er (K) habe dieses Gerät selbst nur unter Eigentumsvorbehalt von D zum Preis von 40.000 Euro gekauft. 30.000 Euro habe er schon an D bezahlt. Darauf zahlt A an K die 30.000 Euro und nimmt die Sache mit. Unser D kommt jetzt wieder frühzeitig aus dem Ausland zurück und will wissen, ob er von A, der mittlerweile die – aus seiner Sicht ausstehenden – 10.000 Euro auf das Konto des D überwiesen hat, die Herausgabe der Maschine fordern kann.

D gegen A auf Herausgabe des Ultraschallgerätes

AGL.: **§ 985 BGB**

Auch hier stellt sich natürlich einzig die Frage, ob unser Anspruchssteller D (noch) der ***Eigentümer*** des Gerätes ist. Fraglos hat er das Eigentum an dem Ultraschallgerät nicht an den K verloren, auch dieses Gerät war ja nur geliehen. Die Frage, die sich aber stellt, ist die, ob D sein Eigentum nicht durch das zwischen K und A geschlossenen Rechtsgeschäft und die von A dann veranlasste Zahlung der 10.000 Euro an A verloren hat.

In Betracht kommt aufgrund der Zahlung ein Bedingungseintritt im Sinne des **§ 158 Abs. 1 BGB** mit der möglichen Folge des Eigentumserwerbes seitens des A. Dafür erforderlich ist indessen, dass A durch das Geschäft mit K überhaupt eine Anwartschaft an dem Gerät erworben hat, die durch die Zahlung der letzten angeblich ausstehenden Rate zum Vollrecht erwachsen wäre. Insoweit ergeben sich nun aber – im Gegensatz zum vorherigen Fall oben – Zweifel. Zwei Gesichtspunkte sind erwägenswert:

1.) Zunächst ist beachtlich, dass der A im Unterschied zur soeben vorher erläuterten Fallvariante hier jetzt weiß, dass er das Rechtsgeschäft nicht mit dem Eigentümer abschließt; K sagt ausdrücklich, dass er selbst das Gerät von D unter Eigentumsvorbehalt gekauft und die letzte Rate noch nicht gezahlt hat. Und würde es nur dabei bleiben und die Geschichte des K entspräche den Tatsachen, stünde einem Erwerb des Anwartschaftsrechts nichts im Wege, denn die Anwartschaft ist problemlos übertragbar nach den §§ 929 ff. BGB – es gelten die gleichen Regeln wie beim Eigentumserwerb.

2.) Das Besondere an dieser Fallgestaltung ist nun aber, dass die Eigentumsverhältnisse zwar von K zutreffend dargestellt sind, allerdings besteht mangels vertraglicher Abrede zwischen K und D ***kein*** Anwartschaftsrecht zugunsten des K. In Betracht käme somit nur ein ***gutgläubiger Erwerb*** eines tatsächlich nicht bestehenden Anwartschaftsrechtes nach den §§ 932 ff. BGB.

Merke: Dieses aber wird nach fast ganz herrschender Meinung bereits in seiner Entstehung abgelehnt, wenn überhaupt keine – also auch nicht bei einem Dritten – vertragliche Abrede diesbezüglich besteht (PWW/*Prütting* § 929 BGB Rz. 22; RGRK-*Pikart* § 929 BGB Rz. 76; *Soergel/Henssler* Anh. zu § 929 BGB Rz. 75; *Schreiber* Rz. 332; MüKo/*Oechsler* § 932 BGB Rz. 38; *Prütting* Rz. 393; *Baur/Stürner* § 59 Rz. 40;

Medicus/Petersen BR Rz. 475; *Palandt/Bassenge* § 929 BGB Rz. 46; *Westermann/Gursky* § 45 III; anders aber: *Stoll* in ZHR 128, 239 und *Wieling* § 17 IV). Eine Anwartschaft, die mangels schuldrechtlicher Vereinbarung gar nicht besteht, kann ***nicht*** gutgläubig erworben werden. Die Begründung für dieses Ergebnis leuchtet ein: Der gute Glaube kann sich nämlich nicht auf das Bestehen eines Vertragsverhältnisses bzw. einer entsprechenden Abrede über einen Eigentumsvorbehalt beziehen; der gute Glaube im Sinne des § 932 BGB muss sich vielmehr immer und ausschließlich auf die ***Eigentümerstellung*** beschränken (MüKo/*Oechsler* § 932 BGB Rz. 38).

Beachte: Man sieht hier dann auch den Unterschied zur ersten Fall-Variante mit dem G, der zwar nicht weiß, dass er vom Nichtberechtigten erwirbt, dafür aber mit dem Nichtberechtigten einen wirksamen Kaufvertrag mit der Vereinbarung eines Eigentumsvorbehaltes schließt. In diesem Falle bezieht sich sein guter Glaube auf die Person des Eigentümers, der Eigentumsvorbehalt hingegen ist mit diesem scheinbaren Eigentümer schuldrechtlich wirksam geschlossen worden. Die Bedingung nach § 158 Abs. 1 BGB kann somit eintreten.

Für A hier in unserer Abwandlung stellt sich die Situation hingegen genau umgekehrt dar: Der A weiß zwar, dass der Eigentümer der Sache noch der D ist und braucht insoweit dann auch keinen guten Glauben. Sein guter Glaube bezieht sich nun aber auf die zwischen D und K angeblich getroffene Vereinbarung eines Eigentumsvorbehaltes. Dieser gute Glaube indessen wird – wie wir seit eben wissen – ***nicht*** geschützt, § 932 BGB kann hier nicht, auch nicht entsprechend angewendet werden. A erwirbt keine Anwartschaft und damit auch kein Eigentum aufgrund der Zahlung der 10.000 Euro.

A kann also das Anwartschaftsrecht nicht gutgläubig durch die Vereinbarung mit K erwerben und mithin auch nicht durch die Zahlung der angeblich noch ausstehenden 10.000 Euro einen Bedingungseintritt nach § 158 Abs. 1 BGB gegenüber D herbeiführen. Der A ist somit nicht Eigentümer des Ultraschallgerätes geworden, das Eigentum verbleibt bei D.

Erg.: Und damit kann D in der Abwandlung von A die Herausgabe der Maschine nach § 985 BGB fordern.

Das Letzte:

Unser gerade gefundenes Ergebnis ist übrigens vergleichsweise verblüffend, wenn man sich jetzt noch vor Augen führt, dass der A in unserem Fall – wie gezeigt – gemäß § 932 BGB zwar keine Anwartschaft erwerben konnte, dafür aber, wenn der K die Klappe gehalten hätte, unproblematisch über die gleiche Norm sogar hätte ***Eigentümer*** werden können (*Baur/Stürner* § 59 Rz. 40). Wenn der K nämlich nichts gesagt und sich einfach nur als Eigentümer ausgegeben hätte, wäre A ohne Frage über § 932 BGB gutgläubig Eigentümer der Maschine geworden. Denn dann hätte sich der gute Glaube des A wieder allein auf die Eigentümerstellung bezogen. Verstanden!?

Gutachten

D könnte gegen G einen Anspruch auf Herausgabe der Röntgenmaschine aus § 985 BGB haben.

Der Anspruch des D gegen G auf Herausgabe der Maschine nach § 985 BGB ist dann begründet, wenn D zum Zeitpunkt der Anspruchsstellung Eigentümer der Sache ist. Ursprünglicher Eigentümer der Sache war der D. Problematisch ist allerdings, ob D sein Eigentum nicht verloren hat. Ein Eigentumsverlust zugunsten des K kommt nicht in Betracht, denn D hatte dem K die Maschine nur geliehen. Fraglich ist indessen, ob D sein Eigentum nicht durch die Rechtsgeschäfte zwischen K und G an G verloren hat.

1.) K könnte G durch die Vereinbarung des Eigentumsvorbehaltes ein bedingtes Eigentum nach § 158 Abs. 1 BGB und damit ein Anwartschaftsrecht an der Maschine mit der möglichen Folge verschafft haben, dass G mit Zahlung der letzten Rate Eigentümer geworden wäre. Da K allerdings nicht der Eigentümer der Maschine gewesen ist, kommt für den G nur ein gutgläubiger Erwerb des Anwartschaftsrechts und dann des Eigentums nach den §§ 929, 932, 158 Abs. 1 BGB in Betracht.

Nach der Vereinbarung zwischen K und G sollte G den Besitz an der Sache erhalten und mit Zahlung der letzten Rate auch das Eigentum erwerben. Eine solche Abrede ist unter § 449 BGB zu subsumieren mit der Folge, dass G mit Abschluss dieser Vereinbarung und der Übergabe der Maschine grundsätzlich ein Anwartschaftsrecht mit der Möglichkeit des späteren Eigentumserwerbes gemäß § 158 Abs. 1 BGB hat erlangen können. Zudem war G auch noch gutgläubig in Bezug auf die Eigentümerstellung des K. Schließlich war die vertragliche Abrede zwischen K und G gemäß § 449 BGB, obwohl K Nichtberechtiger gewesen ist, wirksam mit der Folge, dass der Eintritt der Bedingung auch nicht ausgeschlossen war. G hat somit von K mit der Übergabe der Sache gemäß den §§ 929, 932, 158 Abs. 1 BGB gutgläubig und vor allem wirksam das Anwartschaftsrecht an der Maschine erworben.

2.) G könnte nun durch die Zahlung der letzten Rate die Bedingung gemäß § 158 Abs. 1 BGB herbeigeführt haben mit der Folge, dass die von dem Eintritt der Bedingung abhängig gemachte Wirkung eintritt. Die von dem Eintritt der Bedingung abhängig gemachte Wirkung ist der Eigentumserwerb an der Maschine durch G. Sollte G mit Zahlung der letzten Rate das Eigentum an der Maschine erlangt haben, kann er von R gemäß § 985 BGB nicht mehr in Anspruch genommen werden.

Problematisch ist insoweit allerdings, dass G, als er die letzte Rate an K zahlt, bereits weiß, dass K Nichtberechtigter in Bezug auf die Maschine ist. R hat von ihm nach seiner Rückkehr schon die Herausgabe der Maschine gefordert. Die Frage, die sich stellt, ist demnach die, ob man bei einem gutgläubig erworbenen Anwartschaftsrecht auch dann den Bedingungseintritt gemäß § 158 Abs. 1 BGB herbeiführen kann, wenn man vorher von der Nichtberechtigung des Veräußerers erfährt und somit seine Gutgläubigkeit eingebüßt hat.

Der gute Glaube an die Berechtigung des Veräußerers muss beim gutgläubigen Erwerb eines Anwartschaftsrechtes nach allgemeiner Auffassung nur im Zeitpunkt der Einigung zwischen den Parteien und der Übergabe der Sachen vorliegen; eine später eingetretene

Bösgläubigkeit schadet nicht und verhindert vor allem nicht den Eigentumserwerb beim Käufer. Der Käufer, der einmal ein wirksames Anwartschaftsrecht erlangt hat, kann und darf darauf vertrauen, dass dieses Anwartschaftsrecht dann auch zum Vollrecht erstarkt, selbst wenn die Nichtberechtigung des Verkäufers zu einem späteren Zeitpunkt bekannt wird. In solchen Fällen ist der Erwerber schutzwürdiger als der vormalige Eigentümer. Der G hat mit der Zahlung der letzten Rate an K das Eigentum an der Maschine gemäß den §§ 929, 932, 158 Abs. 1 BGB erworben. Somit hat D mit dieser Zahlung sein Eigentum an der Maschine verloren.

Erg.: Der Herausgabeanspruch des D gegen G aus § 985 BGB ist nicht begründet.

Fall 7

Der Gierhals

Rechtsanwalt R hat seine 196-bändige BGHZ-Sammlung an den Kollegen K unter Eigentumsvorbehalt zum Preis von 2.000 Euro verkauft und auch übergeben. K soll zwei Monatsraten zu je 1.000 Euro zahlen und dann das Eigentum erwerben. Vier Wochen später liest R in der NJW ein Kaufgesuch des G, der 3.000 Euro für die vollständige Sammlung bietet. R ruft den G umgehend an und erklärt, er habe die Sammlung zwar schon an den K verkauft, jedoch halte der sich nicht an die vereinbarten Ratenzahlungen, weswegen er (R) auch bereits den Rücktritt vom Vertrag erklärt habe. Daraufhin schließen R und G einen Kaufvertrag über die Bücher und R tritt dem gutgläubigen G den Anspruch auf Rückgabe der Bücher gegen K ab.

Am nächsten Tag ruft G bei K an und verlangt unter Schilderung der Vereinbarung mit R die Herausgabe der Bücher. K weigert sich und erklärt wahrheitsgemäß, er habe die bislang fällige erste Rate fristgerecht gezahlt. Die zweite Rate sei erst in vier Wochen fällig.

Kann G von K nach § 985 BGB die Herausgabe der Bücher verlangen?

Schwerpunkte: Verkauf unter Eigentumsvorbehalt nach § 449 BGB, schuldrechtliche und dingliche Wirkung; Weiterverkauf unter Abtretung des Herausgabeanspruchs nach den §§ 929, 931, 934 BGB; Verfügungsbeschränkung nach § 161 BGB; Geltung des § 936 Abs. 3 BGB; mangelnde Abtretbarkeit des § 985 BGB; Anwartschaftsrecht als Besitzrecht im Sinne des § 986 BGB.

Lösungsweg

Anspruch des G gegen K auf Herausgabe der Bücher

AGL.: **§ 985 BGB**

Damit der Anspruch aus § 985 BGB begründet ist, muss G zum Zeitpunkt der Geltendmachung des Anspruchs der ***Eigentümer*** der Bücher gewesen sein. ***Ursprünglicher*** Eigentümer der Sachen war natürlich der R, selbst wenn man das nicht ausdrücklich dem Sachverhalt entnehmen könnte, würde sich dies aus § 1006 Abs. 1 BGB ergeben. Der G nun könnte das Eigentum von R aufgrund der Vereinbarung mit R und der Abtretung des Herausgabeanspruches des R gegen K gemäß den **§§ 929, 931 BGB** erworben haben.

1.) Voraussetzung für den Eigentumsübergang nach den §§ 929, 931 BGB ist zunächst, dass der R beim Abschluss der Vereinbarung mit G auch der zur Verfügung berechtigte ***Eigentümer*** der Bücher gewesen ist. Und insoweit ergeben sich Bedenken: Es ist zunächst fraglich, wie sich der Umstand auswirkt, dass R dem K die Bücher bereits vorher übergeben hatte mit der Maßgabe, dass das Eigentum nach Zahlung der zweiten Rate auf den K übergehen sollte. Aus dieser Verabredung könnte sich eine Verfügungsbeschränkung dergestalt ergeben, dass R schon zu diesem Zeitpunkt nicht mehr verfügungsberechtigter Eigentümer war und mithin dem G das Eigentum nach den §§ 929, 931 BGB gar nicht verschaffen konnte.

Allerdings ergibt sich aus **§ 161 Abs. 1 BGB** (lesen!), dass im Falle einer Verfügung unter einer aufschiebenden Bedingung im Sinne des § 158 Abs. 1 BGB jede weitere Verfügung erst dann relativ unwirksam wird, wenn die Bedingung auch tatsächlich eintritt. Im vorliegenden Fall hat R dem K die Bücher unter der aufschiebenden Bedingung der vollständigen Kaufpreiszahlung übereignet (= Eigentumsvorbehalt gemäß § 449 Abs. 1 BGB) mit der Folge, dass R bis zur Zahlung des vollständigen Kaufpreises wegen § 161 Abs. 1 BGB auch weiterhin der verfügungsberechtigte Eigentümer der Sachen geblieben ist. K hat lediglich ein sogenanntes **»Anwartschaftsrecht«** an den Sachen erlangt. Die weitere Verfügung zugunsten des G ist somit wegen § 161 Abs. 1 BGB wirksam, solange K nicht den Eintritt der Bedingung herbeiführt (= vollständig zahlt) und damit sein Anwartschaftsrecht zum Vollrecht (= Eigentum) erstarken lässt (so sagt man das).

<u>ZE.</u>: Die Vereinbarung des Eigentumsvorbehaltes und die entsprechende Übereignung unter der aufschiebenden Bedingung hindern – solange die Bedingung nicht eingetreten ist – aufgrund der Regelung des § 161 Abs. 1 BGB nicht die weitere Veräußerung der Sache an den G nach den §§ 929, 931 BGB. Und da der K zum Zeitpunkt der Geltendmachung des Anspruchs von G den Kaufpreis noch nicht vollständig bezahlt hat, ist die Bedingung (= Eigentumserwerb bei K) noch nicht eingetreten und R war verfügungsberechtigter Eigentümer der Bücher.

2.) Es fragt sich des Weiteren im Rahmen der Prüfung des Eigentumsüberganges nach den §§ 929, 931 BGB, welche Auswirkungen die Tatsache hat, dass R bei der Veräußerung an G entgegen seiner Erklärung noch nicht den Rücktritt gegenüber K erklärt hatte und der K auch nicht mit der Ratenzahlung im Rückstand war. Insoweit ist zu prüfen, ob überhaupt eine wirksame Abtretung eines Herausgabeanspruchs im Sinne des § 931 BGB vorliegt. Der Ausgangspunkt der Überlegung ist der Umstand, dass der R gemäß den §§ 929, 931 BGB natürlich nur das abtreten kann (§ 398 BGB), was ihm tatsächlich zustand. Aufgrund der Vereinbarung mit K war R zum Zeitpunkt der Abtretung des Anspruchs an G bei genauer Betrachtung nur Inhaber eines

bedingten Anspruchs auf Herausgabe aus den **§§ 449 Abs. 1 und 2, 346, 323 BGB**. Denn K hatte seine Raten bislang pünktlich und vor allem vertragsgemäß gezahlt; und damit war der Rückgabeanspruch des R nach den §§ 449, 346, 323 BGB (noch) nicht entstanden. Der Anspruch auf Herausgabe der Bücher aus den §§ 449, 346, 323 BGB ist für den R erst – und nur dann! – durchsetz- bzw. realisierbar, wenn K seine Raten ***nicht*** vertragsgemäß zahlt (= Bedingung). Beachte insoweit übrigens bitte, dass der Rücktritt beim Verkauf unter Eigentumsvorbehalt seit der Schuldrechtsänderung zum Januar 2002 nur noch über **§ 323 Abs. 1 BGB** funktioniert und deshalb keinen schuldhaft herbeigeführten Verzug (so war das früher) mehr voraussetzt, sondern lediglich eine Nachfristsetzung, wenn der Schuldner seine Leistung nicht vertragsgemäß erbringt (*Schulze/Kienle* NJW 2002, 2842).

Unser K hat seine Leistung bislang allerdings vertragsgemäß erbracht und R hat auch keine Nachfrist gesetzt mit der Folge, dass R nur Inhaber des unter einer Bedingung stehenden Anspruchs ist. Und mithin kann R an G auch nur diesen bedingten Anspruch auf Herausgabe abtreten (zulässig: vgl. nur *Baur/Stürner* § 51 Rz. 38) mit der möglichen Konsequenz, dass G unter diesen Umständen kein lastenfreies Eigentum an den Büchern erlangen und damit möglicherweise auch keinen Anspruch aus § 985 BGB geltend machen könnte.

Dem aber könnte vorliegend **§ 161 Abs. 3 BGB** (lesen) in Verbindung mit den §§ 932 ff. BGB entgegenstehen, wonach bei Verfügungen nach § 161 Abs. 1 BGB die Vorschriften zugunsten derjenigen, welche Rechte von einem Nichtberechtigten herleiten, entsprechende Anwendung finden.

> Unser G glaubt wegen der Erklärung des R an einen lastenfreien Eigentumserwerb, da R ihm vorgeschwindelt hatte, der K hätte seine Raten nicht bezahlt und er (R) habe deshalb auch schon den Rücktritt erklärt. Lägen diese Voraussetzungen vor, wäre der Herausgabeanspruch des R gegen K aus den §§ 449, 346, 323 BGB begründet, und die Realisierung dieses Anspruchs wäre auch nicht mehr von dem Eintritt einer Bedingung abhängig. In diesem Falle hätte der G fraglos lastenfreies und vor allem unbedingtes Eigentum nach den §§ 929, 931 BGB erworben.

Es fragt sich nun, ob G unter Berücksichtigung der Vorschriften der §§ 932 ff. BGB, auf die der § 161 Abs. 3 BGB verweist, gutgläubig lastenfreier Eigentümer der Bücher geworden ist. Die Norm, die insoweit entsprechend anwendbar und einschlägig sein könnte, ist **§ 934 BGB** (lesen!), wonach der gute Glaube des Erwerbers an die Eigentümerstellung des Veräußerers dann geschützt wird, wenn der Veräußerer mittelbarer Besitzer ist und den Anspruch auf Herausgabe an den Erwerber abtritt.

Voraussetzungen:

a) Da § 934 BGB gemäß § 161 Abs. 3 BGB nur ***entsprechend*** anwendbar ist, müssen wir § 934 BGB nun natürlich anders lesen, nämlich: Der gute Glaube des Erwerbers muss sich nicht auf die Eigentümerstellung des Veräußerers beziehen (der ist ja unstreitig noch Eigentümer!), sondern vielmehr darauf, dass der Veräußerer den Gegenstand nicht schon unter einer aufschiebenden Bedingung an einen anderen veräußert hat und der Erwerber folglich damit rechnen muss, dass bei Eintritt der Bedingung eine Verfügungsbeschränkung nach § 161 Abs. 1 BGB eintritt. Der gute Glaube muss sich darauf beziehen, dass der Veräußerer in seiner Verfügungsmacht nicht beschränkt ist (*Palandt/Ellenberger* § 161 BGB Rz. 3).

Zum Fall: Der gute Glaube des G (= Erwerber) muss sich somit darauf beziehen, dass er von R (= Veräußerer) bei der Abtretung des Herausgabeanspruchs gegenüber K nach den §§ 929, 931 BGB einen ***unbedingten*** Anspruch erhält, der nicht mit einer möglichen Verfügungsbeschränkung nach § 161 Abs. 1 BGB belastet ist oder später sein wird. Und genau das glaubt G. Der R hat ihm nämlich vorgeschwindelt, dass er gegenüber K das Rücktrittsrecht aus den §§ 449, 346, 323 BGB wirksam erklärt und damit den Bedingungseintritt ausgeschlossen habe. K könne nunmehr – nach Schilderung des R – sein Anwartschaftsrecht nicht mehr zum Vollrecht werden lassen und damit auch nicht mehr die Verfügungsbeschränkung aus § 161 Abs. 1 BGB zur Entstehung bringen. G glaubt also an eine Veräußerung ohne Verfügungsbeschränkung.

ZE.: Der G ist gutgläubig im Sinne der §§ 161 Abs. 3, 934 BGB.

b) Damit § 934 BGB nun auch tatsächlich durchgreift, muss R als Veräußerer bei der Abtretung des Herausgabeanspruchs des Weiteren noch der ***mittelbare Besitzer*** der Sache gewesen sein (Gesetz lesen: § 934 BGB!). Und um das zu prüfen, müssen wir gerade noch das ***besitzrechtliche*** Verhältnis zwischen R und K beleuchten: Wir haben weiter oben festgestellt, dass R dem K die Bücher unter Vereinbarung eines Eigentumsvorbehaltes verkauft und vor allem übereignet und dass der K dadurch ein Anwartschaftsrecht erworben hat.

Durchblick: Bei einem Eigentumsvorbehalt gemäß § 449 BGB muss man beachten, dass der schuldrechtliche Vertrag stets ***unbedingt*** geschlossen wird, denn der Verkäufer verpflichtet sich schuldrechtlich nicht unter einer Bedingung. Die Bedingung betrifft immer nur den ***dinglichen*** Teil des Geschäfts, also die ***Verfügung***. Diese wird getätigt unter der aufschiebenden Bedingung (§ 158 Abs. 1 BGB) der vollständigen Kaufpreiszahlung, soll heißen, die dingliche Rechtsänderung (= Eigentumsübergang) tritt erst dann ein, wenn der Kaufpreis bezahlt ist. Bis dahin erwirbt der Käufer nur ein Anwartschaftsrecht. Merken.

Besitzrechtlich passiert nun bei einer solchen Vereinbarung Folgendes: Der Vorbehaltskäufer erlangt, wenn er die tatsächliche Sachherrschaft erhält, den unmittelbaren Fremdbesitz an der Sache nach § 854 Abs. 1 BGB. Der Vorbehaltsverkäufer hingegen bleibt mittelbarer Eigenbesitzer im Sinne des § 868 BGB, weil man – ganz herrschend – davon ausgeht, dass das Verhältnis zwischen Vorbehaltskäufer und Vorbehaltsverkäufer ein »ähnliches Verhältnis« im Sinne des § 868 BGB ist (BGH LM § 1006 BGB Nr. 11; OLG Hamm NJW-RR **1987**, 245; PWW/*Prütting* § 868 BGB Rz. 7; *Medicus/Petersen* BR Rz. 462; *Palandt/Bassenge* § 868 BGB Rz. 15; *Brox* in JuS 1984, 657).

Im vorliegenden Fall hat das zur Konsequenz, dass R als Veräußerer zunächst mittelbarer Besitzer der Bücher im Sinne des § 868 BGB geblieben ist, denn R hat mit K einen Verkauf unter Eigentumsvorbehalt gemäß § 449 BGB vereinbart (beachte übrigens, dass mit der Abtretung nach den §§ 929, 931 BGB der mittelbare Besitz gemäß **§ 870 BGB** auf den Erwerber übergeht).

ZE.: Damit liegt auch die 2. Voraussetzung des gutgläubigen lastenfreien Erwerbes gemäß den §§ 161 Abs. 3, 934 BGB vor mit der Folge, dass G nun eigentlich lastenfreies Eigentum und den mittelbaren Besitz gemäß § 870 BGB an den Büchern erworben haben könnte. Und dann wären sämtliche Voraussetzungen des § 985 BGB erfüllt.

Aber: Dummerweise scheitert der lastenfreie Eigentumserwerb dann doch, und zwar an **§ 936 Abs. 3 BGB**. Diese Norm regelt die Frage, was beim gutgläubigen Erwerb mit dinglichen Rechten Dritter passiert:

> Der § 936 Abs. 3 BGB bestimmt, dass das dingliche Recht eines Dritten an der Sache gegenüber dem gutgläubigen Erwerber nicht erlischt. Diese Vorschrift, die unstreitig auch auf das Anwartschaftsrecht anwendbar ist (MüKo/*Oechsler* § 936 BGB Rz. 16; *Medicus/Petersen* BR Rz. 462; *Baur/Stürner* § 59 Rz. 46; PWW/*Prütting* § 936 BGB Rz. 5), verteilt die Schutzwürdigkeit im Interessenkonflikt zwischen dem Erwerber und dem Dritten an den unmittelbar besitzenden Dritten. Denn der Rechtsschein des unmittelbaren Besitzes weise den Erwerber auf die Möglichkeit bzw. das Vorhandensein eines beschränkt dinglichen Rechts hin (so wörtlich: *Baur/Stürner* § 52 Rz. 53; vgl. auch *Palandt/Bassenge* § 936 BGB Rz. 3 und *Döring* in NJW 1996, 1445). Konsequenterweise übrigens folgern die Herren *Medicus und Petersen* (→ BR Rz. 462) daraus, dass etwa dann eine andere Lösung angezeigt sei, wenn der Veräußerer zufällig doch den unmittelbaren Besitz erhält, etwa dann, wenn der Vorbehaltskäufer die Sache z.B. zur Reparatur an den Veräußerer vorübergehend zurück gibt.

Im vorliegenden Fall hat das Ganze zur Konsequenz, dass K trotz der Gutgläubigkeit des G und den §§ 161 Abs. 3, 934 BGB wegen der Vorschrift des **§ 936 Abs. 3 BGB** sein dingliches Anwartschaftsrecht an der Sache behält und G somit nicht lastenfreies Eigentum erworben hat.

ZE.: G ist gemäß den §§ 929, 931 BGB zwar Eigentümer der Bücher geworden, sein Eigentumsrecht steht jedoch unter der Bedingung der vollständigen Kaufpreiszahlung durch K, der ein dingliches Anwartschaftsrecht an den Büchern erworben hat.

ZE.: Da aber weiter oben festgestellt worden ist, dass das Anwartschaftsrecht erst mit Eintritt der Bedingung den Eigentumsübergang zur Folge hat und diese Bedingung noch nicht eingetreten ist, ist G zur Zeit dennoch anspruchsberechtigter ***Eigentümer*** im Sinne des § 985 BGB geworden.

ZE.: Und da K ohne Zweifel unmittelbarer Besitzer der Bücher ist, hängt die Beantwortung der Frage, ob G von K die Herausgabe der Bücher gemäß § 985 BGB fordern kann, nunmehr davon ab, ob K aus dem Anwartschaftsrecht ein dingliches Recht zum Besitz im Sinne des **§ 986 Abs. 1 BGB** erwachsen ist, das er dem G entgegen halten kann.

Die Beantwortung dieser Frage ist streitig:

- Nach ***einer Meinung*** begründet das Anwartschaftsrecht ein gegenüber jedermann wirkendes Besitzrecht im Sinne des § 986 BGB (OLG Karlsruhe JZ **1966**, 272; *Erman/Ebbing* § 986 BGB Rz. 37; *Baur/Stürner* § 59 Rz. 47; *Palandt/Bassenge* § 929 BGB Rz. 41; *Prütting* Rz. 398; differenzierend *Jauernig/Berger* § 929 BGB Rz. 60). Zur Begründung wird angeführt, dass mit der Besitzübertragung das im Eigentum enthaltene Recht auf Besitz und Nutzung schon übertragen sei (*Palandt/Bassenge* a.a.O.). Im Übrigen entspreche dies einem praktischen Bedürfnis, denn die Übertragung des Anwartschaftsrechtes sei für den Erwerber nur sinnvoll, wenn er zugleich die mit diesem verbundene Befugnis dinglich gesichert erlangt. Schließlich spräche dafür, dass das Gesetz auch sonst dem Inhaber eines beschränkt dinglichen Nutzungs- und Verwertungsrechtes die Befugnisse des Eigentümers in den §§ 1065 und 1227 BGB »entsprechend« zugesteht (*Baur/Stürner* a.a.O.).

- Nach ***anderer Auffassung*** hingegen soll das Anwartschaftsrecht ***keinen*** besitzrechtlichen Charakter im Sinne des § 986 BGB haben (BGHZ **10**, 69; MüKo/*Baldus* § 986 BGB Rz. 13; *Soergel/Stadler* § 986 BGB Rz. 3; *Bamberger/Roth/Fritzsche* § 986 BGB Rz. 13; *Medicus/Petersen* BR Rz. 465; RGRK-*Pikart* § 986 BGB Rz. 9; *Staudinger/Gursky* § 986 BGB Rz. 13; *Wimmer-Leonhardt* in JuS 2010, 136; *Stroll* in JuS 1967, 12; offen gelassen von BGH NJW **2006**, 3488). Diese Meinung verweist darauf, dass die Anwartschaft auch ohne Besitz den späteren Eigentumserwerb sichern kann. Der Berechtigte könne nämlich durch Zahlung des Kaufpreises den Bedingungseintritt einseitig herbeiführen (*Medicus/Petersen* a.a.O.). Im Übrigen entspreche das Anwartschaftsrecht nicht dem klassischen dinglichen Recht, da es vom schuldrechtlichen Vertrag und der dort fixierten Bedingung abhängig sei (BGHZ a.a.O.).

Hier muss man sich natürlich entscheiden und möglichst souverän einer Ansicht den Vorzug gewähren. Schwer zu sagen, welche das ist, keine der beiden Auffassungen gilt übrigens als »herrschende« Meinung, die Bücher benennen die Sache hier vergleichsweise neutral. Daraus folgt, dass tatsächlich – ohne Sanktionen des Korrektors befürchten zu müssen – beide Meinungen gleichwertig vertreten werden können. Nur die Argumente müssen selbstverständlich auftauchen (zur Darstellung vgl. weiter unten das Gutachten zum Fall). In unserem Fall hat der Streit beachtliche Konsequenzen, denn folgt man der erstgenannten Auffassung, darf der K die Bücher behalten und muss erst dann mit einer erfolgreichen Herausgabeklage des G rechnen, wenn er vertragswidrig die Raten nicht mehr bezahlt und damit den Bedingungseintritt unmöglich macht. Favorisiert man hingegen die zweite Meinung, muss der K die Bücher zunächst rausrücken, kann sie aber nach Begleichung der 2. Rate von G wieder herausverlangen. Dann also wäre der Herausgabeanspruch des G zurzeit begründet.

Feinkost: Gerade in unserem Fall wäre das zuletzt geschilderte Ergebnis aber nun eine ziemlich bescheuerte Lösung, denn dann müsste K die Bücher erst mal herausrücken, um sie dann vier Wochen später, wenn er die 2. Rate vertragsgemäß gezahlt hat, wieder zurück zu fordern. Was für eine Aktion!

Und damit in Einzelfällen so etwas nicht passiert, hat die Meinung, die das Anwartschaftsrecht nicht als Besitzrecht im Sinne des § 986 BGB anerkennen will (vgl. oben), einen Ausnahmetatbestand vorgesehen, nämlich: Nach **BGHZ 10, 75** kann der Anwartschaftsberechtigte dem Anspruch des (Noch-)Eigentümers zwar nicht § 986 BGB, dafür aber § 242 BGB entgegen halten *(dolo facit qui petet quod redditurus est)* und so den Besitz an der Sache behalten, wenn die Rückgabe seitens des (Noch-)Eigentümers danach in Folge des Eintritts der Bedingung unmittelbar bevorsteht (vgl. dazu *Medicus/Petersen* BR Rz. 465). Denn in diesem Falle macht – haben wir oben an unserem Beispiel gesehen – das Herausgabeverlangen des Eigentümers keinen Sinn, denn er muss den Gegenstand ja wenig später wieder zurück übertragen.

Nun kann man sich in unserem Fall noch überlegen, ob die vier Wochen, die der G den Besitz an den Büchern hätte, ein solcher »unmittelbarer« Zeitraum sind, in denen die Rückgabe erfolgt. Ich denke, das dürfte zu bejahen sein.

ZE.: Wer sich für die Meinung, die das Anwartschaftsrecht nicht als Besitzrecht im Sinne des § 986 BGB anerkennt, entschieden hatte, musste hier dann den Ausnahmetatbestand über § 242 BGB prüfen und – wie ich meine – auch bejahen.

Erg.: Zwar hat G das Eigentum an der Sache von R wirksam gemäß den §§ 929, 931 BGB erworben. Dieses Eigentum ist aber mit einem Anwartschaftsrecht des K belastet, und das Anwartschaftsrecht steht der Herausgabeklage entweder aufgrund des § 986 Abs. 1 BGB oder aber wegen der folgenden unmittelbaren Rückgabepflicht nach Zahlung der 2. Rate der § 242 BGB entgegen. G kann zurzeit von K ***nicht*** die Herausgabe der Bücher nach § 985 BGB fordern.

Kurzer Nachschlag

1.) Wir haben im Lösungsweg die Frage des Anwartschaftsrechts bzw. dessen Entstehung sowie des weiteren Bestandes trotz der Veräußerung an den gutgläubigen G bereits im Rahmen der Anspruchsvoraussetzungen des § 985 BGB erörtert. Später bei § 986 BGB war dann nach unserer Lösung nur noch zu klären, ob denn dieses Anwartschaftsrecht ein Recht zum Besitz gewährt.

Denkbar und ebenso richtig wäre aber auch ein anderer **Lösungsweg**: So hätte man im vorliegenden Fall bei § 985 BGB lediglich die mangelnde Verfügungsbeschränkung wegen **§ 161 Abs. 1 BGB** festhalten können; denn dies genügt eigentlich, um festzustellen, dass der R auch weiterhin verfügungsbefugt nach den § 929, 931 BGB war und der G deshalb das Eigentum von R erwerben konnte. Die Frage, ob bei dieser Übereignung nun auch das Anwartschaftsrecht des K mit übergangen ist (§ 936 Abs. 3 BGB), hätte man dann – im Unterschied zu unserer Lösung – auch erst bei **§ 986 BGB** ansprechen und prüfen können. Die Erörterung des § 986 BGB hätte dann so aussehen müssen, dass man zunächst fragt, ob das Anwartschaftsrecht zugunsten des K von G mit erworben wurde (→ § 936 Abs. 3 BGB) und dann, ob das Anwartschaftsrecht dem K ein ***Recht zum Besitz*** gewährt. Wir haben die oben in der Lösung nachzulesende andere Variante gewählt, weil es so leichter verständlich erscheint und die Probleme natürlich die gleichen bleiben. Am Ergebnis und den Schwerpunkten ändert sich nichts.

2.) Zum Schluss möchte ich noch auf einen häufig anzutreffenden Fehler im Rahmen der von uns oben auch vorgenommenen Prüfung des Eigentumsüberganges nach den §§ 929, 931 BGB hinweisen: Der Anspruch, der zur Übertragung des Eigentums vom Veräußerer auf den Erwerber abgetreten wird, kann niemals § 985 BGB sein. Der Anspruch aus § 985 BGB nämlich ist grundsätzlich ***nicht*** abtretbar (BGHZ **111**, 369; BGHZ **60**, 240; PWW/*Englert* § 985 BGB Rz. 19; *Erman/Michalski* § 931 BGB Rz. 3; *Palandt/Bassenge* § 931 BGB Rz. 3; *Jauernig/Berger* § 931 BGB Rz. 10). Er folgt vielmehr aus der Stellung als Eigentümer; das Eigentum selbst, das den Anspruch aus § 985 BGB entstehen lässt, muss im Falle des Überganges nach den §§ 929, 931 BGB nach anderen Vorschriften auf den Erwerber übertragen worden sein.

In unserem Fall oben war es deshalb falsch, wenn man bei der Eigentumsübertragung von R auf G im Rahmen der §§ 929, 931 BGB den § 985 BGB als abzutretenden Herausgabeanspruch des R gegen K angenommen hatte. Abtreten konnte R vielmehr nur den Anspruch aus dem schuldrechtlichen Grundverhältnis mit K, und das war dann eben der Herausgabeanspruch aus dem vermeintlich erklärten Rücktritt gemäß den §§ 449, 346, 323 BGB.

Bitte merken: Der Anspruch aus § 985 BGB ist grundsätzlich ***nicht*** abtretbar, er steht nur dem jeweiligen Eigentümer der Sache zu (vgl. nur PWW/*Englert* § 985 BGB Rz. 19). Wer das Eigentum mithilfe einer Abtretung eines Herausgabeanspruchs nach den §§ 929, 931 BGB übertragen will, muss einen anderen Anspruch auf Herausgabe auf den Erwerber übertragen. Hat er dies getan und ist der Erwerber neuer Eigentümer geworden, steht ihm jetzt (!) dann der Anspruch aus § 985 BGB aus der Rechtsstellung als Eigentümer quasi »automatisch« zu. Der »Erwerb« des Anspruchs aus § 985 BGB erfolgt also mit und aufgrund des Eigentumserwerbs und braucht deshalb auch nicht abgetreten werden. Kapiert!?

Gutachten

G könnte gegen K einen Anspruch auf Herausgabe der Bücher aus § 985 BGB haben.

I.) Damit der Anspruch aus § 985 BGB begründet ist, muss G zum Zeitpunkt der Geltendmachung der Eigentümer der Bücher gewesen sein. Ursprünglicher Eigentümer der Sachen war R. Der G könnte das Eigentum von R aufgrund der Vereinbarung mit R und der Abtretung des Herausgabeanspruches des R gegen K gemäß den §§ 929, 931 BGB erworben haben.

1.) Voraussetzung für den Eigentumsübergang nach den §§ 929, 931 BGB ist zunächst, dass R beim Abschluss der Vereinbarung mit G auch der zur Verfügung berechtigte Eigentümer der Bücher gewesen ist. Insoweit ergeben sich Bedenken. Es ist zunächst fraglich, wie sich der Umstand auswirkt, dass R dem K die Bücher bereits vorher übergeben hatte mit der Maßgabe, dass das Eigentum nach Zahlung der zweiten Rate auf den K übergehen sollte. Aus dieser Verabredung könnte sich eine Verfügungsbeschränkung dergestalt ergeben, dass R schon zu diesem Zeitpunkt nicht mehr verfügungsberechtigter Eigentümer war und mithin dem G das Eigentum nach den §§ 929, 931 BGB gar nicht verschaffen konnte.

Allerdings ergibt sich aus § 161 Abs. 1 BGB, dass im Falle einer Verfügung unter einer aufschiebenden Bedingung im Sinne des § 158 Abs. 1 BGB jede weitere Verfügung erst dann relativ unwirksam wird, wenn die Bedingung auch tatsächlich eintritt. Im vorliegenden Fall hat R dem K die Bücher unter der aufschiebenden Bedingung der vollständigen Kaufpreiszahlung übereignet mit der Folge, dass R bis zur Zahlung des vollständigen Kaufpreises wegen § 161 Abs. 1 BGB auch weiterhin der verfügungsberechtigte Eigentümer der Sachen geblieben ist. K hat lediglich ein Anwartschaftsrecht an den Büchern erlangt. Die weitere Verfügung zugunsten des G ist somit wegen § 161 Abs. 1 BGB wirksam, solange K nicht den Eintritt der Bedingung herbeiführt und damit sein Anwartschaftsrecht zum Vollrecht (Eigentum) erstarken lässt. Die Vereinbarung des Eigentumsvorbehaltes und die entsprechende Übereignung unter der aufschiebenden Bedingung hindern – solange die Bedingung nicht eingetreten ist – aufgrund der Regelung des § 161 Abs. 1 BGB nicht die weitere Veräußerung der Sache an den G nach den §§ 929, 931 BGB. Und da der K zum Zeitpunkt der Geltendmachung des Anspruchs von G den Kaufpreis noch nicht vollständig bezahlt hat, ist die Bedingung (Eigentumserwerb bei K) noch nicht eingetreten und R war verfügungsberechtigter Eigentümer der Bücher.

2.) Es fragt sich des Weiteren im Rahmen der Prüfung des Eigentumsüberganges nach den §§ 929, 931 BGB, welche Auswirkungen die Tatsache hat, dass R bei der Veräußerung an G entgegen seiner Erklärung noch nicht den Rücktritt gegenüber K erklärt hatte und der K auch nicht mit der Ratenzahlung im Rückstand war. Insoweit ist zu prüfen, ob überhaupt eine wirksame Abtretung eines Herausgabeanspruchs im Sinne des § 931 BGB vorliegt.

Ausgangspunkt der Überlegung ist der Umstand, dass R gemäß den §§ 929, 931 BGB nur das gemäß § 398 BGB abtreten kann, was ihm tatsächlich zustand. Aufgrund der Vereinbarung mit K war R zum Zeitpunkt der Abtretung des Anspruchs an G nur Inhaber eines bedingten Anspruchs auf Herausgabe aus den §§ 449 Abs. 1 und 2, 346, 323 BGB. Denn K hatte seine Raten bislang pünktlich und vor allem vertragsgemäß gezahlt. Damit war der Rückgabeanspruch des R nach den §§ 449, 346, 323 BGB noch nicht entstanden, er war abhängig vom Eintritt der Bedingung, dass K die zweite Rate nicht zahlt. Mithin kann R an G auch nur diesen bedingten Anspruch auf Herausgabe abtreten mit der möglichen Konsequenz, dass G unter diesen Umständen kein lastenfreies Eigentum an den Büchern erlangen und damit möglicherweise auch keinen Anspruch aus § 985 BGB geltend machen könnte.

3.) Dem aber könnte vorliegend § 161 Abs. 3 BGB in Verbindung mit den §§ 932 ff. BGB entgegenstehen, wonach bei Verfügungen nach § 161 Abs. 1 BGB die Vorschriften zugunsten derjenigen, welche Rechte von einem Nichtberechtigten herleiten, entsprechende Anwendung finden.

G glaubt wegen der Erklärung des R an einen lastenfreien Eigentumserwerb, da R ihm vorgeschwindelt hatte, der K hätte seine Raten nicht bezahlt und er (R) habe deshalb auch schon den Rücktritt erklärt. Lägen diese Voraussetzungen vor, wäre der Herausgabeanspruch des R gegen K aus den §§ 449, 346, 323 BGB begründet, und die Realisierung dieses Anspruchs wäre auch nicht mehr von dem Eintritt einer Bedingung abhängig. In diesem Falle hätte G lastenfreies und vor allem unbedingtes Eigentum nach den §§ 929, 931 BGB erworben. Es fragt sich somit, ob G unter Berücksichtigung der Vorschriften der §§ 932 ff. BGB, auf die der § 161 Abs. 3 BGB verweist, gutgläubig lastenfreier Eigentümer der Bücher geworden ist. Die Norm, die insoweit entsprechend anwendbar sein könnte, ist § 934 BGB, wonach der gute Glaube des Erwerbers an die Eigentümerstellung des Veräußerers dann geschützt wird, wenn der Veräußerer mittelbarer Besitzer ist und den Anspruch auf Herausgabe an den Erwerber abtritt. Es ist zu prüfen, ob die Voraussetzungen des § 934 BGB vorliegen.

a) Da § 934 BGB gemäß § 161 Abs. 3 BGB nur entsprechend anwendbar ist, muss der gute Glaube des Erwerbers sich darauf beziehen, dass der Veräußerer den Gegenstand nicht schon unter einer aufschiebenden Bedingung an einen anderen veräußert hat und der Erwerber folglich damit rechnen muss, dass bei Eintritt der Bedingung eine Verfügungsbeschränkung nach § 161 Abs. 1 BGB eintritt. Der gute Glaube muss darauf gerichtet sein, dass der Veräußerer in seiner Verfügungsmacht nicht beschränkt ist. Der gute Glaube des G muss sich somit darauf beziehen, dass er von R bei der Abtretung des Herausgabeanspruchs gegenüber K nach den §§ 929, 931 BGB einen unbedingten Anspruch erhält, der nicht mit einer möglichen Verfügungsbeschränkung nach § 161 Abs. 1 BGB belastet ist oder später sein wird.

Genau dies glaubt der G im vorliegenden Fall. R hat dem G vorgeschwindelt, dass er gegenüber K das Rücktrittsrecht aus den §§ 449, 346, 323 BGB wirksam erklärt und damit den Bedingungseintritt ausgeschlossen hat, denn K kann nunmehr – nach Schilderung des R – sein Anwartschaftsrecht nicht mehr zum Vollrecht werden lassen und damit auch nicht mehr die Verfügungsbeschränkung aus § 161 Abs. 1 BGB zur Entstehung bringen. Der G glaubt somit an eine Veräußerung ohne Verfügungsbeschränkung und ist folglich gutgläubig im Sinne der §§ 161 Abs. 3, 934 BGB.

b) Weitere Voraussetzung des § 934 BGB ist, dass der R als Veräußerer bei der Abtretung des Herausgabeanspruchs noch der mittelbare Besitzer der Sache war. Zwischen R und K war ein Kauf unter Eigentumsvorbehalt vereinbart mit der Konsequenz, dass der Erwerber den unmittelbaren Fremdbesitz und der Veräußerer den mittelbaren Eigenbesitz im Sinne des § 868 BGB erhält. R hat somit als Veräußerer den mittelbaren Besitz an den Büchern im Sinne des § 868 BGB im Verhältnis zu K, der unmittelbarer Besitzer wurde, erhalten. Mithin liegt auch die 2. Voraussetzung des gutgläubigen lastenfreien Erwerbes gemäß den §§ 161 Abs. 3, 934 BGB vor mit der Folge, dass G nun grundsätzlich lastenfreies Eigentum und den mittelbaren Besitz gemäß § 870 BGB an den Büchern erworben haben könnte.

4.) Dem könnte allerdings noch § 936 Abs. 3 BGB entgegenstehen. Gemäß § 936 Abs. 3 BGB gilt, dass das Recht eines Dritten an der Sache gegenüber dem gutgläubigen Erwerber nicht erlischt. Diese Vorschrift, die auch auf das Anwartschaftsrecht anwendbar ist, verteilt die Schutzwürdigkeit im Interessenkonflikt zwischen dem Erwerber und dem Dritten an den unmittelbar besitzenden Dritten. Zu begründen ist dies damit, dass der Rechtsschein des unmittelbaren Besitzes den Erwerber auf die Möglichkeit bzw. das Vorhandensein eines beschränkt dinglichen Rechts hinweist.

Im vorliegenden Fall hat dies zur Konsequenz, dass K trotz der Gutgläubigkeit des G und den §§ 161 Abs. 3, 934 BGB wegen der Vorschrift des § 936 Abs. 3 BGB sein Anwartschaftsrecht an der Sache behält und G somit nicht lastenfreies Eigentum erworben hat. G ist gemäß den §§ 929, 931 BGB zwar Eigentümer der Bücher geworden, sein Eigentumsrecht steht jedoch unter der Bedingung der vollständigen Kaufpreiszahlung durch K, der ein Anwartschaftsrecht an den Büchern erworben hat. Da aber weiter oben festgestellt worden ist, dass das Anwartschaftsrecht erst mit Eintritt der Bedingung den Eigentumsübergang zur Folge hat und diese Bedingung noch nicht eingetreten ist, ist G zur Zeit dennoch anspruchsberechtigter Eigentümer im Sinne des § 985 BGB geworden.

II.) Dem Anspruch aus § 985 BGB bzw. dessen Durchsetzung könnte aber noch die Vorschrift des § 986 BGB entgegenstehen, wenn dem G gegenüber K ein Recht zum Besitz an der Sache erwachsen ist. Als solches kommt im vorliegenden Fall das von K erworbene Anwartschaftsrecht, das trotz des Eigentumserwerbes bei G – wie gesehen – weiterhin Bestand hat, in Betracht. Ob ein Anwartschaftsrecht ein Recht zum Besitz im Sinne des § 986 BGB begründet, ist umstritten.

1.) Nach einer Meinung begründet das Anwartschaftsrecht ein gegenüber jedermann wirkendes Besitzrecht im Sinne des § 986 BGB. Zur Begründung wird angeführt, dass mit der Besitzübertragung das im Eigentum enthaltene Recht auf Besitz und Nutzung schon übertragen sei. Im Übrigen entspreche dies einem praktischen Bedürfnis, denn die Übertragung des Anwartschaftsrechtes sei für den Erwerber nur sinnvoll, wenn er zugleich die mit diesem verbundene Befugnis dinglich gesichert erlangt. Schließlich spräche dafür, dass das Gesetz auch sonst dem Inhaber eines beschränkt dinglichen Nutzungs- und Verwertungsrechtes die Befugnisse des Eigentümers in den §§ 1065 und 1227 BGB »entsprechend« zugesteht.

2.) Nach anderer Auffassung hingegen soll das Anwartschaftsrecht keinen besitzrechtlichen Charakter im Sinne des § 986 BGB haben. Diese Meinung verweist darauf, dass die Anwartschaft auch ohne Besitz den späteren Eigentumserwerb sichern kann. Der Berechtigte könne nämlich durch Zahlung des Kaufpreises den Bedingungseintritt einseitig herbeiführen. Im Übrigen entspreche das Anwartschaftsrecht nicht dem klassischen dinglichen Recht, da es vom schuldrechtlichen Vertrag und der dort fixierten Bedingung abhängig sei. In Ausnahmefällen soll allerdings auch nach dieser Meinung der Besitzer die Herausgabe gemäß § 242 BGB verweigern dürfen, wenn nämlich die spätere Rückgabe nach Begleichung der letzten Rate unmittelbar bevorsteht. Eine vorläufige Herausgabepflicht sei dann unbillig.

Im vorliegenden Fall ist nunmehr zu beachten, dass der K nach der erstgenannten Meinung die Bücher jedenfalls zurzeit wegen § 986 BGB behalten darf, da ihm das Anwartschaftsrecht zusteht. Die zweite Auffassung käme vorliegend indessen zum gleichen Ergebnis. Insoweit muss beachtet werden, dass K demnach zwar aufgrund des Anwartschaftsrechts keine Besitzberechtigung zustünde; allerdings würde hier der Ausnahmetatbestand des § 242 BGB eingreifen, denn K müsste die Sache herausgeben, um sie 4 Wochen später nach Zahlung der letzten Rate und dem damit einhergehenden Eigentumserwerb wieder zurückverlangen zu können. Dieses unbillige Ergebnis ist anhand von § 242 BGB dahingehend zu korrigieren, als dass K die Sache nicht herausgeben muss.

Ergebnis: Zwar hat G das Eigentum an der Sache von R wirksam gemäß den §§ 929, 931 BGB erworben. Dieses Eigentum ist aber mit einem Anwartschaftsrecht des K belastet, und das Anwartschaftsrecht steht der Herausgabeklage entweder aufgrund des § 986 BGB oder aber wegen der folgenden unmittelbaren Rückgabepflicht nach Zahlung der 2. Rate der § 242 BGB entgegen. G kann zurzeit von K nicht die Herausgabe der Bücher nach § 985 BGB fordern.

Fall 8

Der Unfall

Im Elektrogeschäft des E kauft Rechtsanwalt R für seine Kanzlei eine multifunktionale Telefonanlage aus dem Katalog des E zum Preis von 4.000 Euro. Da das Gerät erst am nächsten Tag verfügbar ist, vereinbaren E und R, dass R die Anlage am nächsten Tag abholen kommt. E behält sich bis zur vollständigen Zahlung des Kaufpreises das Eigentum vor und R zahlt 1.000 Euro in bar an. Die restlichen 3.000 Euro sollen in drei Monatsraten beglichen werden.

Am nächsten Morgen hat R allerdings keine Zeit und schickt deshalb seine Sekretärin S zum Laden des E. Dort bekommt S unter Berufung auf die Anweisung des R die Anlage von E ausgehändigt. Auf der Rückfahrt zur Kanzlei wird S in einen vom Autofahrer A schuldhaft verursachten Unfall verwickelt, bei dem die Anlage komplett zerstört wird.

E und R wollen wissen, welche Ansprüche ihnen jetzt gegen A zustehen.

Schwerpunkte: Schutz des Anwartschaftsrechts im Rahmen des § 823 Abs. 1 BGB bei Verkauf unter Eigentumsvorbehalt gemäß § 449 BGB; Schadensaufteilung zwischen Käufer und Verkäufer?; Gläubigergemeinschaft zwischen Käufer und Verkäufer nach den §§ 432, 1281 BGB.

Lösungsweg

Ansprüche des E gegen A auf Schadensersatz

<u>AGL.</u>: **§ 823 Abs. 1 BGB**

Voraussetzung für das Bestehen des Anspruchs ist zunächst die Verletzung eines in § 823 Abs. 1 BGB genannten absoluten Rechts durch A. In Betracht kommt auf Seiten des E die Verletzung des absoluten Rechts ***Eigentum*** durch den Unfall.

1.) Und insoweit wird man zunächst festzustellen haben, dass der E aufgrund des mit R vereinbarten Eigentumsvorbehaltes gemäß **§ 449 Abs. 1 BGB** sein Eigentum an der Sache (noch) nicht an R verloren hat. Bei der Verabredung eines Eigentumsvorbehaltes wird das Eigentum unter der aufschiebenden Bedingung der vollständigen Kaufpreiszahlung übertragen mit der Folge, dass gemäß den §§ 929, 158 Abs. 1 BGB das

Eigentum auch erst mit der vollständigen Zahlung übergeht. R hatte erst 1.000 Euro angezahlt, damit ist das Eigentum noch nicht übergegangen.

ZE.: Das nach wie vor bestehende Eigentum des E hat A bei dem Unfall rechtswidrig und schuldhaft verletzt mit der Konsequenz, dass der haftungsbegründende Tatbestand des § 823 Abs. 1 BGB erfüllt ist.

2.) Es fragt sich allerdings, in welcher Höhe dem E ein über § 823 BGB i.V.m. den §§ 249 ff. BGB ***ersatzfähiger Schaden*** entstanden ist. Und das ist aus zweierlei Gesichtspunkten problematisch:

a) Zum einen muss gesehen werden, dass dem E aus dem Kaufvertrag mit R weiterhin der Anspruch auf Zahlung des Kaufpreises gemäß § 433 Abs. 2 BGB zusteht. Denn gemäß **§ 446 Satz 1 BGB** (lesen!) geht mit der Übergabe der verkauften Sache die Gefahr des zufälligen Unterganges auf den Käufer über. Und das gilt auch dann, wenn der Käufer mit der Übergabe aufgrund eines Eigentumsvorbehaltes – so wie hier – noch nicht das Eigentum erlangt hat (*Palandt/Weidenkaff* § 446 BGB Rz. 2). Demnach könnte der Schaden des E aufgrund der wegen § 446 Satz 1 BGB weiterhin bestehenden Kaufpreisforderung ausgeschlossen sein.

Problem: Einen Augenblick musste man hier jetzt aber darüber nachdenken, dass die Übergabe ja tatsächlich nicht an den Käufer R selbst erfolgte, sondern nur an die Sekretärin des R. Indessen wäre das nur dann relevant für § 446 Satz 1 BGB, wenn hierdurch lediglich ***mittelbarer Besitz*** des Käufers begründet würde. In diesem Falle nämlich greift die Regel des § 446 BGB – ohne gesonderte vertragliche Absprache – ***nicht*** ein (PWW/*Schmidt* § 446 BGB Rz. 11; *Palandt/Weidenkaff* § 446 BGB Rz. 13), denn der Verkäufer ist grundsätzlich zur Verschaffung des ***unmittelbaren*** Besitzes verpflichtet.

Angesichts der Tatsache, dass S aber die Sekretärin des R ist und die für die Kanzlei vorgesehene Telefonanlage vom Geschäft des E zur Kanzlei des R fahren soll, kommt für die S im vorliegenden Fall die Vorschrift des **§ 855 BGB** und damit eine sogenannte **»Besitzdienerschaft«** in Betracht. Übt jemand die tatsächliche Gewalt über eine Sache für einen anderen in dessen Erwerbsgeschäft aus, vermöge dessen er den sich auf die Sache beziehenden Weisungen des anderen Folge zu leisten hat, so ist nur der andere Besitzer (§ 855 BGB). Und genau so ist das für unsere S: Denn sie handelt auf Weisung des R und besorgt im bzw. für das Erwerbsgeschäft »Kanzlei« die Telefonanlage. Damit ist sie im vorliegenden Fall »Besitzdienerin« im Sinne des § 855 BGB mit der Folge, dass »nur der andere« (also hier der R) Besitzer, und zwar ***unmittelbarer*** Besitzer der Sache ist.

ZE.: Mit der Übergabe an S erlangt der R den unmittelbaren (!) Besitz an der Sache aufgrund der Vorschrift des § 855 BGB. Damit ist die Gefahr des zufälligen Untergangs (»Preisgefahr«) gemäß § 446 Satz 1 BGB auf den R übergangen, als E der S die Anlage ausgehändigt hatte. Und damit hat E trotz Zerstörung der Sache weiterhin den Kaufpreisanspruch aus § 433 Abs. 2 BGB gegen R.

Und angesichts dessen könnte man nun tatsächlich annehmen, dass dem E aufgrund des Unfalls und der Zerstörung der Maschine ***kein*** Schaden entstanden ist, denn er erhält ja jedenfalls von R sein Geld aus dem Vertrag. Sein Vermögen würde also bei einem Vergleich der Lage vor und nach dem Eintritt des schädigenden Ereignisses keine Differenz ausweisen, was im Rahmen des § 249 Abs. 1 BGB eigentlich den Ersatzanspruch ausschließt (»**Differenzhypothese**«, vgl. BGHZ **27**, 183; BGHZ **75**, 371; BGHZ **99**, 196; BGH NJW **1994**, 2357; *Palandt/Grüneberg* Vor § 249 BGB Rz. 9). Ein Schaden des E wäre somit zu verneinen.

Aber: Diese Sichtweise ließe unberücksichtigt, dass dem E durch die Zerstörung der Maschine seine ***Sicherheit*** aus dem Eigentumsvorbehalt verloren gegangen ist. Nach der Vereinbarung mit seinem Käufer R gemäß § 449 Abs. 1 BGB hatte sich E das Eigentum an der Sache vorbehalten bis zur vollständigen Begleichung des Kaufpreises; und aus dieser Abrede erwächst für den E natürlich eine vermögensrechtlich relevante Sicherheit, die sich dann zeigt, wenn die Bedingung nicht eintritt: Dann nämlich könnte E von R die Herausgabe der Sache sowohl aus der vertraglichen Abrede als auch aus § 985 BGB fordern. Zahlt R also den Kaufpreis nicht, kann E auf ***seine*** Sache zurückgreifen und damit sein Risiko eines Vermögensverlustes im Rahmen der Abwicklung des Kaufvertrages mit R erheblich verringern.

Diese Sicherheit ist mit der Zerstörung der Maschine natürlich nun hinüber. Wenn R nämlich jetzt den Kaufpreis nicht mehr zahlen kann (z.B. wegen Zahlungsunfähigkeit), steht E vergleichsweise blöd da, denn seine Sache bekommt er dann auch nicht mehr zurück, die ist ja zerstört. Die Sicherheit, die Gegenstand der vertraglichen Abrede war, kann von E nun nicht mehr geltend gemacht werden. Genau genommen verliert E mit der Zerstörung der Sache einen (bedingten) Anspruch, nämlich den auf Rückübertragung der Sache, wenn der Kaufpreis nicht gezahlt wird.

Und im Verlust dieses Anspruchs bzw. dieser Sicherheit ist nach allgemeiner Ansicht ein ***Vermögensschaden*** zu sehen, der auch über die §§ 823, 249 BGB zu ersetzen ist (BGHZ **55**, 20; *Müller/Laube* in JuS 1993, 529; *Baur/Stürner* § 59 Rz. 45, *Prütting* Rz. 398; *Palandt/Grüneberg* Vor § 249 BGB Rz. 19).

Feinkost: Wer gerade im letzten Satz genau hingesehen hat, konnte lesen, dass über § 823 Abs. 1 BGB demnach auch ein »Vermögensschaden« (!) ersetzt wird, obwohl nun nahezu in jedem Lehrbuch steht, dass das eben über § 823 BGB gerade nicht gehen soll. Irrtum. Ein Vermögensschaden ist immer dann über § 823 Abs. 1 BGB ersatzfähig, wenn er die adäquate Folge der Verletzung eines in § 823 Abs. 1 BGB benannten absoluten Rechts ist. Das heißt dann »**Folgeschaden**« und fällt ohne Zweifel unter den Tatbestand des § 823 Abs. 1 BGB, wenn dieser Folgeschaden nur adäquat durch die Verletzung des absoluten Rechts eintritt (*Palandt/Sprau* Vor § 823 BGB Rz. 17). Sehr wichtige Regel, bitte noch mal sorgfältig lesen und: **Merken**.

An unserem Fall kann man das prima überprüfen, denn: Verletzt wurde das absolute Recht »Eigentum« des E, nämlich durch die Zerstörung der Maschine, mithin durch die klassische Form der Substanzverletzung. Die im Bereich der allgemeinen Lebenserfahrung liegende Folge (= **Adäquanz**) dieser Verletzung des absoluten Rechts ist nun aber der ***Vermögensschaden*** des E, der sich im Verlust seiner Sicherheit aus dem Kaufvertrag mit R zeigt. Und deshalb ist in diesem Falle der Vermögensschaden des E auch im Schutzbereich des § 823 BGB enthalten bzw. wird von ihm gedeckt.

ZE.: E hat aufgrund der Zerstörung der Maschine einen über die §§ 823, 249 BGB ersatzfähigen Schaden erlitten.

b) Nachdem wir festgestellt haben, dass grundsätzlich ein ersatzfähiger Schaden vorliegt, müssen wir uns jetzt noch überlegen, in welcher konkreten Höhe denn nun der Ersatzanspruch begründet sein kann. Und insoweit beachtlich ist natürlich der Umstand, dass R an den E bereits eine Rate gezahlt hat, nämlich die **1.000 Euro** beim Abschluss des Vertrages. Überlegt man sich nun des Weiteren, dass der Schaden des E – wie oben erläutert – im Verlust der Sicherheit für die Kaufpreisforderung liegt, muss man eigentlich logischerweise dann sagen, dass bei der Ersatzpflicht dieser bereits gezahlte Betrag in Abzug zu bringen ist. Denn das gezahlte Geld hat der E ja nun schon.

aa) Und genau so macht das dann auch eine vertretene Ansicht, namentlich der BGH (BGHZ **55**, 20), der bei der Frage, in welcher Höhe der Schadensersatzanspruch für den Vorbehaltsverkäufer in solchen Fällen begründet ist, die bereits gezahlten Raten abzieht und entsprechend dieser Zahlungen den Schaden bzw. den Schadensersatzanspruch zwischen dem Vorbehaltsverkäufer und dem Vorbehaltskäufer aufteilt. **Folge:** In unserem Fall hätte das zur Konsequenz, dass der E von A die noch ausstehenden 3.000 Euro verlangen könnte (und der R könnte demnach – wenn die sonstigen Voraussetzungen des § 823 Abs. 1 BGB auch bei ihm vorliegen – die bereits gezahlten 1.000 Euro von A verlangen).

bb) Diese Schadensaufteilung wird indessen von einer anderen überwiegenden Ansicht in der Literatur abgelehnt (*Baur/Stürner* § 59 Rz. 45; *Hübner* in NJW 1980, 729; *Reinicke/Tiedke* 5. Abschnitt, IV; *Brox* in JuS 1984, 660; *Palandt/Bassenge* § 929 BGB Rz. 43; *Eichenhofer* AcP 185, 190). Diese Meinung sieht in der vom BGH vorgeschlagenen Abwicklung auf anteiliger Basis unberechtigte Nach- bzw. Vorteile für Käufer und Verkäufer, nämlich:

Ausgangslage: Der Käufer bleibt unstreitig wegen § 446 BGB trotz des Unterganges der Sache weiterhin zur Zahlung an den Verkäufer verpflichtet (vgl. oben). Vom Schädiger kann der Käufer nach BGH-Lösung aber jetzt nur den Betrag fordern, den er selbst bereits an den Verkäufer gezahlt hat (hier also z.B. die 1.000 Euro). Der Verkäufer hingegen kann vom Schädiger den Betrag fordern, den er noch nicht vom Käufer bekommen hat (hier also die 3.000 Euro). Damit hat der Verkäufer sowohl gegen den Käufer als auch gegen den Schädiger den Anspruch auf Zahlung der offen stehenden Summe (hier: 3.000 Euro). So weit bitte erst mal klar machen.

Zahlt der Schädiger nun freiwillig die anteiligen Summen aus, sind alle glücklich und es gibt auch kein Problem, dann nämlich hat auch keiner einen Schaden. Insbesondere der Käufer braucht dann natürlich den Restkaufpreis nicht mehr an den Verkäufer zu zahlen, denn der hat ja mittlerweile seine gesamte Kaufpreissumme bekommen. Zahlt der Schädiger aber – aus welchen Gründen auch immer – ***nicht***, vor allem nicht an den Verkäufer, muss der Käufer in diesem Falle wegen **§ 446 BGB** den Kaufpreis doch entrichten, denn dem Verkäufer steht dieser Anspruch dann zu. Der Käufer hätte also in diesem Fall den kompletten Betrag an den Verkäufer entrichtet und dafür sozusagen nichts bekommen, denn die Sache ist untergegangen. Und dann wird sich der Käufer natürlich später an den Schädiger halten wollen, **aber**: Wenn er das tut, steht ihm nach BGH-Ansicht nur der ***anteilige*** Betrag zu! Das hatten wir ja weiter oben festgestellt: Jeder kann nur den anteiligen Betrag vom Schädiger fordern, also der Käufer das bereits an den Verkäufer Geleistete – und der Verkäufer den noch nicht erhaltenen Betrag (vgl. BGHZ **55**, 20).

Das heißt, der Käufer könnte nur den Betrag fordern, den er bereits an den Verkäufer gezahlt hatte. Und das wären dann z.B. in unserem Fall nur die 1.000 Euro (!?). Die restlichen 3.000 Euro, die der Käufer erst später an den Veräußerer gezahlt hat, wären dann bei konsequenter Anwendung der Regel des BGH der Schaden des Käufers. Und selbst, wenn man dem Käufer gestattet, den später an den Verkäufer gezahlten Betrag nun doch noch gegen den Schädiger geltend zu machen, müsste der Käufer damit das gesamte Risiko der Liquidität des Schädigers allein tragen (*Reinicke/Tiedtke* 5. Abschnitt, IV).

Dass das nicht sein kann und ungerecht ist, weil es den Käufer unter den benannten Umständen unangemessen benachteiligt und den Verkäufer unangemessen bevorzugt, leuchtet ein. Die herrschende Meinung in der Literatur löst die Frage deshalb so auf, dass man sagt, dass ***beiden*** Parteien (also Käufer und Verkäufer) aus § 823 Abs. 1 BGB jeweils der Ersatzanspruch gegen den Schädiger in entsprechender Anwendung der **§§ 432, 1281 BGB** in ***voller*** Höhe zusteht (*Palandt/Bassenge* § 929 BGB Rz. 43; *Medicus* AcP 165, 142; *Baur/Stürner* § 59 Rz. 45). Jeder von beiden kann demnach den Anspruch in voller Höhe geltend machen, wobei der Schuldner dann selbstverständlich nur einmal – an beide – zu leisten hat (§§ **432**, 1281 BGB). Die beiden Parteien sind dann gemeinsame Gläubiger, die auch entsprechend gemeinsam auftreten können und müssen (insoweit differenzierend: *Prütting* Rz. 398, die nach § 428 BGB verfahren wollen).

Erg.: E steht gegen A ein Anspruch in voller Höhe des an der Sache eingetretenen Schadens zu. Er kann somit 4.000 Euro von A fordern.

Anspruch des R gegen A

AGL.: **§ 823 Abs. 1 BGB**

Die Prüfung dieser Norm für den R haben wir nun eigentlich schon längst in der vorherigen Erörterung vorweggenommen. Wir sind ja dort die ganze Zeit sozusagen stillschweigend davon ausgegangen, dass auch dem Vorbehaltskäufer ein Schadensersatzanspruch gegen den Schädiger aus § 823 Abs. 1 BGB zusteht. Das ist auch tatsächlich so, wir wollen es uns aber dennoch hier in gebotener Kürze ansehen:

1.) Als verletztes absolutes Recht kommt natürlich die ***Anwartschaft***, die R mit dem Kauf bzw. der Übergabe erworben hat, in Frage. Völlig unstreitig unterliegt das Anwartschaftsrecht der Vorschrift des § 823 Abs. 1 BGB als »sonstiges Recht« (RGZ **170**, 1; BGHZ **55**, 20; PWW/*Schaub* § 823 BGB Rz. 64; *Bamberger/Roth/Spindler* § 823 BGB Rz. 77; *Baur/Stürner* § 59 Rz. 45; *Palandt/Bassenge* § 929 BGB Rz. 43). Und ebenso unstreitig entsteht bei der Vereinbarung eines Eigentumsvorbehaltes gemäß § 449 Abs. 1 BGB auf Seiten des Käufers mit der Übergabe der Sache oder deren Ersatz nach den §§ 930, 931 BGB ein solches von § 823 Abs. 1 BGB geschütztes Anwartschaftsrecht auf den späteren Eigentumserwerb (*Palandt/Weidenkaff* § 449 BGB Rz. 9).

Worüber wir uns aber noch einen Augenblick Gedanken machen müssen, ist im Rahmen der Entstehung des Anwartschaftsrechtes die Frage der »**Übergabe**« nach den §§ 929, 158 BGB, mit der ein Anwartschaftsrecht überhaupt erst entsteht. Und da müssen wir deshalb drüber nachdenken, weil der Käufer R die Sache ja nun tatsächlich niemals in die Finger bekommen hat. Hier können wir aber das nutzbar machen, was wir weiter oben bei der Prüfung des § 446 Satz 1 BGB schon geklärt haben, nämlich: Mit der Übergabe an S erhält R gemäß § 855 BGB den unmittelbaren Besitz an der Sache, denn die S war Besitzdienerin des R mit der Folge, dass nur der »andere« der unmittelbare Besitzer ist (§ 855 BGB). Und der »**andere**« war unser R.

ZE.: Mit der Übergabe der Sache an S hat R den unmittelbaren Besitz an der Telefonanlage erlangt und damit zu diesem Zeitpunkt gemäß den §§ 929, 158 BGB aufgrund der Abmachung mit E auch die Anwartschaft erworben. Dieses Anwartschaftsrecht des R hat der A bei dem Unfall rechtswidrig und schuldhaft verletzt.

2.) Zum ***Umfang*** des ***Schadensersatzanspruches*** aus den §§ 823 Abs. 1, 249 BGB haben wir oben bei E schon ausführlich Stellung genommen und können deshalb hier jetzt Folgendes feststellen: Dem R steht – ebenso wie dem E – dem Grunde nach der Anspruch auf Schadensersatz in voller Höhe zu; R kann somit von A die 4.000 Euro verlangen, die er für die Maschine aus dem Kaufvertrag gemäß § 433 Abs. 2 BGB zu zahlen verpflichtet ist. Er braucht insbesondere nicht mit den bereits gezahlten anteiligen 1.000 Euro vorlieb zu nehmen.

Erg.: Auch R kann von A die 4.000 Euro aus den §§ 823 Abs. 1, 249 BGB fordern.

Gesamtergebnis: Sowohl R als auch E steht ein Anspruch auf Zahlung der 4.000 Euro gegen A aus den §§ 823 Abs. 1, 249 BGB zu. Beide können die Leistung gemeinsam fordern, der Schuldner braucht die Leistung aber natürlich nur einmal zu bewirken. Unsere beiden Gläubiger nennt man dann »**gemeinschaftliche Gläubiger**«, wobei die von der herrschenden Meinung favorisierte entsprechende Anwendung des § 432 BGB (*Baur/Stürner* § 59 Rz. 45) zur Folge hätte, dass E und R gemeinschaftlich als Gläubiger – also in einem Prozess – den A verklagen könnten und müssten und das Urteil dann beide auch ***gemeinsam*** als Begünstigte ausspricht. Der Schuldner muss dann an beide gemeinsam den Betrag leisten und wird von seiner Leistungspflicht übrigens ***nicht*** frei, wenn er nur an einen leistet. Hat der Schuldner an beide gemeinsam geleistet, müssen die beiden Gläubiger sich dann im Innenverhältnis einigen, damit hat der Schuldner dann logischerweise nichts mehr zu tun.

Gutachten

I.) E könnte gegen A wegen der Zerstörung der Maschine ein Anspruch auf Schadensersatz aus § 823 Abs. 1 BGB zustehen.

1.) Voraussetzung dafür ist zunächst die Verletzung eines absoluten Rechts des E durch A. In Betracht kommt im vorliegenden Fall das Eigentum an der Maschine. Dann müsste E zum Zeitpunkt des Unfalls Eigentümer der Sache gewesen sein. Ursprünglicher Eigentümer der Maschine war der E. E könnte sein Eigentum aber nach den §§ 929 ff. BGB verloren haben, als er die Telefonanlage in Erfüllung seiner vertraglichen Verpflichtung gegenüber R der S übergab. Indessen ist insoweit zu beachten, dass E aufgrund der Vereinbarung des Eigentumsvorbehaltes gemäß den §§ 449, 929, 158 Abs. 1 BGB bis zur Zahlung der letzten Rate Eigentümer der Sache bleibt. R hatte bislang lediglich die erste der drei Raten beglichen mit der Folge, dass E zum Zeitpunkt des Unfalls noch Eigentümer der Sache war. Dieses Eigentum des E hat A rechtswidrig und schuldhaft verletzt. Der haftungsbegründende Tatbestand des § 823 Abs. 1 BGB liegt somit vor.

2.) Fraglich ist nunmehr der Umfang des Ersatzanspruchs. Die Höhe und die Art der Ersatzpflicht richtet sich grundsätzlich nach den §§ 249 ff. BGB. Inwieweit dem E im vorliegenden Fall überhaupt ein ersatzfähiger Schaden entstanden ist, ist fraglich.

a) Zum einen könnte ein Schaden des E ausgeschlossen sein, wenn E aus dem Kaufvertrag mit R weiterhin der Anspruch auf Zahlung des Kaufpreises gemäß § 433 Abs. 2 BGB zusteht.

aa) Gemäß § 446 Satz 1 BGB geht mit der Übergabe der verkauften Sache die Gefahr des zufälligen Unterganges auf den Käufer über. Dies gilt insbesondere auch dann, wenn der Käufer mit der Übergabe aufgrund eines Eigentumsvorbehaltes noch nicht das Eigentum erlangt hat. Es fragt sich somit, ob vorliegend tatsächlich die Sache an R im Sinne des § 446 Abs. 1 BGB übergeben wurde. Das ist deshalb problematisch, weil nicht R, sondern die S die Sache in Empfang genommen hat. Insoweit ist allerdings § 855 BGB zu beachten. Die S übt die tatsächliche Gewalt über die Sache für den R in dessen Erwerbsgeschäft aus und hat den auf die Sache bezogenen Weisungen des R Folge zu leisten mit der Konsequenz, dass nach § 855 BGB nur R Besitzer, und zwar alleiniger unmittelbarer Besitzer ist. Die Sache ist folglich dem R übergeben worden. Damit ist die Gefahr des zufälligen Untergangs gemäß § 446 Satz 1 BGB auf den R übergegangen, als E der S die Anlage ausgehändigt hatte. Folglich steht E trotz Zerstörung der Sache weiterhin der Kaufpreisanspruch aus § 433 Abs. 2 BGB gegen R zu.

Angesichts dessen könnte nun angenommen werden, dass E aufgrund des Unfalls und der Zerstörung der Maschine kein Schaden entstanden ist, denn er erhält ja jedenfalls von R sein Geld aus dem Vertrag. Sein Vermögen würde also bei einem Vergleich der Lage vor und nach dem Eintritt des schädigenden Ereignisses keine Differenz ausweisen, was im Rahmen des § 249 Abs. 1 BGB den Ersatzanspruch ausschließt. Ein Schaden des E wäre somit zu verneinen.

bb) Etwas anderes könnte sich aber daraus ergeben, dass dem E durch die Zerstörung der Maschine seine Sicherheit aus dem Eigentumsvorbehalt verloren gegangen ist. Nach der Vereinbarung mit R gemäß § 449 Abs. 1 BGB hatte sich E das Eigentum an der Sache vorbehalten bis zur vollständigen Begleichung des Kaufpreises. Aus dieser Abrede erwächst für den E eine vermögensrechtlich relevante Sicherheit, die sich dann auswirkt, wenn die Bedingung nicht eintritt. Dann könnte E von R die Herausgabe der Sache sowohl aus der vertraglichen Abrede als auch aus § 985 BGB fordern. Zahlt R also den Kaufpreis nicht, kann E auf seine Sache zurückgreifen und damit sein Risiko eines Vermögensverlustes im Rahmen der Abwicklung des Kaufvertrages mit R erheblich verringern.

Diese Sicherheit ist mit der Zerstörung der Maschine nunmehr verloren gegangen. Wenn R jetzt den Kaufpreis, etwa wegen Zahlungsunfähigkeit, nicht mehr zahlen kann, steht E ohne Sicherheit da, denn den Sicherungsgegenstand kann er nicht mehr zurück fordern. Die Sicherheit, die Gegenstand der vertraglichen Abrede war, kann von E nun nicht mehr geltend gemacht werden. E verliert mit der Zerstörung der Sache den bedingten Anspruch auf Rückübertragung der Sache in dem Fall, dass der Kaufpreis nicht gezahlt wird. Im Verlust dieses Anspruchs bzw. dieser Sicherheit ist nach allgemeiner Ansicht ein Vermögensschaden zu sehen, der auch über die §§ 823, 249 BGB zu ersetzen ist. Dieser Vermögensschaden ist als sogenannter Folgeschaden dann über § 823 Abs. 1 BGB ersatzfähig, wenn er die adäquate Folge der Verletzung eines in § 823 Abs. 1 BGB benannten absoluten Rechtes ist.

Verletzt wurde im vorliegenden Fall das absolute Recht Eigentum des E durch die Zerstörung der Maschine, mithin durch die klassische Form der Substanzverletzung. Die im Bereich der allgemeinen Lebenserfahrung liegende Folge dieser Verletzung des absoluten Rechts ist der Vermögensschaden des E, der sich im Verlust seiner Sicherheit aus dem Kaufvertrag mit R zeigt. Deshalb ist in diesem Falle der Vermögensschaden des E auch im Schutzbereich des § 823 BGB enthalten bzw. wird von ihm gedeckt. E hat aufgrund der Zerstörung der Maschine einen über die §§ 823, 249 BGB ersatzfähigen Schaden erlitten.

b) Des Weiteren ist nunmehr zu klären, in welcher Höhe der Ersatzanspruch begründet ist.

aa) Insoweit beachtlich ist zunächst der Umstand, dass R an den E bereits eine Rate in Höhe von 1.000 Euro gezahlt hat. Angesichts der Tatsache, dass der Schaden des E – wie oben erläutert – im Verlust der Sicherheit für die Kaufpreisforderung liegt, müsste nun zu folgern sein, dass bei der Ersatzpflicht dieser bereits von R an E gezahlte Betrag anteilig in Abzug zu bringen ist. E könnte somit von A nur 3.000 Euro fordern, während auf Seiten des R eine Forderung in Höhe von 1.000 Euro, die gegenüber A geltend zu machen wäre, verbliebe.

bb) Diese anteilige Schadensaufteilung ist indessen abzulehnen. Die Abwicklung auf anteiliger Basis verursacht unberechtigte Nach- bzw. Vorteile für Käufer und Verkäufer. Für den Fall, dass der Schädiger an den Verkäufer den anteiligen Betrag nicht zahlt, müsste der Käufer in diesem Falle wegen § 446 BGB den Kaufpreis doch entrichten, denn dem Verkäufer stünde dieser Anspruch dann zu. Der Käufer hätte also in diesem Fall den kompletten Betrag an den Verkäufer entrichtet und dafür keine Leistung erhalten, denn die Sache ist untergegangen. Der Käufer muss sich dann später an den Schädiger halten, erhält dann aber nur den anteiligen Betrag. Das bedeutet, der Käufer könnte nur den Betrag fordern, den er bereits an den Verkäufer gezahlt hatte.

Im vorliegenden Fall könnte R demnach nur die 1.000 Euro, die er an E bereits gezahlt hat, fordern. Die restlichen 3.000 Euro, die der Käufer erst später an den Veräußerer gezahlt hat, wären der Schaden des Käufers. Selbst, wenn man dem Käufer gestattet, den später an den Verkäufer gezahlten Betrag dann doch noch gegen den Schädiger geltend zu machen, müsste der Käufer damit das gesamte Risiko der Liquidität des Schädigers allein tragen. Dies benachteiligt den Käufer unter den benannten Umständen unangemessen, bevorzugt den Verkäufer ohne Rechtfertigung und ist daher abzulehnen. Aus den genannten Gründen hat die Abwicklung in den Fällen der vorliegenden Art deshalb dergestalt zu erfolgen, dass beiden Parteien aus § 823 Abs. 1 BGB jeweils der Ersatzanspruch gegen den Schädiger in entsprechender Anwendung der §§ 432, 1281 BGB in voller Höhe zusteht. Jeder von beiden kann demnach den Anspruch in voller Höhe geltend machen, wobei der Schuldner gemäß den §§ 432, 1281 BGB nur einmal – an beide – zu leisten hat. Die beiden Parteien sind dann gemeinsame Gläubiger.

Erg.: E steht gegen A ein Anspruch in voller Höhe des an der Sache eingetretenen Schadens zu. Er kann somit 4.000 Euro von A fordern.

II.) R könnte gegen A wegen der Zerstörung der Maschine ebenfalls ein Anspruch auf Schadensersatz aus § 823 Abs. 1 BGB zustehen.

1.) Als verletztes absolutes Recht kommt die Anwartschaft, die R mit dem Kauf und der Übergabe erworben hat, in Frage. Das mit dem Eigentumsvorbehalt und der nach § 855 BGB erfolgten Übergabe bei R entstandene Anwartschaftsrecht unterliegt der Vorschrift des § 823 Abs. 1 BGB als sonstiges Recht. Dieses sonstige Recht hat A bei dem Unfall rechtswidrig und schuldhaft verletzt. Der haftungsbegründende Tatbestand des § 823 Abs. 1 BGB ist in Bezug auf das Anwartschaftsrecht erfüllt.

2.) Hinsichtlich des Umfangs des Schadensersatzanspruches aus den §§ 823 Abs. 1, 249 BGB gilt unter Verweis auf das soeben Erläuterte Folgendes: R steht dem Grunde nach der Anspruch auf Schadensersatz in voller Höhe zu; R kann somit von A die 4.000 Euro verlangen, die er für die Maschine aus dem Kaufvertrag gemäß § 433 Abs. 2 BGB zu zahlen verpflichtet ist. Er ist insbesondere nicht auf die Summe von 1.000 Euro, die er an E gezahlt hat, beschränkt.

Erg.: Auch R kann von A die 4.000 Euro aus den §§ 823 Abs. 1, 249 BGB fordern. Sowohl R als auch E steht somit ein Anspruch auf Zahlung der 4.000 Euro gegen A aus den §§ 823 Abs. 1, 249 BGB zu. Beide können die Leistung gemeinsam fordern, der Schuldner braucht die Leistung aber nur einmal zu bewirken. E und R sind damit gemeinschaftliche Gläubiger, wobei die entsprechende Anwendung des § 432 BGB zur Folge hat, dass E und R gemeinschaftlich als Gläubiger – also in einem Prozess – den A verklagen können und müssen und das Urteil beide gemeinsam als Begünstigte ausspricht. Der Schuldner muss dann an beide gemeinsam den Betrag leisten und wird von seiner Leistungspflicht nicht frei, wenn er nur an einen leistet. Hat der Schuldner an beide gemeinsam geleistet, müssen die beiden Gläubiger dann im Innenverhältnis eine Ausgleichsregelung erzielen.

Fall 9

Traumberuf!?

Rechtsanwalt R hat beim Händler E für seine Kanzlei eine multifunktionale Kopiermaschine zum Preis von 30.000 Euro unter Eigentumsvorbehalt gekauft und 10.000 Euro angezahlt. Als R wenig später in finanzielle Not gerät und einen Kredit benötigt, überträgt er seinem Kollegen K, der den R gutgläubig für den Eigentümer hält, zur Sicherung eines Darlehens das vermeintliche Eigentum an der Maschine, behält das Gerät aber nach Absprache mit dem K zur weiteren Verwendung in seiner Kanzlei. Und weil das Anwaltsleben hart ist, gerät auch der K in Geldnot und überträgt seine Rechte aus der Sicherungsübereignung mit R der Bank B zur Sicherheit für ein gewährtes Darlehen. Als R kurz darauf zahlungsunfähig wird, erklärt E wirksam den Rücktritt vom Vertrag mit R.

Kann E von R gemäß § 985 BGB die Herausgabe der Maschine fordern?

Schwerpunkte: BGHZ 50, 45; Eigentumserwerb nach § 930 BGB; Begriff des Besitzkonstituts; Eigentumserwerb nach § 931 BGB; Sicherungsübereignung und Sicherungsabtretung; gutgläubiger Erwerb gemäß den §§ 931, 934 BGB; Verschaffung eines mittelbaren Besitzes nach den §§ 934, 868 BGB; doppelte Besitzmittlung, Nebenbesitz.

Lösungsweg

§§ 433, 449 — § 488 — § 488

E ------------------------- R ------------------------ K ------------------------- **B-Bank**

§§ 929, 158 — *Sache* — §§ 930, 933? — §§ 931, 934?

Anspruch des E gegen R auf Herausgabe der Maschine

<u>AGL.</u>: § 985 BGB

Der Anspruch aus § 985 BGB ist natürlich nur dann begründet, wenn E im Zeitpunkt der Geltendmachung noch ***Eigentümer*** der Maschine ist.

Ursprünglicher Eigentümer war der E. Der E könnte sein Eigentum aber verloren haben, Folgendes ist zu beachten:

1.) Zunächst ist mit der Übereignung von E auf R kein Eigentumsverlust nach § 929 Satz 1 BGB zulasten des E eingetreten, denn E hatte dem R die Maschine nur unter Eigentumsvorbehalt geliefert. Und bei einer Veräußerung unter Eigentumsvorbehalt erfolgt gemäß § 449 Abs. 1 BGB die Übereignung unter der aufschiebenden Bedingung der vollständigen Kaufpreiszahlung. Das Eigentum geht gemäß den §§ 929 Satz 1, 158 Abs. 1 BGB erst dann über, wenn der Kaufpreis vollständig gezahlt worden ist.

ZE.: R hat den Kaufpreis nicht vollständig gezahlt, damit ist die Bedingung nicht eingetreten und das Eigentum nicht auf R übergegangen. R hat mit der Übergabe der Maschine lediglich eine ***Anwartschaft*** auf den späteren Erwerb des Eigentums an der Maschine erworben. E ist weiterhin Eigentümer der Maschine geblieben.

2.) E könnte sein Eigentum aber an K verloren haben, als R dem K unter Vorspiegelung seiner Eigentümerstellung die Maschine zur Sicherheit für ein gewährtes Darlehen (§ 488 BGB) übereignet hat, die Maschine aber in seiner Kanzlei behielt. Insoweit kommt ein Eigentumsübergang von R auf K nach **§§ 930, 933 BGB** in Betracht:

a) R und K beabsichtigten, zur Sicherung des Darlehens dem K die Maschine zu übereignen. Da der R aber den unmittelbaren Besitz an der Sache behalten sollte, konnte dies nur unter der Voraussetzung des **§ 930 BGB** geschehen. In der Verabredung, die R und K vorliegend treffen, wonach der K der Eigentümer werden, der R die Maschine aber in der Kanzlei zur weiteren Verwendung behalten soll, kann zwanglos die Vereinbarung eines für § 930 BGB erforderlichen ***Besitzkonstituts*** gesehen werden, bei dem der Erwerber den mittelbaren Besitz erhält, der unmittelbare Besitz hingegen beim Veräußerer bleibt.

b) Da der R allerdings gar nicht der Eigentümer war, konnte der gutgläubige K das Eigentum an der Maschine nach § 930 BGB nur erwerben, wenn ihm gemäß **§ 933 BGB** die Sache vom Veräußerer ***übergeben*** wird. Der Begriff der Übergabe orientiert sich insoweit an § 929 Satz 1 BGB, insbesondere muss der Veräußerer seinen Besitz vollständig aufgeben (*Palandt/Bassenge* § 933 BGB Rz. 4). Im vorliegenden Fall hat der Veräußerer R die Sache dem Erwerber K nicht im Sinne des § 929 Satz 1 BGB übergeben, sondern vielmehr den unmittelbaren Besitz selbst behalten. Verbleibt aber der unmittelbare Besitz beim Veräußerer, ist ein gutgläubiger Eigentumserwerb über die §§ 930, 933 BGB nicht möglich (BGH NJW **1996**, 2654).

ZE.: Der K konnte somit ***nicht*** gutgläubig das Eigentum an der Maschine gemäß den §§ 930, 933 BGB von R erwerben. Und E hat demnach aufgrund der Geschäfte zwischen R und K sein Eigentum an der Maschine nicht verloren.

> **Achtung:** Der K hat trotz mangelnder Eigentumsübertragung nach den §§ 930, 933 BGB dafür aber das tatsächlich bestehende ***Anwartschaftsrecht*** auf den zukünftigen Eigentumserwerb an dem Kopierer, das R gegenüber E zustand, von R über **§ 930 BGB** erworben. K konnte – wie eben gesehen – zwar das Eigentum nicht von R erwerben, weil der R selbst nicht Eigentümer war und es für den gutgläubigen Erwerb an der Übergabe nach § 933 BGB fehlte. Dann bleibt aber immer noch der Umstand,

dass der R ja nun tatsächlich Inhaber der Anwartschaft war (Kauf unter EV!); und nun sagt man, dass wenn der Eigentumserwerb des Gutgläubigen scheitert, weil der Veräußerer selbst nur Inhaber der Anwartschaft ist, sich aber gleichwohl als Eigentümer ausgibt, der Erwerber aufgrund der Einigung mit dem Scheineigentümer und der Vereinbarung eines Besitzkonstituts nach § 930 BGB die bestehende Anwartschaft erworben hat. Dieser Erwerb der Anwartschaft erfolgt dann übrigens insoweit vom **Berechtigten (!)**, denn die Anwartschaft stand dem Veräußerer – im Gegensatz zum Eigentum – ja tatsächlich zu. Und dieser Anwartschaftserwerb erfolgt, obwohl der K als Erwerber von der Übertragung der Anwartschaft tatsächlich gar nichts weiß, sondern vielmehr bei seiner Einigungserklärung gegenüber R glaubte, er habe jetzt das ***Eigentum*** an der Sache erworben. Wer sich mit dem vermeintlichen Eigentümer hinsichtlich der Übertragung des Eigentums einigt, erwirbt zumindest gutgläubig eine bestehende ***Anwartschaft***, wenn der Eigentumserwerb mangels Berechtigung oder Übergabe nicht möglich gewesen ist, der Veräußerer aber Inhaber einer Anwartschaft war. Hier ist die Erklärung des Erwerbers so auszulegen bzw. umzudeuten, dass er dann wenigstens die bestehende Anwartschaft erwerben wollte, wenn der Eigentumserwerb nicht eintreten konnte (BGHZ **20**, 88; *Loewenheim* in JuS 1981, 721; *Palandt/Bassenge* § 929 BGB Rz. 45). Merken.

Und noch was: Bei der hier beabsichtigten Übereignung zur Sicherheit eines Darlehens nach den §§ 929, 930 BGB (sogenannte »Sicherungsübereignung«) passiert rechtstechnisch im ***Normalfall*** – also wenn alles glatt geht – Folgendes: Der Sicherungsgeber (SG) überträgt dem Sicherungsnehmer (SN) das Eigentum an der Sache, behält die Sache aber im unmittelbaren (Fremd-)Besitz, der SN erhält den mittelbaren (Eigen-)Besitz im Sinne des § 868 BGB (sogenanntes »**Besitzkonstitut**«). Diese Vereinbarung der Sicherungsübereignung begründet demnach ohne weitere ausdrückliche Absprache zwischen den Parteien immer ein Besitzmittlungsverhältnis im Sinne des **§ 868 BGB**. Inhaltlich ist der SG aus dieser Vereinbarung zur Herausgabe der Sache – also des unmittelbaren Besitzes – an den SN verpflichtet, wenn er das gewährte Darlehen nicht zurückzahlt. Der SN seinerseits ist zur (Rück-)Übertragung des Eigentums an den SG verpflichtet, wenn der SG seiner Verpflichtung aus dem Darlehensvertrag nachkommt (BGH NJW **1979**, 2308; *Palandt/Bassenge* § 930 BGB Rz. 9; § 868 BGB Rz. 15). Dem SN steht also dann neben dem Anspruch aus § 985 BGB auch aus der Sicherungsabrede – also **schuldrechtlich**! – ein Herausgabeanspruch zu, wenn der SG nicht seiner Verpflichtung aus dem Darlehensvertrag nachkommt. Merken, brauchen wir gleich noch.

Durchblick: Die gerade geschilderte Sicherungsübereignung nach den §§ 929, 930 BGB unter Vereinbarung eines Besitzkonstituts ist in der Praxis sehr beliebt, da sie für beide Parteien beachtliche Vorteile bietet, nämlich: Der SN wird Eigentümer und mittelbarer Besitzer der Sache, hat damit eine Sicherheit für sein Darlehen erhalten und kann bei Nichtzahlung aus der schuldrechtlichen Abrede die Herausgabe der Sache fordern und diesen Herausgabeanspruch unter Umständen dann auch verwerten, indem er ihn weiter abtritt. Der SG bekommt das begehrte Darlehen, weil er eine Sicherheit bieten kann, kann die Sache aber dennoch weiter bei sich behalten (= unmittelbarer Besitz) und mithin damit arbeiten. Und das wiederum kommt dem SN zugute, denn zumeist erarbeitet bzw. erwirtschaftet der SG mit der Sache dann das Geld, was er benötigt, um dem SN das Darlehen zurück zu zahlen. Also freuen sich alle. Kapiert!?

Zurück zum Fall:

Und hier bei uns hat das mit der gerade geschilderten Sicherungsübereignung ja nicht ganz geklappt, denn wir haben zwar hier auch einen Sicherungsgeber (den R) und einen Sicherungsnehmer (den K) sowie eine entsprechende Sicherungsabrede; nur war der Sicherungsgeber R böse und nicht der Eigentümer mit der Folge, dass das Eigentum nicht auf den Sicherungsnehmer K redlich gemäß den §§ 929, 930 BGB übertragen werden konnte. Und da der K zwar gutgläubig war, aber nach den §§ 930, 933 BGB mangels Übergabe dennoch nicht Eigentümer der Sache geworden ist, blieb für ihn dann – wie gesehen – nur die ***Anwartschaft*** und der ***mittelbare Besitz*** nach **§ 930 BGB**, denn dies hat K vom insoweit Berechtigten R erworben. Und da in der Sachverhaltsschilderung bei der Fallfrage steht, dass R zahlungsunfähig ist, muss auch noch gesehen werden, dass dem K aus der Sicherungsabrede mit R nun auch tatsächlich der Herausgabeanspruch zusteht; denn der R kann seine Verpflichtung zur Rückzahlung des Darlehens an K nicht (mehr) erfüllen mit der Konsequenz, dass K aus der schuldrechtlichen Vereinbarung mit R die Herausgabe der Maschine fordern kann.

Zwischenstand: Der E ist nach wie vor Eigentümer der Sache. Die zunächst dem R zustehende Anwartschaft hat der R ebenso wie den mittelbaren Besitz aufgrund der Sicherungsübereignung auf den K gemäß § 930 BGB übertragen. Der E ist also jetzt weiter Eigentümer der Sache, der R unmittelbarer Besitzer und der K ist mittelbarer Besitzer nach § 868 BGB mit entsprechendem fälligem schuldrechtlichem Herausgabeanspruch aus der Sicherungsabrede gegen R sowie Anwartschaftsinhaber.

3.) E könnte jetzt seine immer noch vorhandene Eigentümerstellung aber an die B-Bank verloren haben. Und zwar dadurch, dass K seine Rechte aus der Sicherungsübereignung mit R auf die B übertragen hat (sogenannte **»Sicherungsabtretung«**). Der Eigentumserwerb zugunsten der B kann in diesem Fall nur nach den **§§ 931, 934 BGB** erfolgt sein, denn der Veräußerer K ist – entgegen seiner eigenen Überzeugung – ja gar nicht der Eigentümer der Sache, sondern nur Anwartschaftsinhaber und kann folglich nur mithilfe des § 934 BGB als ***Nichtberechtigter*** der B-Bank das Eigentum verschaffen.

a) Dass dem K gegen R ein schuldrechtlicher Herausgabeanspruch aus der Sicherungsabrede zusteht, haben wir weiter oben schon erläutert und festgestellt. Bitte beachte insoweit unbedingt, dass nur dieser ***schuldrechtliche*** Herausgabeanspruch auch im Rahmen des § 931 BGB abgetreten werden kann. Die Abtretung selbst erfolgt dann übrigens formlos nach § 398 BGB.

Vorsicht: Der soeben geschilderte Gedanke ist wichtig, denn die Studenten neigen an dieser Stelle häufig dazu, den – bei einer tatsächlich und redlich erfolgten Sicherungsabrede ebenfalls entstandenen – Anspruch aus § 985 BGB als Gegenstand der Abtretung nach § 931 BGB zu prüfen. Das aber ist ein grober Fehler, denn der Anspruch aus § 985 BGB ist ***nicht*** abtretbar, er folgt vielmehr aus dem Eigentum an der Sache selbst (BGH NJW-RR **1986**, 158; *Erman/Michalski* § 931 BGB Rz. 3). Den Anspruch aus § 985 BGB kann man nicht durch Abtretung sondern nur durch – **vorherigen**! – Eigentumserwerb erhalten (BGH DtZ **1995**, 360; *Soergel/Stadler* § 985 BGB Rz. 3; *Baur/Stürner* § 11 Rz. 44). Wer Eigentümer der Sache ist, ist auch Inhaber des Anspruchs aus § 985 BGB.

ZE.: Ein an die B abtretbarer Anspruch auf Herausgabe des K gegen R besteht in Form des schuldrechtlichen Anspruchs aus der Sicherungsabrede zwischen K und R. Und diesen Anspruch hat K der B-Bank im Rahmen der Sicherungsabrede auch gemäß § 398 BGB abgetreten.

b) Da die veräußerte Sache indessen nicht dem K gehört, kann der Erwerb des Eigentums unter Abtretung des Herausgabeanspruchs zugunsten der B nur mithilfe der Vorschrift des **§ 934 BGB** erfolgen.

Und weil die B unproblematisch die Sache nicht erlangt hat im Sinne des § 934 2. Alt. BGB (die Sache ist ja bei R verblieben), kommt ein gutgläubiger Eigentumserwerb nur nach der 1. Alt. des § 934 BGB in Betracht. Demnach wird der Erwerber einer nach § 931 BGB veräußerten Sache mit der Abtretung des Herausgabeanspruches dann Eigentümer, wenn der Veräußerer mittelbarer Besitzer ist (Gesetz sorgfältig lesen, vgl. dazu auch BGH ZIP **2004**, 2384). Und da K der Bank den Anspruch zweifellos im Rahmen der Sicherungsübereignung gemäß den §§ 931, 398 BGB abgetreten hat, ist allein fraglich, ob K zum Zeitpunkt dieser Abtretung ***mittelbarer Besitzer*** der Maschine war. Und insoweit wird man sagen müssen, dass das doch eigentlich auf den ersten Blick überhaupt kein Problem sein kann, denn wir haben ja eben groß und breit festgestellt, dass der K bei der von R vollzogenen Sicherungsübereignung unter anderem den mittelbaren Besitz erlangt hat (vgl. soeben). Das war die Geschichte mit der Eigentumsübertragung und dem Besitzkonstitut nach den §§ 930, 933 BGB, die zwar hinsichtlich des Eigentums in unserem Fall nicht funktioniert hatte (es blieb ja bei der Anwartschaft), gleichwohl dem K aber den ***mittelbaren Besitz*** (§ 868 BGB) unter Vereinbarung des Besitzkonstituts nach § 930 BGB verschafft hatte.

Aber: Bei den gesamten Überlegungen, die wir bisher angestellt haben, ist nicht berücksichtigt worden (weil es bislang hier nicht relevant war), dass der E (!) wegen des Verkaufes der Maschine an R unter Eigentumsvorbehalt aufgrund ***dieses*** Geschäfts und der dann vollzogenen Besitzübertragung auf R von Beginn an ebenfalls den ***mittelbaren Besitz*** an der Maschine hatte. Der Vorbehaltsverkäufer bleibt nämlich bis zum Eintritt der Bedingung, also der Zahlung des Kaufpreises durch den Käufer, mittelbarer Besitzer der Sache (PWW/*Schmidt* § 449 BGB Rz. 17; *Baur/Stürner* § 59 Rz. 26; *Palandt/Weidenkaff* § 449 BGB Rz. 9).

Da nun aber der R dem K im Rahmen der Übertragung des Anwartschaftsrechts nach § 930 BGB ebenfalls den mittelbaren Besitz übertragen hatte, stellt sich die Frage, ob das dann überhaupt geht, also:

> Kann der unmittelbare Besitzer (hier: der R) den Besitz in zwei unterschiedliche Richtungen mitteln? Können also sowohl E als auch K ***gleichzeitig*** mittelbare Besitzer der Maschine sein?

Fallrelevanz:

→ Wenn man das ***bejaht***, wird man dann im nächsten Schritt überlegen müssen, wer denn im vorliegenden Fall darauf bezogen schutzwürdiger ist: Ist es der E, der ursprünglich ja als ***erster*** den mittelbaren Besitz im Rahmen der Übereignung unter Eigentumsvorbehalt bekommen hatte; oder ist es der K und dann im Weiteren die B-Bank, die profitieren würden, denn die B-Bank würde dann ja wegen § 934 1. Alt. BGB vom mittelbaren Besitzer K das Eigentum gutgläubig erwerben können.

→ Oder man ***verneint*** grundsätzlich die Möglichkeit des doppelten mittelbaren Besitzes und sagt, es kann entweder nur der eine oder der andere den mittelbaren Besitz erhalten. Dann müsste man aber klären, ob der E alleiniger mittelbarer Besitzer geblieben ist oder aber ob er den mittelbaren Besitz an den K verloren hat.

Lösung: Die Antwort ist – man ahnt es – **umstritten**:

- Nach einer Auffassung soll in diesem Fall ein sogenannter »mittelbarer Nebenbesitz« vorliegen, wonach ***beiden*** Seiten der mittelbare Besitz im Vergleich zum unmittelbaren Besitzer zugesprochen wird (*Soergel/Stadler* § 868 BGB Rz. 21; *Medicus/Petersen* BR Rz. 559 ff.; *Staudinger/Bund* § 868 BGB Rz. 9; *Baur/Stürner* § 52 Rz. 23/24; *Picker* AcP 88, 511; *Musielak* in JuS 1992, 713; *Wieling* I § 6 III b). Dann läge ein doppelter mittelbarer Besitz an einer Sache vor, allerdings soll dieser Nebenbesitz für den gutgläubigen Erwerb des Eigentums nach § 934 1. Alt. BGB nach dieser Meinung ***nicht*** ausreichen. Und zwar insbesondere dann, wenn auf einer Seite ein berechtigter mittelbarer Besitzer auftritt. Dieser soll stets schutzwürdiger sein als mögliche andere nichtberechtigte Erwerber und in entsprechender Anwendung des § 936 Abs. 3 BGB sein Eigentum behalten. ***Medicus/Petersen*** erklären dies sehr anschaulich mit folgendem Satz (BR Rz. 561): *»Wer nicht näher an die Sache heranrückt, als der Eigentümer ihr noch steht, soll nicht zu dessen Lasten von einem Nichtberechtigten erwerben.«*

Zum Fall: Der E war mittelbarer Besitzer und Eigentümer, als er ursprünglich dem R die Maschine unter Eigentumsvorbehalt übergab. Außer dem R, der den unmittelbaren Besitz erhielt, kam nun niemand mehr näher als der E an die Sache »heran«, denn der K wurde durch die Sicherungsübereignung mithilfe des Besitzkonstituts auch nur ***mittelbarer Besitzer*** nach den §§ 930, 868 BGB. Und die B-Bank erhielt überhaupt keinen Besitz an der Sache (nicht mal mittelbaren), sondern sollte das Eigentum durch die Abtretung des Herausgabeanspruchs erwerben. Daraus ergibt sich dann nach oben vertretener Meinung, dass der E der Eigentümer der Sache geblieben wäre, da sein mittelbarer Besitz im Vergleich zu K »stärker« ist.

- Nach anderer Ansicht hingegen soll die Rechtsfigur des »Nebenbesitzes« ***keine*** Anerkennung finden, der vormalige mittelbare Besitz werde durch den neuen mittelbaren Besitzer zum Erlöschen gebracht (BGH NJW-RR **2010**, 983; BGHZ **50**, 45; BGHZ **28**, 16; BGH NJW **1979**, 2037; OLG Frankfurt BB **1976**, 573; RGZ **135**, 75; MüKo/*Joost* § 868 BGB Rz. 20; *Bamberger/Roth/Fritzsche* § 868 BGB Rz. 42; RGRK/*Kregel* § 868 BGB Rz. 21; *Westermann/Gursky/Eickmann* § 18 Rz. 7; *Palandt/Bassenge* § 868 BGB Rz. 4).

Zum Fall: Folgt man dieser Meinung, hat der K ***alleinigen*** mittelbaren Besitz an der Sache erlangt und insbesondere den mittelbaren Besitz des E zum Erlöschen gebracht. Und dann konnte die B tatsächlich mit der Abtretung des Herausgabeanspruchs von K das Eigentum nach den §§ 931, 934 1. Alt. BGB erwerben.

ZE.: Wer sich der Ansicht anschließt, die den mittelbaren Nebenbesitz annimmt, muss feststellen, dass E hier als ursprünglich Berechtigter einen quasi »stärkeren« mittelbaren Besitz im Vergleich zu K erlangt hat mit der Folge, dass ein Eigentumserwerb der B-Bank von K unter diesen Umständen nach den §§ 931, 934 1. Alt. BGB ***nicht*** in Betracht kommt. Wer hingegen dem BGH folgt, muss dann konsequent sagen, dass mit dem Erwerb des mittelbaren Besitzes bei K der vormalige mittelbare Besitzer E diesen Besitz verloren hat und somit die B-Bank von K gemäß den §§ 931, 934 1. Alt. BGB das Eigentum an der Maschine gutgläubig erwerben konnte.

Erg.: Nach der ersten Ansicht steht dem E mithin der Anspruch aus § 985 BGB zu; beachte insoweit bitte, dass § 986 BGB zugunsten des R ***nicht*** zieht, denn der E war ja wirksam zurückgetreten und hatte damit das Besitzrecht des R aus dem Vertrag aufgehoben. Die zweite oben benannte Ansicht würde die B-Bank hingegen zur Eigentümerin erklären und mithin stünde E in diesem Falle kein Anspruch auf Herausgabe der Kopiermaschine aus § 985 BGB zu.

Gutachten

E könnte gegen R ein Anspruch auf Herausgabe der Maschine aus § 985 BGB zustehen.

Der Anspruch aus § 985 BGB ist dann begründet, wenn E im Zeitpunkt der Geltendmachung noch Eigentümer der Maschine ist. Ursprünglicher Eigentümer war der E. Der E könnte sein Eigentum aber verloren haben.

1.) In Betracht kommt zunächst ein Eigentumsverlust durch die Übergabe an R. Indessen ist insoweit zu beachten, dass mit der Übergabe von E auf R kein Eigentumsverlust nach § 929 Satz 1 BGB zulasten des E eintreten konnte, E hatte dem R die Maschine nur unter Eigentumsvorbehalt geliefert. Bei einer Veräußerung unter Eigentumsvorbehalt erfolgt gemäß § 449 Abs. 1 BGB die Übereignung unter der aufschiebenden Bedingung der vollständigen Kaufpreiszahlung. Das Eigentum geht gemäß den §§ 929 Satz 1, 158 Abs. 1 BGB erst dann über, wenn der Kaufpreis vollständig gezahlt worden ist.

R hat den Kaufpreis nicht vollständig gezahlt, damit ist die Bedingung nicht eingetreten und das Eigentum nicht auf R übergegangen. R hat mit der Übergabe der Maschine lediglich eine Anwartschaft auf den späteren Erwerb des Eigentums an der Maschine erhalten. E ist weiterhin Eigentümer der Maschine geblieben.

2.) E könnte sein Eigentum aber an K verloren haben, als R dem K unter Vorspiegelung seiner Eigentümerstellung die Maschine zur Sicherheit für ein gewährtes Darlehen übereignet hat, die Maschine aber in seiner Kanzlei behielt. Insoweit kommt ein Eigentumsübergang von R auf K nach §§ 930, 933 BGB in Betracht:

a) R und K beabsichtigten, zur Sicherung des Darlehens dem K die Maschine zu übereignen. Da der R aber den unmittelbaren Besitz an der Sache behalten sollte, konnte dies nur unter der Voraussetzung des § 930 BGB geschehen. In der Verabredung, die R und K vorliegend treffen, wonach der K der Eigentümer werden, der R die Maschine aber in der Kanzlei zur weiteren Verwendung behalten soll, ist die Vereinbarung eines für § 930 BGB erforderlichen Besitzkonstituts zu sehen, bei dem der Erwerber den mittelbaren Besitz erhält, der unmittelbare Besitz hingegen beim Veräußerer bleibt.

b) Berücksichtigt man des Weiteren, dass der R nicht der Eigentümer der Maschine war, konnte der gutgläubige K das Eigentum an der Maschine nach § 930 BGB nur erwerben, wenn ihm gemäß § 933 BGB die Sache vom Veräußerer übergeben wird. Der Begriff der Übergabe orientiert sich insoweit an § 929 Satz 1 BGB, insbesondere muss der Veräußerer seinen Besitz vollständig aufgeben. Im vorliegenden Fall hat der Veräußerer R die Sache dem Erwerber K nicht im Sinne des § 929 Satz 1 BGB übergeben, sondern vielmehr den unmittelbaren Besitz selbst behalten. Verbleibt aber der unmittelbare Besitz beim Veräußerer, ist ein gutgläubiger Eigentumserwerb über die §§ 930, 933 BGB nicht möglich. K konnte angesichts dieser Umstände gutgläubig lediglich das tatsächlich bei R bestehende Anwartschaftsrecht erwerben. In seinem Willen, das Eigentum zu erwerben, ist der Wille, eine Anwartschaft als ein Weniger im Vergleich zum Vollrecht zu erwerben, enthalten. K hat mithin das Anwartschaftsrecht an der Maschine erworben.

E hat demnach aufgrund der Geschäfte zwischen R und K sein Eigentum an der Maschine nicht verloren und ist folglich weiterhin Eigentümer geblieben.

3.) E könnte seine Eigentümerstellung schließlich an die B-Bank verloren haben. Dies kommt insoweit in Betracht, als dass K seine Rechte aus der Sicherungsübereignung mit R auf die B übertragen hat. Der Eigentumserwerb zugunsten der B kann in diesem Fall nach den §§ 931, 934 BGB erfolgt sein. Der Veräußerer K ist – entgegen seiner eigenen Überzeugung – nicht der Eigentümer der Sache, sondern nur Anwartschaftsinhaber und kann folglich nur mithilfe des § 934 BGB als Nichtberechtigter der B-Bank das Eigentum verschaffen. Es ist zu prüfen, ob die Voraussetzungen für einen Erwerb nach den §§ 931, 934 BGB vorliegen.

a) Zunächst steht K gegen den zahlungsunfähigen R ein schuldrechtlicher Herausgabeanspruch aus der Sicherungsabrede zu. Diesen Anspruch hat K der B-Bank abgetreten im Sinne der §§ 398, 931 BGB.

b) Es fragt sich allerdings, wie sich der Umstand auswirkt, dass die übertragene Sache nicht dem K gehört. Der Erwerb des Eigentums unter Abtretung des Herausgabeanspruchs zugunsten der B kann in diesem Falle nur mithilfe der Vorschrift des § 934 BGB erfolgen.

aa) B hat die Sache nicht erlangt im Sinne des § 934 2. Alt. BGB, die Sache ist bei R verblieben. Es kommt somit ein gutgläubiger Eigentumserwerb nur nach der 1. Alt. des § 934 BGB in Betracht. Demnach wird der Erwerber einer nach § 931 BGB veräußerten Sache mit der Abtretung des Herausgabeanspruches dann Eigentümer, wenn der Veräußerer mittelbarer Besitzer ist. Und da K der Bank den Anspruch im Rahmen der Sicherungsübereignung gemäß den §§ 931, 398 BGB abgetreten hat, ist allein fraglich, ob K zum Zeitpunkt dieser Abtretung mittelbarer Besitzer der Maschine war. Es ist oben bereits festgestellt worden, dass K bei der von R vollzogenen Sicherungsübereignung unter anderem den mittelbaren Besitz unter Vereinbarung des Besitzkonstituts nach § 930 BGB erlangt hat. Damit wären die Voraussetzungen des 934 1. Alt. BGB erfüllt und die B Eigentümerin geworden.

bb) Bei dieser Bewertung ist jedoch nicht berücksichtigt, dass der ursprüngliche Eigentümer E wegen des Verkaufes der Maschine an R unter Eigentumsvorbehalt aufgrund dieses Geschäfts und der dann vollzogenen Besitzübertragung auf R von Beginn an ebenfalls den mittelbaren Besitz an der Maschine hatte. Der Vorbehaltsverkäufer bleibt unstreitig bis zum Eintritt der Bedingung, also der Zahlung des Kaufpreises durch den Käufer, mittelbarer Besitzer der Sache. Angesichts dessen ist fraglich, ob der unmittelbare Besitzer R den Besitz in zwei unterschiedliche Richtungen mitteln kann. Würde man dies bejahen, wäre hier zu prüfen, wer im vorliegenden Fall darauf bezogen schutzwürdiger ist: In Betracht kommt zum einen der E, der ursprünglich als Erster den mittelbaren Besitz im Rahmen der Übereignung unter Eigentumsvorbehalt bekommen hatte. In Betracht kommt aber auch der K und dann im Weiteren die B-Bank, die profitieren würden, denn die B-Bank würde dann wegen § 934 1. Alt. BGB vom mittelbaren Besitzer K das Eigentum gutgläubig erwerben können.

Würde man hingegen die Möglichkeit des doppelten mittelbaren Besitzes verneinen und annehmen, es könnte entweder nur der eine oder der andere den mittelbaren Besitz erhalten, müsste dann geklärt werden, ob der E alleiniger mittelbarer Besitzer geblieben ist oder aber ob er den mittelbaren Besitz an den K verloren hat mit der Folge, dass dieser mittelbare Besitz dann auf B hätte übertragen werden können.

Ob ein unmittelbarer Besitzer in zwei Richtungen den Besitz mitteln kann, ist streitig.

1.) Nach einer Ansicht wird der vormalige mittelbare Besitz durch den neuen mittelbaren Besitzer zum Erlöschen gebracht. Dies hätte hier zur Konsequenz, dass der E seinen mittelbaren Besitz zulasten des K und dann der B-Bank verliert und damit auch seine Eigentümerstellung einbüßt.

2.) Dem kann indessen nicht gefolgt werden. Vielmehr entsteht im vorliegenden Fall sogenannter »mittelbarer Nebenbesitz«, wonach beiden Seiten der mittelbare Besitz im Vergleich zum unmittelbaren Besitzer zugesprochen wird. Es liegt ein doppelter mittelbarer Besitz an einer Sache vor, allerdings reicht dieser Nebenbesitz für den gutgläubigen Erwerb des Eigentums nach § 934 1. Alt. BGB nicht aus. Und zwar insbesondere dann nicht, wenn auf einer Seite ein berechtigter mittelbarer Besitzer auftritt. Dieser ist schutzwürdiger als mögliche andere nichtberechtigte Erwerber und in entsprechender Anwendung des § 936 Abs. 3 BGB behält der ursprüngliche Eigentümer sein Eigentumsrecht. Wer nicht näher an die Sache heranrückt, als der Eigentümer ihr noch steht, soll nicht zu dessen Lasten von einem Nichtberechtigten erwerben.

Der K und dann später die B-Bank haben somit zwar auch den mittelbaren Nebenbesitz an der Maschine erlangt, indessen ist ihr Besitzrecht im Vergleich zum Recht des E schwächer und wird nicht von § 934 BGB geschützt. E hat sein Eigentum nicht nach den §§ 931, 934 BGB verloren.

Erg.: E kann von R die Herausgabe der Kopiermaschine gemäß § 985 BGB fordern.

3. Abschnitt

Das Eigentümer-Besitzer-Verhältnis, §§ 987 ff. BGB

Fall 10

Unplugged

E ist Eigentümer einer wertvollen Konzertgitarre, die ihm von dem Dieb D bei einem Einbruch gestohlen wird. D veräußert das Instrument einige Tage später an den gutgläubigen K. Durch ein Versehen des K steht die Gitarre dann am nächsten Tag bei den Gegenständen, die der Sperrmüll abholen soll, und das gute Stück verschwindet in der Müllpresse.

Welche Ansprüche stehen E gegen K zu?

Schwerpunkte: Das Eigentümer-Besitzer-Verhältnis der §§ 987 ff. BGB; Grundfall des gutgläubigen und unverklagten Eigenbesitzers.

Lösungsweg

	Diebstahl → § 242 StGB		§ 433 BGB	gutgläubig!
E ----------	**Wegnahme**	---------- **Dieb** ----------	**Übergabe** / § 935 BGB	---------- **K** Sache zerstört

Ansprüche des E gegen K

Vorüberlegung: Zwischen E und K bestand keinerlei vertragliche Verbindung, die Beiden kannten sich nicht mal. Daher ist hier dann auch nichts mit vertraglichen oder quasivertraglichen Ansprüchen zu machen. In Frage kommen nur dingliche, deliktische oder Ansprüche aus Bereicherungsrecht (in dieser Reihenfolge bitte).

I.) Dingliche Ansprüche

<u>AGL.</u>: § 985 BGB (Herausgabe/Ersatz)

Aber: Diese Norm kommt schon deshalb nicht (mehr) in Betracht, da – unabhängig von der Eigentümerstellung – der K zum Zeitpunkt der Geltendmachung des Anspruchs keinesfalls mehr Besitzer der Gitarre ist. Es erscheint in der Fallprüfung deshalb richtig, diese Vorschrift komplett auszusparen und gleich mit den §§ 987 ff. BGB zu beginnen, zumal § 985 auch nur Herausgabe und keinen Schadensersatz gewährt.

Beachte: Man hätte aber möglicherweise noch an **§ 285 Abs. 1 BGB** (bitte lesen) denken und damit über § 985 BGB doch einen Zahlungsanspruch konstruieren können, da dem K die Herausgabe ja unmöglich ist. Allerdings ist die Vorschrift des § 285 BGB auf den Herausgabeanspruch des § 985 BGB nach herrschender Meinung nicht anwendbar (BGHZ **75**, 208; RGZ **115**, 33; RGZ **157**, 44; PWW/*Englert* § 985 BGB Rz. 19; MüKo/*Emmerich* § 285 BGB Rz. 15; *Palandt/Grüneberg* § 285 BGB Rz. 4; *Jauernig/Stadler* § 285 BGB Rz. 3; a.A. aber *Weiss* in JuS 2012, 965). Wer sich anders entscheiden wollte und die Norm für anwendbar erklärt hat, musste dann aber sehen, dass K indessen durch den Untergang keinen Ersatz oder Ersatzanspruch erwirbt (gegen wen?), und das ist für § 285 Abs. 1 BGB ja erforderlich (bitte überprüfen).

Es ist selbstverständlich zulässig und auch sinnvoll, bereits bei dieser Prüfung (§ 985 BGB) – wenn man sie denn überhaupt durchgeführt hat – kurz zu klären, dass E natürlich der Eigentümer der Sache geblieben ist, der Eigentumserwerb des K von D über § 932 BGB funktioniert wegen **§ 935 Abs. 1 BGB** nicht. Der § 985 BGB scheitert indes daran, dass der K zwar – unrechtmäßiger – Besitzer zum Zeitpunkt der Zerstörung war, später aber aus rein tatsächlichen Gründen die Sache nicht mehr herausgeben kann (zur Verwirkung des Anspruchs vgl. BGH NJW **2007**, 2183).

<u>ZE.</u>: Ein Anspruch aus § 985 BGB kam für E gegen K nicht in Betracht, obwohl E der Eigentümer und K der unrechtmäßige Besitzer gewesen ist; die Sache ist untergegangen.

Aber jetzt: Es blieben damit nur die Vorschriften der **§§ 987 ff. BGB**, das sogenannte »Eigentümer-Besitzer-Verhältnis«, kurz **EBV**.

Vorab: Die §§ 987 ff. BGB regeln die Rechte, die dem Eigentümer gegen den unrechtmäßigen Besitzer zustehen (§§ 987-993 BGB) und die Rechte, die dem unrechtmäßigen Besitzer gegen den Eigentümer zustehen (§§ 994-1000 BGB). Und wenn man den vorherigen Satz jetzt sorgsam gelesen hat, wird man feststellen, dass der Besitz ***unrechtmäßig*** gewesen sein muss. Und daraus folgt zunächst die erste ganz wichtige Regel, die man – bevor die §§ 987 ff. BGB überhaupt geprüft werden können – beachten muss:

> **Regel Nr. 1:** Die §§ 987 ff. BGB setzen stets eine sogenannte »**Vindikationslage**« (vindicare = beanspruchen) voraus. Das bedeutet, dass immer die Kombination **Eigentümer + unrechtmäßiger Besitzer** vorliegen muss. Wenn der Besitzer ein Recht zum Besitz hat (§ 986 BGB), sind die §§ 987 ff. BGB ausgeschlossen (BGHZ **27**, 317; MüKo/*Baldus* vor § 987 BGB Rz. 9; PWW/*Englert* vor § 987 BGB Rz. 1).

Man muss daher in der Klausur – zumindest im Kopf – immer zuerst erörtern, ob positiv die Voraussetzungen des § 985 BGB vorliegen und ob negativ § 986 BGB (Recht zum Besitz) nicht vorliegt. Erst wenn das gegeben bzw. nicht gegeben ist, wird der Weg dann frei für die §§ 987 ff. BGB.

Test: In unserem Fall – wir haben es oben schon gesagt – ist der E der Eigentümer der Gitarre geblieben, K hat das Eigentum wegen § 935 Abs. 1 BGB nicht erworben. Demgegenüber war K ohne Zweifel zum Zeitpunkt der Zerstörung der Gitarre der unmittelbare Besitzer (vgl. § 854 Abs. 1 BGB). Damit liegen positiv die Voraussetzungen des § 985 BGB schon mal vor. Jetzt ist dann noch – negativ – zu prüfen, dass § 986 BGB nicht einschlägig ist, also dass K kein Recht zum Besitz gegenüber E hatte. Und so war das dann auch, denn K und E hatten keinen Vertrag geschlossen, der ein solches Besitzrecht hätte begründen können. Der Vertrag, den K mit D schließt, reicht nicht für ein Besitzrecht des K gegenüber E aus. Damit liegt § 986 BGB nicht vor und wir haben die »**Vindikationslage**« festgestellt. Jetzt ist der Weg frei für die §§ 987 ff. BGB.

Und nun erst – also nach dieser Vorprüfung – wird es richtig interessant, denn man muss sich bei der Prüfung der §§ 987 ff. BGB dann des Weiteren Folgendes merken:

> **Regel Nr. 2:** Die Normen der §§ 987 ff. BGB sehen Ersatzansprüche des Eigentümers gegen den unrechtmäßigen Besitzer nur dann vor, wenn der unrechtmäßige Besitzer entweder ***bösgläubig*** hinsichtlich seines Besitzrechtes war oder geworden ist (lies: § 990 Abs. 1 BGB) oder schon ***verklagt*** war (lies: §§ 987, 989 BGB). Nur im Ausnahmefall des § 991 Abs. 2 BGB (bitte lesen) hat auch der gutgläubige Besitzer Schadensersatz zu leisten (PWW/*Englert* vor § 987 BGB Rz. 1).

In den beiden Normalfällen aber, also bei Bösgläubigkeit oder wenn der Besitzer verklagt ist, ist dann Schadensersatz nach § 989 BGB fällig (bitte noch mal lesen), und dafür gibt es auch einen nachvollziehbaren Grund: In beiden Fällen nämlich wusste der Besitzer, dass er die Sache zu Unrecht besitzt und daher irgendwann zurückgeben muss (= § 989 BGB), bzw. ein gerichtliches Verfahren diesbezüglich läuft, das er möglicherweise verliert und dann die Sache zurückgeben muss (= § 990 BGB). Und deshalb – und nur dann – ist er schadensersatzpflichtig nach dem EBV, wenn die Sache infolge seines Verschuldens nach Kenntnis der Umstände verschlechtert wird, untergeht oder aus einem anderen Grunde nicht mehr herausgegeben werden kann (lies bitte § 989 BGB).

Wenn der unrechtmäßige Besitzer die Sache aber ***gutgläubig*** und ***unverklagt*** als Eigenbesitzer (§ 872 BGB) besitzt, darf er damit machen, was er will, und das ist auch gerecht, denn er denkt ja, er besitze die Sache als ihm gehörig und muss sie demnach auch nicht mehr herausgeben (PWW/*Englert* vor § 987 BGB Rz. 1). In solchen Fällen ist dann nichts mit Schadensersatz nach den §§ 987 ff. BGB, dann gibt es höchstens Nutzungsersatz oder Übermaßfrüchte über die §§ 812 ff. BGB, auf die nach § 988 BGB (lesen) und § 993 Abs. 1 BGB (auch den lesen) verwiesen wird (BGH NJW **2010**, 2664).

Durchblick: Der Vorteil des Verweises auf die §§ 812 ff. BGB liegt im Gegensatz zu den §§ 987 ff. BGB in der Möglichkeit des § 818 Abs. 3 BGB. Nach dieser Norm ist nämlich eine Entreicherung möglich, und das heißt, dass – wenn die Nutzungen oder Übermaßfrüchte (was immer das auch sein mag, vgl. §§ 99, 100 BGB) nicht mehr im

Vermögen vorhanden sind – der Schuldner (also der unrechtmäßige Besitzer) frei wird. Und das geht bei den §§ 987 ff. BGB mangels einer dem § 818 Abs. 3 BGB entsprechenden Norm nicht.

Und nach alledem können wir jetzt endlich auch den legendären ***Sinn*** des EBV formulieren, und der geht so (vgl. etwa PWW/*Englert* vor § 987 BGB Rz. 1):

> **Regel Nr. 3:** Der ***gutgläubige*** und ***unverklagte*** Eigenbesitzer muss nach den Vorschriften der §§ 987 ff. BGB ***nichts*** herausgeben und vor allem keinen Schadensersatz leisten, auch wenn die Sache durch sein Verschulden untergeht oder verschlechtert wird (bitte jetzt noch mal lesen: § 993 Abs. 1, 2. Halbsatz BGB). Er haftet höchstens über die §§ 988 und 993 Abs. 1 BGB nach den Vorschriften der ***ungerechtfertigten Bereicherung*** mit der Möglichkeit der Entreicherung nach § 818 Abs. 3 BGB (Ausnahme: Fremdbesitzerexzess).

Zum Fall: K war zum Zeitpunkt der Zerstörung Eigenbesitzer im Sinne des § 872 BGB, allerdings weder bösgläubig noch verklagt. Und deshalb gibt es grundsätzlich ***keinen*** Schadensersatzanspruch aus den §§ 987 ff. BGB für E gegen K wegen der zerstörten Gitarre, die ja dem E gehörte.

II.) Deliktische Ansprüche (unerlaubte Handlung, §§ 823 ff. BGB)

Und jetzt kommt's: Die ganzen schwierigen Regeln beim EBV und die gerade hinsichtlich des Schadensersatzes aufgezeigte Befreiung des gutgläubigen unverklagten Besitzers macht nur dann einen Sinn, wenn der insoweit privilegierte unberechtigte Besitzer jetzt nicht noch nach anderen Vorschriften Ersatz leisten muss. Denn dann nutzt ihm die Privilegierung bei den §§ 987 ff. BGB überhaupt nichts. So wäre das z.B. dann, wenn er jetzt nach § 823 BGB zahlen müsste. **Beispiel:** In unserem Fall hat K bis jetzt Glück gehabt, denn er haftet nicht nach dem EBV (§§ 987 ff. BGB) für den Untergang der Sache, er ist ja der privilegierte gutgläubige und unverklagte Eigenbesitzer.

Aber: Ohne Probleme liegen bei K gegenüber E die Voraussetzungen des § 823 Abs. 1 BGB vor. K hat durch seine Schusseligkeit (= § 276 Abs. 2 BGB) die Zerstörung der Gitarre (Eigentum des E) verursacht. Und wenn K jetzt nach § 823 Abs. 1 BGB doch an E zahlen muss, kann er sich die tollen Regeln des EBV, wonach der gutgläubige unverklagte Besitzer privilegiert werden soll, an den Hut schmieren.

Kann nicht sein. Genau. Und deshalb gibt es **§ 993 Abs. 1, 2. Halbsatz BGB** (bitte lesen); und dieser kleine Halbsatz beinhaltet die vorläufig letzte Regel, die wir uns bezüglich der §§ 987 ff. BGB merken müssen:

> **Regel Nr. 4:** Die in § 993 Abs. 1, 2. Halbsatz BGB normierte Befreiung vom Schadensersatz ordnet zugunsten des gutgläubigen und unverklagten Besitzers den

Ausschluss der §§ 823 ff. BGB an. Der gutgläubige und unverklagte Besitzer soll ***nicht*** nach den §§ 823 ff. BGB in Anspruch genommen werden können, da ansonsten die Regeln der §§ 987 ff. BGB umgangen würden.

Und dies soll nach herrschender Meinung sogar dann gelten, wenn der Besitzer zwar bösgläubig ist, den Besitz aber nicht im Sinne des § 992 BGB durch verbotene Eigenmacht oder eine Straftat erlangt hat. Auch dieser Besitzer haftet ***nicht*** nach den §§ 823 ff. BGB (BGH NJW **1990**, 244; BGH NJW **1980**, 2353; *Staudinger/Gursky* vor § 987 BGB Rz. 65; *Soergel/Stadler* § 993 BGB Rz. 2; PWW/*Englert* § 993 BGB Rz. 2; *Palandt/Bassenge* vor § 987 BGB Rz. 18; a. A. *Müller* in JuS 1983, 516). Mehr dazu gibt's im nächsten Fall.

Vorsicht: Auch wenn das viele Kandidaten glauben, ***nicht*** ausgeschlossen sind für den unverklagten und gutgläubigen Besitzer indessen die §§ 812 ff. BGB, wenn der Besitzer die Sache verbraucht (BGHZ **14**, 7 – da ging es um Treibstoff), verarbeitet (BGHZ **55**, 176 – das ist der oberberühmte »Jungbullen-Fall«, vgl. dazu ausführlich *Schwabe* »Lernen mit Fällen«, Schuldrecht II, Fall 14) oder veräußert (BGH WM **1970**, 1297). In diesen Fällen nämlich ist der Besitzer durch die beschriebenen Akte immer noch vermögenstechnisch bereichert und muss diese Bereicherung nach den §§ 812 ff. BGB herausgeben (beachte dann aber: § 818 Abs. 3 BGB).

Zum Fall: Der K ist zum Zeitpunkt der Zerstörung gutgläubiger und unverklagter Besitzer der Gitarre gewesen und daher scheidet eine Anwendung der §§ 823 ff. BGB (hier also: § 823 Abs. 1 BGB) trotz Vorliegens seiner Voraussetzungen aus.

Erg.: K haftet E gegenüber aufgrund der Sperrwirkung des § 993 Abs. 1, 2. Halbsatz BGB ***nicht*** nach den Vorschriften der unerlaubten Handlung, vorliegend also nicht nach § 823 Abs. 1 BGB wegen Eigentumsverletzung auf Schadensersatz, obwohl die Tatbestandsvoraussetzungen der Norm vorliegen.

III.) Ansprüche aus den §§ 812 ff. BGB

Aber: Ein Anspruch des E gegen K aus ungerechtfertigter Bereicherung nach den §§ 812 ff. BGB kommt nicht in Betracht, da keiner der eben genannten Fälle (verbrauchen, verarbeiten oder veräußern) vorliegt, und im Übrigen die Bereicherungsvorschriften keinen »Schadensersatzanspruch«, sondern allenfalls einen Anspruch auf Rückgewähr der Bereicherung bieten. K aber ist nach der Zerstörung der Gitarre nicht mehr bereichert, insbesondere nicht durch ersparte Aufwendungen.

Erg.: Ein Anspruch des E gegen K aus den §§ 812 ff. BGB besteht nicht. E steht gegen K demnach gar kein Anspruch wegen der zerstörten Gitarre zu. E muss sich an D halten.

Gutachten

I.) E könnte gegen K einen Anspruch auf Geldersatz aus § 985 BGB in Verbindung mit § 285 Abs. 1 BGB haben.

Insoweit ist jedoch zu beachten, dass unabhängig von der Frage, ob E auch Eigentümer der Gitarre geblieben ist, im Rahmen des § 985 BGB eine Anwendung des § 285 BGB ausscheidet. E kann daher gegen K keinen Anspruch aus den §§ 985, 285 Abs. 1 BGB geltend machen.

II.) E könnte aber wegen der Zerstörung der Gitarre ein Schadensersatzanspruch gegen K aus den §§ 989, 990 BGB zustehen.

1.) Voraussetzung dafür ist zunächst, dass E der Eigentümer und K der Besitzer der Sache ohne Recht zum Besitz war. Es müssen die Voraussetzungen des § 985 BGB vorliegen. Im hier zu entscheidenden Fall konnte E wegen § 935 Abs. 1 BGB das Eigentum an der Gitarre an niemanden durch rechtsgeschäftlichen Übergang nach den §§ 929 ff. BGB verlieren, somit auch nicht an K. E ist bis zur Zerstörung der Sache Eigentümer geblieben.

K war nach der Übergabe durch D unmittelbarer Besitzer im Sinne des § 854 BGB. Aufgrund des Diebstahls durch D stand ihm gegenüber E aus § 986 BGB kein Recht zum Besitz zu, es fehlt zwischen E, D und K an einer durchgehenden Besitzberechtigungskette im Sinne des § 986 Abs. 1 BGB. Damit liegen die Voraussetzungen des § 985 BGB vor, E ist Eigentümer und K Besitzer ohne Recht zum Besitz gewesen.

2.) Ein Anspruch aus den §§ 987 ff. BGB kommt allerdings nur dann in Betracht, wenn der unrechtmäßige Besitzer entweder gemäß § 990 Abs. 1 BGB bösgläubig hinsichtlich seines Besitzrechtes war oder geworden ist oder schon verklagt war. Lediglich im Ausnahmefall des § 991 Abs. 2 BGB hat auch der gutgläubige Besitzer Schadensersatz zu leisten. Im vorliegenden Fall war K weder bösgläubig, ist dies vor der Zerstörung der Sache auch nicht mehr geworden, war zudem nicht verklagt, und es liegt schließlich auch kein Fall des § 991 Abs. 2 BGB vor. Somit begründen die Vorschriften der §§ 987 ff. BGB keinen Haftungstatbestand zulasten des K. K war gutgläubiger, unverklagter Eigenbesitzer der Sache im Sinne des § 872 BGB und hat daher nach den §§ 987 ff. BGB keinen Schadensersatz zu leisten.

III.) Ein Ersatzanspruch des E gegen K kommt aus § 823 Abs. 1 BGB wegen Eigentumsverletzung in Betracht.

1.) K hat das Eigentum des E rechtswidrig und schuldhaft verletzt und dem E dadurch einen grundsätzlich ersatzpflichtigen Schaden verursacht.

2.) Der Ersatzpflicht steht jedoch im vorliegenden Fall § 993 Abs. 1, 2. Halbsatz BGB entgegen. Wer nicht nach den §§ 987 ff. BGB schadensersatzpflichtig ist, hat wegen § 993 Abs. 1, 2. Halbsatz BGB auch nicht nach den Vorschriften der unerlaubten Handlung für entstandene Schäden einzustehen. Die Anwendung der §§ 823 ff. BGB wird durch § 993 Abs. 1, 2. Halbsatz BGB ausgeschlossen, wenn der Besitzer gutgläubig und unverklagt war.

IV.) Schließlich kommt ein Anspruch aus den Vorschriften der ungerechtfertigten Bereicherung gemäß den §§ 812 ff. BGB für E gegen K in Betracht. Zwar sind die Vorschriften der §§ 812 ff. BGB aufgrund des § 993 Abs. 1, 2. Halbsatz BGB nicht ausgeschlossen, indessen fehlt es im vorliegenden Fall an einem die Haftung begründenden Tatbestand. K hat die Sache nicht verbraucht, nicht verarbeitet und schließlich auch nicht veräußert. Mithin hat K keine Bereicherung mehr im Vermögen, die möglicherweise über die §§ 812 ff. BGB hätte abgewickelt werden können.

Erg.: E steht gegen K wegen der Zerstörung der Gitarre demnach kein Anspruch zu.

Fall 11

Unplugged II

E ist stolzer Eigentümer einer Original-Gitarre von Ex-Beatle *Paul McCartney* (Wert: 100.000 Euro), die ihm allerdings von dem Dieb D bei einem Einbruch gestohlen wird. D bietet die Gitarre dann per Zeitungsinserat in einer anderen Stadt an, worauf sich der K als Interessent meldet. Bei den Verkaufsverhandlungen erklärt D dem die Herkunft der Gitarre anzweifelnden K, er sei mit *Paul McCartney* verschwägert, woraufhin der naive K keine weiteren Fragen stellt und das Instrument zum Preis von 70.000 Euro kauft und mitnimmt. Durch ein Versehen des K steht die Gitarre dann am nächsten Tag bei den Gegenständen, die der Sperrmüll abholen soll, und das edle Stück verschwindet in der Müllpresse.

E will wissen, was er von K verlangen kann, zumal er die Gitarre für 150.000 Euro hätte weiter veräußern können.

Schwerpunkte: Haftung des bösgläubigen Besitzers nach den §§ 987 ff. BGB; Bösgläubigkeit im Sinne der §§ 990, 932 BGB; Umfang des Ersatzanspruchs aus den §§ 989, 990 BGB; Haftungsausschluss des § 993 Abs. 1 BGB auch für den »nur« bösgläubigen Besitzer?

Lösungsweg

	Diebstahl → § 242 StGB		§ 433 BGB	bösgläubig!
E	---	**Dieb**	---	**K**
	Wegnahme		**Übergabe**/ § 935 BGB	Sache zerstört

Ansprüche des E gegen K

I. Dingliche Ansprüche

<u>AGL.</u>: **§ 985 BGB (Herausgabe/Ersatz)**

Hier können wir nun zunächst einmal auf den vorherigen Fall bzw. das dort Gelernte verweisen: Ein Anspruch aus § 985 BGB kommt nicht in Betracht, denn die Sache ist nicht mehr vorhanden. Die Anwendung des § 285 BGB auf § 985 BGB schließt die herrschende Meinung aus (BGH NJW **1962**, 587; RGZ **115**, 33; RGZ **157**, 44; PWW/*Englert* § 985 BGB Rz. 19; MüKo/*Emmerich* § 285 BGB Rz. 15; *Palandt/Grüneberg* § 285 BGB Rz. 4; *Jauernig/Stadler* § 285 BGB Rz. 3; a.A. aber *Weiss* in JuS 2012, 965) mit der Folge, dass auch ein etwaiger Ersatzanspruch über diese Konstruktion nicht in Frage kommt.

Erg.: Ein Anspruch des E gegen K aus § 985 BGB entweder alleine oder in Verbindung mit § 285 BGB entfällt.

Beachte: Im Unterschied zum vorherigen Fall ist unser Besitzer hier nun aber bösgläubig (die genaue Prüfung dessen folgt sogleich). Und wenn der Besitzer bösgläubig ist, greifen die Regeln der §§ 987 ff. BGB ein, denn die §§ 987 ff. BGB waren ja nur dann hinsichtlich des Schadensersatzes ausgeschlossen bzw. nicht erfüllt, wenn der Besitzer ***gutgläubig*** und ***unverklagt*** ist (vgl. nur PWW/*Englert* vor § 987 BGB Rz. 1).

<u>AGL.</u>: **§§ 990 Abs. 1 Satz 1, 989 BGB (Schadensersatz)**

1.) Es muss zur Anwendung der §§ 987 ff. BGB zwischen den Beteiligten zunächst eine sogenannte **»Vindikationslage«** vorliegen, der Anspruchssteller muss Eigentümer und der Anspruchsgegner unrechtmäßiger Besitzer gewesen sein (MüKo/*Baldus* vor § 987 BGB Rz. 9). Dass die Vindikationslage immer vorliegen und zunächst festgestellt werden muss, wissen wir schon aus dem vorherigen Fall, denn das war die erste wichtige Regel zur Anwendung bzw. Nichtanwendung des Eigentümer-Besitzer-Verhältnisses aus den §§ 987 ff. BGB (PWW/*Englert* vor § 987 BGB Rz. 1).

> **Hier:** Und das ist in unserem Fall dann auch jetzt kein Problem, denn zum einen konnte E wegen § 935 Abs. 1 BGB sein Eigentum an der Sache keinesfalls verlieren, unabhängig davon, ob der K nun bösgläubig war oder nicht. Zum anderen ist K mit der Übergabe der Sache fraglos unmittelbarer Besitzer im Sinne des § 854 BGB geworden; und dieser Besitz war schließlich auch unrechtmäßig, denn der Vertrag zwischen K und D genügt nicht zur Begründung eines Besitzrechts im Sinne des § 986 BGB gegenüber dem bestohlenen Eigentümer E.

<u>ZE.</u>: Es liegt eine Vindikationslage zwischen E und K vor mit der Folge, dass die §§ 987 ff. BGB grundsätzlich Anwendung finden können.

2.) Des Weiteren müssen nun natürlich die Tatbestandsvoraussetzungen der im Obersatz benannten Vorschriften erfüllt sein, also der §§ 990 Abs. 1 Satz 1, 989 BGB.

Und dafür muss zunächst der ***böse Glaube*** des K zum Zeitpunkt des Besitzerwerbes festgestellt werden. Insoweit sollte man übrigens beachten, dass die Bösgläubigkeit, die in § 990 Abs. 1 Satz 1 BGB benannt ist, im Unterschied zu § 932 BGB nicht auf die Eigentümerstellung des Veräußerers bezogen sein muss. Die Bösgläubigkeit aus § 990 Abs. 1 BGB bezieht sich vielmehr auf den Mangel hinsichtlich des ***Besitzrechts*** gegenüber dem Eigentümer (BGH NJW **1977**, 34). So ist nach § 990 Abs. 1 Satz 1 BGB etwa auch derjenige bösgläubig, der vom Eigentümer aufgrund eines durch arglistige Täuschung herbeigeführten Vertrages einen Gegenstand erhält.

Feinkost: Bitte unbedingt darauf achten, dass § 990 Abs. 1 BGB ***zwei*** Sätze hat, die auf unterschiedliche Zeitpunkte und auch auf unterschiedliche Formen der Bösgläubigkeit abstellen. Der Satz 1 bezieht sich auf die Bösgläubigkeit zum Zeitpunkt des Besitzerwerbes und umfasst, wie wir später noch im Einzelnen sehen werden, sowohl die Kenntnis als auch die grob fahrlässige Unkenntnis (BGH NJW **2010**, 2664). Der Satz 2 hingegen betrifft die eingetretene Bösgläubigkeit ***nach*** vorherigem und zunächst gutgläubigem Besitzerwerb und umfasst nur noch die positive Kenntnis (»**Erfährt**...«), die grobe Fahrlässigkeit reicht dann nach dem Wortlaut des Gesetzes nicht mehr aus. Freilich werden insoweit an die positive Kenntnis nur geringe Anforderungen gestellt (vgl. insoweit *Palandt/Bassenge* § 990 BGB Rz. 3).

Zum Fall: Hier bei unserer Geschichte dreht es sich um die Bösgläubigkeit schon beim ***Besitzerwerb***, sodass wir § 990 Abs. 1 Satz 1 BGB anwenden und prüfen müssen. K müsste demnach gemäß § 990 Abs. 1 Satz 1 BGB zum Zeitpunkt des Besitzerwerbes »nicht in gutem Glauben« gewesen sein, um die Rechtsfolgen der Norm herbeizuführen. In entsprechender Anwendung des § 932 Abs. 2 BGB ist der Erwerber (jetzt: des Besitzes) nicht in gutem Glauben, wenn ihm bekannt oder infolge grober Fahrlässigkeit unbekannt ist, dass ihm ein Besitzrecht nicht zusteht.

Definition: Grob fahrlässig handelt, wer die im Verkehr erforderliche Sorgfalt in ungewöhnlich hohem Maße verletzt und dasjenige unbeachtet gelassen hat, was sich im gegebenen Fall jedem aufgedrängt hätte (BGH MDR **2014**, 270; BGH NJW **2010**, 2664; BGH NJW **1994**, 2022; PWW/*Englert* § 990 BGB Rz. 3).

Und da gibt es hier dann keine Zweifel: Wer sich mit der Erklärung, sein Verkäufer sei der Schwager von *Paul McCartney* zufrieden gibt und dann keine weiteren Fragen mehr stellt, hat sicherlich ein beachtliches Maß an Naivität, in jedem Falle aber kein normales Maß bei Beachtung der Sorgfaltsregeln. Dieser Käufer verletzt vielmehr die im Verkehr erforderliche Sorgfalt in ungewöhnlich hohem Maße und lässt dasjenige unberücksichtigt, was sich hier jedem aufgedrängt hätte. Man könnte hier unter Umständen sogar schon von einer positiven Kenntnis sprechen, was wir aber zugunsten des K freundlicherweise nicht annehmen wollen. Grobe Fahrlässigkeit reicht ja auch bei § 990 Abs. 1 Satz 1 BGB.

ZE.: K war bösgläubig beim Erwerb des Besitzes an der Sache, ihm war infolge grober Fahrlässigkeit unbekannt, dass er kein Recht zum Besitz hatte.

ZE.: Damit liegen die Tatbestandsvoraussetzungen des § 990 Abs. 1 Satz 1 BGB vor mit der Konsequenz, dass nunmehr eine Haftung nach den §§ 987, 989 BGB folgt.

3.) Gemäß § 989 BGB haftet der Besitzer zunächst einmal nur für ***verschuldeten*** Untergang oder die Verschlechterung der Sache. Und das Verschuldensmaß orientiert sich hier an den **§§ 276, 278 BGB**, denn es handelt sich beim EBV um ein gesetzliches Schuldverhältnis (BGH NJW **1999**, 2108; BayObLG NJW-RR **1992**, 1102; PWW/*Schmidt-Kessel* § 278 BGB Rz. 3; MüKo/*Grundmann* § 278 BGB Rz. 18; *Palandt/Grüneberg* § 278 BGB Rz. 3; *Soergel/Stadler* vor § 987 BGB Rz. 4).

In unserem Fall ist das mit dem verschuldeten Untergang kein Problem, denn im SV steht, dass K »aus Versehen« die Gitarre zu den Sperrmüllsachen stellt mit der Folge, dass von einer Fahrlässigkeit im Sinne des § 276 Abs. 2 BGB ausgegangen werden kann. Das wäre im Übrigen selbst dann anzunehmen gewesen, wenn der Fehler nur von den Herrschaften der Sperrmüllfirma gemacht worden wäre, denn deren Verschulden müsste sich K dann über § 278 BGB zurechnen lassen.

4.) Rechtsfolgen: Die Ersatzpflicht nach § 989 BGB, den wir nun natürlich – weil er ja nur für den verklagten Besitzer gilt – ***entsprechend*** anwenden und auch lesen müssen, ist somit dem Grunde nach gegeben: Gemäß § 989 BGB ist der Besitzer vom Zeitpunkt des bösgläubigen Besitzerwerbes dem Eigentümer für den Schaden verantwortlich, der dadurch entsteht, dass infolge seines Verschuldens die Sache verschlechtert wird, untergeht oder aus einem anderen Grunde von ihm nicht herausgegeben werden kann.

Problem: Der Umfang des Ersatzanspruches aus § 989 BGB.

1.) Unstreitig ist zunächst mal, dass sich die Ersatzpflicht grundsätzlich nach den §§ 249 ff. BGB richtet und der Besitzer dem Eigentümer demnach gemäß **§ 249 Abs. 2 BGB** in jedem Falle den ***objektiv*** verloren gegangenen Wert der Sache ersetzen muss (BGH NJW-RR **1993**, 626; MüKo/*Baldus* § 989 BGB Rz. 20; *Palandt/Bassenge* § 989 BGB Rz. 8; *Schreiber* Rz. 213; *Staudinger/Gursky* § 989 BGB Rz. 21; *Prütting* Rz. 537). Und in unserem Fall heißt das, dass K dem E die 100.000 Euro ersetzen muss, die die Gitarre objektiv wert gewesen ist.

2.) Fraglich ist allerdings, ob daneben auch der ***entgangene Gewinn*** nach § 252 BGB über § 989 BGB ersatzfähig ist. Die Beantwortung dieser Frage ist – zumindest ein kleines bisschen – streitig:

- Nach einer Auffassung soll dieser subjektiv zugeschnittene Schadensposten des entgangenen Gewinns im Sinne des § 252 BGB von der Norm des § 989 BGB nicht erfasst sein. Demnach beschränkt sich die Ersatzpflicht aus § 989 BGB vielmehr ausschließlich auf den objektiven Wert der Sache bzw. die durch die Verschlechterung hervorgerufene objektive Werteinbuße (*Wieling* in MDR 1972, 646; *Planck/Brodmann* Anm. 3; *Crome* III § 417 Fn. 19; *Westermann* – 5. Auflage – § 32 IV; *Westermann/Pinger* – 6. Auflage – § 32 IV 2 a).

- Nach anderer, und zwar herrschender Ansicht indessen ist grundsätzlich die gesamte auf die Unmöglichkeit der Herausgabe zurückführbare Vermögenseinbuße des Eigentümers einschließlich des entgangenen Gewinns von § 989 BGB erfasst (BGH BB **2014**, 1602 = EBE/BGH **2014**, 277; BGH NJW-RR **1993**, 626; BGH NJW **1982**, 1751; vgl. auch BGH MDR **2009**, 1267 zu § 987 BGB; *Bamberger/Roth/Fritzsche* § 989 BGB Rz. 17; *Staudinger/Gursky* § 989 BGB Rz. 21; MüKo/*Baldus* § 989 BGB Rz. 19; PWW/*Englert* § 989 BGB Rz. 7; *Palandt/Bassenge* § 989 BGB Rz. 6; *Soergel/Stadler* § 989 BGB Rz. 9; *Erman/Ebbing* § 989 BGB Rz. 7). Hierbei muss freilich darauf geachtet werden, dass der entgangene Gewinn tatsächlich auf einem der in §§ 989, 990 BGB genannten Gründe beruht und ***nicht*** nur eine Folge der Vorenthaltung des Besitzes ist. Im letztgenannten Fall nämlich können sich Ersatzansprüche lediglich aus den Regeln des Verzuges und nicht aus §§ 989, 990 BGB ergeben (PWW/*Englert* § 989 BGB Rz. 7; MüKo/*Baldus* § 989 BGB Rz. 19; *Soergel/Stadler* § 989 BGB Rz. 9; *Staudinger/Gursky* § 989 BGB Rz. 24).

Beachte: Dieser gerade dargestellte »Streit« um die Frage, ob denn der entgangene Gewinn von § 989 BGB ersetzt wird, verdient seine Bezeichnung heute nicht mehr so richtig. Wie man den Fundstellen für die erste Ansicht entnehmen kann, sind die Stimmen, die den entgangenen Gewinn aus der Anwendung des § 989 BGB rausnehmen wollen, aufgrund des Zeitabstandes mittlerweile sozusagen »verhallt«. Zu Deutsch: Man kann sich getrost der zweiten gerade genannten Meinung anschließen, da sowohl der BGH als auch sämtliche wichtigen Kommentatoren zum BGB einhellig vom Einschluss des § 252 BGB im Rahmen des § 989 BGB ausgehen. In der Klausur reicht deshalb die Annahme dessen für eine vernünftige Note allemal.

Wer allerdings richtig abkassieren will, kann sich die Mühe machen und die andere Ansicht erwähnen, sollte sie dann aber jedenfalls wegbügeln mit dem Hinweis, dass die Schadensersatzpflicht aus § 989 BGB den entgangenen Gewinn einschließt. Als Hauptargument dient der Umstand, dass die Ersatzpflicht auch aus § 989 BGB unstreitig nach den §§ 249 ff. BGB geregelt wird und der Gesetzgeber mithin auch den § 252 BGB einschließen wollte. Missbrauch wird dadurch verhindert, dass man – mit der herrschenden Meinung – stets voraussetzt, dass der entgangene Gewinn auch tatsächlich die Folge der Unmöglichkeit der Herausgabe und nicht nur durch Verzug entstanden ist (vgl. oben). So wird man einen geplatzten gewinnträchtigen Weiterverkauf nicht über § 989 BGB ersetzt verlangen können, wenn die Verkaufsmöglichkeit nur im Zeitpunkt der verspäteten Rückgabe bestand, nicht mehr aber nach Zerstörung der Sache (vgl. PWW/*Englert* § 989 BGB Rz. 7; MüKo/*Baldus* § 989 BGB Rz. 19; *Soergel/Stadler* § 989 BGB Rz. 9 m.w.N.).

<u>ZE.</u>: In unserem Fall wollen wir uns der herrschenden Meinung anschließen mit der Folge, dass der entgangene Gewinn in Höhe von 50.000 Euro aufgrund des verhinderten Weiterverkaufs ebenfalls von den §§ 989, 990 BGB ersetzt wird.

Erg.: E kann von K die Zahlung von 150.000 Euro (100.000 objektiver Wertersatz + 50.000 entgangener Gewinn) gemäß den §§ 990, 989, 249 Abs. 2, 252 BGB fordern.

II. Deliktische Ansprüche (§§ 823 ff. BGB)

<u>AGL.</u>: § 823 Abs. 1 BGB (Eigentumsverletzung an der Gitarre)

Von den Tatbestandsvoraussetzungen der Norm her ist das kein Problem, denn K verursacht durch sein Versehen die Zerstörung des Eigentums des E. Damit liegt eine rechtswidrige und schuldhafte Rechtsgutsverletzung sowie ein kausal entstandener Schaden vor. Die problematische Frage lautet allerdings, ob der § 823 Abs. 1 BGB im vorliegenden Fall überhaupt anwendbar ist.

Grundsätzlich stellen die §§ 987 ff. BGB nämlich – wie wir seit dem vorherigen Fall wissen – eine abschließende Regelung dar mit der Konsequenz, dass die Abwicklung zwischen Eigentümer und unrechtmäßigem Besitzer ***ausschließlich*** nach diesen Normen erfolgt und eine weitergehende Haftung des Besitzers nach anderen Vorschriften dann nicht mehr in Betracht kommt (vgl. nur PWW/*Englert* vor § 987 BGB Rz. 1). Wer also nach dem Eigentümer-Besitzer-Verhältnis der §§ 987 ff. BGB dem Eigentümer gegenüber verantwortlich oder eben als gutgläubiger und unverklagter Besitzer nicht verantwortlich ist, soll jedenfalls nicht noch nach anderen Vorschriften haften müssen. Das folgert die herrschende Meinung im Schrifttum und auch der BGH aus **§ 993 Abs. 1, 2. Halbsatz BGB** (BGH LM § 985 BGB Nr. 8; PWW/*Englert* vor § 987 BGB Rz. 1; MüKo/*Baldus* vor § 987 BGB Rz. 1; *Baur/Stürner* § 11 Rz. 34; *Staudinger/Gursky* vor §§ 987 BGB Rz. 30; *Palandt/Bassenge* vor § 987 BGB Rz. 17).

Nun kann man aber z.B. schon an **§ 992 BGB** sehen (bitte lesen), dass diese Regel selbst nach dem Willen des Gesetzgebers nicht ausnahmslose Geltung haben soll. Wer nämlich etwa den Eigentümer beklaut, soll nicht durch den Ausschluss der deliktischen Vorschriften auch noch begünstigt werden (leuchtet ein). Daneben gibt es noch weitere Ausnahmen von dem oben beschriebenen Grundsatz, etwa die des Fremdbesitzerexzesses oder die Fälle der Verarbeitung (BGHZ **55**, 176) der Veräußerung (BGH WM **1970**, 1297) oder auch des Verbrauchs der Sache durch den gutgläubigen, aber rechtsgrundlosen Besitzer (BGHZ **14**, 7). In den drei letztgenannten Fällen verbleibt beim Besitzer immer noch eine Bereicherung, weswegen die Rechtsprechung dem Eigentümer trotz des eigentlich geltenden Ausschlusses weiterer Vorschriften einen Anspruch ***neben*** den §§ 987 ff. BGB, hier konkret dann aus Bereicherung zugesprochen hat (schön erläutert bei *Baur/Stürner* § 11 Rzn. 34-38).

In unserem Fall nun ist die Sache schuldhaft zerstört worden, und zwar beim bösgläubigen, aber dennoch ***nicht*** deliktischen Besitzer im Sinne des § 992 BGB. Und es stellt sich nun die Frage, ob der bösgläubige, aber nicht deliktische Besitzer neben den §§ 989, 990 BGB, nach denen K ja bereits ersatzpflichtig ist, auch noch nach anderen Normen zur Haftung verpflichtet sein soll. Die Beantwortung dieser Frage ist umstritten:

- Nach ***einer*** (herrschenden) ***Meinung*** haftet auch der bösgläubige nichtdeliktische Besitzer nur nach den §§ 987 ff. BGB und demnach ***nicht*** auch aus den deliktischen Vorschriften der §§ 823 ff. BGB (BGH NJW **1990**, 242; BGH NJW **1980**, 2353; *Staudinger/Gursky* vor § 987 BGB Rz. 60; *Soergel/Stadler* vor § 987 BGB Rz. 25; *Palandt/Bassenge* vor § 987 BGB Rz. 18; MüKo/*Baldus* § 993 BGB Rz. 19; PWW/*Englert* § 993 BGB Rz. 1; *Baur/Stürner* § 11 Rz. 35 Fn. 1). Zur Begründung wird vor allem zum einen auf § 990 Abs. 2 BGB verwiesen, wonach eine über den § 990 Abs. 1 BGB hinausgehende Haftung nach dem Willen des Gesetzgebers nur in den Fällen des Verzuges eintreten sollte. Daraus ergäbe sich, dass der bösgläubige Besitzer nicht auch unter anderen Voraussetzungen – also etwa nach § 823 BGB – zur Haftung verpflichtet sein soll. Zum anderen erscheint aufgrund der Existenz des § 992 BGB der Wille des Gesetzgebers dokumentiert, dass die Haftung über die Normen der unerlaubten Handlung nur unter den in § 992 BGB genannten Voraussetzungen erfolgen soll. Reine Bösgläubigkeit reicht demnach nicht aus.

- Nach ***anderer Auffassung*** hingegen haftet auch der »nur« bösgläubige, aber nicht deliktische Besitzer neben den §§ 987 ff. BGB auch aus unerlaubter Handlung, wenn die Tatbestandsvoraussetzungen der §§ 823 ff. BGB gegeben sind (*Prütting* Rz. 542; *Schreiber* in Jura 1992, 356; *Berg* in JuS 1972, 84; *Müller* in JuS 1983, 516; *Pinger* 1973, 71 ff.; *Wolf* Rz. 266; *Westermann/Pinger* I § 11 C I 3a). Diese Auffassung reklamiert vor allem den Gerechtigkeitsgedanken und behauptet, es sei nicht einsehbar, den bösgläubigen Besitzer, der von seiner Nichtberechtigung entweder weiß oder sie grob fahrlässig nicht kennt, zu bevorzugen. Die Tatsache allein, dass der Besitz vorliegt, könne nicht bereits zur Privilegierung führen. Der bösgläubige Besitzer müsse auch sämtliche deliktischen Rechtsfolgen tragen (*Prütting* Rz. 542).

Beachte: Dieser Meinungsstreit ist nun nicht ganz so uninteressant wie der weiter oben geschilderte Streit im Rahmen der Frage nach dem entgangenen Gewinn bei § 989 BGB. Hier bei der Anwendung der §§ 823 ff. BGB neben den §§ 987 ff. BGB für den nur bösgläubigen, aber nicht deliktischen Besitzer teilen sich die aktuellen Ansichten tatsächlich auf. Dazu ist der Streit praktisch durchaus relevant, denn über die §§ 823 ff. BGB gibt es z.B. auch eine Haftung für Zufall (§ 848 BGB).

Selbstverständlich können beide Ansichten gleichwertig und vor allem »gleichgültig« im besten Sinne des Wortes favorisiert werden, allerdings müssen die Argumente ausgetauscht bzw. abgewogen werden. Vorzugswürdiger für die klausurmäßige Darstellung erscheint indessen die herrschende Meinung, da ihre Argumente eher einleuchten und man sie daher vermutlich auch leichter zu Papier bringen kann: Der ***Gesetzwortlaut*** aus § 992 BGB gibt – wie oben schon angedeutet – den ersten wichtigen und auch eindeutigen Hinweis darauf, dass der Gesetzgeber die deliktische Haftung des Besitzers auf die in § 992 BGB benannten Fälle beschränken wollte. Dazu gehört aber nicht der nur bösgläubige Besitzer, der die Sache weder durch verbotene Eigenmacht noch aufgrund einer Straftat erlangt hat. Des Weiteren deutet der ***Wortlaut*** des § 990 Abs. 2 BGB darauf hin, dass eine über den § 990 Abs. 1 BGB hinausgehende Haftung nur im Falle des Verzuges begründet sein soll, nicht aber schon bei § 823 BGB.

ZE.: Wir wollen mit den genannten Argumenten der herrschenden Meinung dann auch folgen und somit feststellen, dass der nur bösgläubige, aber nicht deliktische Besitzer neben den §§ 987 ff. BGB ***keiner*** weiteren Haftung aus den §§ 823 ff. BGB unterliegt (zur Streitdarstellung in der Klausur vgl. das Gutachten sogleich).

Erg.: E steht gegen K kein Anspruch aus § 823 Abs. 1 BGB zu, obwohl die Voraussetzungen der Norm vorliegen. Die Anwendung des § 823 BGB wird von den §§ 987 ff. BGB ausgeschlossen. E steht nur der Anspruch aus den §§ 990, 989 BGB zu.

Gutachten

I.) E könnte gegen K wegen der zerstörten Gitarre ein Anspruch auf Schadensersatz aus den §§ 990 Abs. 1 Satz 1, 989 BGB zustehen.

1.) Es muss zur Anwendung der §§ 987 ff. BGB zwischen den Beteiligten zunächst eine Vindikationslage vorliegen, der Anspruchssteller muss Eigentümer und der Anspruchsgegner unrechtmäßiger Besitzer gewesen sein.

Insoweit ist im vorliegenden Fall zu beachten, dass zum einen der E wegen § 935 Abs. 1 BGB sein Eigentum an der Sache keinesfalls verlieren konnte, unabhängig davon, ob K bösgläubig war oder nicht. Zum anderen ist K mit der Übergabe der Sache unmittelbarer Besitzer im Sinne des § 854 BGB geworden. Dieser Besitz war schließlich auch unrechtmäßig, denn der Vertrag zwischen K und D genügt nicht zur Begründung eines Besitzrechts im Sinne des § 986 BGB gegenüber dem bestohlenen Eigentümer E. Eine Vindikationslage zwischen E und K liegt vor mit der Folge, dass die §§ 987 ff. BGB grundsätzlich Anwendung finden können.

2.) Des Weiteren müssen die Tatbestandsvoraussetzungen der §§ 990 Abs. 1 Satz 1, 989 BGB erfüllt sein. Insoweit ist zunächst der böse Glaube des K zum Zeitpunkt des Besitzerwerbes zu prüfen. Die Bösgläubigkeit aus § 990 Abs. 1 BGB bezieht sich auf den Mangel hinsichtlich des Besitzrechts gegenüber dem Eigentümer.

K müsste demnach gemäß § 990 Abs. 1 Satz 1 BGB zum Zeitpunkt des Besitzerwerbes nicht in gutem Glauben gewesen sein. In entsprechender Anwendung des § 932 Abs. 2 BGB ist der Erwerber nicht in gutem Glauben, wenn ihm bekannt oder infolge grober Fahrlässigkeit unbekannt ist, dass ihm ein Besitzrecht nicht zusteht. Grob fahrlässig handelt, wer die im Verkehr erforderliche Sorgfalt in ungewöhnlich hohem Maße verletzt und dasjenige unbeachtet gelassen hat, was im gegebenen Fall sich jedem aufgedrängt hätte. Wer sich mit der Erklärung, sein Verkäufer sei der Schwager von *Paul McCartney* zufrieden gibt und dann keine weiteren Fragen mehr stellt, hat ein beachtliches Maß an Naivität, in jedem Falle aber kein normales Maß bei Beachtung der Sorgfaltsregeln. Dieser Käufer verletzt vielmehr die im Verkehr erforderliche Sorgfalt in ungewöhnlich hohem Maße und lässt dasjenige unberücksichtigt, was sich hier jedem aufgedrängt hätte.

K war bösgläubig beim Erwerb des Besitzes an der Sache, ihm war infolge grober Fahrlässigkeit unbekannt, dass er kein Recht zum Besitz hatte. Damit liegen die Tatbestandsvoraussetzungen des § 990 Abs. 1 Satz 1 BGB vor mit der Konsequenz, dass nunmehr eine Haftung nach den §§ 987, 989 BGB folgt.

3.) Gemäß § 989 BGB haftet der Besitzer nur für verschuldeten Untergang oder die Verschlechterung der Sache. Das Verschuldensmaß orientiert sich hier an den §§ 276, 278 BGB, denn es handelt sich beim EBV um ein gesetzliches Schuldverhältnis. Im vorliegenden Fall ist beachtlich, dass K »aus Versehen« die Gitarre zu den Sperrmüllsachen stellt mit der Folge, dass von einer Fahrlässigkeit im Sinne des § 276 Abs. 2 BGB ausgegangen werden kann. K handelt mithin schuldhaft im Sinne des § 989 BGB.

Die Ersatzpflicht nach § 989 BGB ist somit dem Grunde nach gegeben.

4.) Gemäß § 989 BGB ist der Besitzer vom Zeitpunkt des bösgläubigen Besitzerwerbes dem Eigentümer für den Schaden verantwortlich, der dadurch entsteht, dass infolge seines Verschuldens die Sache verschlechtert wird, untergeht oder aus einem anderen Grunde von ihm nicht herausgegeben werden kann. Insoweit fragt sich, wie der Umfang des Ersatzanspruchs zu bestimmen ist.

a) Diesbezüglich ist unstreitig, dass sich die Ersatzpflicht grundsätzlich nach den §§ 249 ff. BGB richtet und der Besitzer dem Eigentümer demnach gemäß § 249 Abs. 2 BGB den objektiv verloren gegangenen Wert der Sache ersetzen muss. Im vorliegenden Fall bedeutet dies, dass K dem E die 100.000 Euro ersetzen muss, die die Gitarre objektiv wert gewesen ist.

b) Fraglich ist allerdings, ob daneben auch der entgangene Gewinn nach § 252 BGB über § 989 BGB ersatzfähig ist. Die Beantwortung dieser Frage ist umstritten.

aa) Nach einer Auffassung soll dieser subjektiv zugeschnittene Schadensposten des entgangenen Gewinns im Sinne des § 252 BGB von der Norm des § 989 BGB nicht erfasst sein. Demnach beschränkt sich die Ersatzpflicht aus § 989 BGB vielmehr ausschließlich auf den objektiven Wert der Sache bzw. die durch die Verschlechterung hervorgerufene objektive Werteinbuße.

bb) Nach zutreffender Ansicht indessen ist grundsätzlich die gesamte auf die Unmöglichkeit der Herausgabe zurückführbare Vermögenseinbuße des Eigentümers einschließlich des entgangenen Gewinns von § 989 BGB erfasst. Für die Einbeziehung auch des entgangenen Gewinns spricht, dass die Ersatzpflicht aus § 989 BGB unstreitig nach den §§ 249 ff. BGB geregelt wird und der Gesetzgeber mithin auch § 252 BGB einschließen wollte. Missbrauch wird dadurch verhindert, dass man voraussetzt, dass der entgangene Gewinn auch tatsächlich die Folge der Unmöglichkeit der Herausgabe und nicht nur durch Verzug entstanden ist.

Erg.: E kann daher von K neben dem objektiven Wert auch den entgangenen Gewinn in Höhe von 50.000 Euro, also insgesamt 150.000 Euro aus den §§ 990, 989, 252 BGB verlangen.

II.) E könnte gegen K des Weiteren ein Anspruch auf Schadensersatz wegen der Zerstörung der Gitarre aus § 823 Abs. 1 BGB zustehen.

1.) K verursacht durch sein Versehen die Zerstörung des Eigentums des E. Damit liegen eine rechtswidrige und schuldhafte Rechtsgutsverletzung sowie ein kausal entstandener Schaden vor.

2.) Es fragt sich indessen, ob § 823 BGB im vorliegenden Fall überhaupt zur Anwendung kommen kann oder aber von den Vorschriften der §§ 987 ff. BGB verdrängt wird. Grundsätzlich stellen die §§ 987 ff. BGB eine abschließende Regelung dar mit der Konsequenz, dass die Abwicklung zwischen Eigentümer und unrechtmäßigem Besitzer ausschließlich nach diesen Normen erfolgt und eine weitergehende Haftung des Besitzers nach anderen Vorschriften ausscheidet. Wer nach dem Eigentümer-Besitzer-Verhältnis der §§ 987 ff. BGB dem Eigentümer gegenüber verantwortlich oder eben als gutgläubiger und unverklagter Besitzer nicht verantwortlich ist, soll nicht noch anderen Vorschriften haften müssen. Das folgt aus § 993 Abs. 1, 2. Halbsatz BGB.

Es stellt sich die Frage, ob der bösgläubige, aber nicht deliktische Besitzer neben den §§ 989, 990 BGB, nach denen K bereits ersatzpflichtig ist, auch noch nach anderen Normen zur Haftung verpflichtet sein soll. Die Beantwortung dieser Frage ist umstritten:

a) Nach einer Ansicht haftet auch der nur bösgläubige, aber nicht deliktische Besitzer neben den §§ 987 ff. BGB auch aus unerlaubter Handlung, wenn die Tatbestandsvoraussetzungen der §§ 823 ff. BGB gegeben sind. Diese Auffassung beruft sich vor allem auf den Gerechtigkeitsgedanken und behauptet, es sei nicht einsehbar, den bösgläubigen Besitzer, der von seiner Nichtberechtigung entweder weiß oder sie grob fahrlässig nicht kennt, zu bevorzugen. Die Tatsache allein, dass der Besitz vorliegt, könne nicht bereits zur Privilegierung führen. Der bösgläubige Besitzer müsse auch sämtliche deliktischen Rechtsfolgen tragen.

b) Dieser Meinung kann jedoch nicht gefolgt werden. Sie übersieht zunächst § 990 Abs. 2 BGB, wonach eine über den § 990 Abs. 1 BGB hinausgehende Haftung nach dem Willen des Gesetzgebers nur in den Fällen des Verzuges eintreten sollte. Daraus ergibt sich, dass der bösgläubige Besitzer nicht auch unter anderen Voraussetzungen – also etwa nach § 823 BGB – zur Haftung verpflichtet sein soll. Zum anderen erscheint aufgrund der Existenz des § 992 BGB der Wille des Gesetzgebers dokumentiert, dass die Haftung über die Normen der unerlaubten Handlung nur unter den in § 992 BGB genannten Voraussetzungen erfolgen soll. Reine Bösgläubigkeit reicht demnach nicht aus. Die Haftung des nur bösgläubigen Besitzers aus den §§ 823 ff. BGB ist mithin ausgeschlossen.

Erg.: E steht gegen K kein Anspruch aus § 823 Abs. 1 BGB zu, obwohl die Voraussetzungen der Norm vorliegen. Die Anwendung des § 823 BGB wird von den §§ 987 ff. BGB ausgeschlossen. E steht nur der Anspruch aus den §§ 990, 989 BGB zu.

Fall 12

Es bleibt still

Gastwirt G hat mit dem Elektrohändler E einen Mietvertrag über eine Musik-Box (Wert: 10.000 Euro) geschlossen, die er in seine Kneipe stellen will. Kurz nachdem G das Gerät bei E mit einem Transporter abgeholt hat, verursacht G schuldhaft einen Verkehrsunfall, bei dem die Musik-Box vollständig zerstört wird. E hat inzwischen routinemäßig noch einmal den Mietvertrag durchgesehen und dabei festgestellt, dass er hinsichtlich des Mietzinses einem Willensmangel erlegen war. Er ruft daher – ohne Kenntnis des Unfalls – bei G an und erklärt wirksam die Anfechtung des Vertrages.

Als G ihm dann erklärt, dass er die Musik-Box nicht mehr herausgeben kann, will E wissen, welche sonstigen Ansprüche ihm gegen G zustehen.

Schwerpunkt: Der Fremdbesitzerexzess.

Lösungsweg

(§ 535 BGB) → § 142 BGB

E -- G

§ 854 BGB — Sache schuldhaft zerstört

Ansprüche des E gegen G

Vertragliche und quasivertragliche Ansprüche kamen nicht (mehr) in Betracht, denn E hat den Vertrag wirksam wegen eines Willensmangels angefochten mit der Konsequenz, dass das Vertragsverhältnis aus § 535 BGB gemäß den **§§ 142 Abs. 1, 119 BGB** ***rückwirkend*** vernichtet worden ist.

I. Dingliche Ansprüche:

In Frage kamen dann aber natürlich die dinglichen Ansprüche aus dem Eigentümer-Besitzer-Verhältnis der **§§ 987 ff. BGB**:

AGL.: §§ 990 Abs. 1, 989 BGB

1.) Voraussetzung für die Anwendung der §§ 987 ff. BGB ist zunächst das Bestehen einer ***Vindikationslage*** zum Zeitpunkt des schädigenden Ereignisses (BGHZ **27**, 317; MüKo/*Baldus* vor § 987 BGB Rz. 9). Der Anspruchssteller E muss also Eigentümer und der Anspruchsgegner G der unrechtmäßige Besitzer der Sache gewesen sein, als G mit dem Wagen und der Musik-Box den Unfall verursachte.

a) Mit der Übergabe der Musik-Box von E an G hat G den unmittelbaren Besitz gemäß § 854 BGB erhalten. Aufgrund des zunächst geschlossenen Mietvertrages hat E weiterhin den mittelbaren Besitz nach § 868 BGB behalten, was allerdings für das Vorliegen eines Eigentümer-Besitzer-Verhältnisses unschädlich ist.

<u>ZE.</u>: G war gemäß § 854 BGB alleiniger unmittelbarer Besitzer der Musikbox, als diese bei dem schuldhaft herbeigeführten Unfall zerstört wurde.

b) Der G müsste weiterhin auch ***unrechtmäßiger*** Besitzer, demnach ohne Recht zum Besitz im Sinne des § 986 Abs. 1 BGB gewesen sein. Ein Besitzrecht nach § 986 Abs. 1 BGB ergab sich zunächst aus dem zwischen E und G geschlossenen Mietvertrag gemäß § 535 BGB, da dieser Vertrag vorübergehend die Besitzverschaffung als Verpflichtung des Vermieters beinhaltet (*Staudinger/Gursky* § 986 BGB Rz. 8; MüKo/*Baldus* § 986 BGB Rz. 21). Dieses Besitzrecht indessen ist mit der rückwirkenden Vernichtung des Vertrages nach den §§ 142 Abs. 1, 119 BGB auch entsprechend ***rückwirkend*** weggefallen. Die §§ 987 ff. BGB finden in solchen Fällen der rückwirkenden Aufhebung des Besitzrechts Anwendung (BGH NJW **2010**, 2664; MüKo/*Baldus* vor § 987 BGB Rz. 25; *Baur/Stürner* § 11 Rz. 32; *Palandt/Bassenge* vor § 987 BGB Rz. 8).

<u>ZE.</u>: Wegen der Anfechtung des Vertrages nach den §§ 142 Abs. 1, 119 BGB ist das Besitzrecht des G hinsichtlich der Musik-Box aus § 986 Abs. 1 BGB rückwirkend weggefallen mit der Folge, dass G zum Zeitpunkt der Zerstörung der Sache unrechtmäßiger (Fremd-)Besitzer war.

<u>ZE.</u>: Da der E fraglos weiterhin Eigentümer gewesen ist, liegt somit schon eine für die Anwendung der §§ 987 ff. BGB erforderliche Vindikationslage vor, also die Kombination aus Eigentümer + unrechtmäßigem Besitzer. Und da G die Sache nicht als ihm gehörend besitzt, ist er nicht Eigen-, sondern sogenannter **»Fremdbesitzer«**, er besitzt die Sache für einen anderen (lies: § 872 BGB).

2.) Weitere Voraussetzung für das Bestehen eines Anspruchs aus den §§ 990, 989 BGB ist nun, dass der G zum Zeitpunkt des Besitzerwerbes hinsichtlich seines Besitzrechts entweder bösgläubig war (§ 990 Abs. 1 Satz 1 BGB), später geworden ist (§ 990 Abs. 1 Satz 2 BGB) oder aber verklagt war (§ 989 BGB).

> **Problem:** Beim Besitzerwerb durch G nach § 854 BGB aufgrund der Übergabe der Sache wusste G noch nichts von der späteren, zurückwirkenden Anfechtung. G war mithin zum Zeitpunkt des Besitzerwerbes ***gutgläubig*** im Sinne des § 990 Abs. 1 Satz 1 BGB. Seine spätere Kenntnis des Anfechtungsgrundes und der aus der Ausübung des Anfechtungsrechtes resultierende Wegfall des Besitzrechtes bleiben gemäß § 990 Abs. 1 Satz 2 BGB unerheblich, denn der haftungsrelevante Umstand (Unfall) fiel in einen Zeitraum, in dem G (noch) gutgläubig bezüglich seines Besitzrechtes war.

ZE.: G war nicht bösgläubig zum Zeitpunkt des Besitzerwerbes und seine spätere Kenntnis bleibt unbeachtlich, da zu diesem Zeitpunkt das schädigende Ereignis bereits eingetreten war.

Erg.: Mangels Bösgläubigkeit scheidet eine Haftung nach den §§ 990, 989 BGB aus.

AGL.: §§ 991 Abs. 2, 989 BGB

Die Haftung trotz guten Glaubens beim Erwerb des Besitzes kann nun aber noch aus den §§ 991 Abs. 2, 989 BGB (bitte die Vorschriften, vor allem die erste, lesen) begründet sein, wenn der Besitzer seinerseits gegenüber einem mittelbaren Besitzer verantwortlich ist. Davon allerdings kann in unserem Fall nicht die Rede sein, denn:

> Zwar entsteht mit dem Abschluss des später angefochtenen Mietvertrages ein ***Besitzmittlungsverhältnis*** im Sinne des **§ 868 BGB**; allerdings setzt die Anwendung des § 991 Abs. 2 BGB voraus, dass der mittelbare Besitzer nicht mit dem Eigentümer identisch ist (*Prütting* Rz. 539; *Palandt/Bassenge* § 991 BGB Rz. 4). Erforderlich ist für die unmittelbare Anwendung des § 991 Abs. 2 BGB stets eine Konstellation im Drei-Personen-Verhältnis, bei dem der unmittelbar Besitzende seinem mittelbaren Besitzer gegenüber verantwortlich wäre, zum **Beispiel:** M mietet von V eine Maschine, die dem E gestohlen wurde, was weder M noch V wissen. Wenn M die Maschine nun schuldhaft beschädigt, haftet er wegen seines guten Glaubens dem E ***nicht*** nach den §§ 990, 989 BGB, wohl aber nach den **§§ 991 Abs. 2, 989 BGB**, denn der M wäre aus dem Mietvertrag seinem Besitzmittler V (heißt dann »**Oberbesitzer**«) gegenüber auf jeden Fall zur Haftung verpflichtet. Deshalb ist es auch gerechtfertigt, ihn dafür alternativ gegenüber dem Eigentümer nach § 991 Abs. 2 BGB haften zu lassen.

ZE.: Hier bei uns gibt es aber nun keine Konstellation mit drei Personen, der Eigentümer und der Besitzmittler sind nämlich identisch. Die Voraussetzungen des § 991 Abs. 2 BGB liegen nicht vor.

Erg.: E steht gegen G auch kein Anspruch aus den §§ 991 Abs. 2, 989 BGB zu.

II. Ansprüche aus unerlaubter Handlung (§§ 823 ff. BGB)

AGL.: § 823 Abs. 1 BGB

Problem: Die Vorschriften der §§ 823 ff. BGB müssen nun zunächst einmal überhaupt anwendbar sein. Und das ist hier deshalb fraglich, weil wegen der Regelung des § 993 Abs. 1, 2. Halbsatz BGB der Grundsatz gilt, dass mit Ausnahme des deliktischen Besitzers nach § 992 BGB die §§ 987 ff. BGB eine abschließende Regelung für den Fall darstellen, dass zwischen den streitenden Parteien ein Eigentümer-Besitzer-Verhältnis vorliegt. Eine über die §§ 987 ff. BGB hinausgehende Haftung nach anderen Vorschriften ist dann wegen § 993 Abs. 1, 2. Halbsatz BGB mit Ausnahme des § 992 BGB ***ausgeschlossen*** (PWW/*Englert* vor § 987 BGB Rz. 1).

In unserem Fall nun haben wir – wie oben ausführlich erläutert – eine solche Konstellation des Eigentümer-Besitzer-Verhältnisses der §§ 987 ff. BGB, nämlich: Der E ist als Anspruchssteller weiterhin Eigentümer der Sache geblieben (Mietvertrag) und der G als Anspruchsgegner war unrechtmäßiger (Fremd-)Besitzer. Und das hat dann zur Konsequenz, dass die Abwicklung in diesem Verhältnis zwischen E und G grundsätzlich nur nach den **§§ 987 ff. BGB** zu erfolgen hat und vor allem weitere Vorschriften zur Begründung einer Haftung des Besitzers wegen § 993 Abs. 1, 2. Halbsatz BGB ausgeschlossen sind, es sei denn, der Besitzer unterliegt der Vorschrift des § 992 BGB.

ZE.: Eine Haftung des Besitzers G nach den Vorschriften der unerlaubten Handlung aus den §§ 823 ff. BGB scheitert daran, dass die benannten Normen wegen § 993 Abs. 1, 2. Halbsatz BGB in ihrer Anwendung im vorliegenden Fall ausgeschlossen sind. G ist gegenüber E nur ersatzpflichtig nach den §§ 987 ff. BGB.

Erg.: E hat auch nach den §§ 823 ff. BGB keinen Anspruch gegen G und geht, da andere AGL nicht mehr in Betracht kommen, insgesamt leer aus.

Aber: Da stimmt etwas nicht. Und was da nicht stimmt, erkennen wir, wenn wir das Ergebnis ein wenig näher beleuchten: Der G hat die Musik-Box des E schuldhaft zerstört. Haften muss der G dafür aber nicht, denn er ist zwar unrechtmäßiger Besitzer gewesen, allerdings profitiert er davon, dass er beim Besitzerwerb ***gutgläubig*** war und ihm deshalb jede Haftung auf Schadensersatz aus den §§ 987 ff. BGB erspart bleibt und zudem wegen § 993 Abs. 1, 2. Halbsatz BGB auch eine weitergehende Einstandspflicht nach anderen Normen ausgeschlossen ist.

Beachte: Das Erstaunliche und vor allem Bedenkenswerte an unserem Fall ist nun aber, dass dieses Ergebnis völlig anders aussehen würde, wenn der G nicht unrechtmäßiger, sondern ***rechtmäßiger*** Besitzer der Musik-Box zum Zeitpunkt der Zerstörung gewesen wäre. Dann nämlich – also wenn der Mietvertrag als Besitzrecht im Sinne des § 986 BGB von E nicht angefochten worden wäre – hätte G sowohl nach ***Vertragsrecht*** als auch nach ***Deliktsrecht*** (§§ 823 ff. BGB) vollkommen problemlos für den Schaden einstehen müssen. Die §§ 987 ff. BGB wären mangels Vindikationslage (G hätte ja dann ein Besitzrecht gehabt) von vorneherein ausgeschlossen gewesen. Bei genauer Betrachtung der Lage geht der G somit nur deshalb haftungsfrei aus, gerade weil er ***unrechtmäßiger*** Besitzer der Sache ist (und deshalb die §§ 987 ff. BGB Anwendung finden). Bliebe es bei diesem Ergebnis, würde das Gesetz folglich den unrechtmäßigen Besitzer besser stellen als den rechtmäßigen Besitzer.

Das kann natürlich, weil es ungerecht bzw. unbillig ist, nicht sein. Und deshalb hat die Wissenschaft für diese Fälle eine Sonderregelung erfunden, die man **»Haftung für den Fremdbesitzerexzess«** nennt. Folgendes steckt dahinter:

Die Ausgangslage haben wir weiter oben schon skizziert, sie entspricht genau unserer Fallgestaltung mit der Musik-Box: Es gibt einen gutgläubigen unrechtmäßigen Fremdbesitzer, der die Sache beschädigt oder zerstört, und einen Eigentümer, der zunächst wegen der §§ 987 ff. BGB und dem daraus folgenden Ausschluss weiterer Haftung, konkret wegen § 993 Abs. 1, 2. Halbsatz BGB, trotz Vermögens- bzw. Eigentumsbeschädigung leer ausgeht.

Und weil das, wie gesagt, ein beachtlicher Wertungswiderspruch ist, gilt nach herrschender Meinung der Ausschluss der weiteren Haftung, der ja eigentlich aus § 993 Abs. 1, 2. Halbsatz BGB folgt, im Falle des Fremdbesitzerexzesses ***nicht***. Vielmehr sind die **§§ 823 ff. BGB** ausnahmsweise doch unmittelbar ***anwendbar***. Der unrechtmäßige Fremdbesitzer haftet dem Eigentümer unmittelbar nach den §§ 823 ff. BGB insoweit auf Schadensersatz, wie er bei Bestehen eines vermeintlichen Besitzrechtes haften würde (RGZ **157**, 132; BGH JZ **1951**, 716; BGHZ **46**, 140; LG Hamburg NJW-RR **1988**, 1433; MüKo/*Baldus* § 993 BGB Rz. 15; PWW/*Englert* § 993 BGB Rz. 2; *Soergel/Stadler* vor § 987 BGB Rz. 22; *Medicus/Petersen* BR Rz. 586; *Baur/Stürner* § 11 Rz. 32; *Prütting* Rz. 540; *Staudinger/Gursky* vor § 987 BGB Rz. 28).

Zur Begründung wird – neben der vom Gesetz sicher nicht gewollten Privilegierung des unrechtmäßigen gegenüber dem rechtmäßigen Besitzer (vgl. oben) – angeführt, dass dem § 991 Abs. 2 BGB der Rechtsgedanke zu entnehmen sei, dass der Besitzer dem Eigentümer mindestens insoweit haften müsse, wie er im Falle eines zwischen ihnen bestehenden wirksamen Vertrages einstandspflichtig wäre (*Baur/Stürner* § 11 Rz. 32). Der Besitzer wird in diesen Fällen nur soweit geschützt, wie er sich »**vertragstreu**« verhält; immerhin glaubt er ja selbst an das Bestehen des Vertrages und besitzt die Sache bewusst für einen anderen, dem er sie später auch zurückgeben muss. Die Tatsache, dass der Vertrag nicht existiert, soll dem vertragsuntreuen Partner nicht zum Vorteil gereichen. Es ist nicht einzusehen, dass der gutgläubige Fremdbesitzer, der ja weiß, dass er für einen anderen besitzt (***Fremd***besitzer!), die Sache ungestraft beschädigen dürfte, nur weil sich später herausstellt, dass das vermeintliche Besitzrecht nicht bestand und demnach die §§ 987 ff. BGB anwendbar sind. Wer also sein vermeintliches Besitzrecht überschreitet (deshalb übrigens auch die Bezeichnung »Fremdbesitzer***exzess***«), muss dem Eigentümer gegenüber nach den §§ 823 ff. BGB einstehen, obwohl § 993 Abs. 1, 2. Halbsatz BGB dies eigentlich ausschließt.

Zum Fall: Der G durfte die Sache innerhalb eines bestehenden Mietvertrages selbstverständlich nicht beschädigen. Sein Besitzrecht aus dem Mietvertrag ist auf die ***Nutzung*** der Sache beschränkt (§ 535 BGB) und umfasst selbstredend keine Verletzungen der Mietsache. Mit der Zerstörung der Mietsache überschreitet G somit sein Besitzrecht aus dem Mietvertrag. Es liegt ein »Fremdbesitzerexzess« vor. Und damit sind bei uns also die §§ 823 ff. BGB nun doch anwendbar, die Ausschlussregelung des

§ 993 Abs. 1, 2. Halbsatz BGB gilt nicht. Und das hat jetzt dann folgende Konsequenzen:

G hat das absolute Recht Eigentum des E schuldhaft verletzt, als die Musik-Box bei dem Unfall zerstört wurde. Der G muss dem E mithin Schadensersatz gemäß § 823 Abs. 1 BGB leisten. Der Umfang des Ersatzes richtet sich nach den §§ 249 ff. BGB mit der Konsequenz, dass G gemäß § 249 Abs. 2 BGB Wertersatz in Höhe von 10.000 Euro an E zu zahlen hat.

Erg.: E kann von G gemäß den §§ 823 Abs. 1, 249 Abs. 2 BGB die 10.000 Euro Schadensersatz verlangen.

Noch ein Nachschlag zum Fremdbesitzerexzess

Das, was wir gerade gelernt haben, ist die herrschende Meinung. Demnach steht auch der gutgläubige unrechtmäßige Besitzer trotz des § 993 Abs. 1, 2. Halbsatz BGB unmittelbar nach den §§ 823 ff. BGB ein, wenn er sein vermeintliches Besitzrecht überschreitet und sich damit dann im »**Fremdbesitzerexzess**« befindet. Außerordentlich interessant und prüfungsrelevant ist die Konstellation um diesen Fremdbesitzerexzess vor allen Dingen noch dann, wenn der Besitzer aus irgendwelchen Gründen inhaltlich, also aus Tatbestandsmängeln, aus der Haftung nach den §§ 823 ff. BGB herausfällt, zum **Beispiel:**

> Wir wollen uns vorstellen, dass bei unserem Ausgangssachverhalt jetzt nicht der G selbst die Musik-Box abgeholt hat, sondern sein Angestellter A, der seit zehn Jahren fehlerfrei im Betrieb des G arbeitet. A verursacht dann schuldhaft den Unfall, bei dem die Sache komplett zerstört wird. **Ansprüche des E gegen G?**

Zunächst läuft alles so, wie wir es oben auch im Ausgangsfall gemacht haben, mit der kleinen zu beachtenden Feinheit, dass das Eigentümer-Besitzer-Verhältnis gemäß den §§ 987 ff. BGB zwischen E und G ***nicht*** daran scheitert, dass der G die Musik-Box niemals selbst gesehen bzw. tatsächlich über sie verfügt hat. Der A war beim Abholen fraglos ***Besitzdiener*** gemäß § 855 BGB mit der Konsequenz, dass mit der Übergabe an A der G (!) den unmittelbaren und wegen der später erklärten, aber zurückwirkenden Anfechtung ***unrechtmäßigen*** Besitz erlangt hatte.

G war aber auch hier bei dieser Fallgestaltung fraglos ***gutgläubig***, und deshalb scheidet eine Haftung nach den §§ 987 ff. BGB auch in dieser Konstellation grundsätzlich erst mal aus. In Frage kommen nun dann aber wieder die §§ 823 ff. BGB, die ja jetzt trotz der Regelung des § 993 Abs. 1, 2. Halbsatz BGB Anwendung finden können, denn G überschreitet (durch A) sein Besitzrecht aus dem vermeintlichen Mietvertrag und muss deshalb wegen des »**Fremdbesitzerexzesses**« doch unmittelbar aus den §§ 823 ff. BGB einstehen.

Aber: Anders als im Ausgangsfall kann § 823 Abs. 1 BGB als AGL des E gegen G jetzt nicht mehr herhalten, denn G selbst hat nicht gehandelt, sondern der A. Und weil § 278 BGB auf das Deliktsrecht nicht anwendbar ist, kann der Anspruch des E gegen G jetzt nur aus **§ 831 Abs. 1 BGB** begründet sein. G müsste also dann für das Verhalten des A nach der benannten Norm haftungspflichtig sein, wobei wir mal davon ausgehen wollen, dass der A ein dort beschriebener und geforderter Verrichtungsgehilfe ist. Das Problem unseres Falles liegt nun aber darin, dass der A schon seit zehn Jahren ohne Fehler für den G tätig ist mit der Konsequenz, dass sich der G gemäß **§ 831 Abs. 1 Satz 2 BGB** exkulpieren kann und somit aus der deliktischen Haftung ausscheidet.

Erg.: Eine Haftung des G gegenüber E nach den §§ 831, 823 BGB scheitert in der Abwandlung an der Entlastungsmöglichkeit des G. Zwar sind die Vorschriften der §§ 823 ff. BGB aufgrund der Regelungen hinsichtlich des Fremdbesitzerexzesses trotz des Eigentümer-Besitzer-Verhältnisses anwendbar; indessen scheitert die Haftung im vorliegenden Fall dann an § 831 Abs. 1 Satz 2 BGB.

Das ist das Ergebnis der ***herrschenden Meinung***, die – wie oben ausführlich erläutert – in den Fällen des Fremdbesitzerexzesses eine Haftung unmittelbar aus den §§ 823 ff. BGB herleitet.

Das kann man aber auch noch anders sehen, und zwar:

Es gibt noch eine beachtliche Meinung in der Literatur, die die Haftung des sein Besitzrecht überschreitenden Fremdbesitzers auch wie oben gerade geschildert annimmt, hierfür als Haftungsgrundlage aber neben der unmittelbaren Anwendung der §§ 823 ff. BGB ***zusätzlich*** auch noch eine ***analoge*** Anwendung des **§ 991 Abs. 2 BGB** in Verbindung mit § 989 BGB als mögliche Grundlage ansieht (*Baur/Stürner* § 11 Rz. 32; *Wolff/Raiser* § 85 III 5 b; *Erman/Ebbing* vor § 987 BGB Rz. 24; *Prütting* Rz. 540). Diese Meinung leitet also die Haftung des Fremdbesitzers im Exzess nicht nur unmittelbar aus den §§ 823 ff. BGB her, sondern will mit entsprechender Anwendung des § 991 Abs. 2 BGB (bitte lesen) i.V.m. § 989 BGB dem Eigentümer eine weitere Anspruchsgrundlage zur Seite stellen.

Unter normalen Umständen nun hat diese weitere Herleitung des Anspruchs gegen den Fremdbesitzer aus den §§ 991 Abs. 2, 989 BGB keine anderen Rechtsfolgen und Auswirkungen für den Eigentümer als ein Anspruch aus den §§ 823 ff. BGB. In beiden Fällen nämlich ist der Fremdbesitzer zum ***Schadensersatz*** verpflichtet, und der Umfang dieses Schadens richtet sich nach beiden Varianten unstreitig nach den §§ 249 ff. BGB. Entfällt hingegen ausnahmsweise die Haftung aus den §§ 823 ff. BGB, etwa wie im vorliegenden Fall wegen der Entlastung des G aus § 831 Abs. 1 Satz 2 BGB, steht der Eigentümer mit einem Anspruch aus den §§ 991, 989 BGB fallentscheidend besser da, denn bei den §§ 991, 989 BGB nun kann § 278 BGB, der ***keine*** Entlastungsmöglichkeit für den Hintermann vorsieht, tatsächlich Anwendung finden. Die Zurechnungsnorm des § 278 BGB ist nämlich unstreitig auf das EBV als gesetzliches

Schuldverhältnis anzuwenden (*Palandt/Bassenge* § 989 BGB Rz. 6; *Staudinger/Gursky* § 989 BGB Rz. 18).

> **Also:** Leitet man den Anspruch des Eigentümers im Falle des Fremdbesitzerexzesses allein aus den **§§ 823 ff. BGB** her, kann sich der Besitzer unter Umständen nach § 831 Abs. 1 Satz 2 BGB hinsichtlich eines Verhaltens seiner Hilfspersonen exkulpieren. Diese Möglichkeit ist verschlossen, wenn man die Einstandspflicht des Fremdbesitzers auch aus den **§§ 991 Abs. 2, 989 BGB** begründet, dann nämlich steht der Besitzer für das Verschulden seiner Hilfspersonen nach § 278 BGB ein und hat hier dann keine Chance, sich zu exkulpieren.

Erg.: Je nach Herleitung des Anspruchs könnte E von G im abgewandelten Fall die 10.000 Euro Schadensersatz für die Musik-Box fordern (aus den §§ 991 Abs. 2, 989 BGB) oder eben nicht (aus den §§ 831, 823 BGB wegen § 831 Abs. 1 Satz 2 BGB).

Gutachten

I.) E könnte gegen G ein Anspruch auf Schadensersatz aus den §§ 990, 989 BGB zustehen.

1.) Voraussetzung dafür ist zunächst das Bestehen einer Vindikationslage zum Zeitpunkt des schädigenden Ereignisses. Der Anspruchssteller E muss Eigentümer und der Anspruchsgegner G der unrechtmäßige Besitzer der Sache gewesen sein, als G mit dem Wagen und der Musik-Box den Unfall verursacht.

a) Mit der Übergabe der Musik-Box von E an G hat G den unmittelbaren Besitz gemäß § 854 BGB erhalten.

b) G müsste weiterhin auch unrechtmäßiger Besitzer, demnach ohne Recht zum Besitz im Sinne des § 986 Abs. 1 BGB gewesen sein. Ein Besitzrecht nach § 986 Abs. 1 BGB ergab sich zunächst aus dem zwischen E und G geschlossenen Mietvertrag gemäß § 535 BGB, da dieser Vertrag vorübergehend die Besitzverschaffung als Verpflichtung des Vermieters beinhaltet. Dieses Besitzrecht indessen ist mit der rückwirkenden Vernichtung des Vertrages nach den §§ 142 Abs. 1, 119 BGB auch entsprechend rückwirkend weggefallen. Die §§ 987 ff. BGB finden in solchen Fällen der rückwirkenden Aufhebung des Besitzrechts Anwendung.

c) E ist aufgrund des Mietvertrages, der keinen Eigentumsübergang bewirkt, weiterhin Eigentümer gewesen. Mithin liegt eine für die Anwendung der §§ 987 ff. BGB erforderliche Vindikationslage vor.

2.) Weitere Voraussetzung für das Bestehen eines Anspruchs aus den §§ 990, 989 BGB ist, dass G zum Zeitpunkt des Besitzerwerbes hinsichtlich seines Besitzrechts entweder bösgläubig war, dies später geworden ist oder aber verklagt war.

Beim Besitzerwerb durch G nach § 854 BGB aufgrund der Übergabe der Sache wusste G noch nichts von der späteren, zurückwirkenden Anfechtung. G war mithin zum Zeitpunkt des Besitzerwerbes gutgläubig im Sinne des § 990 Abs. 1 Satz 1 BGB. Seine spätere Kenntnis des Anfechtungsgrundes und des aus der Ausübung des Anfechtungsrechtes resultierenden Wegfalls des Besitzrechtes bleibt gemäß § 990 Abs. 1 Satz 2 BGB unerheblich, denn der haftungsrelevante Umstand fiel in einen Zeitraum, in dem G (noch) gutgläubig bezüglich seines Besitzrechtes war. G war mithin nicht bösgläubig zum Zeitpunkt des Besitzerwerbes und seine spätere Kenntnis bleibt unbeachtlich.

Erg.: Mangels Bösgläubigkeit scheidet eine Haftung nach den §§ 990, 989 BGB aus.

II.) Eine Haftung des G gegenüber E aus den §§ 991 Abs. 2, 989 BGB kommt vorliegend ebenfalls nicht in Betracht. Hierfür wäre eine Konstellation mit drei Personen erforderlich, bei der der unmittelbare Besitzer dem mittelbaren Besitzer gegenüber verantwortlich und daher dann auch dem Eigentümer gegenüber haftungspflichtig wäre.

III.) E könnte gegen G einen Anspruch auf Schadensersatz aus § 823 Abs. 1 BGB wegen Eigentumsverletzung zustehen.

1.) G hat fraglos rechtswidrig und schuldhaft das Eigentum des E an der Maschine verletzt bzw. zerstört und damit den Tatbestand des § 823 Abs. 1 BGB erfüllt.

2.) Es fragt sich indessen, ob die Vorschriften der unerlaubten Handlung im vorliegenden Fall überhaupt anwendbar oder nicht vielmehr durch die Norm des § 993 Abs. 1, 2. Halbsatz BGB ausgeschlossen sind.

Gemäß § 993 Abs. 1, 2. Halbsatz BGB gilt, dass mit Ausnahme des deliktischen Besitzers nach § 992 BGB die §§ 987 ff. BGB eine abschließende Regelung für den Fall darstellen, dass zwischen den streitenden Parteien ein Eigentümer-Besitzer-Verhältnis vorliegt. Eine über die §§ 987 ff. BGB hinausgehende Haftung nach anderen Vorschriften ist wegen § 993 Abs. 1, 2. Halbsatz BGB mit Ausnahme des § 992 BGB ausgeschlossen. Im vorliegenden Fall liegt eine solche Konstellation des Eigentümer-Besitzer-Verhältnisses der §§ 987 ff. BGB vor. Der E ist als Anspruchsteller weiterhin Eigentümer der Sache geblieben und der G als Anspruchsgegner war unrechtmäßiger Fremdbesitzer. Dies hat zur Konsequenz, dass die Abwicklung in diesem Verhältnis zwischen E und G grundsätzlich nur nach den §§ 987 ff. BGB zu erfolgen hat und vor allem weitere Vorschriften zur Begründung einer Haftung des Besitzers wegen § 993 Abs. 1, 2. Halbsatz BGB ausgeschlossen sind, es sei denn, der Besitzer unterliegt der Vorschrift des § 992 BGB.

G ist somit gegenüber E nur ersatzpflichtig nach den §§ 987 ff. BGB.

Erg.: E hat auch nach den §§ 823 ff. BGB keinen Anspruch gegen G.

IV.) Es fragt sich indessen, ob dieses Ergebnis nicht wegen Wertungswidersprüchen einer Korrektur bedarf. G hat schuldhaft einen Schaden an einer fremden Sache, von der er weiß, dass er sie zurückgeben muss, verursacht. Die Haftung dafür ist allerdings nach dem bisher Gesagten ausgeschlossen. Eine Einstandspflicht aus den grundsätzlich anwendbaren §§ 987 ff. BGB scheitert im vorliegenden Fall an dem Umstand, dass G zum Zeitpunkt des Besitzerwerbes und des Schadenseintritts gutgläubig war. Die Vorschriften der §§ 823 ff. BGB hingegen werden durch die Regelung des § 993 Abs. 1, 2. Halbsatz BGB ausgeschlossen.

Bei genauer Betrachtung profitiert G somit allein von dem Umstand, dass er unrechtmäßiger Besitzer der Sache war, deshalb die §§ 987 ff. BGB grundsätzlich anwendbar sind und die §§ 823 ff. BGB dadurch ausgeschlossen werden. Wäre G hingegen bei wirksamem Mietvertrag rechtmäßiger Besitzer der Sache gewesen, hätte er sowohl aus Vertragsrecht als auch nach Deliktsrecht einstehen müssen, denn die §§ 987 ff. BGB wären wegen § 986 BGB nicht anwendbar gewesen. Das vorliegende Ergebnis bevorzugt mithin den unrechtmäßigen gegenüber dem rechtmäßigen Besitzer und widerspricht damit der gesetzlichen Wertung. In Fällen der vorliegenden Art ist deshalb eine Ausnahme des in § 993 Abs. 1, 2. Halbsatz BGB normierten Grundsatzes zu machen. Der unerkannt unrechtmäßige Besitzer, der weiß, dass er für einen anderen besitzt, hat im Falle der Überschreitung seines vermeintlichen Besitzrechtes nach den Grundsätzen des sogenannten Fremdbesitzerexzesses entgegen der Vorschrift des § 993 Abs. 1, 2. Halbsatz BGB doch nach den §§ 823 ff. BGB einzustehen. Nur dadurch lässt sich die vom Gesetzgeber sicher nicht gewollte Privilegierung des unrechtmäßigen gegenüber dem rechtmäßigen Besitzer verhindern. Dies entspricht außerdem der Wertung des § 991 Abs. 2 BGB, der zu entnehmen ist, dass der Besitzer dem Eigentümer mindestens insoweit haften muss, wie er im Falle eines zwischen ihnen bestehenden wirksamen Vertrages einstandspflichtig wäre.

Der Besitzer wird also nur soweit geschützt, wie er sich vermeintlich vertragstreu verhält. Der Besitzer glaubt in den Fällen der vorliegenden Art selbst an das Bestehen des Vertrages und besitzt die Sache bewusst für einen anderen, dem er sie später auch zurückgeben muss. Die Tatsache, dass der Vertrag nicht existiert, kann dem vertragsuntreuen Teil nicht zum Vorteil gereichen. G durfte die Sache im vorliegenden Fall innerhalb eines bestehenden Mietvertrages nicht beschädigen. Sein Besitzrecht aus dem vermeintlichen Mietvertrag ist gemäß § 535 BGB auf die Nutzung der Sache beschränkt und umfasst keine Verletzungen der Mietsache. Mit der Zerstörung der Mietsache überschreitet G somit sein Besitzrecht aus dem vermeintlichen Mietvertrag. Es liegt ein Fremdbesitzerexzess vor. Damit sind die §§ 823 ff. BGB anwendbar, die Ausschlussregelung des § 993 Abs. 1, 2. Halbsatz BGB gilt nicht.

G hat das absolute Recht Eigentum des E schuldhaft verletzt, als die Musik-Box bei dem Unfall zerstört wurde. Der G muss dem E mithin Schadensersatz gemäß § 823 Abs. 1 BGB leisten. Der Umfang des Ersatzes richtet sich nach den §§ 249 ff. BGB mit der Konsequenz, dass G gemäß § 249 Abs. 2 BGB Wertersatz in Höhe von 10.000 Euro an E zu zahlen hat.

Erg.: E kann von G gemäß den §§ 823 Abs. 1, 249 Abs. 2 BGB die 10.000 Euro Schadensersatz verlangen.

Fall 13

VW Golf

Rechtsstudent R hat von seinem Bekannten B einen gebrauchten Golf zum Preis von 5.000 Euro gekauft. In den folgenden Wochen baut R ein bislang nicht vorhandenes Radio (Wert: 200 Euro) ein, bringt das Fahrzeug zur Jahresinspektion (Kosten: 250 Euro) und lässt es wegen einiger kleiner Schadstellen komplett neu lackieren (Kosten: 1.000 Euro). Vier Monate später stellt sich heraus, dass das Auto dem E gestohlen worden war, was allerdings weder B noch R wussten bzw. erkennen konnten.

E will jetzt sein Auto zurück. R meint, das Fahrzeug gebe er nur heraus, wenn er von E die aufgewendeten Kosten, einschließlich des an B gezahlten Kaufpreises erhalte. Das Radio werde er, wenn E nicht zahle, notfalls auch wieder ausbauen.

Wie ist die Rechtslage zwischen E und R?

Schwerpunkte: §§ 994 ff. BGB, die Ansprüche auf Verwendungsersatz; Zurückbehaltungsrecht des § 1000 BGB; Zurückbehaltungsrecht als Besitzrechte aus § 986 BGB?; Begriff der Verwendung; notwendige und nützliche Verwendungen; Begriff der Luxusaufwendung; Wegnahmerecht aus § 997 BGB; Befugnisse des Eigentümers nach § 903 BGB.

Lösungsweg

(Diebstahl) — § 433 BGB

E - - - - - - - - - - B -- R

§ 935 BGB — Verwendungen?

Anspruch des E gegen R auf Herausgabe des Wagens

<u>AGL.</u>: **§ 985 BGB**

I.) Tatbestandsvoraussetzungen:

1.) Ziemlich unproblematisch kann zunächst festgestellt werden, dass der E weiterhin der ***Eigentümer*** des Wagens geblieben ist, wegen § 935 Abs. 1 BGB konnte weder der R noch sonst jemand Eigentum an der gestohlenen Sache erwerben.

2.) Des Weiteren ist der R als Anspruchsgegner auch fraglos ***unmittelbarer Besitzer*** der Sache, sie steht ja noch bei ihm, er hat die Herausgabe bislang verweigert.

3.) Die erste problematische Stelle taucht nun bei der Frage auf, ob dem R nicht ein Recht zum Besitz gemäß **§ 986 Abs. 1 BGB** zusteht.

a) Kein Besitzrecht erwächst dem R aus dem mit B geschlossenen Kaufvertrag nach § 433 BGB: Zwar ist ein solcher Kaufvertrag grundsätzlich tauglicher Gegenstand eines Besitzrechts im Sinne des § 986 Abs. 1 BGB, da der Vertrag aus § 433 BGB regelmäßig auf die Verschaffung auch des unmittelbaren Besitzes gerichtet ist (MüKo/*Baldus* § 986 BGB Rz. 23; *Palandt/Bassenge* § 986 BGB Rz. 4). Indessen hat R diesen Kaufvertrag nur mit B geschlossen und somit auch nur diesem gegenüber ein Recht zum Besitz der Sache erworben. Eine weitergeleitete Besitzberechtigung nach § 986 Abs. 1 Satz 1, 2. Alt. BGB kommt nicht in Betracht, denn B war schon kein mittelbarer Besitzer im Verhältnis zu R. Im Übrigen war B dem E gegenüber nicht zum Besitz berechtigt, was eine für § 986 Abs. 1 Satz 1, 2. Alt. BGB durchgehende Berechtigungskette ausschließt.

ZE.: R stand weder aus dem Kaufvertrag mit B noch aus abgeleitetem Recht eine Besitzberechtigung gegenüber E zu.

b) Unter Berücksichtigung der Tatsache, dass im vorliegenden Fall ein Verwendungsersatzanspruch für den R nach den §§ 994 ff. BGB in Frage steht, könnte nun das Zurückbehaltungsrecht aus **§ 1000 Satz 1 BGB** unter Umständen schon als Recht zum Besitz im Sinne des § 986 BGB in Betracht kommen.

Problem: Unabhängig davon, inwieweit nun tatsächlich dem R ein Verwendungsersatzanspruch aus den §§ 994 ff. BGB und damit dann auch das Recht aus § 1000 BGB zusteht, ist jedoch zunächst fraglich, ob Zurückbehaltungsrechte überhaupt als Besitzrechte im Sinne des § 986 Abs. 1 BGB angesehen werden können oder aber vielmehr sogenannte ***Gegenrechte*** (rechtshemmende Einwendung = Einrede) darstellen, die im Rahmen des § 986 BGB (noch) keine Berücksichtigung finden:

- Die ***herrschende Meinung*** geht insoweit davon aus, dass Zurückbehaltungsrechte, also etwa die §§ 273 und 1000 BGB ***keine*** Besitzrechte im Sinne des § 986 BGB gewähren und auf die Berechtigung zum Besitz demnach auch keinerlei Einfluss haben; vielmehr geben die Zurückbehaltungsrechte dem Besitzer ein Verweigerungsrecht im Sinne einer Einrede (OLG Nürnberg NJW-RR **2013**, 1325; OLG Brandenburg OLG-NL **2002**, 171; OLG Dresden DtZ **1994**, 252; *Jauernig/Berger* § 986 BGB Rz. 8; *Soergel/Stadler* § 986 BGB Rz. 9; *Erman/Ebbing* § 986 BGB Rz. 1; *Palandt/Bassenge* § 986 BGB Rz. 5; MüKo/*Baldus* § 986 BGB Rz. 32; *Seidel* in JZ 1993, 180; *Staudinger/Gursky* § 986 BGB Rz. 28).

- Die ***andere Ansicht*** meint, auch die Zurückbehaltungsrechte unterlägen der Vorschrift des § 986 Abs. 1 BGB (BGH NJW **2002**, 1050; BGH NJW **1995**, 2627; BGH NJW **1985**, 1421; BGHZ 64, 122; PWW/*Englert* § 986 BGB Rz. 6; *Roussos* in JuS

1987, 606; RGRK-*Pikart* § 986 BGB Rz. 16). Auch diese Auffassung geht indessen rechtsfolgenorientiert davon aus, dass die Zurückbehaltungsrechte dennoch nur das Recht gewähren, die Herausgabe der Sache zu verweigern und eine Verurteilung Zug um Zug bewirken (BGH NJW **1985**, 1421; BGH NJW **1995**, 2627).

Beachte: Bei diesem Streit geht es somit vornehmlich um Kosmetik, in unserem Fall namentlich um den ***Prüfungsaufbau***, also die Frage, an welcher Stelle der Klausur der § 1000 Satz 1 BGB in die Erörterung einzubauen ist. Und da wollen wir uns hier dann der herrschenden Meinung anschließen und demnach feststellen, dass ein mögliches Zurückbehaltungsrecht des R aus § 1000 Satz 1 BGB ***kein*** Recht zum Besitz im Sinne des § 986 BGB, sondern nur eine Einrede gegen den Anspruch aus § 985 BGB gewähren würde. Die Prüfung des § 1000 Satz 1 BGB erfolgt somit nicht bei der Frage nach einem Recht zum Besitz, sondern gleich im Anschluss bei den ***Einreden***.

ZE.: Dem R steht – unabhängig von der Frage, ob die Voraussetzungen des § 1000 BGB vorliegen – jedenfalls aus dieser Norm kein Besitzrecht zu.

ZE.: Damit ist E Eigentümer und der R der unmittelbare Besitzer der Sache ohne Recht zum Besitz. Die Voraussetzungen des § 985 BGB liegen vor.

II.) Gegen diesen Anspruch aus § 985 BGB könnte dem R aber das ***Zurückbehaltungsrecht*** des § 1000 Satz 1 BGB (rechtshemmende Einwendung = Einrede) zustehen mit der Folge, dass er die Herausgabe der Sache verweigern kann, bis er wegen ihm zu ersetzender Verwendungen befriedigt wird (Gesetz lesen: § 1000 Satz 1 BGB). Wir müssen also jetzt prüfen, ob und in welcher Höhe dem R Ansprüche auf Verwendungsersatz zustehen, um ihm dann diesbezüglich ein Zurückbehaltungsrecht nach § 1000 Satz 1 BGB zusprechen zu können. Konkret müsste R dann die Herausgabe des Wagens nur Zug um Zug gegen Zahlung der entsprechenden Summe gestatten, denn der § 274 BGB (bitte lesen) ist auf § 1000 BGB entsprechend anwendbar (*Palandt/Bassenge* § 1000 BGB Rz. 2).

Voraussetzungen des § 1000 Satz 1 BGB:

1.) Damit überhaupt Verwendungsersatzansprüche aus den §§ 994 ff. BGB begründet sein können, muss zunächst natürlich zwischen den Parteien ein Eigentümer-Besitzer-Verhältnis im Sinne des §§ 987 ff. BGB vorliegen. Das aber ist hier kein Problem mehr, wir haben es nämlich soeben im Rahmen der Prüfung des § 985 BGB festgestellt: Der E ist Eigentümer und der R unrechtmäßiger Besitzer der Sache.

2.) Unser R war gutgläubiger Eigenbesitzer mit der Folge, dass sich seine Ansprüche auf Verwendungsersatz nach den §§ 994 ff. BGB richten. Das ergibt sich aus **§ 994 Abs. 2 BGB** (bitte lesen), wonach der bösgläubige oder verklagte Besitzer Ansprüche auf Verwendungsersatz nur nach den Vorschriften der GoA herleiten kann. R aber war weder bösgläubig noch verklagt, und somit regelt es sich dann eben nach den §§ 994 ff. BGB.

Vorab: Zunächst sollte man insoweit wissen, dass der Begriff der **»Verwendung«**, um den es sich bei den in Frage stehenden Ansprüchen aus den §§ 994 ff. BGB dreht, nicht einheitlich definiert wird. Es gibt zwei unterschiedliche Meinungen, die freilich in ihrer Anwendung und im Ergebnis nur selten differieren:

- Nach ***einer Auffassung*** umfasst der Begriff der Verwendung alle freiwilligen vermögensmäßigen Aufwendungen bzw. Maßnahmen, die im Rahmen der Erhaltung und Verbesserung der Sache zugute kommen, ohne sie dabei grundlegend zu verändern bzw. umzugestalten. Das ist der sogenannte **»enge«** Verwendungsbegriff, und den vertritt vor allem der BGH (BGHZ **131**, 220; auch: *Palandt/Bassenge* § 994 BGB Rz. 2; *Eichler* in JuS 1965, 479).
- Nach ***anderer Ansicht*** ist eine Verwendung jede freiwillige Vermögensaufwendung, die der Sache im Rahmen einer Erhaltung oder Verbesserung zugute kommt; dazu gehören namentlich auch solche Aufwendungen, die die Sache grundlegend umgestalten und verändern. Und das ist dann der sogenannte **»weite«** Verwendungsbegriff, der von einem beachtlichen Teil der Literatur vertreten wird (*Baur/Stürner* § 11 Rz. 55; PWW/*Englert* § 994 BGB Rz. 2; *Staudinger/Gursky* vor § 994 BGB Rz. 5; *Medicus/Petersen* BR Rz. 878; *Soergel/Stadler* § 994 BGB Rz. 2; *Wolf* in AcP 166, 188; *Prütting* Rz. 555).

Beachte: Dieser Streit beschränkt sich bei genauer Betrachtung auf die Frage, ob auch solche Aufwendungen zum Verwendungsbegriff zählen, die lediglich der ***Umgestaltung*** der Sache dienen und damit ***keine*** Erhaltungs- oder Verbesserungsfunktion haben. Diskutiert wird das bislang allein an einem einzigen Fall, in dem nämlich ein unrechtmäßiger Besitzer auf ein scheinbar ihm gehörendes Grundstück ein Haus setzt und sich dann die Frage stellt, ob er vom Eigentümer, der jetzt Herausgabe des Grundstücks verlangt, die Kosten des Hausbaus als Verwendungen ersetzt verlangen kann (BGHZ **41**, 157). In diesem Fall hat der BGH einen Ersatzanspruch aus den §§ 994 ff. BGB abgelehnt mit der Begründung, das Grundstück sei durch den Hausbau weder erhalten noch verbessert, sondern vielmehr komplett ***umgestaltet*** worden, weswegen man nicht mehr von einer Verwendung auf die Sache selbst sprechen könne.

> **Klausurtipp:** Regelmäßig spielt der Streit um die beiden Verwendungsbegriffe keine Rolle und braucht deshalb auch nicht gebracht, zumindest aber nicht ausgetragen zu werden. Sofern die Sache vom Besitzer nicht komplett umgestaltet wird, beschränkt man sich dann auf die bei beiden Auffassungen identischen Teile der Definition, wonach unter Verwendung jede freiwillige vermögensmäßige Aufwendung fällt, die der Sache im Rahmen einer Erhaltung oder Verbesserung zugute kommt. Damit ist man in jedem Falle auf der sicheren Seite und ärgert den Prüfer vor allem nicht mit Streitigkeiten, die im konkreten Fall im Zweifel nicht relevant sind. Merken.

Zum Fall: Hier bei uns genügt, da eine Umgestaltung der Sache nicht in Frage kommt, mithin die einfache Definition von gerade, und unter Berücksichtigung dessen stehen nun mehrere Posten in Frage, namentlich der Einbau des Radios (Wert: 200 Euro), die Inspektion (Kosten: 250 Euro), das Lackieren (Kosten: 1.000 Euro) und der Kaufpreis in Höhe von 5.000 Euro.

a) Als Erstes können wir, ohne hier schon auf die weitere Unterteilung in notwendige und nützliche Verwendungen eingehen zu müssen, in jedem Falle mal den ***Kaufpreis*** als mögliche Verwendung rausschmeißen, denn der Kaufpreis, den man für eine Sache zahlt, kommt dieser Sache nicht »zugute« im Sinne der Verwendungsdefinitionen von oben. Mit dem Kaufpreis erhält oder verbessert man nämlich die Sache nicht, sondern man erwirbt sie überhaupt erst. Unstreitig unterliegt der gezahlte Kaufpreis deshalb auch ***nicht*** dem Verwendungsbegriff der §§ 994 ff. BGB (BGH NJW **1980**, 2245; BGH NJW **1990**, 447; MüKo/*Baldus* § 994 BGB Rz. 23; *Palandt/Bassenge* § 994 BGB Rz. 3; *Schreiber* Rz. 234; *Westermann* Rz. 287).

ZE.: Der Kaufpreis, den R an B bezahlt hat, unterliegt nicht dem Verwendungsbegriff der §§ 994 BGB mit der Folge, dass R diesen Betrag in Höhe von 5.000 Euro keinesfalls gegenüber E in Ansatz bringen kann.

b) Als Nächstes können wir uns dann aber den übrigen Posten, die im Gegensatz zum Kaufpreis alle der Sache zugute kommen, zuwenden und brauchen insoweit nun erst mal eine weitere Definition, denn das Gesetz unterscheidet bei den auf die Sache gemachten Verwendungen zwischen ***notwendigen*** und ***nützlichen*** Vermögensaufwendungen, für die dann auch unterschiedliche Regelungen gelten.

Definition: ***Notwendig*** ist eine Verwendung dann, wenn sie zur Erhaltung oder ordnungsgemäßen Bewirtschaftung der Sache nach objektiven Maßstäben zum Zeitpunkt der Vornahme erforderlich ist, die also der Eigentümer sonst hätte selbst vornehmen müssen und die nicht nur zu Sonderzwecken des Besitzers dient (BGH NJW **1996**, 921; BGH NJW-RR **1996**, 336; *PWW/Englert* § 994 BGB Rz. 2; MüKo/*Baldus* § 994 BGB Rz. 24; *Jauernig/Berger* § 994 BGB Rz. 1).

Gemäß **§ 994 Abs. 1 Satz 1 BGB** (lesen) nun kann der Besitzer für solche auf die Sache gemachten notwendigen Verwendungen vom Eigentümer Ersatz verlangen.

aa) Und unter Berücksichtigung der soeben gegebenen Definition wird man zunächst zu fragen haben, ob denn das von R eingebaute ***Radio*** eine solche ***notwendige*** Verwendung darstellt. Fraglos kommt das Radio dem Auto – auch wirtschaftlich – zugute und dient im Zweifel sogar der Verbesserung der Sache. Indessen braucht man ein Radio weder zur Erhaltung noch zur ordnungsgemäßen Bewirtschaftung eines Autos und der Eigentümer hätte es auch nicht notwendig selbst einbauen müssen. Das Radio dient vielmehr den Sonderzwecken des Besitzers.

<u>ZE.</u>: Daraus folgt, dass es sich bei dem Radio ***nicht*** um eine notwendige Verwendung im Sinne des § 994 Abs. 1 Satz 1 BGB handelte und der R somit auch – zumindest nach dieser Norm – keinen Ersatz von E für das eingebaute Radio verlangen kann.

bb) Anders ist dies hingegen bei der ***Inspektion*** zu beurteilen: Eine solche kommt der Sache auch wieder fraglos zugute, sie findet aber vor allem regelmäßig statt, muss auch vom Eigentümer durchgeführt werden und dient schließlich nicht Sonderzwecken des Besitzers (*Schreiber* Rz. 235; *Palandt/Bassenge* § 994 BGB Rz. 7).

<u>ZE.</u>: Die Inspektion ist eine notwendige Verwendung auf die Sache im Sinne des § 994 Abs. 1 Satz 1 BGB und folglich grundsätzlich ersatzfähig.

Aber: Gemäß **§ 994 Abs. 1 Satz 2 BGB** sind die gewöhnlichen Erhaltungskosten dem Besitzer für die Zeit, für welche ihm die Nutzungen der Sache verbleiben, nicht zu ersetzen. Der Zweck dieser Regelung liegt darin, dass dem Besitzer zu dieser Zeit ja auch die Vorteile verbleiben und er deshalb die gewöhnlichen Erhaltungskosten eben selber tragen muss.

Definition: ***Gewöhnliche Erhaltungskosten*** im Sinne des § 994 Abs. 1 Satz 2 BGB sind solche Kosten, die regelmäßig anfallen und der ordnungsgemäßen Unterhaltung und Bereitstellung der Sache dienen (PWW/*Englert* § 994 BGB Rz. 3; *Schreiber* in Jura 1992, 533; *Erman/Ebbing* § 994 BGB Rz. 25).

Die Wartungs- und Inspektionskosten eines Kraftfahrzeuges fallen regelmäßig und wiederkehrend an und dienen fraglos der Unterhaltung und Bereitstellung der Sache (OLG Karlsruhe MDR **1998**, 467; OLG Oldenburg DAR **1993**, 467; OLG Schleswig SchlHA **51**, 32; *Prütting* Rz. 551). Es handelt sich somit um gewöhnliche Erhaltungskosten im Sinne des § 994 Abs. 1 Satz 2 BGB. Diese gewöhnlichen Erhaltungskosten erhält der Besitzer nach § 994 Abs. 1 Satz 2 BGB für die Zeit nicht ersetzt, in der ihm die Nutzungen verbleiben. Wann dem Besitzer die Nutzungen verbleiben, richtet sich nach **§ 988 BGB**. Demnach muss der ***unentgeltliche Eigenbesitzer*** die Nutzungen, die er vor dem Eintritt der Rechtshängigkeit oder der Bösgläubigkeit zieht, nach den Vorschriften über die ungerechtfertigte Bereicherung herausgeben (BGH NJW **2010**, 2664). In unserem Fall war der R ***nicht*** unentgeltlicher Eigenbesitzer, R hatte das Auto vielmehr zum Preis von 5.000 Euro – also entgeltlich – erworben. Dem R verblieben somit die Nutzungen für die Zeit seines Besitzes, und deshalb muss er nach § 994 Abs. 1 Satz 2 BGB die Inspektion, die in diese Zeit fällt, selber zahlen bzw. kann sie nicht ersetzt verlangen.

<u>ZE.</u>: Zwar handelt es sich bei den Kosten der Inspektion um notwendige Verwendungen im Sinne des § 994 Abs. 1 Satz 1 BGB, indessen entfällt ein Ersatzanspruch des R gegen E deshalb, weil es gewöhnliche Erhaltungskosten nach § 994 Abs. 1 Satz 2 BGB sind und diese Kosten in die Zeit fallen, in der dem R die Nutzungen verblieben.

cc) Schließlich stellt sich die Frage, ob es sich bei dem ***Lackieren*** des Autos um eine notwendige und damit ersatzfähige Verwendung im Sinne des § 994 Abs. 1 Satz 1 BGB handelt.

Insoweit wird man zunächst feststellen können, dass das komplett neue Lackieren dem Kfz sicherlich zugute kommt, eine neue Lackierung trägt zur Verbesserung des Schutzes bei. Die Lackierung ist somit eine Verwendung im Sinne des § 994 Abs. 1 Satz 1 BGB. Indessen handelt es sich dabei ebenso sicher ***nicht*** um eine Verwendung, die zur Erhaltung oder ordnungsgemäßen Bewirtschaftung der Sache nach objektiven Maßstäben zum Zeitpunkt der Vornahme erforderlich war. Es waren lediglich einige kleinere Stellen schadhaft mit der Folge, dass der Eigentümer die komplett neue Lackierung nicht selbst hätte vornehmen müssen. Die Verwendung ist mithin nicht notwendig.

<u>ZE.</u>: Es handelt sich bei dem Lackieren des Autos nicht um eine notwendige Verwendung mit der Folge, dass ein Anspruch des R gegen E aus § 994 Abs. 1 Satz 1 BGB in Höhe der 1.000 Euro nicht begründet ist.

<u>ZE.</u>: Damit kann festgestellt werden, dass dem R gegen E aus § 994 Abs. 1 Satz 1 BGB kein Anspruch auf Ersatz des Kaufpreises (schon keine Verwendung) und auch kein Anspruch auf Ersatz für das Radio und die Lackierung zusteht (beides nicht notwendig). Die hingegen notwendige Inspektion kann R wegen § 994 Abs. 1 Satz 2 BGB als gewöhnliche Erhaltungskosten nicht ersetzt verlangen.

3.) Eine Ersatzpflicht für das Radio und die Lackierung kommt somit nur noch nach der Vorschrift des **§ 996 BGB** für die sogenannten **»nützlichen«** Verwendungen in Betracht.

> **Definition:** ***Nützlich*** sind solche Verwendungen, die, ohne zur Erhaltung der Sache objektiv notwendig zu sein, ihren Wert erhöhen und für den Eigentümer deshalb vorteilig sind (BGH NJW **1980**, 835; OLG Celle NJW-RR **1995**, 1527; *Jauernig/Berger* § 996 BGB Rz. 2; PWW/*Englert* § 996 BGB Rz. 2; *Westermann* Rz. 287; *Palandt/Bassenge* § 996 BGB Rz. 2; MüKo/*Baldus* § 996 BGB Rz. 3).

a) Hinsichtlich des ***Radios*** ist das dann auch kein Problem, denn ein eingebautes Radio ist fraglos eine nützliche Maßnahme zur Wertsteigerung der Sache im vorbenannten Sinne, und diese Wertsteigerung ist auch noch vorhanden.

<u>ZE.</u>: R steht gegen E grundsätzlich ein Anspruch auf Zahlung von 200 Euro für das eingebaute Radio aus § 996 BGB zu.

b) Fraglich ist dann schließlich die Ersatzpflicht für die ***Lackierung*** über § 996 BGB.

Eine neue Lackierung kommt dem Auto ohne Frage zugute und stellt auch eine Verbesserung der Sache dar. Sie ist zwar nicht zwingend zur Erhaltung der Sache notwendig, erhöht aber den Wert des Gegenstandes. Grundsätzlich kann man die Lackierung deshalb als nützliche Verwendung, die auch noch vorhanden ist, ansehen.

Es fragt sich aber, ob es sich hierbei nicht um eine sogenannte »**Luxusaufwendung**« handelt, die für den Eigentümer jedenfalls objektiv nicht wertsteigernd ist und nur der persönlichen Liebhaberei des Besitzers dient. Solche Luxusaufwendungen fallen nämlich unstreitig ***nicht*** unter den Begriff der nützlichen Verwendungen des § 996 BGB (*Palandt/Bassenge* § 996 BGB Rz. 2; PWW/*Englert* § 996 BGB Rz. 2; *Schreiber* in Jura 1992, 532; *Prütting* Rz. 554; *Baur/Stürner* § 11 Rz. 18). Es soll verhindert werden, dass dem Eigentümer Vermögen quasi »aufgedrängt« wird (*Prütting* Rz. 554).

Aber: Wir haben zwar festgestellt, dass die komplett neue Lackierung wegen einiger schadhafter Stellen sicherlich keine notwendige Verwendung darstellt und deshalb auch nicht unter § 994 Abs. 1 Satz 1 BGB fällt. Indessen dient sie nicht nur ausschließlich den Zwecken des Besitzers, sondern kommt im vorliegenden Fall auch dem Eigentümer vermögensmäßig zugute. Dass er diese Aufwendung unter Umständen selbst nicht vorgenommen hätte und sie auch zur momentanen Erhaltung der Sache objektiv nicht nötig war, genügt nicht, um schon von einer Luxusaufwendung sprechen zu können. Den Fall, dass der Besitzer Aufwendungen tätigt, die nicht im Sinne des Eigentümers sind, diesem aber gleichwohl vermögensmäßige Vorteile bringen, soll genau der § 996 BGB erfassen (*Prütting* Rz. 554; *Staudinger/Gursky* § 996 BGB Rz. 5).

ZE.: Die Kosten der Lackierung des Autos hat der Eigentümer nach § 996 BGB zu ersetzen, es handelt sich im vorliegenden Fall um eine nützliche Verwendung, die auch noch vorhanden ist.

ZE.: Damit steht R insgesamt der Anspruch auf Ersatz der Kosten für das Radio und die Kosten der Lackierung aus § 996 BGB zu. Die anderen Aufwendungen kann R von E nicht ersetzt verlangen.

ZE.: Dem Herausgabeanspruch des E gegen R aus § 985 BGB steht somit in Höhe von 1.200 Euro ein Zurückbehaltungsrecht aus § 1000 Satz 1 BGB i.V.m. § 996 BGB entgegen.

Erg.: E kann von R gemäß § 985 BGB die Herausgabe des Autos fordern, allerdings nur gemäß § 1000 Satz 1 BGB i.V.m. § 274 BGB Zug um Zug gegen Zahlung von 1.200 Euro.

Ansprüche des R gegen E

Beachte: Da nach der »Rechtslage« zwischen E und R gefragt ist, muss man nun noch überlegen, ob neben dem eben geprüften § 1000 BGB, der ja nur eine Einrede zugunsten des R darstellt, dem R nicht noch eigene Ansprüche zustehen, die er selbstständig geltend machen kann. Wir haben das im Rahmen der Prüfung der Vorschrift des

§ 1000 BGB größtenteils schon gemacht, es gibt allerdings noch ein paar Feinheiten, die beachtet werden sollten, nämlich:

AGL.: § 996 BGB (Ersatz für das Radio)

Vorsicht: Obwohl dieser Anspruch dem R – wie weiter oben gesehen – grundsätzlich zusteht, kann er ihn zur Zeit aber noch nicht selbstständig geltend machen, denn dieser Anspruch ist gemäß **§ 1001 Satz 1 BGB** noch nicht fällig. Nach der benannten Norm können die Ansprüche auf Verwendungsersatz nämlich erst dann geltend gemacht werden (= sind dann erst fällig), wenn der Eigentümer entweder die Sache wiedererlangt oder die Verwendung genehmigt. Solange das aber noch nicht passiert ist, kann der Besitzer diese Ansprüche demnach nur im Rahmen des Zurückbehaltungsrechtes des § 1000 BGB verwerten.

Feinkost: Der § 273 BGB als Zurückbehaltungsrecht steht dem Besitzer aus den gerade genannten Gründen für Ansprüche auf Verwendungsersatz regelmäßig nicht zur Verfügung, denn diese Norm setzt stets ***fällige*** Ansprüche voraus (steht ausdrücklich drin). Die Ansprüche auf Verwendungsersatz werden aber erst fällig, wenn die Voraussetzungen des § 1001 BGB vorliegen. Deshalb bis dahin: § 1000 Satz 1 BGB.

Erg.: R kann von E die Zahlung der 200 Euro für das Radio (noch) nicht verlangen, der Anspruch aus § 996 BGB ist noch nicht fällig. Er kann sich bislang somit nur auf § 1000 Satz 1 BGB stützen.

Wegnahmerecht bezüglich des Radios

AGL.: § 997 Abs. 1 BGB

Aber: Der § 997 Abs. 1 BGB funktioniert nur dann, wenn der Besitzer mit der Sache eine andere Sache als wesentlicher Bestandteil verbunden und damit sein Eigentum nach den § 947 ff. BGB verloren hat (PWW/*Englert* § 997 BGB Rz. 1; *Palandt/Bassenge* § 997 BGB Rz. 2). Das ins Auto eingebaute Radio aber ist ***kein*** wesentlicher Bestandteil im Sinne des § 93 BGB, weil es nämlich zwanglos wieder ausgebaut werden kann, ohne dass es selbst oder die Hauptsache Auto sein Wesen verändert. Das Radio stellt vielmehr ein »**Zubehör**« im Sinne des § 97 BGB dar und verbleibt trotz des Einbaus ins Auto im Eigentum des R.

Erg.: Ein Anspruch auf Wegnahme des Radios aus § 997 Abs. 1 BGB scheidet aus.

Durchblick: Da das Radio noch im Auto eingebaut ist und – wie gerade gesehen – auch noch im Eigentum des R steht, stellt sich die Frage, nach welcher Norm dem R das Recht zusteht, dieses Radio aus dem Auto des E jetzt auszubauen. Das will der R ja auch möglicherweise, er erklärt, er werde das Radio »notfalls« wieder ausbauen. Die Antwort ist leichter als man denkt, nämlich: Gemäß **§ 903 Satz 1 BGB** kann der

Eigentümer einer Sache, soweit nicht Rechte Dritter entgegen stehen, mit der Sache nach Belieben verfahren und andere von jeder Einwirkung ausschließen. R ist mithin nach § 903 Satz 1 BGB befugt, das in seinem Eigentum stehende Radio aus dem Auto des E auszubauen und wieder an sich zu nehmen. Freilich muss dabei dann der **§ 258 Satz 1 BGB** (bitte lesen) beachtet werden, wonach R das Auto nach dem Ausbau des Radios wieder insoweit in den vorherigen Stand versetzen muss.

Erg.: R ist gemäß § 903 Satz 1 BGB befugt, das Radio auszubauen, muss das Fahrzeug aber wegen § 258 Satz 1 BGB insoweit wieder in den vorherigen Stand versetzen.

Gesamtergebnis:

E kann von R die Herausgabe des Wagens gemäß § 985 BGB fordern, diesem Anspruch steht jedoch das Zurückbehaltungsrecht des R aus § 1000 Satz 1 BGB in Höhe von 1.200 Euro für das Radio und die Lackierung entgegen. Die Abwicklung erfolgt dann nach § 274 BGB.

Die Ansprüche auf Ersatz für das Radio und die Lackierung nach § 996 BGB kann R zur Zeit noch nicht selbstständig geltend machen, denn diese Ansprüche werden erst gemäß § 1001 BGB fällig, wenn E entweder die Sache wiedererlangt oder aber die Verwendungen genehmigt. Beides ist hier noch nicht geschehen. Gibt R dem E das Auto hingegen heraus, sind automatisch die Ansprüche aus § 996 BGB begründet und fällig. Das Radio kann R wegen § 903 BGB ausbauen, es steht noch in seinem Eigentum. Nach § 258 Satz 1 BGB muss R aber das Auto insoweit wieder in den vorherigen Zustand bringen.

Gutachten

I.) E könnte gegen R ein Anspruch auf Herausgabe des Wagens aus § 985 BGB zustehen.

A) Zur Begründung des Anspruchs muss E der Eigentümer und R der Besitzer ohne Recht zum Besitz sein.

1.) Insoweit kann zunächst festgestellt werden, dass E aufgrund der Vorschrift des § 935 Abs. 1 BGB das Eigentum an der Sache nicht durch Rechtsgeschäft verlieren konnte. E ist weiterhin Eigentümer des Wagens und damit grundsätzlich Anspruchsberechtigter aus § 985 BGB. R ist zum Zeitpunkt der Geltendmachung des Anspruchs Besitzer des Wagens im Sinne des § 854 BGB.

2.) Es fragt sich aber, ob R ein Recht zum Besitz gemäß § 986 BGB zusteht.

a) Kein Besitzrecht erwächst dem R aus dem mit B geschlossenen Kaufvertrag. Ein solcher Kaufvertrag ist zwar grundsätzlich tauglicher Gegenstand eines Besitzrechts im Sinne des § 986 Abs. 1 BGB, da der Vertrag aus § 433 BGB regelmäßig auf die Verschaffung auch des unmittelbaren Besitzes gerichtet ist. Indessen hat R diesen Kaufvertrag mit B geschlossen und somit auch nur diesem gegenüber ein Recht zum Besitz an der Sache erworben. Eine weitergeleitete Besitzberechtigung nach § 986 Abs. 1 Satz 1, 2. Alt. BGB kommt nicht in

Betracht, B war schon kein mittelbarer Besitzer im Verhältnis zu R. Im Übrigen war B dem E gegenüber nicht zum Besitz berechtigt, was eine für § 986 Abs. 1 Satz 1, 2. Alt. BGB durchgehende Berechtigungskette ausschließt. R stand weder aus dem Kaufvertrag mit B noch aus abgeleitetem Recht eine Besitzberechtigung gegenüber E zu.

b) Unter Berücksichtigung der Tatsache, dass im vorliegenden Fall ein Verwendungsersatzanspruch für den R nach den §§ 994 ff. BGB in Frage steht, könnte das Zurückbehaltungsrecht aus § 1000 Satz 1 BGB als Recht zum Besitz im Sinne des § 986 BGB in Betracht kommen.

Unabhängig davon, inwieweit dem R ein Verwendungsersatzanspruch aus den §§ 994 ff. BGB und damit dann auch das Recht aus § 1000 BGB zusteht, ist jedoch zunächst fraglich, ob Zurückbehaltungsrechte überhaupt als Besitzrechte im Sinne des § 986 Abs. 1 BGB angesehen werden können oder aber vielmehr ein Gegenrecht darstellen, das im Rahmen des § 986 BGB (noch) keine Berücksichtigung findet. Während eine Meinung davon ausgeht, dass Zurückbehaltungsrechte, also etwa die §§ 273 und 1000 BGB keine Besitzrechte im Sinne des § 986 BGB gewähren und auf die Berechtigung zum Besitz demnach auch keinerlei Einfluss haben, unterliegen einer anderen Auffassung zufolge die Zurückbehaltungsrechte der Vorschrift des § 986 Abs. 1 BGB. Berücksichtigt man allerdings, dass die letztgenannte Meinung rechtsfolgenorientiert davon ausgeht, dass die Zurückbehaltungsrechte zwar Besitzrechte darstellen, aber dennoch nur das Recht gewähren, die Herausgabe der Sache zu verweigern und eine Verurteilung Zug um Zug bewirken, betrifft der Streit lediglich den Aufbau der Prüfung und kann vorliegend als nicht entscheidungserheblich unentschieden bleiben. In jedem Falle führen die Zurückbehaltungsrechte, wenn sie vorliegen, zur Verurteilung des Schuldners Zug um Zug.

Im vorliegenden Fall werden die Zurückbehaltungsrechte nicht als Besitzrechte angesehen und somit erst bei den Gegenrechten erörtert. Dem R steht – unabhängig von der Frage, ob die Voraussetzungen des § 1000 BGB vorliegen – jedenfalls aus dieser Norm kein Besitzrecht zu. Damit ist E der Eigentümer und der R der unmittelbare Besitzer der Sache ohne Recht zum Besitz. Die Voraussetzungen des § 985 BGB liegen vor.

B) Gegen diesen Anspruch aus § 985 BGB könnte dem R aber das Zurückbehaltungsrecht des § 1000 Satz 1 BGB zustehen mit der Folge, dass er die Herausgabe der Sache verweigern kann, bis er wegen ihm zu ersetzender Verwendungen befriedigt wird. Es ist demnach zu prüfen, ob und in welcher Höhe R Ansprüche auf Verwendungsersatz zustehen, um ihm dann diesbezüglich ein Zurückbehaltungsrecht nach § 1000 Satz 1 BGB zusprechen zu können.

1.) Damit überhaupt Verwendungsersatzansprüche aus den §§ 994 ff. BGB begründet sein können, muss zunächst zwischen den Parteien ein Eigentümer-Besitzer-Verhältnis im Sinne des §§ 987 ff. BGB vorliegen. Dies ist soeben im Rahmen der Prüfung des § 985 BGB festgestellt worden. E ist Eigentümer und R unrechtmäßiger Besitzer der Sache.

2.) R war im vorliegenden Fall gutgläubiger Eigenbesitzer mit der Folge, dass sich seine Ansprüche auf Verwendungsersatz nach den §§ 994 ff. BGB richten. Es müsste sich bei den getätigten Vorgängen am Wagen um Verwendungen im Sinne der §§ 994 ff. BGB handeln. Verwendung ist jede freiwillige vermögensmäßige Aufwendung, die der Sache im Rahmen einer Erhaltung oder Verbesserung zugute kommt.

a) Zunächst ist, ohne auf die weitere Unterteilung in notwendige und nützliche Verwendungen eingehen zu müssen, festzustellen, dass der Kaufpreis als mögliche Verwendung nicht in Betracht kommt, denn der Kaufpreis, den man für eine Sache zahlt, kommt dieser Sache nicht zugute im Sinne der Verwendungsdefinition. Mit dem Kaufpreis erhält oder verbessert man die Sache nicht, sondern man erwirbt sie. Der gezahlte Kaufpreis unterliegt deshalb nicht dem Verwendungsbegriff der §§ 994 ff. BGB und ist nicht ersatzfähig.

b) Hinsichtlich des Radios, der Lackierung und der Inspektion ist nunmehr fraglich, ob diese Aufwendungen, die der Sache sämtlich zugute kommen, notwendige oder nützliche Verwendungen darstellen. Notwendig ist eine Verwendung dann, wenn sie zur Erhaltung oder ordnungsgemäßen Bewirtschaftung der Sache nach objektiven Maßstäben zum Zeitpunkt der Vornahme erforderlich ist, die also der Eigentümer sonst hätte selbst vornehmen müssen und die nicht nur zu Sonderzwecken des Besitzers dient. Gemäß § 994 Abs. 1 Satz 1 BGB kann der Besitzer für solche auf die Sache gemachten notwendigen Verwendungen vom Eigentümer Ersatz verlangen.

aa) Insoweit ist zunächst zu prüfen, ob das von R eingebaute Radio eine solche notwendige Verwendung darstellt. Fraglos kommt das Radio dem Auto – auch wirtschaftlich – zugute und dient der Verbesserung der Sache. Indessen braucht man ein Radio weder zur Erhaltung noch zur ordnungsgemäßen Bewirtschaftung eines Autos und der Eigentümer hätte es auch nicht notwendig selbst einbauen müssen. Das Radio dient vielmehr den Sonderzwecken des Besitzers. Daraus folgt, dass es sich bei dem Radio nicht um eine notwendige Verwendung im Sinne des § 994 Abs. 1 Satz 1 BGB handelte und der R somit auch – zumindest nach dieser Norm – keinen Ersatz von E für das eingebaute Radio verlangen kann.

bb) Eine andere Beurteilung kann jedoch hinsichtlich der Inspektion in Betracht kommen. Eine Inspektion kommt der Sache auch zugute, sie findet aber vor allem regelmäßig statt, muss auch vom Eigentümer durchgeführt werden und dient schließlich nicht Sonderzwecken des Besitzers. Die Inspektion ist somit eine notwendige Verwendung auf die Sache im Sinne des § 994 Abs. 1 Satz 1 BGB und folglich grundsätzlich ersatzfähig.

Etwas anderes könnte sich aber noch aus § 994 Abs. 1 Satz 2 BGB ergeben. Gemäß § 994 Abs. 1 Satz 2 BGB sind die gewöhnlichen Erhaltungskosten dem Besitzer für die Zeit, für welche ihm die Nutzungen der Sache verbleiben, nicht zu ersetzen. Gewöhnliche Erhaltungskosten im Sinne des § 994 Abs. 1 Satz 2 BGB sind solche Kosten, die regelmäßig anfallen und der ordnungsgemäßen Unterhaltung und Bereitstellung der Sache dienen.

Die Wartungs- und Inspektionskosten eines Kraftfahrzeuges fallen regelmäßig und wiederkehrend an und dienen der Unterhaltung und Bereitstellung der Sache. Es handelt sich somit um gewöhnliche Erhaltungskosten im Sinne des § 994 Abs. 1 Satz 2 BGB. Diese gewöhnlichen Erhaltungskosten erhält der Besitzer nach § 994 Abs. 1 Satz 2 BGB für die Zeit nicht ersetzt, in der ihm die Nutzungen verbleiben. Wann dem Besitzer die Nutzungen verblieben, richtet sich nach § 988 BGB. Demnach muss der unentgeltliche Eigenbesitzer die Nutzungen, die er vor dem Eintritt der Rechtshängigkeit oder der Bösgläubigkeit zieht, nach den Vorschriften über die ungerechtfertigte Bereicherung herausgeben. Im vorliegenden Fall war der R nicht unentgeltlicher Eigenbesitzer, R hatte das Auto vielmehr zum Preis von 5.000 Euro – also entgeltlich – erworben. Dem R verblieben somit die

Nutzungen für die Zeit seines Besitzes, und deshalb muss er nach § 994 Abs. 1 Satz 2 BGB die Inspektion, die in diese Zeit fällt, selber zahlen bzw. kann sie nicht ersetzt verlangen.

cc) Schließlich stellt sich die Frage, ob es sich bei dem Lackieren des Autos um eine notwendige und damit ersatzfähige Verwendung im Sinne des § 994 Abs. 1 Satz 1 BGB handelt. Insoweit wird man zunächst festzustellen haben, dass das komplett neue Lackieren dem Kfz zugute kommt, eine neue Lackierung trägt zur Verbesserung des Schutzes bei. Die Lackierung ist somit eine Verwendung im Sinne des § 994 Abs. 1 Satz 1 BGB. Indessen handelt es sich dabei nicht um eine Verwendung, die zur Erhaltung oder ordnungsgemäßen Bewirtschaftung der Sache nach objektiven Maßstäben zum Zeitpunkt der Vornahme erforderlich war. Es waren lediglich einige kleinere Stellen schadhaft mit der Folge, dass der Eigentümer die komplett neue Lackierung nicht selbst hätte vornehmen müssen. Die Verwendung ist mithin nicht notwendig. Es handelt sich bei dem Lackieren des Autos nicht um eine notwendige Verwendung mit der Folge, dass ein Anspruch des R gegen E aus § 994 Abs. 1 Satz 1 BGB in Höhe der 1.000 Euro nicht begründet ist.

Damit kann festgestellt werden, dass dem R gegen E aus § 994 Abs. 1 Satz 1 BGB kein Anspruch auf Ersatz des Kaufpreises (schon keine Verwendung) und auch kein Anspruch auf Ersatz für das Radio und die Lackierung zusteht (beides nicht notwendig). Die hingegen notwendige Inspektion kann R wegen § 994 Abs. 1 Satz 2 BGB als gewöhnliche Erhaltungskosten nicht ersetzt verlangen.

3.) Eine Ersatzpflicht für das Radio und die Lackierung kommt somit nur noch nach der Vorschrift des § 996 BGB für die sogenannten nützlichen Verwendungen in Betracht. Nützlich sind solche Verwendungen, die, ohne zur Erhaltung der Sache objektiv notwendig zu sein, ihren Wert erhöhen und für den Eigentümer deshalb vorteilig sind.

a) Hinsichtlich des Radios kann dies angenommen werden, ein eingebautes Radio ist eine nützliche Maßnahme zur Wertsteigerung der Sache im vorbenannten Sinne, und diese Wertsteigerung ist auch noch vorhanden. R steht gegen E grundsätzlich ein Anspruch auf Zahlung von 200 Euro für das eingebaute Radio aus § 996 BGB zu.

b) Fraglich ist schließlich die Ersatzpflicht für die Lackierung über § 996 BGB. Eine neue Lackierung kommt dem Auto ohne Frage zugute und stellt auch eine Verbesserung der Sache dar. Sie ist zwar nicht zwingend zur Erhaltung der Sache notwendig, erhöht aber den Wert des Gegenstandes. Grundsätzlich kann man die Lackierung deshalb als nützliche Verwendung, die auch noch vorhanden ist, ansehen.

Es fragt sich aber, ob es sich hierbei nicht um eine sogenannte Luxusaufwendung handelt, die für den Eigentümer jedenfalls objektiv nicht wertsteigernd ist und nur der persönlichen Liebhaberei des Besitzers dient. Solche Luxusaufwendungen fallen unstreitig nicht unter den Begriff der nützlichen Verwendungen des § 996 BGB. Es soll verhindert werden, dass dem Eigentümer Vermögen aufgedrängt wird. Vorliegend ist insoweit festzustellen, dass die Lackierung nicht nur ausschließlich den Zwecken des Besitzers dient, sondern auch dem Eigentümer vermögensmäßig zugute kommt. Dass er diese Aufwendung unter Umständen selbst nicht vorgenommen hätte und sie auch zur momentanen Erhaltung der Sache objektiv nicht nötig war, genügt nicht, um schon von einer Luxusaufwendung sprechen zu können. Den Fall, dass der Besitzer Aufwendungen tätigt, die nicht im Sinne des

Eigentümers sind, diesem aber gleichwohl vermögensmäßige Vorteile bringen, soll gerade der § 996 BGB erfassen. Die Kosten der Lackierung des Autos hat der Eigentümer nach § 996 BGB zu ersetzen, es handelt sich im vorliegenden Fall um eine nützliche Verwendung, die auch noch vorhanden ist.

Damit steht R insgesamt der Anspruch auf Ersatz der Kosten für das Radio und die Kosten der Lackierung aus § 996 BGB zu. Die anderen Aufwendungen kann R von E nicht ersetzt verlangen. Dem Herausgabeanspruch des E gegen R aus § 985 BGB steht somit in Höhe von 1.200 Euro ein Zurückbehaltungsrecht aus § 1000 Satz 1 BGB i.V.m. § 996 BGB entgegen.

Erg.: E kann von R gemäß § 985 BGB die Herausgabe des Autos fordern, allerdings nur gemäß § 1000 Satz 1 BGB i.V.m. § 274 BGB Zug um Zug gegen Zahlung von 1.200 Euro.

II.) R könnte gegen E möglicherweise direkt ein Anspruch auf Zahlung des Wertersatzes für das Radio aus § 996 BGB zustehen.

Allerdings ist insoweit zu beachten, dass ein solcher Anspruch zurzeit noch nicht fällig ist, denn es fehlt an den Voraussetzungen des § 1001 BGB. Der Eigentümer hat die Sache noch nicht wiedererlangt und die Verwendung auch nicht genehmigt.

Erg.: R kann von E die Zahlung der 200 Euro für das Radio (noch) nicht verlangen, der Anspruch aus § 996 BGB ist noch nicht fällig. R ist insoweit bislang auf sein Recht aus § 1000 BGB beschränkt.

III.) R kann indessen, begründet in seinem Eigentumsrecht aus § 903 BGB, das ihm gehörende Radio ausbauen und an sich nehmen. Er hat dabei aber gemäß § 258 Satz 1 BGB darauf zu achten, dass er das Auto in den ursprünglichen Zustand bringt.

Fall 14

Kostenlose Reparatur?

R hat beim Autohändler H einen neuen Wagen zum Preis von 10.000 Euro unter Eigentumsvorbehalt gekauft und 5.000 Euro anbezahlt. Den Restkaufpreis soll R in 5 Monatsraten zu je 1.000 Euro abzahlen und dann auch das Eigentum erwerben. Etwaige Reparaturen soll R durchführen lassen und auch selbst bezahlen. Drei Wochen nach der Übergabe verursacht R einen Unfall. Den ramponierten Wagen bringt er in die Werkstatt des W, der den R gutgläubig für den Eigentümer hält. Die für die Reparatur angefallene Rechnung in Höhe von 2.000 Euro kann R dann nicht zahlen. Auf Bitten des R hin gibt W aber dennoch den Wagen heraus, da R verspricht, die Rechnung alsbald zu begleichen. Fünf Wochen später muss der PKW wegen eines weiteren Unfalls erneut in die Werkstatt des W. Als R die Reparatur-Rechnung (1.500 Euro) wieder nicht zahlen kann, behält W den Wagen zur Sicherheit ein.

R ist der finanziellen Belastung nun nicht mehr gewachsen und wird zahlungsunfähig. Als H daher auch keine Raten mehr erhält und erfährt, dass sich der Wagen im Besitz des W befindet, tritt er vom Vertrag mit R zurück und verlangt von W die Herausgabe des Autos. W meint, er gebe den Wagen nur heraus, wenn H die beiden Rechnungen begleiche.

Kann H von W die Herausgabe des Wagens begründet verlangen?

> **Schwerpunkte:** BGHZ **34**, 122; BGHZ **34**, 153; Werkunternehmerpfandrecht aus § 647 BGB; gutgläubiger Erwerb nach § 1257 BGB; Pfandrecht als Besitzrecht im Sinne des § 986 BGB; Verwendungsersatzanspruch aus den §§ 994 ff. BGB; Begriff der Verwendung und des Verwenders; Zurückbehaltungsrecht aus § 1000 BGB; Verlust des Rechts wegen § 1002 BGB.

Lösungsweg

(§§ 433, 449) -- **346** BGB **pleite** 2x § 631 BGB

H -- **R** ------------------------------------ **W**

§§ 929, 158 BGB § 647 BGB? Auto einbehalten

Anspruch des H gegen W auf Herausgabe des Wagens

AGL.: § 985 BGB

1.) Fraglos ist H als Anspruchssteller noch ***Eigentümer*** der Sache.

Beachte: Aufgrund des Eigentumsvorbehaltes, den H mit R vereinbart hatte, hat der R natürlich nur bedingtes Eigentum nach den §§ 929, 158 Abs. 1 BGB erworben und die Bedingung der vollständigen Zahlung ist nicht eingetreten. Des Weiteren hat der W durch die Übergabe des Wagens seitens des R trotz seiner Gutgläubigkeit kein Eigentum nach den §§ 929, 932 BGB von R erhalten, denn R hat den Wagen lediglich zur Reparatur gebracht und dem W nicht das Eigentum nach den §§ 929 ff. BGB verschaffen wollen.

2.) Der W als Anspruchsgegner ist ohne Probleme auch der unmittelbare Besitzer der Sache im Sinne des § 854 BGB.

3.) Es stellt sich indessen die Frage, ob dem W gegenüber H zum Zeitpunkt der Anspruchsstellung ein Recht zum Besitz gemäß **§ 986 Abs. 1 Satz 1 BGB** zusteht.

a) Insoweit muss zunächst beachtet werden, dass W sich ***nicht*** auf **§ 986 Abs. 1 Satz 1, 2. Alt. BGB** mit dem Argument berufen kann, der R als mittelbarer Besitzer sei gegenüber H aus dem Vorbehaltskauf (Anwartschaftsrecht!) zum Besitz berechtigt gewesen. Dieses Anwartschaftsrecht des R war aufgrund des Rücktritts des H vom Vertrag mit R mittlerweile erloschen. Es besteht also zum Zeitpunkt der Anspruchsstellung seitens des H kein Besitzrecht des R gegenüber H mehr, auf das W sich hätte nach § 986 Abs. 1 Satz 1, 2. Alt. BGB berufen können.

ZE.: Ein Besitzrecht des W aus abgeleitetem Recht nach § 986 Abs. 1 Satz 1, 2. Alt. BGB bestand zum Zeitpunkt der Geltendmachung des Anspruchs durch H für W nicht mehr.

b) Es kommt als Besitzrecht aber ein von W erworbenes Unternehmerpfandrecht nach **§ 647 BGB** in Betracht. Ein bestehendes Pfandrecht an der Sache begründet ein gegenüber ***jedermann*** wirkendes Besitzrecht im Sinne des § 986 Abs. 1 BGB (*Prütting* Rz. 514; *Palandt/Sprau* § 647 BGB Rz. 6).

Im vorliegenden Fall müsste das Pfandrecht des W zunächst einmal entstanden sein. Und das ist deshalb problematisch, weil § 647 BGB verlangt, dass es sich bei dem verpfändeten Gegenstand um eine Sache **»des Bestellers«** handelt (bitte überprüfen in § 647 BGB). Da das Auto aber nicht dem R gehörte, stellt sich demnach nun die Frage, ob man das Unternehmerpfandrecht aus § 647 BGB auch ***gutgläubig*** erwerben kann, denn der W glaubte ja, der R sei der Eigentümer des Wagens. Um diese Frage beantworten zu können, müssen wir uns jetzt vorab kurz mal das Prinzip ansehen, nach dem die Verpfändung einer Sache funktioniert. Das Ganze regelt sich nach den **§§ 1204 ff. BGB:**

Bitte beachte insoweit zunächst, dass der Pfandgläubiger keinesfalls Eigentümer der verpfändeten Sache wird. Er erhält lediglich das Recht, bei Eintritt der entsprechenden Voraussetzungen »Befriedigung aus der Sache zu suchen« (bitte lies: § 1204 Abs. 1 BGB).

> **Beispiel:** Man leiht sich irgendwo Geld und hinterlässt dort dann sein Fahrrad als Pfand. Wenn man nun das geliehene Geld nicht pünktlich zurückzahlt, kann der andere das Rad gemäß § 1228 BGB (lesen) verkaufen und sich vom Erlös das geschuldete Geld holen. Einfach, keine Aktion.

Problem: Interessant und knifflig wird es, wenn das Rad gar nicht dem Geldleiher gehört, er das dem anderen aber vorschwindelt. Das ist deshalb ein Problem, weil in § 1205 Abs. 1 BGB steht, dass für die Bestellung eines vertraglichen Pfandrechts der ***Eigentümer*** die Sache übergeben muss. Übergibt nun eine andere Person, also etwa der Scheineigentümer, die Sache, gibt es dann zugunsten des Pfandgläubigers die Regelung des **§ 1207 BGB.** Und § 1207 BGB sagt, dass **§ 932 BGB** entsprechende Anwendung findet. Also erwirbt der gutgläubige Geldverleiher in entsprechender Anwendung des § 932 BGB das Pfandrecht, weil er an die Eigentümerstellung des Verpfänders glaubt. Das funktioniert also bei näherer Betrachtung genau so wie beim rechtsgeschäftlichen Eigentumserwerb vom Nichtberechtigten. Das rechtsgeschäftlich bestellte Pfandrecht kann man somit auch gutgläubig erwerben, steht nämlich so – wie wir soeben gesehen haben – in § 1207 BGB.

In unserem Fall aber war nun nichts mit einer »Einigung« bezüglich eines Pfandrechts im Sinne der §§ 1205, 1207 BGB, denn der R hat das Auto lediglich zur Reparatur gebracht. Bei der diesbezüglichen Übergabe der Sache ging es also nicht um die Bestellung eines vertraglichen Pfandrechts. Beim Pfandrecht des Werkunternehmers nach § 647 BGB handelt es sich vielmehr um ein ***gesetzliches***, also gesetzlich angeordnetes und vom Parteiwillen losgelöstes Pfandrecht. Und die entscheidende Frage ist nun, ob man auch ein solches gesetzliches Pfandrecht aus § 647 BGB gutgläubig erwerben kann, sprich, ob § 1207 BGB auch für solche Konstellationen gilt.

Ausgangspunkt der Überlegung ist nunmehr **§ 1257 BGB** (bitte lesen), wonach die Vorschriften über das durch Rechtsgeschäft bestellte Pfandrecht auf ein kraft Gesetzes entstandenes Pfandrecht entsprechende Anwendung finden. Und daraus ergibt sich nun folgende **Frage**: Bewirkt die Vorschrift des § 1257 BGB, dass man auch ein gesetzliches Pfandrecht in entsprechender Anwendung der §§ 1207, 932 BGB gutgläubig erwerben kann? Die Antwort auf diese Frage ist in Bezug auf **§ 647 BGB** höchst umstritten und stellt prüfungstechnisch einen absoluten »Klassiker« dar, der wie kaum ein anderes Problem regelmäßig in Klausuren und Hausarbeiten auftaucht. Vertreten werden insoweit vor allem ***drei*** unterschiedliche Auffassungen, die wir uns jetzt ansehen wollen:

- **1. Meinung:** Der Erwerb des Pfandrechts nach § 647 BGB an einer schuldnerfremden Sache ist möglich und erfolgt in entsprechender Anwendung der §§ 183, 185 BGB, ein »gutgläubiger« Erwerb nach § 1257 BGB sei gar nicht nötig: Wenn nämlich der Sicherungseigentümer den Sicherungsgeber mit der selbstständigen Durchführung der Reparatur beauftragt (so wie bei uns), habe er in die Situation eingewilligt, in der es zur Entstehung eines Pfandrechts nach § 647 BGB kommen kann. Er könne daher später nicht auf seine Eigentümerstellung pochen und dann die Sache herausverlangen; und zwar deshalb, weil er durch diesen Auftrag ja erst die Möglichkeit der Entstehung des Pfandrechts geschaffen habe. Im Übrigen könnte der Eigentümer sonst unter Einschaltung des Sicherungsnehmers die Sache quasi »pfandfrei« reparieren lassen (**Vertreter:** *Medicus/Petersen* BR Rz. 594; *Katzenstein* in Jura 2004, 1; *Canaris* in GroßKomm HGB § 366 Anm. 79; *Benöhr* in ZHR 135 (1971), 144; *Bettermann* in JZ 1951, 321; OLG Hamm als Vorinstanz zu BGHZ **34**, 122 (dort).

- **2. Meinung:** Der gutgläubige Erwerb des Pfandrechts nach § 647 BGB ist grundsätzlich nicht möglich. Dies ergebe sich aus dem Gesetzeswortlaut des § 1257 BGB. Dort findet sich der Hinweis auf die entsprechende Anwendung der Vorschriften der durch Rechtsgeschäft bestellten Pfandrechte (und damit u.a. auch die §§ 1207, 932 ff. BGB) auf die »**kraft Gesetzes entstandenen**« Pfandrechte. Daraus soll dann zu folgern sein: Bei § 647 BGB entsteht das Pfandrecht ja erst durch den guten Glauben, also durch Anwendung der §§ 1207, 932 BGB. Bei der Entstehung selbst dürfen aber nach dem Wortlaut des § 1257 BGB die Gutglaubensvorschriften noch nicht berücksichtigt werden (**Vertreter:** BGHZ **34**, 153; BGH NJW **1983**, 2140; BGH NJW **1992**, 2570, 2574; OLG Düsseldorf NJW **1966**, 2362; PWW/*Nobbe* § 1257 BGB Rz. 3; *Jauernig/Berger* § 1257 BGB Rz. 2; *Bamberger/Roth/Voit* § 647 BGB Rz. 11; *Palandt/Sprau* § 647 BGB Rz. 3; *Palandt/Bassenge* § 1257 BGB Rz. 2; *Prütting* Rz. 790).

- **3. Meinung:** Trotz des Wortlautes des § 1257 BGB ist der gutgläubige Erwerb des Pfandrechts nach § 647 BGB grundsätzlich möglich. Der Werkunternehmer vertraue ebenso wie beim rechtsgeschäftlich bestellten Pfandrecht auf die Rechtsmacht des Bestellers (§ 1006 Abs. 1 BGB). Der Unternehmer sei daher schutzwürdig. Im Übrigen gehe § 366 Abs. 3 HGB auch davon aus, die beiden Pfandrechte, also das rechtsgeschäftlich bestellte und das gesetzliche, gleichzustellen (**Vertreter:** *Staudinger/Wiegand* § 1257 BGB Rz. 14; *Baur/Stürner* § 55 Rz. 40; MüKo/*Damrau* § 1257 BGB Rz. 3; RGRK/*Kregel* § 1257 BGB Rz. 2; *Schwerdtner* in Jura 1988, 251, 253, 254; *Kunig* in JR 1976, 12; *Berg* in JuS 1970, 12, 13; *Reinicke/Tiedke* in JA 1984, 202; *Bamberger/Roth/Sosnitza* § 1257 BGB Rz. 5; weitere Hinweise bei *Medicus/Petersen* BR Rz. 589).

Lösung: Mit diesen Ansichten muss man sich natürlich jetzt auseinandersetzen und einer davon möglichst souverän den Vorzug gewähren. Ratsam erscheint es, in der Klausur der Ansicht des BGH zu folgen. Gegen das ***Wortlaut-Argument*** des § 1257 BGB ist nämlich regelmäßig kein Kraut gewachsen, und die Begründung geht daher auch vergleichsweise flüssig von der Hand. So kann man dann die Meinung Nr. 1 damit wegbügeln, dass hier gegen den Willen des Sicherungseigentümers gehandelt wird, denn der will ja gerade nicht, dass seine Sache für eine Vergütungsforderung haftet (so schreibt das z.B. das OLG Köln in NJW **1968**, 304 oder *Baur/Stürner* § 55 Rz. 40). Meinung Nr. 3 scheitert dann natürlich vor allen Dingen am Wortlaut des § 1257 BGB, der letztlich immer erstes Auslegungskriterium ist (vgl. zur Streitdarstellung weiter unten das Gutachten).

ZE.: Nach Ansicht des BGH, der wir hier folgen wollen, ist der gutgläubige Erwerb des Pfandrechts nach § 647 BGB ***nicht*** möglich.

ZE.: W steht ein Recht zum Besitz nach § 986 Abs. 1 BGB aufgrund eines Unternehmerpfandrechts nach § 647 BGB nicht zu.

c) Als Recht zum Besitz im Sinne des § 986 Abs. 1 BGB kommt des Weiteren ein mögliches Zurückbehaltungsrecht des W aus **§ 1000 Satz 1 BGB** wegen auf das Fahrzeug gemachter Verwendungen in Betracht.

> **Aber:** Unabhängig davon, inwieweit nun tatsächlich dem W ein Verwendungsersatzanspruch aus den §§ 994 ff. BGB und damit dann auch das Recht aus § 1000 Satz 1 BGB zusteht, ist hier – wie wir aus dem vorherigen Fall schon wissen – zu beachten, dass ein solches Zurückbehaltungsrecht nach herrschender Meinung ***kein*** Besitzrecht im Sinne des § 986 Abs. 1 BGB begründet, sondern vielmehr eine rechtshemmende Einwendung (= Einrede) gegen den Anspruch aus § 985 BGB darstellt (OLG Nürnberg NJW-RR **2013**, 1325; OLG Brandenburg OLG-NL **2002**, 171; OLG Dresden DtZ **1994**, 252; *Erman/Ebbing* § 986 BGB Rz. 1; *Palandt/Bassenge* § 986 BGB Rz. 4; MüKo/*Baldus* § 986 BGB Rz. 32; *Seidel* in JZ 1993, 180; *Staudinger/Gursky* § 986 BGB Rz. 28; **dagegen** aber: BGH NJW **2002**, 1050; BGH NJW **1995**, 2627; BGH NJW **1985**, 1421; *Roussos* in JuS 1987, 606; RGRK-*Pikart* § 986 BGB Rz. 16).

Im Prüfungsaufbau ist daher das Recht aus § 1000 Satz 1 BGB nicht bei § 986 BGB zu erörtern, sondern erst im Anschluss bei den möglichen Einreden. Ein Verwendungsersatzanspruch nach den §§ 994 ff. BGB kann kein Recht zum Besitz nach § 1000 BGB begründen.

ZE.: Dem W steht, unabhängig von der Frage, ob die Voraussetzungen des § 1000 BGB vorliegen, jedenfalls aus dieser Norm kein Besitzrecht im Sinne des § 986 Abs. 1 BGB zu.

ZE.: Damit ist H Eigentümer und der W der unmittelbare Besitzer der Sache ohne Recht zum Besitz. Die Voraussetzungen des § 985 BGB liegen vor.

Gegenrechte (Einwendungen) des W

Dem Herausgabeanspruch des H gegen W aus § 985 BGB könnte nun aber das Zurückbehaltungsrecht aus **§ 1000 Satz 1 BGB** entgegenstehen. Das ist dann der Fall, wenn W gegen H Ansprüche auf Verwendungsersatz aus den §§ 994 ff. BGB zustehen.

Voraussetzungen der Ansprüche aus den §§ 994 ff. BGB:

1.) Als Erstes muss zur Anwendung der benannten Normen eine ***Vindikationslage*** (= Eigentümer-Besitzer-Verhältnis) im Sinne der §§ 987 ff. BGB zwischen dem Anspruchssteller und dem Anspruchsgegner vorliegen (vgl. nur MüKo/*Baldus* vor § 987 BGB Rz. 9).

Problem: Der W war solange, bis der H vom Vertrag mit R zurückgetreten ist, ***rechtmäßiger*** Besitzer des Wagens, denn in dieser Zeit bestand eine durchgehende Berechtigungskette zwischen H und R (Kaufvertrag + Anwartschaft) sowie R und W (Werkvertrag) mit der Folge, dass W zum Zeitpunkt der Aufwendungen auf den Wagen ein Recht zum Besitz gemäß § 986 Abs. 1 Satz 1, 2. Alt. BGB gegenüber H hatte. Es fragt sich, ob deswegen die Anwendung der §§ 994 ff. BGB, die ja eine Vindikationslage voraussetzen, ausgeschlossen ist:

- Nach ***einer Meinung*** kommt ein Anspruch des sogenannten »nicht mehr berechtigten Besitzers« nach den §§ 994 ff. BGB unter diesen Umständen auch nicht mehr in Betracht, die Vindikationslage muss nach dieser Ansicht zum Zeitpunkt der getätigten Aufwendungen bereits vorgelegen haben (*Baur/Stürner* § 11 Rz. 29; *Staudinger/Gursky* vor § 987 BGB Rz. 13; *Jauernig/Berger* vor § 987 BGB Rz. 6; *Medicus/Petersen* BR Rz. 587; MüKo/*Baldus* vor § 987 BGB Rz. 13; *Soergel/Stadler* vor § 994 BGB Rz. 6; *Prütting* Rz. 531; AK-BGB/*Joerges* vor § 987 BGB Rz. 37).
- Nach ***anderer Auffassung***, und zwar vor allem der des BGH, kommt es jedoch darauf nicht zwingend an. Entscheidend sei im vorliegenden Fall vielmehr, dass zum Zeitpunkt der ***Anspruchsstellung*** die Vindikationslage bestand, der Besitzer also zu dieser Zeit kein Recht zum Besitz mehr hatte (BGH NJW **1998**, 992; BGH NJW **1996**, 921; BGHZ **75**, 288; BGHZ **34**, 122; OLG Karlsruhe NJW-RR **2012**, 1442; PWW/*Englert* vor § 987 BGB Rz. 3; RGRK-*Pikart* § 994 BGB Rz. 17; *Palandt/Bassenge* vor § 994 BGB Rz. 4; *Kraft* in NJW 1963, 1852; *Firsching* in AcP 162, 440, 444). Unter diesen Umständen könne auch der »nicht mehr berechtigte Besitzer« Ersatz seiner Verwendungen nach den §§ 994 ff. BGB verlangen.

Klausur-Tipp: Wie man sich in diesem Falle entschließt, ist natürlich wie immer »gleichgültig« im besten Sinne des Wortes. Allerdings sei darauf hingewiesen, dass die Verfolgung der erstgenannten Auffassung selbstverständlich das möglicherweise unerwünschte sofortige Ende des Falles und damit auch der Klausur zur Folge hat. Denn wenn es aus den §§ 994 ff. BGB für den Besitzer nichts zu holen gibt, bleiben keine weiteren Ansprüche gegen den Eigentümer mehr übrig, der Besitzer muss sich dann an seinen Vertragspartner halten (so ausdrücklich *Baur/Stürner* § 11 Rz. 30 und MüKo/*Baldus* vor § 987 BGB Rz. 13; *Jauernig/Berger* vor § 987 BGB Rz. 6). Im Zweifel ist dies natürlich kein Argument, um damit einer Meinung den Vorzug zu gewähren; es kann und sollte den Bearbeiter aber aus klausurtaktischen Gründen durchaus dazu ermutigen, dem **BGH** zu folgen und entsprechend dann in der Klausur auch weiter zu prüfen. Nur das ermöglicht es dem Kandidaten, noch die weiteren Probleme des Falles, wenn denn noch welche da sind, zu bearbeiten.

ZE.: Es schadet nicht für die Anwendung der §§ 994 ff. BGB, dass der Besitz des Anspruchsstellers W erst ***nach*** den getätigten Aufwendungen unrechtmäßig wurde. Es kommt diesbezüglich auf den Zeitpunkt der ***Geltendmachung*** des Anspruchs an (BGH a.a.O.). Zu dieser Zeit aber war der W fraglos der unrechtmäßige Besitzer des Wagens.

2.) Nachdem nun der Weg frei ist zur Anwendung der §§ 994 ff. BGB, müssen wir prüfen, ob hinsichtlich der Reparaturen auch die Tatbestandsvoraussetzungen des **§ 994 Abs. 1 Satz 1 BGB** erfüllt sind.

Problem: Ohne Frage handelt es sich bei den Reparaturen am Kraftfahrzeug aufgrund der Unfälle zunächst einmal um ***notwendige*** Verwendungen im Sinne des § 994 Abs. 1 Satz 1 BGB (BGHZ **34**, 122; OLG Karlsruhe MDR **1998**, 467; *Prütting* Rz. 551; *Palandt/Bassenge* § 994 BGB Rz. 5). Diese sind damit nach der benannten Norm grundsätzlich auch ersatzfähig; Kfz-Reparaturen aufgrund eines Unfalls sind insbesondere keine gewöhnlichen Erhaltungskosten im Sinne des § 994 Abs. 1 Satz 2 BGB, da sie im Normalfall nicht regelmäßig und wiederkehrend anfallen, was allerdings Voraussetzung für § 994 Abs. 1 Satz 2 BGB ist (PWW/*Englert* § 994 BGB Rz. 2; *Staudinger/Gursky* § 994 BGB Rz. 4/15).

Aber: Das Problem des Ersatzanspruchs des W aus § 994 Abs. 1 Satz 1 BGB erkennt man, wenn man sich vor Augen führt, dass der W die Verwendungen (Reparaturen) auf den Wagen zwar vornimmt, die Vorteile bzw. den Nutzen davon allerdings der R hat. Man wird sich deshalb hier fragen können und müssen, ob dann auch tatsächlich der W hier als der »**Verwender**« und damit Anspruchsberechtigter im Sinne der §§ 994 ff. BGB überhaupt angesehen werden kann. Sieht man als »**Verwender**« nur denjenigen an, der den Verwendungsvorgang veranlasst bzw. steuert und letztlich davon zumindest vorübergehend auch den Nutzen hat (*Medicus/Petersen* BR Rz. 591, *Schwerdtner* in Jura 1988, 251, 254 und *Staudinger-Gursky* vor § 994 Rz. 10; *Beuthien* in JuS 1987, 841), so wäre hier nicht der W, sondern nur der R der »Verwender« und damit Anspruchsberechtigter aus den §§ 994 ff. BGB. Denn die getätigten Verwendungen auf die Sache kommen – wie gesagt – nur dem R, der die Reparatur in Auftrag gegeben hat und das Auto auch fährt, zugute, nicht aber dem W. Und mit diesem Argument verneinen dann auch namentlich *Medicus/Petersen* einen Anspruch aus § 994 Abs. 1 Satz 1 BGB für den Werkunternehmer, da die Verwendung nicht ihm selbst, sondern lediglich einem Dritten (hier: dem R) zugute kommt (BR Rz. 591; ebenso *Staudinger/Gursky* vor § 987 BGB Rz. 17 und *Beuthien* in JuS 1987, 846).

Dem muss man sich allerdings nicht anschließen, insbesondere deshalb, weil das Gesetz den hier von *Medicus/Petersen* ins Spiel gebrachten Begriff des »**Verwenders**« überhaupt nicht kennt. Nach der unstreitigen und allgemein anerkannten Definition des Begriffs der »**Verwendung**« liegt eine solche in jeder vermögensmäßigen Aufwendung, die der Sache im Rahmen einer Erhaltung oder Verbesserung zugute kommt (*Baur/Stürner* § 11 Rz. 55; *Staudinger/Gursky* vor § 994 BGB Rz. 20; *Soergel/Stadler* § 994 BGB Rz. 2; *Palandt/Bassenge* § 994 BGB Rz. 2). Betrachtet man diese Definition, ist für den Verwendungsbegriff nicht erheblich, wer letztlich die Vorteile der Verwendung vorübergehend erhält; im Normalfall wird das durchaus derjenige sein, der die Verwendungen auch getätigt hat. Denkbar sind aber – wie hier – eben auch Fälle, in denen die Person, die die Verwendung tätigt, und die Person, die den Vorteil davon hat, auseinander fallen. Anspruchsberechtigter aus § 994 BGB muss dann letztlich aber die Person sein, die mit seinem eigenen Vermögen den Wert der Sache – und damit das Vermögen des Eigentümers – erhöht hat; nur dieser Person steht auch ein Anspruch auf Vermögensausgleich gegen den Eigentümer zu (BGHZ **35**, 53, 61; BGHZ **87**, 274, 280; BGHZ **100**, 95, 101; BGH NJW **1992**, 2570, 2574; *Berg* in JuS 1970, 14). Und in unserem Fall ist das nicht der R, sondern der W, denn W hat mit seinem Vermögen den Wert des Wagens des H erhöht. Ob auch der R insoweit Anspruchsberechtigter gewesen wäre, kann im vorliegenden Fall dahinstehen.

<u>ZE.</u>: Die Reparaturarbeiten an dem Wagen sind notwendige Verwendungen im Sinne des § 994 Abs. 1 S. 1 BGB. Es ist unbeachtlich, dass diese Verwendungen von W getätigt wurden und W letztlich davon keinen Nutzen haben sollte. Er ist Anspruchsberechtigter aus den §§ 994 ff. BGB.

<u>ZE.</u>: Damit stehen W grundsätzlich die Ansprüche auf Ersatz der Verwendungen aus § 994 Abs. 1 Satz 1 BGB zu, konkret auf Ersatz der beiden Rechnungen.

3.) Es stellt sich allerdings abschließend hinsichtlich dieses Anspruchs aus § 994 Abs. 1 Satz 1 BGB noch die Frage, ob W durch die zwischenzeitliche ***Rückgabe*** des Wagens an R nicht seine Rechte aus § 994 Abs. 1 Satz 1 BGB wieder verloren hat. Und an dieser Stelle nun musste **§ 1002 Abs. 1 BGB** gesehen werden. Nach dieser Norm verliert der Besitzer seine Ansprüche auf Verwendungsersatz, wenn er die Sache dem Eigentümer herausgibt und nicht innerhalb ***eines Monats*** die gerichtliche Geltendmachung betreibt und auch keine Genehmigung des Eigentümers vorliegt.

Zum Fall: Zunächst kann festgestellt werden, dass W den Wagen nach der ersten Reparatur an den R herausgegeben und innerhalb von einem Monat bezüglich der Rechnung keine gerichtliche Geltendmachung betrieben hat. Eine Genehmigung des Eigentümers liegt nicht vor. Damit hätte W grundsätzlich nach § 1002 Abs. 1 BGB seinen Anspruch auf Verwendungsersatz bezüglich der ersten Rechnung eingebüßt.

Zweifeln durfte man aber noch hinsichtlich der von § 1002 Abs. 1 BGB geforderten Herausgabe an den ***Eigentümer***, da W das Fahrzeug an R und nicht an den Eigentümer H herausgibt. Tatsächlich nämlich muss der Besitzer die Sache an den wahren Eigentümer und nicht nur an den Scheineigentümer herausgeben (RGZ **142**, 417; *Palandt/Bassenge* § 1002 BGB Rz. 2).

> **Aber:** Zur Erfüllung der Voraussetzungen des § 1002 Abs. 1 BGB genügt auch die Herausgabe an den ***Besitzmittler*** des Eigentümers, dies kommt – insbesondere bei der Sicherungsübereignung – einer Herausgabe an den Eigentümer selbst gleich (BGHZ **51**, 250, 253; BGHZ **87**, 27 und 274; MüKo/*Baldus* § 1002 BGB Rz. 4; *Palandt/Bassenge* § 1002 BGB Rz. 2; *Prütting* Rz. 560).

In unserem Fall war R zum Zeitpunkt der Rückgabe des Wagens der Besitzmittler des H, denn die beiden hatten einen Vertrag unter Eigentumsvorbehalt im Sinne des § 449 BGB geschlossen, was zwischen Käufer und Verkäufer ein Besitzmittlungsverhältnis nach § 868 BGB begründet (*Palandt/Bassenge* § 868 BGB Rz. 15). Beachte insoweit bitte, dass der H zum Zeitpunkt der zwischenzeitlichen Rückgabe des Autos an R noch nicht vom Vertrag zurückgetreten war; das Besitzmittlungsverhältnis aufgrund des Kaufvertrages bestand mithin (noch).

ZE.: Durch die Herausgabe des Wagens nach der ersten Reparatur hat W sein Zurückbehaltungsrecht aus den §§ 1000 Satz 1, 994 Abs. 1 Satz 1 BGB hinsichtlich der ersten Rechnung (Höhe: 2.000 Euro) eingebüßt. Und **wichtig:** Er erlangt dieses Recht auch nicht dadurch wieder zurück, dass er dann später noch mal in den Besitz des Autos kommt (BGHZ **87**, 274).

ZE.: Es verbleibt nur noch ein Zurückbehaltungsrecht bezüglich der zweiten Rechnung über 1.500 Euro nach den §§ 1000 Satz 1, 994 Abs. 1 Satz 1 BGB.

Erg.: H kann von W die Herausgabe des Wagens gemäß § 985 BGB fordern, allerdings nur gemäß den §§ 1000 Satz 1, 994 Abs. 1 Satz 1, 274 BGB Zug um Zug gegen Zahlung der 1.500 Euro an W.

Zwei Anmerkungen noch

1.) Bitte beachte, dass selbst dann, wenn man weiter oben einer anderen Ansicht als der des BGH gefolgt war und den gutgläubigen Erwerb des Unternehmerpfandrechts aus § 647 BGB mithilfe der §§ 1257, 1207, 932 BGB angenommen hatte, der W dennoch hinsichtlich der ersten Rechnung durch die Herausgabe des Wagens sein Pfandrecht wegen **§ 1253 BGB** (bitte lesen) verloren hätte. Weitere Einzelheiten, vor allem zum vertraglichen Pfandrecht, gibt es übrigens weiter unten im 5. Abschnitt des Buches (Fälle 17+18).

2.) Der vorliegende Fall ist der vieldiskutierten Entscheidung des BGH vom **21.12.1960** nachgebildet (BGHZ **34**, 122 = NJW **1961**, 291 = JuS **1961**, 164). Sie gehört zu den absoluten Klassikern im Zivilrecht und ist bis heute eine der am meisten besprochenen und vor allem angezweifelten Entscheidungen des BGH überhaupt (vgl. etwa *Medicus/Petersen* BR Rzn. 587–594; *Baur/Stürner* § 11 Rzn. 28–30; *Reinicke/Tiedtke* in JA 1984, 202; *Raiser* in JZ 1961, 529). Sie kommt aus diesem Grund bis heute regelmäßig sowohl in den universitären Übungsarbeiten als auch vor allem im Staatsexamen als

Prüfungsaufgabe vor. Nachlesenswert ist in diesem Zusammenhang im Übrigen dann auch die Entscheidung aus BGHZ **34**, 153, die ausschließlich den gutgläubigen Erwerb des Unternehmerpfandrechts zum Gegenstand hat und diesen mit dem Wortlaut des § 1257 BGB ablehnt (vgl. oben unsere Lösung).

Gutachten

H könnte gegen W ein Anspruch auf Herausgabe des Wagens aus dem Eigentumsrecht des § 985 BGB zustehen.

I.) Dann muss H Eigentümer und W der Besitzer des Wagens ohne Recht zum Besitz sein.

1.) H hat sein Eigentum an dem Wagen zunächst nicht an R verloren. Insoweit war lediglich eine Veräußerung unter Eigentumsvorbehalt vereinbart mit der Folge, dass das Eigentum an der Sache gemäß den §§ 449, 929, 158 Abs. 1 BGB erst mit vollständiger Zahlung des Kaufpreises übergegangen wäre. Den Kaufpreis hat R aber nicht vollständig erbracht. Ein Eigentumsübergang von R auf W scheitert daran, dass diesbezüglich von beiden Seiten keine Einigungserklärung im Sinne der §§ 929 ff. BGB erfolgen sollte. R hat den Wagen lediglich zur Reparatur gebracht, ihn aber nicht übereignen wollen.

2.) W als Anspruchsgegner ist unmittelbarer Besitzer der Sache gemäß § 854 BGB.

3.) Es fragt sich, ob W gegenüber H ein Recht zum Besitz nach § 986 BGB zusteht.

a) In Betracht kommt zunächst eine Besitzberechtigung aus § 986 Abs. 1 Satz 1, 2. Alt. BGB. Insoweit muss allerdings beachtet werden, dass W sich nicht darauf berufen kann, der R als mittelbarer Besitzer sei gegenüber H aus dem Vorbehaltskauf und dem dadurch entstandenen Anwartschaftsrecht zum Besitz berechtigt gewesen. Dieses Anwartschaftsrecht des R war aufgrund des Rücktritts des H vom Vertrag mit R erloschen. Es bestand demnach zum Zeitpunkt der Anspruchstellung seitens des H kein Besitzrecht des R gegenüber H mehr, auf das W sich hätte nach § 986 Abs. 1 Satz 1, 2. Alt. BGB berufen können.

b) Des Weiteren kommt als Besitzrecht ein von W erworbenes Unternehmerpfandrecht nach § 647 BGB in Betracht.

Im vorliegenden Fall müsste das Pfandrecht des W entstanden sein. Das ist vorliegend deshalb problematisch, weil § 647 BGB verlangt, dass es sich bei dem verpfändeten Gegenstand um eine Sache des Bestellers handelt. Da das Auto aber nicht dem R gehörte, stellt sich die Frage, ob man das Unternehmerpfandrecht aus § 647 BGB auch gutgläubig erwerben kann, denn W war im Glauben, der R sei der Eigentümer des Wagens. Ansatzpunkt der Prüfung ist insoweit § 1257 BGB, wonach die Vorschriften über das durch Rechtsgeschäft bestellte Pfandrecht auf ein kraft Gesetzes entstandenes Pfandrecht entsprechende Anwendung finden. Es fragt sich, ob § 1257 BGB bewirkt, dass man auch ein gesetzliches Pfandrecht in entsprechender Anwendung der §§ 1207, 932 BGB gutgläubig erwerben kann. Dies ist streitig.

aa) Nach einer Meinung ist der Erwerb des Pfandrechts nach § 647 BGB an einer schuldnerfremden Sache möglich und erfolgt in entsprechender Anwendung der §§ 183, 185 BGB, ein gutgläubiger Erwerb nach § 1257 BGB sei gar nicht nötig. Wenn nämlich der

Sicherungseigentümer den Sicherungsgeber mit der selbstständigen Durchführung der Reparatur beauftragt, habe er in die Situation eingewilligt, in der es zur Entstehung eines Pfandrechts nach § 647 BGB kommen kann. Er könne daher später nicht auf seine Eigentümerstellung pochen und dann die Sache herausverlangen. Und zwar deshalb, weil er durch diesen Auftrag ja erst die Möglichkeit der Entstehung des Pfandrechts geschaffen habe. Im Übrigen könnte der Eigentümer ansonsten die Sache unter Einschaltung des Dritten quasi »pfandfrei« reparieren lassen.

bb) Nach anderer Auffassung ist der gutgläubige Erwerb des Pfandrechts nach § 647 BGB ebenfalls grundsätzlich möglich, allerdings aufgrund anderer Argumente. Der Werkunternehmer vertraue ebenso wie beim rechtsgeschäftlich bestellten Pfandrecht auf die Rechtsmacht des Bestellers (§ 1006 Abs. 1 BGB). Der Unternehmer sei daher schutzwürdig. Im Übrigen gehe § 366 Abs. 3 HGB auch davon aus, die beiden Pfandrechte, also das rechtsgeschäftlich bestellte und das gesetzlich, gleichzustellen.

cc) Diesen beiden Ansichten steht jedoch der Wortlaut des Gesetzes in § 1257 BGB entgegen, ihnen kann daher nicht gefolgt werden. Der gutgläubige Erwerb des Unternehmerpfandrechts aus § 647 BGB ist grundsätzlich nicht möglich. Dies folgt aus dem Gesetzeswortlaut des § 1257 BGB. Dort findet sich der Hinweis auf die entsprechende Anwendung der Vorschriften der durch Rechtsgeschäft bestellten Pfandrechte – und damit unter anderem auch die §§ 1207, 932 ff. BGB – auf die kraft Gesetzes »entstandenen« Pfandrechte. Bei § 647 BGB aber entsteht das Pfandrecht erst durch den guten Glauben, also durch Anwendung der §§ 1207, 932 BGB. Bei der Entstehung selbst dürfen aber nach dem Wortlaut des § 1257 BGB die Gutglaubensvorschriften noch nicht berücksichtigt werden.

Der gutgläubige Erwerb des Pfandrechts nach § 647 BGB ist daher nicht möglich. W steht ein Recht zum Besitz nach § 986 Abs. 1 BGB aufgrund eines Unternehmerpfandrechts nach § 647 BGB nicht zu.

c) Als Recht zum Besitz im Sinne des § 986 Abs. 1 BGB kommt noch ein mögliches Zurückbehaltungsrecht des W aus § 1000 Satz 1 BGB wegen auf das Fahrzeug gemachter Verwendungen in Betracht. Insoweit ist jedoch zu beachten, dass ein solches Zurückbehaltungsrecht, wenn es vorliegt, kein Besitzrecht im Sinne des § 986 Abs. 1 BGB begründet, sondern vielmehr nach herrschender Meinung nur eine rechtshemmende Einwendung gegen den Anspruch aus § 985 BGB darstellt und auch nach anderer Auffassung jedenfalls nur zur Verurteilung Zug um Zug führt. Es ist deshalb erst im Rahmen der Gegenrechte zu erörtern, nicht aber bei einer Besitzberechtigung. Dem W steht, unabhängig von der Frage, ob die Voraussetzungen des § 1000 BGB vorliegen, jedenfalls aus dieser Norm kein Besitzrecht im Sinne des § 986 Abs. 1 BGB zu. Damit ist H Eigentümer und der W der unmittelbare Besitzer der Sache ohne Recht zum Besitz. Die Voraussetzungen des § 985 BGB liegen vor.

II.) Dem Herausgabeanspruch des H gegen W aus § 985 BGB könnte aber das Zurückbehaltungsrecht aus § 1000 Satz 1 BGB entgegenstehen. Das ist dann der Fall, wenn W gegen H Ansprüche auf Verwendungsersatz nach §§ ff. 994 BGB zustehen.

1.) Zunächst muss zur Anwendung der §§ 994 ff. BGB eine Vindikationslage im Sinne der §§ 987 ff. BGB zwischen dem Anspruchssteller und dem Anspruchsgegner vorliegen. Dies ist im vorliegenden Falle fraglich, denn W war solange, bis H vom Vertrag mit R zurückgetreten ist, rechtmäßiger Besitzer des Wagens. In dieser Zeit bestand eine durchgehende Berechtigungskette zwischen H und R mit der Folge, dass W zum Zeitpunkt der Aufwendungen auf den Wagen ein Recht zum Besitz gemäß § 986 Abs. 1 Satz 1, 2. Alt. BGB gegenüber H hatte. Es fragt sich, ob deswegen die Anwendung der §§ 994 ff. BGB, die eine Vindikationslage voraussetzen, ausgeschlossen ist:

a) Nach einer Meinung kommt ein Anspruch des sogenannten »nicht mehr berechtigten Besitzers« nach den §§ 994 ff. BGB unter diesen Umständen auch nicht mehr in Betracht, die Vindikationslage muss nach dieser Ansicht zum Zeitpunkt der getätigten Aufwendungen bereits vorgelegen haben.

b) Dem kann jedoch nicht gefolgt werden. Es wird insoweit übersehen, dass auch bei nachträglichem Besitzrechtswegfall die Aufwendungen dem Eigentümer zugute kommen, ihn somit vermögensmäßig besser stellen. Es ist nicht einsehbar und unbillig, dem Besitzer die Möglichkeit des Ersatzes über die §§ 994 ff. BGB zu verweigern, nur weil er zum Zeitpunkt der Aufwendungen berechtigter Besitzer war. Entscheidend ist im vorliegenden Fall vielmehr, dass zum Zeitpunkt der Anspruchsstellung die Vindikationslage bestand, der Besitzer also zu dieser Zeit kein Recht zum Besitz mehr hatte. Unter diesen Umständen kann auch der nicht mehr berechtigte Besitzer Ersatz seiner Verwendungen nach den §§ 994 ff. BGB verlangen. Es schadet aus den genannten Gründen daher nicht für die Anwendung der §§ 994 ff. BGB, dass der Besitz des Anspruchsstellers W erst nach den getätigten Aufwendungen unrechtmäßig wurde. Es kommt diesbezüglich auf den Zeitpunkt der Geltendmachung des Anspruchs an. Zu dieser Zeit aber war W der unrechtmäßige Besitzer des Wagens.

2.) Des Weiteren müssen hinsichtlich der Reparaturen die Tatbestandsvoraussetzungen des § 994 Abs. 1 Satz 1 BGB erfüllt sein.

a) Es handelt sich bei den Reparaturen am Kraftfahrzeug aufgrund der Unfälle um notwendige Verwendungen im Sinne des § 994 Abs. 1 Satz 1 BGB. Diese sind damit nach der benannten Norm grundsätzlich auch ersatzfähig; Kfz-Reparaturen aufgrund eines Unfalls sind insbesondere keine gewöhnlichen Erhaltungskosten im Sinne des § 994 Abs. 1 Satz 2 BGB, da sie im Normalfall nicht regelmäßig und wiederkehrend anfallen, was Voraussetzung für § 994 Abs. 1 Satz 2 BGB ist.

b) Etwas anderes könnte sich jedoch aus dem Umstand ergeben, dass die Vorteile bzw. den Nutzen der Verwendungen der R und nicht der W hat. Es stellt sich angesichts dessen die Frage, ob der W hier als der Verwender und damit Anspruchsberechtigter im Sinne der §§ 994 ff. BGB angesehen werden kann. Sieht man als »Verwender« nur denjenigen an, der den Verwendungsvorgang veranlasst bzw. steuert und davon zumindest vorübergehend auch den Nutzen hat, so wäre hier nicht der W, sondern nur der R der Verwender und damit Anspruchsberechtigter aus den §§ 994 ff. BGB. Denn die getätigten Verwendungen auf die Sache kommen – wie gesagt – nur dem R, der die Reparatur in Auftrag gegeben hat und das Auto auch fährt, zugute, nicht aber dem W.

Dieser Bewertung kann jedoch nicht gefolgt werden. Insbesondere deshalb, weil das Gesetz den Begriff des Verwenders überhaupt nicht kennt. Nach der Definition des Begriffs der Verwendung liegt eine solche in jeder vermögensmäßigen Aufwendung, die der Sache im Rahmen einer Erhaltung oder Verbesserung zugute kommt. Nach dieser Definition ist für den Verwendungsbegriff nicht erheblich, wer letztlich die Vorteile der Verwendung vorübergehend erhält. Im Regelfall wird das durchaus derjenige sein, der die Verwendungen auch getätigt hat. Denkbar sind aber auch Fälle, in denen die Person, die die Verwendung tätigt, und die Person, die den Vorteil davon hat, auseinanderfallen. Anspruchsberechtigter aus § 994 BGB muss letztlich aber die Person sein, die mit ihrem eigenen Vermögen den Wert der Sache – und damit das Vermögen des Eigentümers – erhöht hat; nur dieser Person steht auch ein Anspruch auf Vermögensausgleich gegen den Eigentümer zu.

Im vorliegenden Fall ist das nicht R sondern W, denn W hat mit seinem Vermögen den Wert des Wagens des H erhöht. Ob auch der R insoweit Anspruchsberechtigter gewesen wäre, kann dahinstehen. Die Reparaturarbeiten an dem Wagen sind notwendige Verwendungen im Sinne des § 994 Abs. 1 S. 1 BGB. Es ist unbeachtlich, dass diese Verwendungen von W getätigt wurden und W letztlich davon keinen Nutzen haben sollte. Er ist Anspruchsberechtigter aus den §§ 994 ff. BGB.

Damit stehen W grundsätzlich die Ansprüche auf Ersatz der Verwendungen aus § 994 Abs. 1 Satz 1 BGB zu, konkret auf Ersatz der beiden Rechnungen.

3.) Abschließend stellt sich noch die Frage, ob W durch die zwischenzeitliche Rückgabe des Wagens an R nicht seine Rechte aus § 994 Abs. 1 Satz 1 BGB wieder verloren hat. Beachtlich ist insoweit § 1002 Abs. 1 BGB. Nach dieser Norm verliert der Besitzer seine Ansprüche auf Verwendungsersatz, wenn er die Sache dem Eigentümer herausgibt und nicht innerhalb eines Monats die gerichtliche Geltendmachung betreibt und auch keine Genehmigung des Eigentümers vorliegt.

a) Zunächst kann festgestellt werden, dass W den Wagen nach der ersten Reparatur an den R herausgegeben und innerhalb von einem Monat bezüglich der Rechnung keine gerichtliche Geltendmachung betrieben hat. Eine Genehmigung des Eigentümers liegt nicht vor. Damit hätte W grundsätzlich nach § 1002 Abs. 1 BGB seinen Anspruch auf Verwendungsersatz bezüglich der ersten Rechnung eingebüßt.

b) Zweifel ergeben sich schließlich noch hinsichtlich der von § 1002 Abs. 1 BGB geforderten Herausgabe an den Eigentümer, da W das Fahrzeug an R und nicht an den Eigentümer H herausgibt. Tatsächlich muss der Besitzer die Sache an den wahren Eigentümer und nicht nur an den Scheineigentümer herausgeben. Zur Erfüllung der Voraussetzungen des § 1002 Abs. 1 BGB genügt aber auch die Herausgabe an den Besitzmittler des Eigentümers, dies kommt – insbesondere bei der Sicherungsübereignung – einer Herausgabe an den Eigentümer selbst gleich. Durch die Herausgabe des Wagens nach der ersten Reparatur hat W sein Zurückbehaltungsrecht aus den §§ 1000 Satz 1, 994 Abs. 1 Satz 1 BGB hinsichtlich der ersten Rechnung (Höhe: 2.000 Euro) eingebüßt. Er erlangt dieses Recht auch nicht dadurch wieder zurück, dass er dann später noch mal in den Besitz des Autos kommt. Es verbleibt nur noch ein Zurückbehaltungsrecht bezüglich der zweiten Rechnung über 1.500 Euro nach den §§ 1000 Satz 1, 994 Abs. 1 Satz 1 BGB.

Erg.: H kann von W die Herausgabe des Wagens gemäß § 985 BGB fordern, allerdings nur gemäß den §§ 1000 Satz 1, 994 Abs. 1 Satz 1, 274 BGB Zug um Zug gegen Zahlung der 1.500 Euro an W.

4. Abschnitt

Die Abwehrrechte des Eigentümers (§§ 1004, 903 und 906 BGB) und des Besitzers (§§ 858 ff. BGB)

Fall 15

Haus am See

Rechtsanwalt R hat für sich und seine Familie ein Grundstück mit Wohnhaus und Blick auf den örtlichen Baggersee erworben. Einige Wochen darauf beginnt auf dem Nachbargrundstück die Grundsteinlegung zur Errichtung eines viergeschossigen Wohnhauses, das den Blick auf den See versperren und im Übrigen für acht Monate des Jahres das Sonnenlicht vom Haus der R fernhalten würde. Eigentümer des Nachbargrundstücks ist der B, der in dem Haus einen Bordellbetrieb errichten will.

R sieht sich zukünftig in seinem Eigentumsrecht beeinträchtigt und will wissen, ob er den Bau des Hauses verhindern kann.

Schwerpunkte: Eigentumsklage des Nachbarn aus § 1004 Abs. 1 BGB; entsprechende, vorbeugende Anwendung des § 1004 Abs. 1 Satz 2 BGB für erstmalige Beeinträchtigungen; Rechte des Eigentümers aus den §§ 903, 906 BGB; Begriff der Eigentumsbeeinträchtigung; Begriff der »negativen« und der »ideellen« Beeinträchtigung bei § 1004 BGB; Problematik der »Zuführung« fremder Stoffe bei § 906 BGB.

Lösungsweg

Anspruch des R gegen B auf Unterlassung des Hausbaus

AGL.: **§ 1004 Abs. 1 Satz 2 BGB (analog)**

Vorab: Der § 1004 Abs. 1 BGB bietet in seinen beiden Sätzen unterschiedliche Anspruchsgrundlagen hinsichtlich der Beeinträchtigung des Eigentums. Während § 1004 Abs. 1 Satz 1 BGB voraussetzt, dass die Beeinträchtigung schon erfolgt und noch vorhanden ist und man dann auf ***Beseitigung*** dieser Beeinträchtigung klagen kann (BGH NJW **2009**, 3787; BGH MDR **2009**, 24), betrifft § 1004 Abs. 1 **Satz 2** BGB eine andere Sachlage bzw. ein anderes Anspruchsziel, nämlich: Hier ist nach dem Wortlaut der Norm zwar auch schon eine Beeinträchtigung erfolgt, es drohen nun aber weitere neue Beeinträchtigungen und der Betroffene kann mithilfe des § 1004 Abs. 1 Satz 2 BGB auf ***Unterlassung*** dieser weiteren Beeinträchtigungen klagen (BGH NJW **2013**, 1809).

Finte: Entsprechend bzw. analog anwendbar ist § 1004 Abs. 1 **Satz 2** BGB über seinen Wortlaut hinaus aber auch für ***erstmalige*** Beeinträchtigungen, wenn diese ernsthaft angedroht werden bzw. bevorstehen. Man nennt das dann »vorbeugende Unterlassungsklage« (BGHZ **2**, 394; OLG Zweibrücken NJW **1992**, 1242; OLG Frankfurt OLGR **96**, 2; *Erman/Ebbing* § 1004 BGB Rz. 76) und begründet die Erweiterung des Wortlautes des § 1004 Abs. 1 Satz 2 BGB mit dem Umstand, dass der Betroffene ansonsten warten müsste, bis die Beeinträchtigung tatsächlich eingetreten ist (dann: § 1004 Abs. 1 Satz 1 BGB), was aber niemandem zugemutet werden kann. Deshalb findet § 1004 Abs. 1 Satz 2 BGB (analog) schon vorher Anwendung, allerdings muss die zukünftige Beeinträchtigung auch ernsthaft drohen bzw. bevorstehen (BGH NJW **2011**, 744; *Neuner* in JuS 2005, 487 ff.; *Röthel* in Jura 2005, 539 ff.; zur ***Verjährung*** des Anspruchs aus § 1004 BGB vgl. BGH NJW-RR **2013**, 652 und BGH NJW **2011**, 1068).

Zum Fall: Übertragen auf unseren Fall ergibt sich, dass tatsächlich noch keine Beeinträchtigung erfolgt ist, das Haus ist ja noch nicht gebaut und deshalb kommt schon mal kein Beseitigungsanspruch aus § 1004 Abs. 1 Satz 1 BGB in Betracht. Der § 1004 Abs. 1 Satz 2 BGB direkt scheidet auch aus, denn – wie gesagt – es ist noch nichts passiert; und somit bleibt, weil der Bau des Hauses und die entsprechende Nutzung unmittelbar ansteht, nur die ***analoge*** Anwendung des § 1004 Abs. 1 Satz 2 BGB.

Voraussetzungen: Damit R gegen B ein Anspruch auf Unterlassung des Hausbaus und der entsprechenden Nutzung aus der analogen Anwendung des § 1004 Abs. 1 Satz 2 BGB zusteht, muss der unmittelbar bevorstehende Bau des Hauses aus der Sicht des R eine ***Beeinträchtigung*** seines Eigentums im Sinne der Norm darstellen. Insoweit kommt zum einen der Umstand in Frage, dass dem R die Sicht auf den See und das Sonnenlicht genommen wird, und er zum anderen die Errichtung eines Bordellbetriebes in dem Haus mit möglichen negativen sittlichen Folgen zukünftig vor sich hat.

Ausgangspunkt der Überlegung ist zunächst **§ 903 BGB** (bitte lesen), in dem die Befugnisse des Eigentümers definiert sind. Geht man davon aus, dass die dort beschriebenen Rechte des Eigentümers grundsätzlich nicht beschränkt werden dürfen, ergibt sich nun die folgende allgemeingültige

> **Definition:** Eine ***Beeinträchtigung*** im Sinne des § 1004 BGB ist jeder dem Inhalt des Eigentums nach § 903 BGB widersprechender Eingriff in die rechtliche oder tatsächliche Herrschaftsmacht des Eigentümers (BGH NJW **2013**, 1809; BGH NJW **2011**, 753; BGH NJW **2009**, 3787; BGH NJW **2005**, 1366; BGH NJW-RR **2001**, 232; MüKo/*Baldus* § 1004 BGB Rz. 10; *Soergel/Stadler* § 1004 BGB Rz. 29).

Wie man an **§ 906 BGB** erkennen kann, gilt diese Definition nach dem Willen des Gesetzgebers allerdings keinesfalls absolut, vielmehr ist der Eigentümer bei der Zuführung der sogenannten »unwägbaren Stoffe« (Überschrift lesen) von einem anderen Grundstück unter Umständen zur Duldung verpflichtet und kann deshalb wegen § 1004 Abs. 2 BGB (lesen!) in diesem Falle auch keine Beseitigung oder Unterlassung verlangen (vgl. BGH MDR **2009**, 24; BGH NJW **2008**, 992 oder BGHZ **175**, 253). Der

Eigentümer erfährt mit § 906 BGB somit eine Einschränkung seiner in § 903 BGB gewährten Rechte in der dort beschriebenen Art und Weise.

Angesichts der Tatsache, dass der Gesetzgeber in § 906 BGB die Anwendungsfälle aufgelistet hat, unter denen die Beeinträchtigung des Grundstückseigentums zulässig ist bzw. vom Eigentümer geduldet werden muss, stellt sich die Frage, ob das Recht des Eigentümers aus § 903 BGB ***daneben*** noch weitere Eingrenzungen erfahren kann und soll. Insbesondere diskutiert wird diese Frage in Bezug auf die nicht grenzüberschreitenden, ***immateriellen*** Immissionen (Immission = lateinisch = ***Einwirkung***).

> **Durchblick:** Der § 906 Abs. 1 BGB benennt ausschließlich solche Immissionen, die von einem Grundstück ***grenzüberschreitend*** auf das andere Grundstück gelangen. Diese sind nur dann zu dulden, wenn sie das ortsübliche Maß nicht überschreiten und sich innerhalb der gültigen Rechtsvorschriften bewegen (bitte mal § 906 Abs. 1 + 2 BGB lesen). Die nunmehr interessanten Fälle sind aber die, in denen ein Grundstückseigentümer einen Nachteil erleidet, ***ohne*** dass es einen grenzüberschreitenden Vorgang gibt, gemeint sind damit vor allem die sogenannten »**negativen**« und »**ideellen**« Einwirkungen. Das sind solche Tatbestände, in denen durch einen Vorgang, der ***allein*** auf dem Nachbargrundstück stattfindet und der keine materiellen Wirkungen im Sinne des § 906 BGB hat, sondern lediglich das ***seelische*** (ästhetische) ***Befinden*** des Eigentümers beeinträchtigt. Wir schauen uns das am konkreten Fall an:

1.) Wenn das vierstöckige Haus erbaut ist, versperrt es dem R die Sicht auf den See und nimmt ihm acht Monate im Jahr das Sonnenlicht. Hierbei handelt es sich um eine sogenannte »**negative**« Einwirkung, die dann vorliegt, wenn ein Eigentümer sein Grundstück innerhalb seiner Befugnisse nutzt, einem anderen gleichwohl dadurch immaterielle Vorteile seines Grundstücks entzieht (BGHZ **88**, 344; *Erman/Ebbing* § 1004 BGB Rz. 18; *Staudinger/Gursky* § 1004 BGB Rz. 64; *Schreiber* Rz. 141).

Ob dies für eine Beeinträchtigung im Sinne des § 1004 Abs. 1 BGB und damit einen Unterlassungsanspruch ausreicht, ist umstritten:

- Nach ***einer Ansicht*** sollen diese negativen Einwirkungen ***nicht*** für den Tatbestand des § 1004 Abs. 1 BGB genügen (BGH NJW-RR **2003**, 1313; BGHZ **113**, 384; BGHZ **88**, 344; BGHZ **28**, 110; OLG Düsseldorf NJW **1979**, 2618; *Soergel/Münch* § 1004 BGB Rz. 96; MüKo/*Baldus* § 1004 BGB Rz. 124; *Olzen* in Jura 1991, 281; *Erman/Ebbing* § 1004 BGB Rz. 18; *Palandt/Bassenge* § 1004 BGB Rz. 9; *Staudinger/Gursky* § 1004 Rz. 68; RGRK-*Pikart* § 1004 BGB Rz. 23). Diese Meinung verweist hauptsächlich auf den gesetzgeberischen Willen, der in **§ 906 BGB** dokumentiert sei: Wenn das Gesetz in § 906 BGB die möglichen Einwirkungen zum einen ausdrücklich benenne und im Übrigen auf »ähnliche« Einwirkungen verweise, müssten diese »ähnlichen« Einwirkungen ebenso positiver Natur und vor allem auch ***zuführbar*** (Gesetz lesen, da steht »Zuführung«) sein, also die Grundstücksgrenze tatsächlich positiv überschreiten. Hierbei müsse es sich stets um sinnlich wahrnehmbare Einwirkungen handeln (BGHZ **88**, 344). Der alleinige Entzug etwa von Licht oder Aussicht oder beispielsweise auch der Entzug der für den TV-Empfang notwendigen Schallwellen genüge nicht, denn hier werde nichts »**zugeführt**« im Sinne des § 906 Abs. 1 BGB, sondern nur entzogen. Der Eigentümer des betreffenden Grundstücks überschreite also nicht die ihm zustehenden Befugnisse und könne folglich auch nicht aus § 1004 Abs. 1 BGB in Anspruch genommen werden. Etwaige Unbilligkeiten seien über § 242 BGB zu lösen.

- Eine ***andere Auffassung*** hält dagegen auch die negativen Einwirkungen auf das Grundstück für schützenswert im Sinne des § 1004 Abs. 1 BGB (*Prütting* Rz. 331; *Tiedemann* in MDR 1978, 272; *Ostendorff* in JuS 1974, 756; differenzierend: *Schreiber* Rz. 141). Zur Begründung führt diese Meinung zum einen an, dass die andere Auffassung unbillige Ergebnisse mithilfe des § 242 BGB zu korrigieren sucht, dies aber vielmehr durch eine analoge Anwendung des § 906 BGB geregelt werden müsse. Zum Eigentumsschutz gehöre auch die uneingeschränkte Nutzungsmöglichkeit, am Begriff der »Zuführung« sei nicht zwingend festzuhalten. Zum anderen sei der alleinige Rückgriff auf § 906 BGB nicht zutreffend, die Eigentumsrechte seien vielmehr in **§ 903 BGB** benannt; deshalb müsse jeder Eingriff in diese Rechte – also auch der Entzug von Vorteilen – über § 1004 BGB geschützt werden (*Prütting* a.a.O.).

Klausurtipp: Die gerade eben zuerst genannte Auffassung kann getrost als herrschende bis sogar nahezu allgemeine Meinung bezeichnet werden. Und das liegt daran, dass gegen das Wortlautargument, also die Frage der **»Zuführung«** der Immission, die § 906 BGB verlangt, kaum gegenteilig nachvollziehbar begründet werden kann. Man sollte dieser Ansicht daher auch tunlichst folgen und sich eben auf diesen Wortlaut des § 906 Abs. 1 BGB berufen, der bei den dort benannten »ähnlichen« Einwirkungen auch eine ***Zuführung*** verlangt, was allerdings bei dem Entzug etwa der Sicht oder des Sonnenlichtes per allgemeinem Wortlautverständnis ausscheidet.

ZE.: Die Tatsache, dass der R durch das vierstöckige Haus seine Sicht auf den See und monatsweise die Sonneneinstrahlung einbüßt, stellt eine sogenannte »negative« Einwirkung dar und wird nach herrschender Meinung ***nicht*** von § 1004 Abs. 1 BGB geschützt.

2.) Mit der Errichtung eines Bordells schafft der B einen Zustand, der geeignet ist, das seelische und unter Umständen auch das ästhetische Wohlbefinden des auf dem Nachbargrundstück lebenden R und seiner Familie zu beeinträchtigen. Ob eine solche sogenannte **»ideelle«** Einwirkung unter den Begriff der Eigentumsbeeinträchtigung im Sinne des § 1004 Abs. 1 BGB fällt, ist ebenfalls ***umstritten***:

- Nach einer Meinung begründen ideelle Beeinträchtigungen ***keine*** Beseitigungs- oder Unterlassungsansprüche aus § 1004 Abs. 1 BGB, es fehle an der Beeinträchtigung des Eigentums im Sinne der benannten Norm (BGH NJW-RR **2003**, 1313; BGHZ **95**, 307; BGHZ **54**, 56; BGHZ **51**, 396; OLG Zweibrücken MDR **2001**, 984;

KG NJW-RR **1988**, 586; OLG Frankfurt NJW-RR **1989**, 464; RGZ **76**, 130; RGZ **76**, 130; *Soergel/Münch* § 1004 BGB Rz. 95; MüKo/*Baldus* § 1004 BGB Rz. 132; *Medicus/Petersen* BR Rz. 442; *Palandt/Bassenge* § 903 BGB Rz. 10; RGRK/*Pikart* § 1004 BGB Rz. 25; vgl. aber AG Meldorf WuM **2012**, 34 und LG Bonn NJW-RR **2005**, 1067).

Begründung: Bei den ideellen Beeinträchtigungen der vorliegenden Art fehlt der sachliche Bezug zum Grundstück und damit zum Eigentum, das allein Gegenstand der Beurteilung ist. Würde man diese Beeinträchtigung unter § 1004 Abs. 1 BGB im Sinne einer Eigentumsklage zulassen, drohte eine uferlose Ausweitung der Norm. Die Verletzung des sittlichen Befindens der Nachbarschaft stellt keine Eigentumsverletzung am Grundstück dar und kann allenfalls über die Regeln des allgemeinen Persönlichkeitsrechts rechtlich angegriffen werden. Wörtlich heißt es insoweit beim BGH (BGHZ **95**, 307):

> *»…Bei der Anwendung des § 1004 BGB auf das Verhältnis zwischen Grundstücksnachbarn hat sich bereits das Reichsgericht an dem Einwirkungsbegriff des § 906 BGB orientiert und ausgesprochen, dass der sich gestört fühlende Grundstückseigentümer nur solche vom Nachbargrundstück ausgehende Einwirkungen verbieten könne, die entweder auf das Grundstück oder dort sich befindende Sachen schädigend einwirken oder auf dem Grundstück sich aufhaltende Personen derart belästigen, dass ihr gesundheitliches Wohlbefinden gestört oder körperliches Unbehagen bei ihnen hervorgerufen werde. Hingegen soll § 1004 BGB nicht eingreifen, wenn auf dem Nachbargrundstück nur das Schamgefühl oder das ästhetische Empfinden verletzende Vorgänge sichtbar werden.« (BGHZ* ***95****, 307 – zum Fall der Errichtung eines Bordells).*

- Nach anderer Auffassung hingegen unterliegen auch solche ideellen Einwirkungen dem Eigentumsschutz des § 1004 BGB und können entsprechend mit einer Beseitigungs- oder Unterlassungsklage erfolgreich angegriffen bzw. abgewehrt werden (AG Münster NJW **1983**, 2886; PWW/*Englert* § 1004 BGB Rz. 5; *Staudinger/Gursky* § 1004 BGB Rz. 76; *Erman/Ebbing* § 1004 BGB Rz. 22; *Prütting* Rz. 330; *Jauernig* in JZ 1986, 605; *Grunsky* in JZ 1970, 785; *Wolf* in NJW 1987, 2647; *Baur/Stürner* § 25 Rz. 24; *Schreiber* Rz. 142; *Künzl* in NJW 1984, 774).

Begründung: Die Beurteilung der Eigentumsbeeinträchtigung richte sich nicht – wie die Gegenansicht behauptet – allein an § 906 BGB aus, sondern müsse auch § 903 BGB einbeziehen. Die Anerkennung des allgemeinen Persönlichkeitsrechts durch die Rechtsprechung könne den Schutz des Eigentums nun auch ins Ideelle erweitern. Der § 903 BGB müsse demnach die Messlatte für Eigentumsbeeinträchtigungen sein, und nicht ausschließlich die Vorschrift des § 906 BGB, die nur von materiellen Beeinträchtigungen ausgehe. § 906 BGB gebe nur den Hinweis darauf, unter welchen Umständen ein an sich vorliegender Anspruch aus § 1004 BGB wegen Ortsüblichkeit oder eingehaltener Rechtsvorschriften eingeschränkt bzw. ausgeschlossen werden müsse (*Erman/Ebbing* § 1004 BGB Rz. 22). Eine analoge Anwendung des § 906 BGB könne hier neben § 903 BGB auch die ideellen Beeinträchtigungen erfassen, da der Eigentümer sonst schutzlos dastehe (*Prütting* Rz. 330).

Beachte: Dieser gerade dargestellte Streit darf in der Klausur keinesfalls übersehen werden, es handelt sich um einen echten »**Klassiker**«, der die Gerichte und Autoren seit Jahrzehnten beschäftigt und bis heute umstritten geblieben ist. Zum leichteren Verständnis der Problematik sei noch auf Folgendes hingewiesen: Das Ganze wäre überhaupt keine Sache, wenn man die Errichtung des Bordells als Verletzung des allgemeinen Persönlichkeitsrechts des Nachbarn ansehen würde; dann nämlich könnte der Nachbar vollkommen unstreitig entweder nach § 823 BGB oder auch negatorisch aus § 1004 BGB gegen den Betreiber vorgehen, da das allgemeine Persönlichkeitsrecht als absolutes Recht anerkannt ist (BGHZ **13**, 334) und der § 1004 BGB analog auf alle in § 823 BGB geschützten ***absoluten Rechte*** angewendet werden kann (*Palandt/Bassenge* § 1004 BGB Rz. 4). Im konkreten Fall aber ist eine solche Verletzung des allgemeinen Persönlichkeitsrechts regelmäßig ***nicht*** gegeben, denn die Ausübung der Prostitution richtet sich aus der Sicht des Ausübenden natürlich nicht gegen den Nachbarn, was allerdings Tatbestandsvoraussetzung wäre für die Verletzung des Persönlichkeitsrechts (*Palandt/Sprau* § 823 BGB Rz. 183). Und deshalb bleibt in solchen Fällen eben nur der Weg über eine Eigentumsverletzung übrig, der allerdings – wie gerade gesehen – zumindest nach einer Ansicht (der des BGH) ebenfalls versperrt ist. Folgt man der Auffassung des BGH, muss man somit auch das Bordell in der Nachbarschaft dulden, sofern nicht andere Vorschriften – etwa aus dem öffentlichen Ordnungsrecht – hier noch als Rettungsanker herhalten können.

ZE.: Es liegt nach Ansicht des BGH, der wir hier folgen wollen, keine Eigentumsbeeinträchtigung im Sinne des § 1004 Abs. 1 BGB vor. Die lediglich ideelle Einwirkung begründet keinen Unterlassungsanspruch aus § 1004 Abs. 1 Satz 2 BGB analog.

Erg.: Der R kann die Errichtung des Hauses mit einer Unterlassungsklage aus § 1004 Abs. 1 Satz 2 BGB nicht verhindern.

Gutachten

R könnte gegen B ein Anspruch auf Unterlassung des Hausbaus aus § 1004 Abs. 1 Satz 2 BGB analog zustehen.

Voraussetzung für diesen Anspruch ist, dass der bevorstehende Bau des Hauses aus der Sicht des R eine Beeinträchtigung seines Eigentums im Sinne des § 1004 BGB darstellt. Insoweit zu prüfen ist zum einen der Umstand, dass dem R die Sicht auf den See und das Sonnenlicht genommen wird, und er zum anderen die Errichtung eines Bordellbetriebes in dem Haus mit möglichen negativen sittlichen Folgen zukünftig vor sich hat. Eine Beeinträchtigung im Sinne des § 1004 BGB ist jeder dem Inhalt des Eigentums widersprechende Eingriff in die rechtliche oder tatsächliche Herrschaftsmacht des Eigentümers.

1.) Wenn das vierstöckige Haus erbaut ist, versperrt es dem R die Sicht auf den See und nimmt ihm 8 Monate im Jahr das Sonnenlicht. Hierbei handelt es sich um eine sogenannte »negative« Einwirkung, die dann vorliegt, wenn ein Eigentümer sein Grundstück innerhalb seiner Befugnisse nutzt, einem anderen gleichwohl dadurch immaterielle Vorteile seines Grundstücks entzieht. Ob dies für eine Beeinträchtigung im Sinne des § 1004 Abs. 1 BGB und damit einen Unterlassungsanspruch ausreicht, ist umstritten. Fraglich ist vor allem, ob Ansatzpunkt des Beeinträchtigungsbegriffes allein § 903 BGB oder auch § 906 BGB sein kann.

a) Nach einer Auffassung unterliegen auch die negativen Einwirkungen auf das Grundstück der Vorschrift des § 1004 Abs. 1 BGB. Zur Begründung führt diese Meinung zum einen an, dass zum Eigentumsschutz auch die uneingeschränkte Nutzungsmöglichkeit gehöre, am Begriff der »Zuführung« aus § 906 BGB sei nicht zwingend festzuhalten. Zum anderen sei ein Rückgriff auf § 906 BGB nicht möglich, die Eigentumsrechte seien vielmehr in § 903 BGB benannt; deshalb müsse jeder Eingriff in diese Rechte – also auch der Entzug von Vorteilen – über § 1004 BGB geschützt werden.

b) Der gerade benannten Auffassung kann jedoch nicht gefolgt werden. Vielmehr sind die negativen Einwirkungen nicht vom Schutz des Tatbestandes des § 1004 Abs. 1 BGB erfasst. Beachtlich ist diesbezüglich vor allem der gesetzgeberische Wille, der in § 906 BGB dokumentiert ist. Wenn das Gesetz in § 906 BGB die möglichen Einwirkungen zum einen ausdrücklich benennt und im Übrigen auf »ähnliche« Einwirkungen verweist, müssen diese »ähnlichen« Einwirkungen ebenso positiver Natur und vor allem auch zuführbar sein, also die Grundstücksgrenze tatsächlich positiv überschreiten. Hierbei muss es sich stets um sinnlich wahrnehmbare Einwirkungen handeln. Der alleinige Entzug etwa von Licht oder Aussicht genügt nicht, denn hier wird nichts »zugeführt« im Sinne des § 906 Abs. 1 BGB, sondern nur entzogen. Der Eigentümer des betreffenden Grundstücks überschreitet also nicht die ihm zustehenden Befugnisse und kann folglich auch nicht aus § 1004 Abs. 1 BGB in Anspruch genommen werden. Etwaige Unbilligkeiten sind über § 242 BGB zu lösen.

Die Tatsache, dass der R durch das vierstöckige Haus seine Sicht auf den See und monatsweise die Sonneneinstrahlung einbüßt, stellt eine sogenannte »negative« Einwirkung dar und wird nicht von § 1004 Abs. 1 BGB geschützt.

2.) Mit der Errichtung eines Bordells schafft der B einen Zustand, der geeignet ist, das seelische und unter Umständen auch das ästhetische Wohlbefinden des auf dem Nachbargrundstück lebenden R und seiner Familie zu beeinträchtigen. Ob eine solche sogenannte »ideelle« Einwirkung unter den Begriff der Eigentumsbeeinträchtigung im Sinne des § 1004 Abs. 1 BGB fällt, ist ebenfalls umstritten:

a) Nach einer Auffassung unterliegen solche ideellen Einwirkungen dem Eigentumsschutz des § 1004 BGB und können entsprechend mit einer Beseitigungs- oder Unterlassungsklage erfolgreich angegriffen bzw. abgewehrt werden.

Begründet wird dies damit, dass die Beurteilung der Eigentumsbeeinträchtigung sich nicht allein an § 906 BGB ausrichte, sondern auch § 903 BGB einbeziehen müsse. Die Anerkennung des allgemeinen Persönlichkeitsrechts durch die Rechtsprechung könne den Schutz des Eigentums nun auch ins Ideelle erweitern. Der § 903 BGB müsse demnach die Messlatte für Eigentumsbeeinträchtigungen sein, und nicht ausschließlich die Vorschrift des § 906 BGB, die nur von materiellen Beeinträchtigungen ausgehe. § 906 BGB gebe nur den Hinweis darauf, unter welchen Umständen ein an sich vorliegender Anspruch aus

§ 1004 BGB wegen Ortsüblichkeit oder eingehaltener Rechtsvorschriften eingeschränkt bzw. ausgeschlossen werden müsse. Eine analoge Anwendung des § 906 BGB könne hier neben § 903 BGB auch die ideellen Beeinträchtigungen erfassen, da der Eigentümer sonst schutzlos dastehe.

b) Dieser Ansicht indessen kann nicht gefolgt werden. Sie übersieht, dass bei den ideellen Beeinträchtigungen der vorliegenden Art der sachliche Bezug zum Grundstück und damit zum Eigentum, das allein Gegenstand der Beurteilung ist, fehlt. Würde man diese Beeinträchtigung unter § 1004 Abs. 1 BGB im Sinne einer Eigentumsklage zulassen, droht eine uferlose Ausweitung der Norm. Die Verletzung des sittlichen Befindens der Nachbarschaft stellt keine Eigentumsverletzung am Grundstück dar und kann allenfalls über die Regeln des allgemeinen Persönlichkeitsrechts rechtlich angegriffen werden. Daher begründen ideelle Beeinträchtigungen keine Beseitigungs- oder Unterlassungsansprüche aus § 1004 Abs. 1 BGB, es fehlt an der Beeinträchtigung des Eigentums im Sinne der benannten Norm. Es liegt keine Eigentumsbeeinträchtigung im Sinne des § 1004 Abs. 1 BGB vor. Die lediglich ideelle Einwirkung begründet keinen Unterlassungsanspruch aus § 1004 Abs. 1 Satz 2 BGB analog.

Erg.: R kann die Errichtung des Hauses mit einer Unterlassungsklage aus § 1004 Abs. 1 Satz 2 BGB nicht verhindern.

Fall 16

Im Namen des Rechts!?

D hat bei einem Einbruch im Haus des E unter anderem ein Radio entwendet, das er einige Wochen später auf einer Party in seinem Garten zur sanften Beschallung der Gäste einsetzt. Eingeladen ist zufällig auch der B, ein guter Bekannter des E, der das Radio seines Freundes sofort wiedererkennt. B bringt sich in einem unbeobachteten Moment in den Besitz des Radios und kann damit bis vor die Haustür gelangen, als er von D gestellt wird. Es kommt zu einem Handgemenge um das Gerät, bei dem sich D einen Finger bricht und B mit zerrissener Hose und dem Radio, das er dem E zurückbringen will, verschwinden kann.

Welche Ansprüche bestehen zwischen D und B?

> **Schwerpunkte:** Der Besitzschutz aus den §§ 858 ff. BGB; Begriff der verbotenen Eigenmacht aus § 858 Abs. 1 BGB; Selbsthilferecht des Besitzers aus § 859 BGB; Anspruch wegen Besitzentziehung nach § 861 Abs. 1 BGB; Rechtfertigungsgründe aus dem BGB.

Lösungsweg

Diebstahl   Radio des E

E -- **D (Dieb)** -- **B**

Fingerbruch   ← Klopperei →   beschädigte Hose

D gegen B auf Schadensersatz und Schmerzensgeld

AGL.: §§ 823 Abs. 1, 253 Abs. 2 BGB (Körperverletzung)

I.) Bei dem im Fall geschilderten Handgemenge zwischen B und D hat D einen Fingerbruch erlitten und ist somit von B in seinem absoluten Recht »**Körper**« im Sinne des § 823 Abs. 1 BGB verletzt worden. Dass dies durch ein Verhalten des B geschehen ist, kann ebenso angenommen werden wie die Kausalität zwischen Handlung und Rechtsgutsverletzung.

II.) Fraglich ist natürlich, ob diese Handlung des B auch ***rechtswidrig*** gewesen ist. Ein Verhalten ist dann rechtswidrig, wenn kein Rechtfertigungsgrund vorliegt. Als Rechtfertigungsgrund für den B kommt im vorliegenden Fall **§ 859 Abs. 1 BGB**, die sogenannte »**Besitzwehr**« in Betracht. Gemäß § 859 Abs. 1 BGB darf sich der Besitzer verbotener Eigenmacht mit Gewalt erwehren (= Rechtfertigungsgrund). Das Verhalten des B ist somit dann nach § 859 Abs. 1 BGB gerechtfertigt, wenn die Handlung des D, also der Versuch, dem B das Radio vor der Haustür wieder abzunehmen, einen Fall verbotener Eigenmacht darstellt:

Gemäß **§ 858 Abs. 1 BGB** liegt verbotene Eigenmacht dann vor, wenn der Besitzer ohne dessen Willen im Besitz gestört oder ihm der Besitz entzogen wird, sofern nicht das Gesetz die Entziehung oder Störung des Besitzes gestattet (bitte Gesetz lesen: § 859 Abs. 1 BGB). Und ob diese Voraussetzungen vorliegen, prüfen wir jetzt mal:

1.) Zunächst kann festgestellt werden, dass der Versuch des D, dem B das Radio vor der Tür wieder abzunehmen, eine ***Störung*** des Besitzes des B darstellt. Insoweit muss nämlich gesehen werden, dass sich der B in den Besitz der Sache gebracht hatte, als er das Radio aus dem Garten entfernte und das Haus des D verlassen hatte. Dieser Besitz des B ist dann von D »gestört« worden im Sinne des § 858 Abs. 1 BGB, der D wollte dem B das Radio ja wieder abnehmen (vgl. auch BGH NJW **2009**, 2530).

ZE.: Die erste Voraussetzung der verbotenen Eigenmacht gemäß § 858 Abs. 1 BGB, die Besitzstörung, liegt mithin vor.

2.) Es fragt sich aber, ob auch die zweite Voraussetzung der verbotenen Eigenmacht gegeben ist, nämlich ob das Gesetz diese Störung des B durch D nicht gestattet (bitte lesen: § 858 Abs. 1 BGB). Wenn das so wäre, läge trotz der Besitzstörung durch D dann keine verbotene Eigenmacht gegenüber B vor, denn D könnte sich bei seinem Verhalten vor der Haustür seinerseits auf eine Rechtfertigung berufen.

Als Legitimation für die Besitzstörung seitens des D kommt im vorliegenden Fall die Vorschrift des **§ 859 Abs. 2 BGB**, die sogenannte »**Besitzkehr**« (= Rechtfertigungsgrund) in Betracht:

> Wird eine bewegliche Sache dem Besitzer mittels verbotener Eigenmacht weggenommen, so darf er sie dem auf frischer Tat betroffenen oder verfolgten Täter mit Gewalt wieder abnehmen (lies: § 859 Abs. 2 BGB).

Und deshalb müssen wir uns nun fragen, ob die durch B erfolgte Ansichnahme des Radios im Garten einschließlich des Verschwindens bis vor die Haustür einen Fall der verbotenen Eigenmacht darstellt. Denn wenn das so ist, durfte sich der D, wenn die anderen Voraussetzungen des § 859 Abs. 2 BGB auch vorliegen, dagegen natürlich wehren (§ 859 Abs. 2 BGB). Und dann wiederum wäre das Verhalten des B vor der Tür ***nicht*** durch § 859 Abs. 1 BGB gedeckt, denn dann wäre die Störung oder Entziehung des Besitzes seitens des D »durch das Gesetz gestattet« (lies: **§ 858 Abs. 1 BGB**).

Also: Das Ansichnehmen des Radios durch B im Garten ist dann gemäß § 858 Abs. 1 BGB ein Fall verbotener Eigenmacht gewesen, wenn der B dem besitzenden D seinen Besitz ohne dessen Willen entzogen oder ihn im Besitz gestört hat, sofern das Gesetz diese Störung oder den Entzug nicht gestattet:

a) Der B hat dem D fraglos den Besitz an dem Radio entzogen, als er es aus dem Garten und dann bis vor die Haustür brachte. Und das Ganze ist selbstverständlich ohne bzw. ***gegen*** den Willen des D geschehen.

b) Die Frage, die sich dann fallentscheidend noch stellt, ist die, ob denn das Gesetz dieses Verhalten des B gestattet. Und da müssen wir jetzt sehr genau hinsehen, um feststellen zu können, inwieweit dem B bei seinem eigentlich ja gut gemeinten Verhalten ein Rechtfertigungsgrund zur Seite stand. Der B handelte scheinbar rechtmäßig, denn er wollte seinem Freund E das Radio zurückbringen (Im Namen des Rechts!).

Im Ergebnis allerdings kann B sich bei seinem Verhalten erstaunlicherweise auf ***keinen*** Rechtfertigungsgrund berufen:

> **Vorüberlegung:** Zwar gehörte das Radio nicht dem D, der hatte es ja sogar gestohlen mit der Folge, dass wegen § 935 Abs. 1 BGB weder er selbst noch irgendein anderer Eigentum an dem Radio erwerben konnte. Indessen spielt dies im Rahmen der besitzrechtlichen Beurteilung gemäß den §§ 858 ff. BGB tatsächlich keine Rolle. Die genannten Vorschriften schützen nämlich allein und ausschließlich den Besitzer, unabhängig davon, wie er den Besitz erlangt hat (RGSt **60**, 273; *Prütting* Rz. 108; MüKo/*Joost* § 859 BGB Rz. 3; *Baur/Stürner* § 9 Rz. 9). Auch ein bösgläubiger Besitzer, wie etwa der Dieb, kann somit Besitzansprüche aus den §§ 858, 859 BGB für sich herleiten, unter Umständen sogar gegen den Eigentümer selbst (RGSt **60**, 273; MüKo/*Joost* § 859 BGB Rz. 3; *Schreiber* Rz. 97), wenn der sich den Besitz außerhalb der Befugnisse des § 859 BGB zurückholen will.

aa) Hier bei uns wollte der B das Radio seines Freundes E, das der D gestohlen hatte, bei D mitnehmen, um es dem E zurückzugeben und so den ursprünglichen Zustand wieder herzustellen.

Dieses Verhalten nun ist zum einen ***nicht*** gedeckt über **§ 859 Abs. 2 BGB**, denn der B ist schon gar nicht Berechtigter aus der genannten Norm: Das wäre – wenn überhaupt – nur der E gewesen, dritte Personen dürfen die Rechte aus § 859 BGB nur dann geltend machen, wenn sie entweder dazu vom Berechtigten bevollmächtigt sind oder aber das Gesetz ein solches Verhalten legitimiert, beispielsweise der Besitzdiener (§ 855 BGB) oder der Besitzmittler (§ 868 BGB) können solche Personen sein (RGSt **60**, 273; *Palandt/Bassenge* § 859 BGB Rz. 2; *Jauernig/Berger* § 859 BGB Rz. 1; MüKo/*Joost* § 859 BGB Rz. 3). Auf den B trifft im vorliegenden Fall keine der genannten Varianten zu. Und selbst wenn der B der Berechtigte aus § 859 Abs. 2 BGB gewesen wäre, hätte er den D dann jedenfalls nicht »**auf frischer Tat betroffen oder verfolgt**«, wie es das Gesetz in § 859 Abs. 2 BGB fordert. B war also in seinem Verhalten keinesfalls durch § 859 Abs. 2 BGB gerechtfertigt.

bb) Schließlich war B bei seinem Vorgehen auch nicht durch **§ 229 BGB** (lesen) gerechtfertigt.

Beachte: Die beiden Vorschriften der §§ 859 Abs. 2 und 229 BGB müssen stets nebeneinander betrachtet werden, es handelt sich in beiden Fällen um Formen der sogenannten **»Selbsthilfe«** (BGH NStZ **2012**, 144). Allerdings haben die Normen vor allem von der zeitlichen Geltung her unterschiedliche Anwendungsbereiche: Während die Besitzkehr des § 859 Abs. 2 BGB immer voraussetzt, dass der andere »auf frischer Tat betroffen oder verfolgt« wird, kann § 229 BGB auch noch ***nach*** diesem Zeitpunkt (sogar Wochen später) angewendet werden, freilich nur dann, wenn »obrigkeitliche Hilfe nicht rechtzeitig zu erlangen ist und ohne sofortiges Eingreifen die Gefahr besteht, dass die Verwirklichung des Anspruchs vereitelt oder wesentlich erschwert wird« (bitte lies **§ 229 BGB**).

Beispiel: Dieb D klaut Opfer O das Fahrrad. Zwei Tage später sieht O den D mit dem Gefährt durch die Stadt radeln: Der § 859 Abs. 2 BGB scheidet nun als Selbsthilfenorm aus, denn O hat den D nicht mehr auf frischer Tat betroffen oder verfolgt. Gemäß § 229 BGB darf O dann aber den D mit Gewalt vom Rad holen und festhalten, wenn ansonsten die Gefahr droht, dass O sein Rad selbst mit Hilfe der Polizei (= obrigkeitliche Hilfe) nicht wiedersieht. Und davon wird man unter den geschilderten Umständen dann auch ausgehen müssen, denn bis die Polizei da ist, ist der D längst weitergefahren und dann für O vermutlich nicht mehr auffindbar.

Zum Fall: Zunächst einmal muss auch bei § 229 BGB gesehen werden, dass das dort beschriebene und gewährte Selbsthilferecht nach herrschender Ansicht grundsätzlich sowieso nur dem ***Inhaber*** des zu sichernden Anspruchs zusteht (BGH NStZ **2012**, 144; *Staudinger/Werner* § 229 BGB Rz. 7; *Palandt/Ellenberger* § 229 BGB Rz. 3), im vorliegenden Fall wäre das demnach der E als Eigentümer des Radios. Selbst wenn man aber hier mit einer Mindermeinung annimmt, dass dieses Recht auch Dritten, die im Interesse des Rechtsinhabers handeln, zustehen soll (*Schünemann*, Selbsthilfe 1985, S. 57 ff.), muss man die Anwendung verneinen: Denn in unserem Fall ist – anders als in dem Beispielsfall mit dem Fahrrad von eben – obrigkeitliche Hilfe durchaus zu erlangen; der B bräuchte nämlich einfach nur die Polizei anzurufen, um so dann bei einer entsprechenden Überprüfung feststellen zu lassen, dass das bei D befindliche Radio dem E gehört und von D gestohlen worden ist.

ZE.: Die Wegnahme des Radios durch B war zwar gut gemeint, allerdings nicht vom Gesetz gestattet, weder durch § 859 Abs. 2 BGB noch durch § 229 BGB, und stellte mithin einen Fall ***verbotener Eigenmacht*** im Sinne des **§ 858 Abs. 1 BGB** dar.

3.) Gegen diese verbotene Eigenmacht durfte sich der D gemäß **§ 859 Abs. 2 BGB** nun tatsächlich wehren, wenn er den Täter auf frischer Tat betroffen oder verfolgt hat (lies: § 859 Abs. 2 BGB).

Hier: Keine Aktion. Der D war dem B gefolgt und hatte ihn vor der Haustür gestellt mit der Folge, dass auch die weiteren Voraussetzungen des § 859 Abs. 2 BGB zugunsten des B vorlagen.

ZE.: Damit war das Verhalten des D gegenüber dem B bei seiner versuchten (hat ja letztlich nicht geklappt) Rückerlangung des Radios vor der Haustür »vom Gesetz gestattet«, namentlich vom Selbsthilferecht des § 859 Abs. 2 BGB.

ZE.: Und damit war das Verhalten des B (!) gegenüber D bei der Verteidigung des Radios vor der Haustür ***nicht*** durch § 858 Abs. 1 BGB gedeckt, denn es handelte sich seitens des D ***nicht*** um einen Fall verbotener Eigenmacht, gegen den sich B hätte wehren dürfen. Wie gesagt, das Handeln des D war »vom Gesetz gestattet«.

ZE.: Und damit war das Verhalten des B – da ihm § 859 Abs. 1 BGB nicht als Rechtfertigungsgrund zur Seite stand und andere Rechtfertigungsgründe nicht in Betracht kamen – also ***rechtswidrig*** im Sinne des § 823 Abs. 1 BGB.

Erg.: Da an den anderen Voraussetzungen des § 823 Abs. 1 BGB nicht mehr zu zweifeln war, ist die Ersatzpflicht nach dieser Norm insgesamt begründet. B hat dem D nun als Rechtsfolge über § 249 Abs. 2 BGB Schadensersatz und über die § 253 Abs. 2 BGB auch ein angemessenes Schmerzensgeld zu zahlen.

Anspruch des D gegen B auf Herausgabe des Radios

AGL.: § 861 Abs. 1 BGB (possessorischer Anspruch)

Die Voraussetzungen der Norm haben wir eben bei der Prüfung der Rechtswidrigkeit im Rahmen des § 823 Abs. 1 BGB schon vorgenommen: Die Wegnahme des Radios durch B stellte eine Form der verbotenen Eigenmacht im Sinne des § 858 Abs. 1 BGB dar mit der Folge, dass D von B gemäß § 861 Abs. 1 BGB grundsätzlich die Herausgabe der Sache fordern kann (vgl. insoweit auch OLG Koblenz NJW **2007**, 2337; dort bezüglich der Abgrenzung zu § 1361a BGB).

Aber: § 861 Abs. 2 BGB ?

Nach § 861 Abs. 2 BGB (bitte lesen!) ist der Anspruch auf Herausgabe gemäß § 861 Abs. 1 BGB ausgeschlossen, wenn der entzogene Besitz dem gegenwärtigen Besitzer oder dessen Rechtsvorgänger gegenüber ***fehlerhaft*** war und in dem letzten Jahr vor der Entziehung erlangt worden ist. Der Begriff der Fehlerhaftigkeit des Besitzes bestimmt sich nach **§ 858 Abs. 2 Satz 1 BGB** und verweist auf § 858 Abs. 1 Satz 1 BGB, wonach der durch verbotene Eigenmacht erlangte Besitz fehlerhaft ist.

In unserem Fall hat B seinen Besitz – wie oben ausführlich erörtert – durch verbotene Eigenmacht nach § 858 Abs. 1 BGB erlangt, denn seine Besitzentziehung bei D war nicht durch das Gesetz gestattet, weder durch § 859 Abs. 2 BGB noch durch § 229 BGB. Der Besitz des B war somit gegenüber D fehlerhaft. Umgekehrt gilt dies aber nicht: Denn der Besitz des D war zwar E gegenüber fehlerhaft (Diebstahl!), nicht aber gegenüber B, denn der hatte mit der ganzen Sache bis dahin ja gar nichts zu tun. D besaß die Sache somit gegenüber B ***nicht*** fehlerhaft mit der Folge, dass § 861 Abs. 2 BGB auch nicht durchgreift; der Anspruch des D gegen B aus § 861 Abs. 1 BGB ist folglich durch die Regel des § 861 Abs. 2 BGB nicht ausgeschlossen.

Beachte: Das klingt zwar irgendwie komisch, ist aber nach dem soeben Gesagten nur folgerichtig und logisch: Der B durfte dem D den Besitz – wie oben ausführlich erläutert – nicht entziehen. Damit besitzt B die Sache fehlerhaft gegenüber D. Der D aber besaß das Radio gegenüber B seinerseits ***nicht*** fehlerhaft, denn er hatte die Sache dem E gestohlen, nicht aber dem B. Der D kann daher, obwohl er selbst die Sache bei E gestohlen hat, zumindest von B die Herausgabe nach § 861 Abs. 1 BGB fordern und ist hieran insbesondere nicht durch § 861 Abs. 2 BGB gehindert. Der Besitzschutz liefe zum größten Teil leer, wenn man dem Besitzer neben den Rechten aus den §§ 858, 859 BGB nicht auch den Herausgabeanspruch aus § 861 BGB gewähren würde (*Palandt/Bassenge* § 858 BGB Rz. 7). Der § 861 Abs. 1 BGB ergänzt somit nur die Regeln der §§ 858, 859 BGB für den Fall, dass der Besitzer nicht nur gestört (dann übrigens § 862 BGB), sondern ihm sogar der Besitz ***ungerechtfertigt entzogen*** wird.

Erg.: D kann von B die Herausgabe des Radios gemäß § 861 Abs. 1 BGB verlangen.

Überlegung zum Schluss: Besonders lebensnah ist das, was wir da gerade geprüft haben, in unserem Fall allerdings nicht, denn der B wird das Radio dem E selbstverständlich bei normalem Fortgang der Dinge alsbald aushändigen; deswegen hat er es dem D ja überhaupt nur weggenommen. Nun steht das aber im Ausgangsfall nicht in der Sachverhaltsschilderung, und deshalb konnte und musste man hier den § 861 Abs. 1 BGB auch annehmen.

Wir wollen uns aber trotzdem noch mal kurz überlegen, wie denn das wäre, wenn der B dem E das Radio dann tatsächlich Stunden später aushändigt hätte. Könnte D dann auch von E (!) die Herausgabe des Radios gemäß § 861 Abs. 1 BGB fordern?

Ansatz: Das richtet sich natürlich wieder nach **§ 861 Abs. 2 BGB**, und da stellt sich die Frage, ob der Besitz des E jetzt auch gegenüber D »fehlerhaft« im Sinne der §§ 858 Abs. 2 Satz 1, 858 Abs. 1 Satz 1 BGB ist. Problematisch ist das deshalb, weil der jetzige Besitzer (also der E) dann auch der Eigentümer der Sache wäre.

Und die Antwort ist einfacher als man denkt, nämlich: Der ursprüngliche Besitz des D war durch einen Diebstahl erlangt. Ein Diebstahl ist ein Besitzentzug gegen den Willen des bestohlenen Besitzers (Eigentümers) und ohne dass das Gesetz dies gestattet. Bei einem Diebstahl liegen somit immer auch die Voraussetzungen der verbotenen Eigenmacht im Sinne des § 858 Abs. 1 BGB vor (bitte im Gesetz prüfen). Und gemäß § 858 Abs. 2 Satz 1 BGB ist ein durch verbotene Eigenmacht erlangter Besitz immer fehlerhaft. Der Besitz des D nach dem Diebstahl war somit wegen § 858 Abs. 2 Satz 1 BGB ***gegenüber E*** von Anfang an ***fehlerhaft***.

Und deshalb kann der Dieb logischerweise gegen den Eigentümer ***keinen*** Anspruch aus § 861 Abs. 1 BGB geltend machen, denn ihm gegenüber ist der Besitz wegen § 858 Abs. 2 Satz 1 BGB fehlerhaft, sodass § 861 Abs. 2 BGB den Ausschluss der Herausgabe zugunsten des Diebs gegenüber dem Eigentümer bestimmt. Kapiert!?

Ansprüche des B gegen D auf Schadensersatz

AGL.: § 823 Abs. 1 BGB (Eigentumsverletzung – die Hose)

D hat das Eigentum des B verletzt, kein Problem. Allerdings fehlt es insoweit an der Rechtswidrigkeit, denn D ist – wir haben es oben erläutert – gerechtfertigt durch § 859 Abs. 2 BGB.

Erg.: B steht gegen D kein Anspruch aus § 823 Abs. 1 BGB zu.

Gutachten

A) D könnte gegen B ein Anspruch auf Schadensersatz und Schmerzensgeld aus den §§ 823 Abs. 1, 253 Abs. 2 BGB zustehen.

I.) Bei dem Handgemenge zwischen B und D hat D einen Fingerbruch erlitten und ist somit von B in seinem absoluten Recht Körper im Sinne des § 823 Abs. 1 BGB verletzt worden. Diese Verletzung geschah durch ein Verhalten des B und ist auch kausal verursacht worden.

II.) Fraglich ist indessen die Rechtswidrigkeit des Verhaltens des B. Ein Verhalten ist dann rechtswidrig, wenn kein Rechtfertigungsgrund vorliegt. Als Rechtfertigungsgrund für den B kommt im vorliegenden Fall § 859 Abs. 1 BGB in Betracht. Gemäß § 859 Abs. 1 BGB darf sich der Besitzer verbotener Eigenmacht mit Gewalt erwehren. Das Verhalten des B ist somit dann nach § 859 Abs. 1 BGB gerechtfertigt, wenn die Handlung des D, also der Versuch, dem B das Radio vor der Haustür wieder abzunehmen, einen Fall verbotener Eigenmacht darstellt. Gemäß § 858 Abs. 1 BGB liegt verbotene Eigenmacht vor, wenn der Besitzer ohne dessen Willen im Besitz gestört oder ihm der Besitz entzogen wird, sofern nicht das Gesetz die Entziehung oder Störung des Besitzes gestattet. Es ist zu prüfen, ob diese Voraussetzungen vorliegen.

1.) Zunächst kann insoweit festgestellt werden, dass der Versuch des D, dem B das Radio vor der Tür wieder abzunehmen, eine Störung des Besitzes des B darstellt. Diesbezüglich muss beachtet werden, dass sich der B in den Besitz der Sache gebracht hatte, als er das Radio aus dem Garten entfernte und das Haus des D verlassen hatte. Dieser Besitz des B ist dann von D gestört worden im Sinne des § 858 Abs. 1 BGB, D wollte B das Radio wieder abnehmen. Die erste Voraussetzung der verbotenen Eigenmacht gemäß § 858 Abs. 1 BGB, die Besitzstörung, liegt mithin vor.

2.) Es fragt sich aber, ob auch die zweite Voraussetzung der verbotenen Eigenmacht gegeben ist, nämlich ob das Gesetz diese Störung des B durch D nicht gestattet. Wenn dem so wäre, läge trotz der Besitzstörung durch D keine verbotene Eigenmacht gegenüber B vor, denn D könnte sich bei seinem Verhalten vor der Haustür seinerseits auf eine Rechtfertigung berufen. Als Legitimation für die Besitzstörung seitens des D kommt im vorliegenden Fall die Vorschrift des § 859 Abs. 2 BGB, die sogenannte Besitzkehr, in Betracht. Wird eine bewegliche Sache dem Besitzer mittels verbotener Eigenmacht weggenommen, so darf er sie dem auf frischer Tat betroffenen oder verfolgten Täter mit Gewalt wieder abnehmen.

Fraglich ist, ob die durch B erfolgte Ansichnahme des Radios im Garten einschließlich des Verschwindens bis vor die Haustür einen Fall der verbotenen Eigenmacht darstellt. In diesem Fall durfte sich der D, wenn die anderen Voraussetzungen des § 859 Abs. 2 BGB auch vorliegen, dagegen gemäß § 859 Abs. 2 BGB wehren. Dann wiederum wäre das Verhalten des B vor der Tür nicht durch § 859 Abs. 1 BGB gedeckt, denn dann wäre die Störung oder Entziehung des Besitzes seitens des D durch das Gesetz gestattet. Das Ansichnehmen des Radios durch B im Garten ist dann gemäß § 858 Abs. 1 BGB ein Fall verbotener Eigenmacht gewesen, wenn der B dem besitzenden D seinen Besitz ohne dessen Willen entzogen oder ihn im Besitz gestört hat, sofern das Gesetz diese Störung oder den Entzug nicht gestattet.

a) Der B hat dem D den Besitz an dem Radio entzogen, als er es aus dem Garten und dann bis vor die Haustür brachte. Dies geschah ohne Willen des D.

b) Es fragt sich aber, ob das Gesetz dieses Verhalten des B gestattet.

aa) B wollte das Radio seines Freundes E, das der D gestohlen hatte, bei D mitnehmen, um es dem E zurückzugeben und so den ursprünglichen Zustand wieder herzustellen. Dieses Verhalten ist zum einen nicht gedeckt über § 859 Abs. 2 BGB, denn der B ist schon gar nicht Berechtigter aus der genannten Norm. Das wäre nur der E gewesen, dritte Personen dürfen die Rechte aus § 859 BGB nur dann geltend machen, wenn sie entweder dazu vom Berechtigten bevollmächtigt sind oder aber das Gesetz ein solches Verhalten legitimiert, beispielsweise der Besitzdiener oder der Besitzmittler können solche Personen sein. Auf den B trifft im vorliegenden Fall keine der genannten Varianten zu. Selbst wenn der B der Berechtigte aus § 859 Abs. 2 BGB gewesen wäre, hätte er den D dann jedenfalls nicht »auf frischer Tat betroffen oder verfolgt«, wie es das Gesetz in § 859 Abs. 2 BGB fordert. B war also in seinem Verhalten keinesfalls durch § 859 Abs. 2 BGB gerechtfertigt.

bb) Schließlich war B bei seinem Vorgehen auch nicht durch § 229 BGB gerechtfertigt. Zunächst einmal muss bei § 229 BGB gesehen werden, dass das dort beschriebene und gewährte Selbsthilferecht nach herrschender Ansicht grundsätzlich nur dem Inhaber des zu sichernden Anspruchs zusteht. Im vorliegenden Fall wäre das demnach der E als Eigentümer des Radios. Selbst wenn man aber hier mit einer Mindermeinung annimmt, dass dieses Recht auch Dritten, die im Interesse des Rechtsinhabers handeln, zustehen soll, müsste man die Anwendung verneinen. Denn im vorliegenden Fall ist obrigkeitliche Hilfe zu erlangen. B bräuchte nur die Polizei anzurufen, um so dann bei einer entsprechenden Überprüfung feststellen zu lassen, dass das bei D befindliche Radio dem E gehört und von D gestohlen worden ist. Die Wegnahme des Radios durch B war nicht vom Gesetz gestattet, weder durch § 859 Abs. 2 BGB noch durch § 229 BGB, und stellte mithin einen Fall verbotener Eigenmacht im Sinne des § 858 Abs. 1 BGB dar.

3.) Gegen diese verbotene Eigenmacht durfte sich D gemäß § 859 Abs. 2 BGB wehren, wenn er den Täter auf frischer Tat betroffen oder verfolgt hat. Der D war B gefolgt und hatte ihn vor der Haustür gestellt mit der Folge, dass auch die weiteren Voraussetzungen des § 859 Abs. 2 BGB zugunsten des B vorlagen. Damit war das Verhalten des D gegenüber dem B bei seiner versuchten Rückerlangung des Radios vor der Haustür »vom Gesetz gestattet«, namentlich vom Selbsthilferecht des § 859 Abs. 2 BGB. Damit war das Verhalten des B gegenüber D bei der Verteidigung des Radios vor der Haustür nicht durch § 858 Abs. 1 BGB gedeckt, denn es handelte sich seitens des D nicht um einen Fall verbotener Eigenmacht, gegen den sich B hätte wehren dürfen. Damit war das Verhalten des B, da ihm § 859 Abs. 1 BGB nicht als Rechtfertigungsgrund zur Seite stand und andere Rechtfertigungsgründe nicht in Betracht kamen, rechtswidrig im Sinne des § 823 Abs. 1 BGB.

Erg.: Da an den anderen Voraussetzungen des § 823 Abs. 1 BGB nicht mehr zu zweifeln ist, ist die Ersatzpflicht nach dieser Norm insgesamt begründet. B hat dem D als Rechtsfolge über § 249 Abs. 2 BGB Schadensersatz und über die § 253 Abs. 2 BGB auch ein angemessenes Schmerzensgeld zu zahlen.

B) D könnte gegen B ein Anspruch auf Herausgabe des Radios aus § 861 Abs. 1 BGB zustehen.

1.) Die Voraussetzungen der Norm sind eben bei der Prüfung der Rechtswidrigkeit im Rahmen des § 823 Abs. 1 BGB schon erörtert und festgestellt worden. Die Wegnahme des Radios durch B stellte eine Form der verbotenen Eigenmacht im Sinne des § 858 Abs. 1 BGB dar mit der Folge, dass D von B gemäß § 861 Abs. 1 BGB grundsätzlich die Herausgabe der Sache fordern kann.

2.) Diesem Anspruch könnte aber noch § 861 Abs. 2 BGB entgegenstehen. Nach § 861 Abs. 2 BGB ist der Anspruch auf Herausgabe gemäß § 861 Abs. 1 BGB ausgeschlossen, wenn der entzogene Besitz dem gegenwärtigen Besitzer oder dessen Rechtsvorgänger gegenüber fehlerhaft war und in dem letzten Jahr vor der Entziehung erlangt worden ist. Der Begriff der Fehlerhaftigkeit des Besitzes bestimmt sich nach § 858 Abs. 2 Satz 1 BGB und führt zu § 858 Abs. 1 Satz 1 BGB, wonach der durch verbotene Eigenmacht erlangte Besitz fehlerhaft ist. Im vorliegenden Fall hat B seinen Besitz – wie oben ausführlich erörtert – durch verbotene Eigenmacht nach § 858 Abs. 1 BGB erlangt, denn seine Besitzentziehung bei D war nicht durch das Gesetz gestattet, weder durch § 859 Abs. 2 BGB noch durch § 229 BGB. Deshalb ist der Besitz des B gegenüber D fehlerhaft im Sinne der §§ 861 Abs. 2, 858 Abs. 2 Satz 1 BGB.

Erg.: D kann von B die Herausgabe des Radios gemäß § 861 Abs. 1 BGB verlangen.

C) Ein Anspruch des B gegen D auf Schadensersatz wegen der zerstörten Hose aus § 823 Abs. 1 BGB scheitert daran, dass D bei seinem Verhalten durch § 859 Abs. 2 BGB gerechtfertigt war.

Erg.: B steht gegen D kein Anspruch aus § 823 Abs. 1 BGB zu.

5. Abschnitt

Das Pfandrecht an den beweglichen Sachen, §§ 1204 ff. BGB

Fall 17

Breitling

Geschäftsmann G hat sich im Schmuckgeschäft des S eine *Breitling* (Uhr) zum Preis von 10.000 Euro gekauft. Zur Sicherung der Kaufpreisforderung, die G innerhalb der nächsten drei Monate begleichen soll, soll S ein Pfandrecht an denen im Schließfach bei der Bank B liegenden Wertpapieren des G bekommen. G übergibt dem S deshalb einen von zwei Schlüsseln, die beide gemeinsam zur Öffnung des Faches erforderlich sind, hat sich vorher aber – ohne Wissen des S – eine Kopie des an S ausgehändigten Schlüssels machen lassen. Als G nach Ablauf der drei Monate nicht gezahlt hat, lässt S durch einen Anwalt die Zahlung nochmals anmahnen, worauf G aber nicht reagiert.

S will jetzt wissen, ob und wie er die Verwertung der Papiere betreiben und ob er insoweit auch die Kosten des Anwalts (250 Euro) in Ansatz bringen kann.

Schwerpunkte: Pfandrecht an beweglichen Sachen, §§ 1204 ff. BGB, Grundbegriffe; Voraussetzungen der Übergabe nach den §§ 1205, 1206 BGB; gesamthänderischer Mitbesitz nach § 1206 BGB; Akzessorietät von Pfandrecht zur Forderung; Einstandspflicht des Pfandes auch für Schadensersatzforderungen?; Verwertung des Pfandes nach den §§ 1233 ff. BGB.

Lösungsweg

Anspruch des S auf Verwertung der Papiere des G

§§ 1228, 1233 ff. BGB (Pfandverkauf)

Der S ist berechtigt, die Wertpapiere im Wege des Pfandverkaufs nach den §§ 1228, 1233 ff. BGB zu verwerten, wenn ihm diesbezüglich ein Pfandrecht erwachsen ist.

Voraussetzungen:

I.) Die ***Entstehung*** des vertraglichen Pfandrechts ist geregelt in den **§§ 1204–1206 BGB** und setzt eine Einigung zwischen dem Gläubiger und dem Schuldner, eine Übergabe der Sache und eine zugrunde liegende Forderung voraus. Im Einzelnen:

1.) Die gemäß § 1205 Abs. 1 Satz 1 BGB erforderliche ***Einigung*** hinsichtlich der Bestellung eines Pfandrechts ist im vorliegenden Fall kein Problem. G und S haben sich nach Auskunft des Falles darüber geeinigt, dass dem S ein Pfandrecht an den Wertpapieren des G zustehen soll.

Beachte: Bei der Pfandrechtsbestellung findet ***keine*** Eigentumsübertragung und somit auch keine dementsprechende Einigung statt. Die Parteien einigen sich nur darüber, dass dem Gläubiger an der Sache, die er – wie wir gleich sehen werden – zum Besitz erhält, ein Pfandrecht zustehen soll. Wenn das alles glatt funktioniert, erwirbt der Gläubiger dann gemäß § 1204 Abs. 1 BGB das Recht »Befriedigung aus der Sache zu suchen« (= Pfandrecht). Merken.

2.) Fraglich ist im vorliegenden Fall, ob eine für die Entstehung des Pfandrechts nach § 1205 Abs. 1 Satz 1 BGB notwendige ***Übergabe*** der Sache angenommen werden kann. Eine solche ist im Interesse des Gläubigers erforderlich, um dem Gläubiger später die Verwertung zu ermöglichen. Das Pfandrecht knüpft grundsätzlich an den unmittelbaren Besitz an und erlischt demzufolge auch mit der Aufgabe des Besitzes nach § 1253 Abs. 1 BGB (bitte im Gesetz prüfen).

Im ***Normalfall*** des § 1205 Abs. 1 Satz 1 BGB ist die Übergabe erfolgt, wenn der Verpfänder den Besitz völlig aufgibt und der Gläubiger den alleinigen unmittelbaren Besitz begründet (RGZ **57**, 323; RGZ **66**, 258; *Erman/Michalski* § 1205 BGB Rz. 6; *PWW/Nobbe* § 1205 BGB Rz. 5; MüKo/*Damrau* § 1205 BGB Rz. 10). Zu beachten sind neben der im Übrigen möglichen Variante des Erwerbes des unmittelbaren Alleinbesitzes über die sogenannte »kurze Hand« nach § 1205 Abs. 1 Satz 2 BGB (lesen) insoweit jedoch die Ausnahmen, die das Gesetz dann noch zulässt:

→ So kann zum einen gemäß **§ 1205 Abs. 2 BGB** die Übergabe einer im mittelbaren Besitz des Eigentümers befindlichen Sache dadurch ersetzt werden, dass der Eigentümer den mittelbaren Besitz auf den Gläubiger überträgt und die Verpfändung dem Besitzer anzeigt. Die Übertragung des mittelbaren Besitzes erfolgt dann in entsprechender Anwendung des § 931 BGB (MüKo/*Damrau* § 1205 BGB Rz. 17; PWW/*Nobbe* § 1205 BGB Rz. 14; *Baur/Stürner* § 55 Rz. 16) und ermöglicht dem Gläubiger, sich ohne weitere Einwirkung des Schuldners in den unmittelbaren Besitz zu bringen.

→ Des Weiteren genügt gemäß **§ 1206 1. Alt. BGB** auch die Einräumung eines sogenannten »qualifizierten gesamthänderischen« Mitbesitzes im Sinne des § 866 BGB, das Gesetz spricht in § 1206 BGB insoweit von ***Mitverschluss*** (BGHZ **86**, 330; *Jauernig/Berger* § 1206 BGB Rz. 8; PWW/*Nobbe* § 1206 BGB Rz. 2; *Palandt/Bassenge* § 1206 BGB Rz. 2), sowie nach **§ 1206 2. Alt. BGB** die Variante, dass der besitzende Dritte die Sache nur an den Eigentümer und den Gläubiger gemeinsam herausgeben darf.

Zum Fall: Nicht in Betracht kommt bei uns der oben so benannte »Normalfall«, also die Variante des alleinigen unmittelbaren Besitzes nach § 1205 Abs. 1 Satz 1 BGB, denn der G als Schuldner behält ja mindestens einen Schlüssel des Faches (und hat den anderen auch noch nachgemacht!), sodass jedenfalls der S als Gläubiger alleine nicht auf die Sache zugreifen kann. S hat keinen unmittelbaren alleinigen Besitz an der Sache erlangt.

Die hier vorliegende Konstellation kann aber unter **§ 1206 1. Alt. BGB** zu subsumieren sein, wenn dem S ein qualifizierter gesamthänderischer Mitbesitz an den Wertpapieren eingeräumt worden ist. Ein solcher liegt dann vor, wenn der Eigentümer nicht ohne Mitwirkung des Gläubigers die tatsächliche Sachherrschaft über den Gegenstand ausüben kann (BGHZ **86**, 300; *Palandt/Bassenge* § 1206 BGB Rz. 2; *Schreiber* Rz. 255). Und genau so ist das, wenn man bei einem Safe, der nur mit zwei Schlüsseln gemeinsam geöffnet werden kann, dem Gläubiger einen dieser Schlüssel aushändigt; die Sache befindet sich dann unter **»Mitverschluss«** des Gläubigers im Sinne des § 1206 1. Alt. BGB und die Übergabe zur Bestellung eines Pfandrechts ist mithin erfolgt (RGZ **103**, 100; MüKo/*Damrau* § 1206 BGB Rz. 5; *Prütting* Rz. 784; *Schreiber* Rz. 255; *Baur/Stürner* § 55 Rz. 17).

> **Und:** Dem steht nach herrschender Meinung auch nicht entgegen, dass der Schuldner sich vor der Übergabe heimlich noch einen Nachschlüssel hat machen lassen und demnach auch tatsächlich alleine und unter Ausschluss des Gläubigers auf die Sache zugreifen kann (RGZ **103**, 100; *Schreiber* Rz. 255; *Soergel/Habersack* § 1206 BGB Rz. 7; MüKo/*Damrau* § 1206 BGB Rz. 5 zweifelnd aber: *Palandt/Bassenge* § 854 BGB Rz. 5 und *Staudinger/Wiegand* § 1206 BGB Rz. 4). Auch in diesem Fall ist die Voraussetzung des qualifizierten Mitbesitzes im Sinne des § 1206 1. Alt. BGB erfüllt. Das heimliche und vertragsuntreue Verhalten des Schuldners kann nämlich nicht zum Nachteil des Pfandgläubigers dadurch führen, dass er dann mangels Mitbesitzes kein Pfandrecht erwerben kann (RGZ **103**, 100). Nähme man dies an, würde das unredliche Verhalten des Schuldners quasi noch »prämiert«. Will der Gläubiger das tatsächliche Risiko, das diese Situation birgt, ausschließen, kann er eine Vereinbarung nach § 1206 2. Alt. BGB mit dem Schuldner treffen und einen »Pfandhalter« einsetzen.

ZE.: Im vorliegenden Fall hat der Gläubiger S den qualifizierten gesamthänderischen Mitbesitz im Sinne des § 1206 1. Alt. BGB (§ 866 BGB) dadurch erhalten, dass G ihm einen von zwei Schlüsseln übergab; insoweit ist nach herrschender Ansicht unschädlich, dass G aufgrund des Nachmachens des Schlüssels tatsächlich auch den alleinigen Zugang zu dem Schließfach hatte.

3.) Gemäß **§ 1204 Abs. 1 BGB** kann ein Pfandrecht nur zur Sicherung einer Forderung bestellt werden. Das Pfandrecht ist vom Bestand der Forderung, wie aus **§ 1252 BGB** ersichtlich ist, abhängig, insoweit gilt die ***Akzessorietät*** von Forderung und Pfandrecht (BGH VIZ **1998**, 389; MüKo/*Damrau* § 1204 BGB Rz. 15; PWW/*Nobbe* § 1204 BGB Rz. 4; *Palandt/Bassenge* § 1204 BGB Rz. 1).

Bitte beachte zum einen diesbezüglich unbedingt noch, dass ein Pfandrecht zwar grundsätzlich nur für ***Geldforderungen*** bestellt werden kann (MüKo/*Damrau* § 1204 BGB Rz. 17; *Palandt/Bassenge* § 1204 BGB Rz. 9), es aber auch genügt, wenn eine andere Forderung – etwa auf Lieferung einer Sache – sich später in eine Geldforderung umwandelt (lies: § 1228 Abs. 2 Satz 2 BGB). Zum anderen kann ein Pfandrecht gemäß § 1204 Abs. 2 BGB auch für eine künftige (allerdings schon bestimmbare) oder bedingte Forderung bestellt werden; das Pfandrecht entsteht im ersten Falle übrigens schon mit der Bestellung und nicht erst mit der späteren Entstehung der Forderung (BGHZ **86**, 340; *Baur/Stürner* § 55 Rz. 13).

a) Im vorliegenden Fall gibt es nun ohne Zweifel zunächst einmal eine Forderung aus dem Kaufvertrag gemäß § 433 Abs. 2 BGB in Höhe von 10.000 Euro für die gekaufte Uhr. Diesbezüglich ergeben sich mithin dann auch keine Bedenken hinsichtlich der Entstehung eines Pfandrechtes an den Wertpapieren.

b) Es fragt sich allerdings, ob dies auch für die Forderung bezüglich der Anwaltskosten in Höhe von 250 Euro für die Mahnung gilt. Diese Forderung war zum Zeitpunkt der Pfandrechtsbestellung noch nicht entstanden und eigentlich auch nicht als zukünftige Forderung im Sinne des § 1204 Abs. 2 BGB abseh- und bestimmbar.

> **Beachte:** Die Kosten der Mahnung mithilfe eines Anwalts hat der Schuldner der ursprünglichen Hauptforderung aus den **§§ 280 Abs. 1 und 2, 286 BGB** zu tragen, wenn er sich mit der Zahlung bereits in Verzug befindet (BGH VersR **1974**, 642; *Schwabe/Kleinhenz*, Schuldrecht I, Fall Nr. 6). Im vorliegenden Fall war die Zahlungsfrist auf 3 Monate begrenzt und der G hatte diese Frist nicht eingehalten. Damit befand er sich nach Ablauf der 3 Monate gemäß § 286 Abs. 2 Nr. 1 BGB (bitte lesen) im Verzug, ohne dass es einer eigentlich für die Verzugsbegründung erforderlichen Mahnung bedurfte. Die Mahnung, die nach Eintritt des Verzuges ausgesprochen wird, fällt daher schon unter den Verzugsschaden und ist entsprechend ersatzpflichtig (*Palandt/Grüneberg* § 286 BGB Rz. 47).

Und damit sind wir wieder bei der Frage von oben, nämlich ob auch diese Forderung aus den §§ 280, 286 BGB vom Pfand an den Wertpapieren umfasst ist oder nicht.

Lösung: Nach allgemeiner Auffassung umfasst die Pfandrechtsbestellung zur Sicherung einer Forderung auch die Schadensersatz- oder Verzugsansprüche, die sich im Rahmen der Abwicklung des Rechtsverhältnisses ergeben. Ein für die Erfüllung einer Kaufpreisforderung gegebenes Pfand haftet namentlich auch für die Ersatzansprüche wegen Nichterfüllung oder Verzug; denn hierbei handelt es sich um gesetzlich ausgestaltete ursprüngliche ***Vertragsansprüche*** (*Soergel/Habersack* § 1204 BGB Rz. 21; *Staudinger/Wiegand* § 1204 BGB Rz. 12; *Palandt/Bassenge* § 1204 BGB Rz. 9; *Baur/Stürner* § 55 Rz. 14).

> **Aber:** ***Nicht*** umfasst sind nach herrschender Meinung hingegen bereicherungsrechtliche Ansprüche aus den **§§ 812 ff. BGB**, die dann entstehen können, wenn die Hauptforderung – aus welchen Gründen auch immer – nichtig ist (z.B. wegen Anfechtung oder Sittenwidrigkeit). Sofern die Parteien bei der Pfandrechtsbestellung nichts anderes vereinbart haben, steht das Pfand für einen solchen Anspruch aus § 812 BGB nicht ein, da es sich im Gegensatz zu den Schadensersatzansprüchen von eben gerade nicht um Ansprüche aus dem ursprünglichen Vertrag handelt (BGH

NJW **1968**, 1134; *Palandt/Bassenge* § 1204 BGB Rz. 9; *Baur/Stürner* § 55 Rz. 12; *Soergel/Habersack* § 1204 BGB Rz. 21).

Im vorliegenden Fall unterliegt, weil wir es mit einem ***Schadensersatz***- und nicht mit einem Anspruch aus den §§ 812 ff. BGB zu tun haben, diese Forderung aus den §§ 280, 286 BGB auch der Pfandrechtsbestellung, die ursprünglich ja eigentlich nur für die Hauptforderung aus § 433 Abs. 2 BGB erfolgen sollte.

ZE.: Das Pfandrecht ist somit sowohl hinsichtlich der Kaufpreisforderung als auch in Bezug auf die Kosten der Mahnung wirksam nach den §§ 1204 ff. BGB entstanden.

II.) Die ***Verwertung*** des Pfandrechtes vollzieht sich nun nach den im Obersatz bereits genannten §§ 1228, 1233 ff. BGB durch den Verkauf der Pfandsache. Hierbei ist auf Folgendes zu achten:

1.) Gemäß **§ 1228 Abs. 2 Satz 1 BGB** ist der Pfandgläubiger erst zum Verkauf berechtigt, wenn die zu sichernde Forderung ***fällig*** ist (sogenannte **»Pfandreife«**) und die Zwangsversteigerung dem Eigentümer angedroht wurde gemäß den **§§ 1220, 1234 BGB**.

Im vorliegenden Fall war die Kaufpreisforderung in Höhe von 10.000 Euro nach der Parteivereinbarung 3 Monate nach Übergabe der Uhr ***fällig*** mit der Konsequenz, dass wegen Überschreitens dieser Frist seitens des G der Verkauf der Pfandsache gemäß § 1228 Abs. 2 Satz 1 BGB zulässig ist. Die Forderung wegen Verzuges in Höhe von 250 Euro aus den §§ 280, 286 BGB war mangels abweichender Vereinbarung gemäß **§ 271 Abs. 1 BGB** sofort fällig und kann folglich auch sofort bei der Verwertung in Ansatz gebracht werden, ohne dass § 1228 Abs. 2 Satz 1 BGB verletzt wird.

2.) Der Verkauf selbst findet dann gemäß **§ 1235 Abs. 1 BGB** im Wege der öffentlichen Versteigerung statt, übrigens deshalb öffentlich, damit der Pfandgläubiger nicht durch das Aussuchen eines speziellen Käufers zum Nachteil des Eigentümers handeln kann (*Baur/Stürner* § 55 Rz. 26). Die Versteigerung wird gemäß **§ 383 Abs. 3 BGB** durchgeführt von einem Gerichtsvollzieher oder Auktionator, kann aber unter Umständen auch sogenannt »freihändig« von einem Privatmann(-frau) erfolgen, wenn die Voraussetzungen des § 1235 Abs. 2 BGB vorliegen oder § 1221 BGB direkt angewendet wird.

3.) Ist die Sache dann im Zuge einer rechtmäßigen Versteigerung unter Beachtung der formalen Voraussetzungen des § 1243 BGB veräußert worden, erwirbt der Ersteher gemäß den §§ 1242, 929 ff. BGB das Eigentum und der Pfandgläubiger kann sich in Höhe der Forderung befriedigen, bitte lies §§ 1210 Abs. 1, 1247 BGB.

Zum Fall: S kann somit, wenn er dem G die Versteigerung angedroht hat, die Wertpapiere einen Monat nach der Androhung (lies: § 1234 Abs. 2 BGB) im Wege der öffentlichen Versteigerung – wie eben geschildert – verkaufen (lassen) und erhält dann in Höhe von 10.250 Euro den Erlös.

Nachtrag

Die Geschichte mit den heimlich nachgemachten Zweitschlüsseln hat noch eine andere Variante, die sehr gerne in Prüfungsarbeiten abgefragt wird. Sie unterscheidet sich von unserer oben im Fall dargestellten Aufgabe nur vergleichsweise unwesentlich; wir wollen sie uns – in gebotener Kürze – gerade noch ansehen, es geht um folgende Fallkonstellation:

> Bei im Übrigen gleichem Sachverhalt kann das Schließfach bei der Bank jetzt schon nur mit ***einem*** Schlüssel geöffnet werden (hat also nur ***ein*** Schloss), und der Schuldner übergibt dem Gläubiger eben diesen einen Schlüssel zur Bestellung des Pfandrechts an den Wertpapieren. Was der Gläubiger aber nicht weiß, ist der Umstand, dass der Schuldner tatsächlich von der Bank ursprünglich noch einen zweiten Schlüssel erhalten hatte, den er dem Gläubiger nun verschweigt und heimlich zurückhält. **Pfandrecht entstanden?**

Im Gegensatz zu unserem Ausgangsfall kommt hier ein qualifizierter gesamthänderischer Mitbesitz nach § 1206 1. Alt. BGB nicht in Betracht, denn das Schloss kann ja mit ***einem*** Schlüssel geöffnet werden, ein »Mitverschluss«, bei dem beide nur **gemeinsam** das Schloss – also mit zwei Schlüsseln – öffnen können, scheidet somit logischerweise aus.

Die Frage, die sich nun aber stellt, ist, ob der Gläubiger nicht durch die Übergabe des einen der zwei Schlüssel den ***alleinigen unmittelbaren*** Besitz nach § 1205 Abs. 1 BGB erlangt hat. Problematisch ist das jetzt natürlich aus dem Grund, weil der Schuldner mit dem zurückgehaltenen Schlüssel ja auch auf die Sache zugreifen kann. Ein ***alleiniger*** unmittelbarer Besitz des Gläubigers und damit die Entstehung des Pfandrechts könnten daher abzulehnen sein. Wir hätten es dann zu tun mit einem »einfachen« Mitbesitz im Sinne des **§ 866 BGB**, bei dem jeder Mitbesitzer alleine auf die Sache zugreifen kann. Dieser aber reicht für eine Pfandrechtsbestellung unstreitig nicht aus (BGH LM § 987 BGB Nr. 7; *Palandt/Bassenge* § 1206 BGB Rz. 1).

Aber: Hier verhält es sich vom Prinzip her nun genau so wie in unserem Ausgangsfall, nämlich: Die Tatsache, dass der Schuldner aufgrund des heimlich zurückgehaltenen Schlüssels rein tatsächlich auch auf die Sache weiterhin alleine zugreifen kann, hindert nach herrschender Meinung nicht die Begründung des alleinigen unmittelbaren Besitzes beim Gläubiger nach § 1205 Abs. 1 BGB (RGZ **103**, 100; OLG Stuttgart OLGE **8**, 195; *Schreiber* Rz. 255; *Sorgel/Habersack* § 1206 BGB Rz. 7; MüKo/*Damrau* § 1206 BGB Rz. 5; *Erman/Michalski* § 1206 BGB Rz. 3; zweifelnd aber: *Palandt/Bassenge* § 854 BGB Rz. 5; *Staudinger/Wiegand* § 1206 BGB Rz. 4; *Schmidt* in AcP 134, 21). Denn auch hier gilt, dass der Schuldner durch sein unredliches Verhalten nicht auch noch einen Vorteil erlangen darf in der Form, dass man die Begründung des Pfandrechtes verneint. Hier ist daher zugunsten des Pfandgläubigers von dem Erwerb des ***alleinigen*** unmittelbaren Besitzes und damit dann auch des Pfandrechts im Sinne des § 1205

Abs. 1 BGB auszugehen, obwohl der Schuldner noch Zugang zur Sache hat. Alles klar!?

Gutachten

S kann die Wertpapiere des G gemäß den §§ 1228, 1233 ff. BGB im Wege des Pfandverkaufs verwerten, wenn ihm ein Pfandrecht an den Sachen zusteht.

1.) Zur Bestellung des Pfandrechts ist zunächst gemäß § 1205 Abs. 1 BGB eine dementsprechende Einigung zwischen S und G erforderlich. Eine solche kann vorliegend angenommen werden, S sollte nach der Vereinbarung mit G Pfandgläubiger in Bezug auf die Papiere werden.

2.) Des Weiteren notwendig ist gemäß § 1205 Abs. 1 BGB die Übergabe der Sache, wobei neben der Verschaffung des unmittelbaren Alleinbesitzes nach § 1206 BGB auch unter anderem die Einräumung des qualifizierten Mitbesitzes genügend sein kann. Im vorliegenden Fall hat S durch die Übergabe des einen von zwei zur Öffnung des Schlosses notwendigen Schlüsseln jedenfalls nicht den unmittelbaren Alleinbesitz erhalten. In Betracht kommt aber der in § 1206 BGB benannte Mitbesitz unter Mitverschluss des Gläubigers, der sogenannte qualifizierte gesamthänderische Mitbesitz. Ein solcher liegt dann vor, wenn der Eigentümer nicht ohne Mitwirkung des Gläubigers die tatsächliche Sachherrschaft über den Gegenstand ausüben kann. Diese Konstellation ist anzunehmen, wenn man bei einem Safe, der nur mit zwei Schlüsseln gemeinsam geöffnet werden kann, dem Gläubiger einen dieser Schlüssel aushändigt; die Sache befindet sich dann unter Mitverschluss des Gläubigers im Sinne des § 1206 1. Alt. BGB und die Übergabe zur Bestellung eines Pfandrechts ist mithin erfolgt. Es stellt sich die Frage, ob dieser Mitbesitz ausgeschlossen wird durch den Umstand, dass G sich einen Nachschlüssel hat fertigen lassen und somit auch alleine auf die Sache zugreifen konnte. Dies kann jedoch keine andere Beurteilung rechtfertigen. Auch in einem solchen Fall ist die Voraussetzung des qualifizierten Mitbesitzes im Sinne des § 1206 1. Alt. BGB erfüllt. Das heimliche und vertragsuntreue Verhalten des Schuldners kann nicht zum Nachteil des Pfandgläubigers dadurch führen, dass er dann mangels Mitbesitzes kein Pfandrecht erwerben kann. Würde man dies annehmen, würde das unredliche Verhalten des Schuldners noch belohnt.

Im vorliegenden Fall hat der Gläubiger S den qualifizierten gesamthänderischen Mitbesitz im Sinne des § 1206 1. Alt. BGB (§ 866 BGB) dadurch erhalten, dass G ihm einen von zwei Schlüsseln übergab; insoweit ist unschädlich, dass G aufgrund des Nachmachens des Schlüssels tatsächlich auch den alleinigen Zugang zu dem Schließfach hatte.

3.) Weitere Voraussetzung zur Bestellung eines Pfandrechts nach den §§ 1204 ff. BGB ist das Bestehen einer zu sichernden Forderung.

a) Es ergeben sich zunächst keine Bedenken hinsichtlich der Entstehung eines Pfandrechtes an den Wertpapieren in Bezug auf die Kaufpreisforderung. G ist Schuldner des Anspruchs aus § 433 Abs. 2 BGB und das Pfandrecht sollte ausdrücklich zur Sicherung dieser Forderung bestellt werden.

b) Zu prüfen ist allerdings, ob dies auch für die Forderung bezüglich der Anwaltskosten in Höhe von 250 Euro für die Mahnung gilt. Diese Forderung aus den §§ 280, 286 BGB war zum Zeitpunkt der Pfandrechtsbestellung noch nicht entstanden und auch nicht als zukünftige Forderung im Sinne des § 1204 Abs. 2 BGB abseh- und bestimmbar. Es fragt sich, ob auch eine solche Forderung auf Schadensersatz von der Bestellung des Pfandrechts für eine vertragliche Kaufpreisforderung mitumfasst wird. Nach allgemeiner Auffassung umfasst die Pfandrechtsbestellung zur Sicherung einer Forderung auch die Schadensersatz- oder Verzugsansprüche, die sich im Rahmen der Abwicklung des Rechtsverhältnisses ergeben. Ein für die Erfüllung einer Kaufpreisforderung gegebenes Pfand haftet namentlich auch für die Ersatzansprüche wegen Nichterfüllung oder Verzug; denn hierbei handelt es sich um gesetzlich ausgestaltete ursprüngliche Vertragsansprüche. Den Gegensatz dazu bilden die Ansprüche aus der ungerechtfertigten Bereicherung der §§ 812 ff. BGB. Diese sind, wenn sie entstehen, nicht von der Pfandrechtsbestellung eingeschlossen, da es sich nicht um Ansprüche, die in dem ursprünglichen Vertrag wurzeln, sondern um eigenständige Rückabwicklungsansprüche handelt. Im vorliegenden Fall unterliegt, weil es sich um einen Schadensersatz- und nicht um einen Anspruch aus den §§ 812 ff. BGB handelt, diese Forderung des S gegen G aus den §§ 280, 286 BGB auch der Pfandrechtsbestellung, die ursprünglich nur für die Hauptforderung aus § 433 Abs. 2 BGB erfolgen sollte. Das Pfandrecht ist somit sowohl hinsichtlich der Kaufpreisforderung als auch in Bezug auf die Kosten der Mahnung wirksam nach den §§ 1204 ff. BGB entstanden.

4.) Die Verwertung des Pfandrechtes vollzieht sich nun nach den im Obersatz genannten §§ 1228, 1233 ff. BGB durch den Verkauf der Pfandsache.

a) Gemäß § 1228 Abs. 2 Satz 1 BGB ist der Pfandgläubiger erst zum Verkauf berechtigt, wenn die zu sichernde Forderung fällig ist und die Zwangsversteigerung dem Eigentümer angedroht wurde gemäß den §§ 1220, 1234 BGB.

Im vorliegenden Fall war die Kaufpreisforderung in Höhe von 10.000 Euro nach der Parteivereinbarung 3 Monate nach Übergabe der Uhr fällig mit der Konsequenz, dass wegen Überschreitens dieser Frist seitens des G der Verkauf der Pfandsache gemäß § 1228 Abs. 2 Satz 1 BGB zulässig ist. Die Forderung wegen Verzuges in Höhe von 250 Euro aus den §§ 280, 286 BGB war mangels abweichender Vereinbarung gemäß § 271 Abs. 1 BGB sofort fällig und kann folglich auch sofort bei der Verwertung in Ansatz gebracht werden, ohne dass § 1228 Abs. 2 Satz 1 BGB verletzt wird.

b) Der Verkauf selbst findet dann gemäß § 1235 Abs. 1 BGB im Wege der öffentlichen Versteigerung statt.

Erg.: S kann somit, wenn er dem G die Versteigerung angedroht hat, die Wertpapiere gemäß § 1234 Abs. 2 BGB einen Monat nach der Androhung im Wege der öffentlichen Versteigerung verkaufen und erhält dann in Höhe von 10.250 Euro den Erlös.

Fall 18

Die Beauty-Farm

R hat mit seinem vor zwei Monaten gebraucht gekauften Motorrad einen einwöchigen Ausflug auf die Beauty-Farm des F gemacht. Am Ende der Woche kann R allerdings die Rechnung in Höhe von 1.500 Euro nicht zahlen. Er vereinbart daher mit F, dass F das Motorrad, das R während der Woche in der dafür vorgesehenen Garage des F abgestellt hatte, als Pfand behält, bis R die 1.500 Euro erbracht hat.

Dummerweise ist der F nun aber selbst wegen der Renovierung seiner Anlage zurzeit in finanziellen Schwierigkeiten. Dem Handwerker H, dem F noch 2.000 Euro schuldet, tritt er deshalb eine Woche später die Forderung gegen R ab und übergibt ihm auch das Motorrad unter Hinweis auf das Pfandrecht. Als R dann wenig später zahlungsunfähig wird und H davon Kenntnis erlangt, lässt H das Motorrad formal ordnungsgemäß durch den Gerichtsvollzieher G zwangsversteigern. Erwerber ist der K, der das Gefährt gegen Zahlung von 1.500 Euro von G in Empfang nimmt. Zur Verblüffung aller Beteiligten des Falles meldet sich einige Tage später der E, dem das Motorrad vor einem halben Jahr gestohlen worden war.

E will nun wissen, welche Ansprüche ihm gegen K zustehen.

Schwerpunkte: Übertragung des Pfandrechts nach § 1250 BGB; gutgläubiger Erwerb des Pfandrechts gemäß den §§ 1207, 929 ff. BGB; Versteigerung nach den §§ 1235 ff. BGB; Wirkung der Versteigerung gemäß § 1242 BGB; Gastwirtpfandrecht aus § 704 BGB; gutgläubiger Erwerb bei der Versteigerung nach § 1244 BGB.

Lösungsweg

	Beherbergung		§ 398 BGB		§ 433 BGB Sache	
(E) R	------------------------	**F**	--------------------------------	**H (G)**	-------------------------	**K**
			Übergabe		Übergabe	

Anspruch des E gegen K auf Herausgabe des Motorrades

<u>**AGL.**</u>**: § 985 BGB**

E kann von K die Herausgabe des Motorrades nach § 985 BGB verlangen, wenn E zum Zeitpunkt der Anspruchsstellung der Eigentümer und K der unmittelbare Besitzer der Sache ohne Recht zum Besitz ist.

Ursprünglicher Eigentümer der Sache war E. Der E könnte sein Eigentum jedoch verloren haben. Der Eigentumsübergang richtet sich wie immer grundsätzlich nach den **§§ 929 ff. BGB**, im Einzelnen:

I.) Zunächst ist zu prüfen, ob nicht der F aufgrund der Abrede mit R über die Bestellung des Pfandes zur Sicherung der Forderung aus dem Vertrag über den Aufenthalt auf der Beauty-Farm (Gastwirtvertrag, § 701 BGB) das Eigentum an der Sache erworben haben könnte.

Aber: Unabhängig von der Frage, ob hier im vorliegenden Fall zwischen R und F überhaupt die Voraussetzungen einer wirksamen Pfandrechtsbestellung vorliegen, ist Folgendes festzustellen: Bei der Bestellung eines Pfandes geht das Eigentum an der Sache ***nicht*** auf den Pfandgläubiger über, dieser erhält gemäß den §§ 1204 Abs. 1, 1205 BGB lediglich den unmittelbaren Besitz an der Sache und das Recht, bei Fälligkeit des zu sichernden Anspruchs **»Befriedigung aus der Sache zu suchen«**. Eine Eigentumsübertragung findet nicht statt; die Parteien einigen sich gemäß § 1205 Abs. 1 BGB lediglich über die Bestellung des Pfandrechts und vollziehen eine Übergabe in Form der Besitzübertragung (PWW/*Nobbe* § 1204 BGB Rz. 1; MüKo/*Damrau* § 1204 BGB Rz. 1).

<u>ZE.</u>: Der E hat sein Eigentum an der Sache nicht an F verloren.

II.) Gleiches gilt für die Übertragung des Pfandrechtes von F auf H. Auch hier hat keine Eigentumsübertragung im Sinne der §§ 929 ff. BGB stattgefunden, F und H haben sich vielmehr darauf geeinigt, dass der H nunmehr Inhaber des dem F möglicherweise zustehenden Pfandrechts sein soll. F und H haben keine Einigung über einen Eigentumsübergang im Sinne der §§ 929 ff. BGB vorgenommen.

III.) Es fragt sich schließlich, ob der K als Erwerber bei der Zwangsversteigerung das Eigentum an dem Motorrad erworben und mithin E dann sein Eigentum logischerweise verloren hat. Gemäß **§ 1242 Abs. 1 BGB** erhält der Erwerber bei der rechtmäßigen Veräußerung des Pfandes die gleichen Rechte, wie wenn er die Sache vom Eigentümer erworben hätte, der Erwerb richtet sich auch dann nach den **§§ 929 ff. BGB** (*Baur/Stürner* § 55 Rz. 26).

1.) In Betracht kommt zunächst der Eigentumserwerb gemäß den §§ 1242 Abs. 1, 929 ff. BGB vom ***Berechtigten***, also vom ***rechtmäßigen Pfandgläubiger***, als K bei der Zwangsversteigerung das Motorrad von G kauft und auch übergeben bekommt.

Durchblick: Der K hat die Sache bei der Zwangsversteigerung vom Gerichtsvollzieher G erworben und auch übergeben bekommen, so sagt es jedenfalls der Sachverhalt. Das indessen ist nur die halbe Wahrheit, denn man muss nun zunächst wissen, dass eine solche, bei der Verpfändung nach **§ 1235 Abs. 1 BGB** durchzuführende öffentliche Versteigerung wegen **§ 383 Abs. 3 BGB** in der Regel durch einen Gerichtsvollzieher oder einen Auktionator durchgeführt werden muss (BGH NJW **1990**, 899). Diese Gerichtsvollzieher oder Auktionatoren verkaufen die Sache aber jetzt natürlich nicht im eigenen Namen oder gar für sich selbst, sondern handeln immer nur als ***Vertreter*** des Pfandgläubigers (*Schreiber* Rz. 272). Das erkennt man an **§ 1228 Abs. 2 BGB**, wonach der ***Pfandgläubiger*** bei Fälligkeit der zu sichernden Forderung zum Verkauf berechtigt ist. Der Pfandgläubiger ist und bleibt somit bei der wegen § 383 Abs. 3 BGB vom Gerichtsvollzieher durchgeführten Zwangsversteigerung der Verkäufer und ist hinsichtlich der Eigentumsübertragung nach den §§ 929 ff. BGB mit einer gesetzlichen Verfügungsermächtigung aus § 1228 Abs. 2 BGB versehen, die dann allerdings ebenfalls vom Gerichtsvollzieher ausgeführt wird. Das Ganze funktioniert dann so, dass der Gerichtsvollzieher zunächst für den Pfandgläubiger den schuldrechtlichen Vertrag mit dem sogenannten »Zuschlag« an den Erwerber nach **§ 156 BGB** schließt und im zweiten Schritt die Sache auch übergibt und für den Pfandgläubiger dem Erwerber das Eigentum an der Sache verschafft (*Baur/Stürner* § 55 Rz. 26). Der Erwerber erlangt dann auf diese Art und Weise gemäß **§ 1242 Abs. 1 BGB** die gleiche Rechtsposition (= Eigentum) wie er sie vom Eigentümer selbst erhalten hätte.

Das sind die Regeln für den Normalfall, also den Fall, in dem bei der Verpfändung alles glatt läuft, sprich, wenn das Pfandrecht beim Pfandgläubiger, der die Versteigerung veranlasst hat, auch wirksam entstanden ist und des Weiteren auch sämtliche sonstigen formalen Voraussetzungen einer rechtmäßigen Versteigerung eingehalten worden sind. Wie gesehen, erwirbt dann der Käufer das Eigentum vom berechtigten Pfandgläubiger, vertreten durch den Gerichtsvollzieher, und der ursprüngliche Eigentümer verliert seine Rechtsposition, lies: § 1242 Abs. 1 BGB.

Zu unserem Fall: Das wäre also hier dann auch so, vorausgesetzt, der H wäre als Veräußerer des Motorrades tatsächlich materiell-rechtlich auch der Pfandgläubiger gewesen. Nur wenn H wirksam ein Pfandrecht an der Sache erworben hatte, kann er auch als Berechtigter die Zwangsversteigerung betreiben und dem K nach den Vorschriften der **§§ 1242 Abs. 1, 929 ff. BGB** das Eigentum an der Sache verschaffen. Ist er hingegen bei der Veräußerung im Rahmen der Zwangsversteigerung als unrechtmäßiger Pfandgläubiger aufgetreten, konnte K auch nicht vom Berechtigten nach § 1242 Abs. 1 BGB erwerben. In diesem Fall müsste dann geklärt werden, ob bei einer Zwangsversteigerung auch vom Nichtberechtigten wirksam eine Sache erworben werden kann.

Wir müssen also nun zunächst prüfen, ob dem H materiell-rechtlich ein Pfandrecht an dem Motorrad erwachsen und er damit berechtigter Pfandgläubiger im Sinne des § 1242 Abs. 1 BGB bei der Veräußerung gewesen ist.

Voraussetzungen der Entstehung eines Pfandrechts bei H:

Da der H das Pfandrecht nicht originär vom Eigentümer E gemäß den §§ 1204, 1205 BGB erworben haben kann, ist zu prüfen, ob er durch die Vereinbarung mit F wirksam Pfandgläubiger geworden ist.

> **Beachte:** Zur Übertragung des Pfandrechts von einer Person auf die andere ist gemäß **§ 1250 Abs. 1 BGB** die Abtretung der zu sichernden Forderung erforderlich. Mit der Übertragung der Forderung geht das Pfandrecht auf den neuen Gläubiger gemäß **§ 401 BGB** über. Forderung und Pfandrecht sind streng akzessorisch (vgl. § 1204 BGB). Merken.

Unproblematisch hat im vorliegenden Fall der F seine Forderung aus dem Beherbergungsvertrag an den H gemäß **§ 398 BGB** abgetreten mit der Folge, dass H gemäß § 401 BGB auch Pfandgläubiger geworden wäre; das gilt allerdings selbstverständlich nur dann, wenn das Pfandrecht bei F auch tatsächlich bestanden hat.

Der F müsste demnach Inhaber eines rechtmäßig erworbenen Pfandrechts gewesen sein, das er dem H aufgrund der Abtretung der Forderung und der Übergabe der Sache gemäß den §§ 1250 Abs. 1, 401 BGB verschafft hätte.

a) Insoweit ist zunächst zu beachten, dass der F jedenfalls kein ***gesetzliches*** Pfandrecht an dem Motorrad gemäß **§ 704 BGB** erwerben konnte, und zwar deshalb, weil das Motorrad nicht dem Gast R gehörte. Im Gegensatz zum Unternehmerpfandrecht aus § 647 BGB (vgl. dazu bitte vorne Fall Nr. 14) ist das Pfandrecht des Gastwirtes aus § 704 BGB, weil es ein sogenanntes »besitzloses Pfandrecht« ist, unstreitig nur beschränkt auf eingebrachte Sachen ***des Gastes,*** also solche, die dem Gast auch tatsächlich gehören. Ein gutgläubiger Erwerb des Pfandrechts aus § 704 BGB ist ausgeschlossen (PWW/*Fehrenbacher* § 704 BGB Rz. 1; *Palandt/Sprau* § 704 BGB Rz. 1; *Baur/Stürner* § 55 Rz. 40). Unabhängig davon, ob das Motorrad, das in der Garage des F stand, nun »eingebracht« ist im Sinne der eben genannten Vorschrift des § 704 BGB, kommt es als schuldnerfremde Sache nicht als Pfandgegenstand in Betracht.

<u>ZE.</u>: F hat kein gesetzliches Pfandrecht an dem Motorrad aus § 704 BGB erworben, da die Sache nicht dem Gast R gehörte und ein gutgläubiger Erwerb des Gastwirtpfandrechts nicht möglich ist.

b) F könnte aber ein **vertragliches** Pfandrecht an dem Motorrad erworben haben nach den §§ 1204, 1205 BGB.

Voraussetzungen: Dann müsste sich F mit dem R entsprechend der §§ 1204, 1205 BGB geeinigt haben, und die Sache müsste auch übergeben worden sein.

Problematisch ist das ganze nun deshalb, weil der R als Verpfänder nicht der Eigentümer der Sache gewesen ist, was nach § 1205 Abs. 1 BGB aber für den Erwerb notwendig wäre. Der F kann mithin nur dann wirksam ein Pfandrecht erworben haben, wenn sein guter Glaube an die Eigentümerstellung des R geschützt wird. Und dies regelt sich nun nach **§ 1207 BGB**, wonach die für den Erwerb des Eigentums geltenden Vorschriften der §§ 932, 934 und 935 BGB entsprechende Anwendung finden. Unser F war mangels entgegenstehender Angaben im Sachverhalt zwar gutgläubig im Sinne des § 932 Abs. 2 BGB, da er wie auch alle übrigen Beteiligten des Falles nach Sachverhaltsangabe an das Eigentum des R geglaubt hatte. Indessen hindert der über § 1207 BGB ebenfalls anwendbare **§ 935 Abs. 1 BGB** im vorliegenden Fall den gutgläubigen Erwerb des Pfandrechts, denn das Motorrad war dem Eigentümer E gestohlen worden mit der Folge, dass an dieser gestohlenen Sache ein gutgläubiger Erwerb nicht möglich ist.

ZE.: F konnte wegen § 935 Abs. 1 BGB, der über § 1207 BGB auch auf den gutgläubigen Erwerb des Pfandrechts entsprechend anwendbar ist, das Pfandrecht an dem Motorrad nicht gemäß den §§ 1204, 1205 BGB erwerben.

ZE.: F hatte somit insgesamt ***kein*** Pfandrecht an dem Motorrad erhalten, weder gesetzlich noch durch Rechtsgeschäft. F konnte folglich dem H auch nicht als Berechtigter ein Pfandrecht im Rahmen der Abtretung der Forderung gemäß den §§ 1250, 401 BGB verschaffen.

c) In Betracht kommt deshalb nur der Erwerb des Pfandrechts seitens des H von F als ***Nichtberechtigtem***, als F dem H die Forderung aus dem Beherbergungsvertrag abtrat und ihm unter Berufung auf das Pfandrecht die Sache auch übergeben hat.

Aber: Ein nicht vorhandenes Pfandrecht kann grundsätzlich auch ***nicht*** übertragen werden. Der gutgläubige Erwerb eines tatsächlich nicht bestehenden Pfandrechts im Rahmen einer Forderungsabtretung über § 401 BGB ist nach herrschender Meinung ***ausgeschlossen***, da § 1207 BGB, der die Vorschriften des gutgläubigen Erwerbes für entsprechend anwendbar erklärt, nur für den ***Ersterwerb*** gilt (MüKo/*Damrau* § 1250 BGB Rz. 3; *Erman/Michalski* § 1250 BGB Rz. 1; *Reinicke/Tiedtke* in JA 1984, 202; *Schreiber* Rz. 261; *Prütting* Rz. 819; *Baur/Stürner* § 55 Rz. 32; *Palandt/Bassenge* § 1250 BGB Rz. 1). Der gute Glaube wird beim Pfandrechtserwerb somit nur hinsichtlich der erstmaligen Bestellung geschützt und gilt nicht für weitere Übertragungen des Pfandrechts auf andere Personen. Merken.

ZE.: Damit hat H durch die Vereinbarung mit F weder vom Berechtigten ein Pfandrecht erwerben können, noch vom Nichtberechtigten. Folglich ist der H überhaupt nicht Inhaber des Pfandrechts an dem Motorrad geworden.

ZE.: Bei der Veräußerung der Sache im Rahmen der Zwangsversteigerung nun konnte der Erwerber K somit das Eigentum auch nicht vom Berechtigten gemäß § 1242 Abs. 1 BGB erwerben, denn der Veräußerer H war – wie gesehen – ***nicht*** rechtmäßiger Pfandgläubiger hinsichtlich des Motorrades.

ZE.: Ein Erwerb des Eigentums für K bei der Zwangsversteigerung kommt somit nur dann in Betracht, wenn insoweit ein rechtsgeschäftlicher Erwerb auch vom ***Nichtberechtigten*** möglich ist.

2.) Eigentumserwerb des K vom nichtberechtigten Pfandgläubiger

Aufgepasst: Wir haben gerade festgestellt, dass der H als Veräußerer bei der Zwangsversteigerung, vertreten durch den G, überhaupt nicht der Inhaber des Pfandrechts, das die Grundlage der Versteigerung darstellt (vgl. § 1242 Abs. 1 BGB), war. Und da wir auch festgestellt haben, dass ein nicht bestehendes Pfandrecht grundsätzlich auch nicht auf einen gutgläubigen Erwerber übertragen werden kann, weil die §§ 1207, 932 ff. BGB nur für den ***Ersterwerb*** gelten, müsste nun eigentlich klar sein, dass dieses Prinzip auch bei der Veräußerung des Pfandes im Rahmen der Zwangsversteigerung gilt, der Erwerb vom Nichtberechtigten also dort auch ausgeschlossen ist.

> **Aber:** Bei der ***Verwertung*** der Sache im Rahmen der Zwangsversteigerung gilt nun erstaunlicherweise wieder etwas anderes: Gemäß **§ 1244 BGB** nämlich finden für die Veräußerung des Pfandes die Vorschriften der §§ 932–934 und 936 BGB entsprechende Anwendung (bitte im Gesetz prüfen), wenn dem Veräußerer kein Pfandrecht zusteht oder den Erfordernissen nicht genügt wird, von denen die Rechtmäßigkeit der Versteigerung abhängt. Und wenn man den letzten Satz nun mal genau liest, wird man bemerken, dass zum einen im Gegensatz zur Übertragung des Pfandes hier bei der Veräußerung durch Verkauf die Vorschriften des gutgläubigen Erwerbes doch wieder Anwendung finden und – Achtung! – zum anderen sogar der § 935 BGB ausdrücklich ***nicht*** gilt. Erwähnt sind in § 1244 BGB nämlich nur die §§ 932–934 und der § 936 BGB (bitte lies auch **§ 935 Abs. 2 BGB**!).

Folge: Bei der Verwertung der Sache im Rahmen der Zwangsversteigerung ist im Gegensatz zur Übertragung des Pfandrechts der gutgläubige Erwerb vom Nichtberechtigten möglich, und das gilt sogar dann, wenn die Sache abhanden gekommen bzw. gestohlen war. Bitte beachte übrigens hinsichtlich des guten Glaubens bei der Zwangsversteigerung, dass dieser Glaube natürlich nicht auf das Eigentum, sondern lediglich auf das Bestehen eines Pfandrechts gerichtet bzw. bezogen sein muss (*Erman/Michalski* § 1244 BGB Rz. 4; *Palandt/Bassenge* § 1244 BGB Rz. 2).

Wir merken uns: Hinsichtlich des gutgläubigen Erwerbes im Rahmen der Pfandrechtsabwicklung gilt somit Folgendes: Beim Ersterwerb des vertraglichen Pfandrechts nach den §§ 1204, 1205 BGB gelten gemäß § 1207 BGB die Vorschriften des gutgläubigen Erwerbes aus den §§ 932 ff. BGB entsprechend, ein gutgläubiger Erwerb ist mithin grundsätzlich möglich, nicht jedoch, wenn die Voraussetzungen des § 935 BGB vorliegen. Bei der weiteren Übertragung eines Pfandrechts ist der § 1207 BGB hingegen ***nicht*** anwendbar mit der Folge, dass der gutgläubige Erwerb eines tatsächlich nicht bestehenden Pfandrechts bei der Übertragung von einer Person auf die andere durch Abtretung der zu sichernden Forderung ausgeschlossen ist. Bei der Verwertung des Pfandes durch Veräußerung im Rahmen der

Zwangsversteigerung ist der gutgläubige Erwerb schließlich gemäß § 1244 BGB (§ 935 Abs. 2 BGB) grundsätzlich wieder möglich, und tritt sogar dann ein, wenn die Sache vormals dem Eigentümer abhanden gekommen oder gestohlen worden war, denn § 935 BGB ist gemäß § 1244 BGB ausdrücklich ***nicht*** anwendbar.

ZE.: Der K konnte wegen § 1244 BGB i.V.m. § 932 BGB gutgläubig das Eigentum an dem Motorrad erwerben, obwohl es dem E gestohlen worden war.

Erg.: Der E hat sein Eigentum an K verloren und kann mithin von K ***nicht*** die Herausgabe der Sache nach § 985 BGB fordern.

Anhang

Weitere Ansprüche des E gegen K kamen nicht mehr in Betracht, zum allgemeinen Verständnis aber noch Folgendes:

1.) Sofern der Erwerber bei der Zwangsversteigerung leicht oder normal fahrlässig verkennt, dass an der Sache kein Pfandrecht besteht und sie möglicherweise sogar gestohlen ist, würde er dennoch das Eigentum gutgläubig nach § 1244 BGB erwerben können, denn § 932 Abs. 2 BGB stellt nur auf grobe Fahrlässigkeit ab. Gelegentlich wird dann noch überlegt, ob in solchen Fällen nicht ein Anspruch des ursprünglichen Eigentümers gegen den Erwerber aus den **§ 823 Abs. 1 BGB** (Eigentumsverletzung!) in Verbindung mit § 249 Abs. 1 BGB begründet ist, der dann auf Wiederherstellung des vorherigen Zustandes – also Eigentumsverschaffung beim vormaligen Eigentümer – gerichtet wäre.

> **Aber:** Würde man dies zulassen, liefe die Vorschrift des § 1244 BGB leer, denn dann könnte der ursprüngliche Eigentümer die von § 1244 BGB vorgesehene Rechtslage – also den Ausschluss des § 935 BGB – über den Umweg des § 823 Abs. 1 BGB stets wieder umkehren. Es wird daher allgemein angenommen, dass es beim gutgläubigen Erwerb seitens des Erwerbers schon an der Eigentumsverletzung an sich mangelt (BGH WM **1967**, 564; *Palandt/Sprau* § 823 BGB Rz. 10; *Brox/Walker* BT Rz. 443).

2.) Einen bereicherungsrechtlichen Anspruch in Form einer Eingriffskondiktion aus § 812 Abs. 1 BGB kann der Eigentümer gegen den Erwerber deshalb nicht geltend machen, weil insoweit der Vorrang des Leistungsverhältnisses gilt und der Erwerber die Sache aufgrund der Leistung des Veräußerers erhalten hat. Eine bereicherungsrechtliche Abwicklung kann in solchen Fällen nur zwischen dem Leistenden und dem Leistungsempfänger erfolgen (BGHZ **40**, 272; *Palandt/Sprau* § 812 BGB Rz. 2; *Ehmann* in NJW 1971, 612; *Picker* in NJW 1974, 1790).

Gutachten

E könnte gegen K einen Anspruch auf Herausgabe des Motorrades aus dem Eigentumsrecht des § 985 BGB haben.

Der Anspruch ist begründet, wenn E zum Zeitpunkt der Anspruchsstellung der Eigentümer und der K der unmittelbare Besitzer der Sache ohne Recht zum Besitz ist. Ursprünglicher Eigentümer der Sache war E. Der E könnte sein Eigentum jedoch verloren haben.

I.) Es fragt sich zunächst, ob F aufgrund der Abrede mit R über die Bestellung des Pfandes zur Sicherung der Forderung aus dem Vertrag über den Aufenthalt auf der Beauty-Farm das Eigentum an der Sache erworben und E somit bereits dadurch sein Eigentum verloren hätte.

Unabhängig von der Frage, ob hier im vorliegenden Fall zwischen R und F überhaupt die Voraussetzungen einer wirksamen Pfandrechtsbestellung vorliegen, ist Folgendes festzustellen: Bei der Bestellung eines Pfandes geht das Eigentum an der Sache nicht auf den Pfandgläubiger über, dieser erhält gemäß den §§ 1204 Abs. 1, 1205 BGB lediglich den unmittelbaren Besitz an der Sache und das Recht, bei Fälligkeit des zu sichernden Anspruchs Befriedigung aus der Sache zu suchen. Eine Eigentumsübertragung findet nicht statt; die Parteien einigen sich gemäß § 1205 Abs. 1 BGB lediglich über die Bestellung des Pfandrechts und vollziehen eine Übergabe in Form der Besitzübertragung. Der E hat sein Eigentum an der Sache nicht an F verloren.

II.) Gleiches gilt für die Übertragung des Pfandrechtes von F auf H. Auch hier hat keine Eigentumsübertragung im Sinne der §§ 929 ff. BGB stattgefunden, F und H haben sich vielmehr darauf geeinigt, dass der H nunmehr Inhaber des dem F möglicherweise zustehenden Pfandrechts sein soll. F und H haben keine Einigung über einen Eigentumsübergang im Sinne der §§ 929 ff. BGB vorgenommen.

III.) Es fragt sich schließlich, ob der K als Erwerber bei der Zwangsversteigerung das Eigentum an dem Motorrad erworben und mithin E auf diesem Weg sein Eigentum verloren hat. Gemäß § 1242 Abs. 1 BGB erhält der Erwerber bei der rechtmäßigen Veräußerung des Pfandes die gleichen Rechte, wie wenn er die Sache vom Eigentümer erworben hätte, der Erwerb richtet sich auch dann nach den §§ 929 ff. BGB.

1.) In Betracht kommt zunächst der Eigentumserwerb gemäß den §§ 1242 Abs. 1, 929 ff. BGB vom Berechtigten, also vom rechtmäßigen Pfandgläubiger, als K bei der Zwangsversteigerung das Motorrad kauft und auch übergeben erhält. H müsste dann, vertreten durch G nach § 383 Abs. 3 BGB, rechtmäßiger Pfandgläubiger und somit verwertungsberechtigt in Bezug auf das Motorrad gewesen sein.

Da der H das Pfandrecht nicht originär vom Eigentümer E gemäß den §§ 1204, 1205 BGB erworben haben kann, ist zu klären, ob er durch die Vereinbarung mit F wirksam Pfandgläubiger geworden ist. Zur Übertragung des Pfandrechts von einer Person auf die andere ist gemäß § 1250 Abs. 1 BGB die Abtretung der zu sichernden Forderung erforderlich. Mit der Übertragung der Forderung geht das Pfandrecht auf den neuen Gläubiger gemäß

§ 401 BGB über. Unproblematisch hat im vorliegenden Fall der F seine Forderung aus dem Beherbergungsvertrag an den H gemäß § 398 BGB abgetreten mit der Folge, dass H gemäß § 401 BGB auch Pfandgläubiger geworden wäre; das gilt allerdings nur dann, wenn das Pfandrecht bei F auch tatsächlich bestanden hat.

Der F müsste demnach Inhaber eines rechtmäßig erworbenen Pfandrechts gewesen sein, das er dem H aufgrund der Abtretung der Forderung und der Übergabe der Sache gemäß den §§ 1250 Abs. 1, 401 BGB verschafft hätte.

a) Insoweit ist zunächst zu beachten, dass der F jedenfalls kein gesetzliches Pfandrecht an dem Motorrad gemäß § 704 BGB erwerben konnte. Das Motorrad gehörte nicht dem Gast R. Im Gegensatz zum Unternehmerpfandrecht aus § 647 BGB ist das Pfandrecht des Gastwirtes aus § 704 BGB, weil es ein sogenanntes »besitzloses Pfandrecht« ist, unstreitig nur beschränkt auf eingebrachte Sachen des Gastes, also solche, die dem Gast auch tatsächlich gehören. Ein gutgläubiger Erwerb des Pfandrechts aus § 704 BGB ist ausgeschlossen. Unabhängig davon, ob das Motorrad, das in der Garage des F stand, nun »eingebracht« ist im Sinne des § 704 BGB, kommt es als schuldnerfremde Sache nicht als Pfandgegenstand in Betracht. Der F hat kein gesetzliches Pfandrecht an dem Motorrad aus § 704 BGB erworben, da die Sache nicht dem Gast R gehörte und ein gutgläubiger Erwerb des Gastwirtpfandrechts nicht möglich ist.

b) Der F könnte aber ein vertragliches Pfandrecht an dem Motorrad erworben haben nach den §§ 1204, 1205 BGB. Dann müsste sich F mit dem R entsprechend der §§ 1204, 1205 BGB geeinigt haben, und die Sache müsste auch übergeben worden sein.

Problematisch ist der Erwerb deshalb, weil der R als Verpfänder nicht der Eigentümer der Sache gewesen ist, was nach § 1205 Abs. 1 BGB aber für den Erwerb notwendig wäre. Der F kann mithin nur dann wirksam ein Pfandrecht erworben haben, wenn sein guter Glaube an die Eigentümerstellung des R geschützt wird. Dies regelt sich nach § 1207 BGB, wonach die für den Erwerb des Eigentums geltenden Vorschriften der §§ 932, 934 und 935 BGB entsprechende Anwendung finden. Der F war zwar gutgläubig im Sinne des § 932 Abs. 2 BGB, da er wie auch alle übrigen Beteiligten des Falles an das Eigentum des R geglaubt hatte. Indessen hindert der über § 1207 BGB ebenfalls anwendbare § 935 Abs. 1 BGB im vorliegenden Fall den gutgläubigen Erwerb des Pfandrechts, denn das Motorrad war dem Eigentümer E gestohlen worden mit der Folge, dass an dieser gestohlenen Sache ein gutgläubiger Erwerb des Pfandrechts nicht möglich ist.

F konnte wegen § 935 Abs. 1 BGB, der über § 1207 BGB auch auf den gutgläubigen Erwerb des Pfandrechts entsprechend anwendbar ist, das Pfandrecht an dem Motorrad nicht gemäß den §§ 1204, 1205 BGB erwerben. F hatte somit insgesamt kein Pfandrecht an dem Motorrad erhalten, weder gesetzlich noch durch Rechtsgeschäft. F konnte folglich dem H auch nicht als Berechtigter ein Pfandrecht im Rahmen der Abtretung der Forderung gemäß den §§ 1250, 401 BGB verschaffen.

c) In Betracht kommt deshalb nur der Erwerb des Pfandrechts seitens des H von F als Nichtberechtigtem, als F dem H die Forderung aus dem Beherbergungsvertrag abtrat und ihm unter Berufung auf das Pfandrecht die Sache auch übergeben hat. Allerdings kann ein nicht vorhandenes Pfandrecht grundsätzlich auch nicht übertragen werden. Der gutgläubige Erwerb eines tatsächlich nicht bestehenden Pfandrechts im Rahmen einer Forderungsabtretung über § 401 BGB ist nach herrschender Meinung ausgeschlossen, da § 1207 BGB, der die Vorschriften des gutgläubigen Erwerbes für entsprechend anwendbar erklärt, nur für den Ersterwerb gilt. Der gute Glaube wird beim Pfandrechtserwerb somit nur hinsichtlich der erstmaligen Bestellung geschützt und gilt nicht für weitere Übertragungen des Pfandrechts auf andere Personen.

Damit hat H durch die Vereinbarung mit F weder vom Berechtigten ein Pfandrecht erwerben können, noch vom Nichtberechtigten. Folglich ist der H überhaupt nicht Inhaber des Pfandrechts an dem Motorrad geworden.
Bei der Veräußerung der Sache im Rahmen der Zwangsversteigerung konnte der Erwerber K somit das Eigentum auch nicht vom Berechtigten gemäß § 1242 Abs. 1 BGB erwerben, denn der Veräußerer H war nicht rechtmäßiger Pfandgläubiger hinsichtlich des Motorrades.

2.) Ein Erwerb des Eigentums für K bei der Zwangsversteigerung kommt somit nur dann in Betracht, wenn insoweit ein rechtsgeschäftlicher Erwerb auch vom Nichtberechtigten möglich ist. Dies regelt sich nach § 1244 BGB.

Gemäß § 1244 BGB finden für die Veräußerung des Pfandes die Vorschriften der §§ 932-934 und 936 BGB entsprechende Anwendung, wenn dem Veräußerer kein Pfandrecht zusteht oder den Erfordernissen nicht genügt wird, von denen die Rechtmäßigkeit der Versteigerung abhängt. Insoweit ist nun beachtlich, dass zum einen im Gegensatz zur Übertragung des Pfandes hier bei der Veräußerung durch Verkauf die Vorschriften des gutgläubigen Erwerbes doch wieder Anwendung finden und zum anderen der § 935 BGB ausdrücklich nicht gilt. Bei der Verwertung der Sache im Rahmen der Zwangsversteigerung ist im Gegensatz zur Übertragung des Pfandrechts der gutgläubige Erwerb vom Nichtberechtigten möglich.

Der K konnte wegen § 1244 BGB i.V.m. § 932 BGB gutgläubig das Eigentum an dem Motorrad erwerben, obwohl es dem E gestohlen worden war.

Erg.: Der E hat sein Eigentum an K verloren und kann mithin von K nicht die Herausgabe der Sache nach § 985 BGB fordern.

6. Abschnitt

Grundstücksrecht I:

Der Erwerb und die Übertragung des Eigentums am Grundstück

(§§ 873 ff. BGB)

Fall 19

Schwindel beim Notar

V möchte sein Grundstück an K veräußern. Beim Termin vor dem Notar N schwindeln V und K, um Steuern und Notarkosten zu sparen, dem N einen Kaufpreis von 100.000 Euro vor und lassen diesen auch beurkunden. Tatsächlich hatten sich V und K vorher intern auf einen Kaufpreis von 200.000 Euro geeinigt. K wird einige Wochen später nach Vorlage der erforderlichen Schriftstücke vom Grundbuchamt als neuer Eigentümer des Grundstücks ins Grundbuch eingetragen.

V verlangt nun von K die 200.000 Euro. K ist mittlerweile allerdings knapp bei Kasse und meint, er zahle nur 100.000 Euro, so stehe es schließlich auch im notariell beurkundeten Kaufvertrag. Im Übrigen sei er sich auch gar nicht mehr sicher, ob er überhaupt Eigentümer des Grundstücks geworden und demnach zur Zahlung des Kaufpreises verpflichtet sei.

Rechtslage zwischen V und K?

Schwerpunkte: Der Kaufvertrag über ein Grundstück; Formvorschrift des § 311 b Abs. 1 BGB; Voraussetzungen der Eigentumsübertragung beim Grundstück, § 873 BGB; Begriff der Auflassung aus § 925 BGB; Scheingeschäft gemäß § 117 BGB beim Grundstückskauf; Heilungswirkung des § 311 b Abs. 1 Satz 2 BGB.

Lösungsweg

Anspruch des V gegen K auf Zahlung

AGL.: § 433 Abs. 2 BGB

Voraussetzung für einen Zahlungsanspruch des V gegen K aus § 433 Abs. 2 BGB ist selbstverständlich ein ***wirksamer Kaufvertrag*** und eine aus diesem Kaufvertrag resultierende fällige Forderung des V gegen K.

Die Probleme unseres Falles liegen nun zum einen darin, dass wir es bei genauer Betrachtung nicht mit einer, sondern gleich mit ***zwei*** vertraglichen Absprachen zu tun haben und im Übrigen hier beim Kaufvertrag über ein Grundstück hinsichtlich der Form des Vertrages andere Regeln gelten als bei »normalen« Verträgen. Im Einzelnen:

1.) V und K haben sich intern über einen Kaufpreis in Höhe von 200.000 Euro geeinigt. Für den Fall, dass diese vertragliche Absprache wirksam ist, stünde dem V gegen K ein Zahlungsanspruch in Höhe von 200.000 Euro aus § 433 Abs. 2 BGB zu.

Aber: Gemäß **§ 311 b Abs. 1 Satz 1 BGB** bedarf ein Vertrag, durch den sich der eine Teil verpflichtet, das Eigentum an einem Grundstück zu übertragen oder zu erwerben, der ***notariellen Beurkundung***. Gemäß **§ 128 BGB** müssen die Beteiligten dann vor dem Notar erscheinen und dort den Antrag sowie die Annahme hinsichtlich des Vertrages erklären. Die Einzelheiten der Beurkundung regelt das Beurkundungsgesetz (Schönfelder Nr. 23); und da steht dann drin, dass vor dem Notar eine Verhandlung stattfindet, in der die Parteien die zu beurkundenden Willenserklärungen abgeben, diese Willenserklärungen vom Notar niedergeschrieben (§ 8 BeurkG), verlesen und dann genehmigt werden und schließlich der ganze Krempel von den Parteien und dem Notar eigenhändig unterschrieben wird (§§ 9 und 13 BeurkG).

Feinkost: Beachte hinsichtlich des Unterschriftserfordernisses der Parteien den interessanten Fall des BGH in der NJW **2003** auf Seite 1120, wo das Gericht feststellt, dass bei der Unterzeichnung des Kaufvertrages der ***Vorname*** allein ***nicht*** für die Erfordernisse des § 311 b Abs. 1 Satz 1 BGB ausreicht und die Urkunde in diesem Falle gemäß **§ 125 Satz 1 BGB** nichtig ist. Im konkreten Streit hatte ein türkischer Staatsbürger einen Grundstückskaufvertrag nur mit seinem Vornamen unterschrieben. Der BGH hat diesen Vertrag wegen Verstoßes gegen § 311 b Abs. 1 Satz 1 BGB gemäß § 125 Satz 1 BGB für nichtig erklärt; erforderlich sei der ***Familienname***, da nur dieser im Rechtsverkehr dazu diene, Personen voneinander zu unterscheiden (BGH NJW **2003**, 1120; vgl. auch *Palandt/Ellenberger* § 128 BGB Rz. 1).

Zurück zu unserem Fall: Bezüglich der vertraglichen Abrede über den Verkauf des Grundstücks zum Preis von 200.000 Euro fehlt es an den Voraussetzungen des § 311 b Abs. 1 Satz 1 BGB, denn die Erklärungen vor dem Notar haben die Parteien nur hin sichtlich des Vertrages über 100.000 Euro abgegeben. Und daraus folgt, dass der Vertrag über 200.000 Euro der Formvorschrift des § 311 b Abs. 1 Satz 1 BGB widerspricht.

Konsequenz: Wenn eine vom Gesetz vorgeschriebene Form nicht eingehalten wird, hat dies die ***Nichtigkeit*** des Rechtsgeschäfts zur Folge; und das steht in **§ 125 Satz 1 BGB**, der in der Klausur tunlichst erwähnt werden sollte.

ZE.: Der Vertrag über den Verkauf des Grundstücks zum Preis von 200.000 Euro ist wegen Verstoßes gegen die Formvorschrift des § 311 b Abs. 1 Satz 1 BGB gemäß § 125 Satz 1 BGB nichtig (BGHZ **54**, 62; BGHZ **89**, 43).

2.) Unter Beachtung der soeben genannten Formvorschriften ist dafür dann aber der Vertrag über 100.000 Euro geschlossen worden, woraus man nun eigentlich folgern könnte, dass wenigstens diese Absprache Wirksamkeit erlangt hat.

Indes: Dieser vor dem Notar geschlossene Vertrag war ja nur zur Vertuschung des anderen Vertrages und um Steuern sowie Notarkosten zu sparen zwischen V und K verabredet worden. Und deshalb handelt es sich bei den entsprechenden Willenserklärungen nur um solche, die zum ***Schein*** abgegeben worden sind. Und wenn Willenserklärungen, die jemand anderem gegenüber abzugeben sind, mit dessen Einverständnis nur zum Schein abgegeben werden, so sind die Erklärungen gemäß **§ 117 Abs. 1 BGB** nichtig. Gemäß **§ 117 Abs. 2 BGB** (bitte lesen) finden dann vielmehr die für das verdeckte Rechtsgeschäft geltenden Vorschriften Anwendung. Das verdeckte Rechtsgeschäft war der Kaufvertrag über 200.000 Euro, und dass der wegen Verstoßes gegen § 311 b Abs. 1 Satz 1 BGB gemäß § 125 BGB nichtig war, haben wir weiter oben festgestellt.

ZE.: Auch der vor dem Notar geschlossene Vertrag über 100.000 Euro ist ***nichtig***, und zwar wegen § 117 Abs. 1 BGB, es handelt sich um ein Scheingeschäft (BGHZ **54**, 62; BGHZ **89**, 43; *Palandt/Grüneberg* § 311 b BGB Rz. 36).

ZE.: Und da auch der intern verabredete Vertrag – wie gesehen – wegen § 125 Satz 1 BGB nichtig ist, bleibt somit dann überhaupt keine wirksame vertragliche Einigung übrig und demzufolge könnte V also auch keinen vertraglichen Anspruch auf Zahlung geltend machen.

Aufgepasst: Hat man das Vorstehende herausgearbeitet, kommt hier nun die überraschende Finte dieses Falles, und die steht in **§ 311 b Abs. 1 Satz 2 BGB** (bitte lesen). Demnach wird ein ohne Beachtung der in § 311 b Abs. 1 Satz 1 BGB vorgeschriebenen Form geschlossener Vertrag seinem ganzen Inhalt nach gültig, wenn die Auflassung und die Eintragung ins Grundbuch erfolgen. Und das gilt übrigens selbst dann, wenn die Parteien von der Formnichtigkeit des Vertrages wussten (BGH NJW **1975**, 205; PWW/*Medicus/Stürner* § 311 b BGB Rz. 13; *Palandt/Grüneberg* § 311 b BGB Rz. 46).

Also: Im vorliegenden Fall haben wir oben festgestellt, dass der heimlich geschlossene Vertrag nach § 125 Satz 1 BGB nichtig war, da er nicht der von § 311 b Abs. 1 Satz 1 BGB geforderten Form entsprach. Gemäß § 311 b Abs. 1 Satz 2 BGB nun kann dieser Formmangel geheilt werden, wenn die Auflassung und die Eintragung ins Grundbuch erfolgen:

a) Die zur Heilung des Formmangels des intern geschlossenen Vertrages nach § 311 b Abs. 1 Satz 2 BGB erforderliche ***Eintragung*** der Rechtsänderung ins Grundbuch ist hier kein Problem. Der K wird nach Auskunft des Sachverhaltes als neuer Eigentümer ins Grundbuch eingetragen.

b) Näher anschauen wollen und müssen wir uns hier aber die für die Heilung des Grundgeschäfts in § 311 b Abs. 1 Satz 2 BGB benannte, ebenfalls erforderliche ***Auflassung***. Diese Auflassung ist in **§ 925 Abs. 1 Satz 1 BGB** (bitte aufschlagen) beschrieben. Es handelt sich dabei um die zur Übertragung des Eigentums nach **§ 873 Abs. 1 BGB** erforderliche Einigung zwischen den Parteien.

> **Durchblick:** Gemäß § 873 Abs. 1 BGB ist zur Übertragung des Eigentums an einem Grundstück eine entsprechende ***Einigung*** zwischen den Parteien und die ***Eintragung*** ins Grundbuch notwendig. Die erforderliche Einigung nun heißt beim Grundstücksgeschäft »Auflassung« und ist in § 925 Abs. 1 BGB normiert. Tatsächlich handelt es sich allerdings nur um das Gegenstück bzw. die Entsprechung zur Einigung nach § 929 Satz 1 BGB hinsichtlich der beweglichen Sachen. Bei den unbeweglichen Sachen muss diese Einigung natürlich auch erklärt werden, jetzt aber unter Beachtung des § 925 Abs. 1 BGB, und das heißt regelmäßig vor dem ***Notar*** (lies bitte § 925 Abs. 1 Satz 2 BGB). Die Einigungserklärung hinsichtlich der Eigentumsübertragung am Grundstück (= Auflassung) unterliegt somit – ebenso wie das diesbezügliche Grundgeschäft – auch dem ***Formzwang***.

Die des Weiteren für den Eigentumsübergang an einer unbeweglichen Sache nach § 873 Abs. 1 BGB erforderliche ***Eintragung*** ins Grundbuch erklärt sich übrigens damit, dass man hier – im Gegensatz zu den beweglichen Sachen – nichts »übergeben« kann im Sinne des § 929 BGB (wie soll das gehen beim Grundstück?). Und weil aber dennoch ein nach außen hin erkennbarer Akt vorliegen muss (Publizität), gibt es hier dann eben die Eintragung ins Grundbuch, denn ins Grundbuch kann jedermann reinschauen und dann eben sehen, wem das betreffende Grundstück gehört (Publizität bzw. öffentlicher Glaube des Grundbuchs, lies: **§ 892 BGB**). Bei den beweglichen Sachen wird diese Publizität durch den tatsächlichen Besitz, den jeder sehen kann, begründet (lies: **§ 1006 Abs. 1 BGB**). Die Eintragung ins Grundbuch ersetzt mithin die bei den beweglichen Sachen nach § 929 Satz 1 BGB erforderliche Übergabe und Besitzverschaffung. Merken.

aa) Wir gehen jetzt mal zurück zu **§ 311 b Abs. 1 Satz 2 BGB** und der dort zur Heilung des Formmangels erforderlichen Auflassung. Eine solche Auflassung (zuzüglich der Eintragung ins Grundbuch) muss nun von den Parteien erklärt worden sein, um die Heilungsfunktion der Norm herbeizuführen (BGH NJW **2004**, 3626; *Palandt/Grüneberg* § 311 b BGB Rz. 46; PWW/*Medicus/Stürner* § 311 b BGB Rz. 16).

Problem: Wie wir seit eben wissen, muss diese Auflassung (= Einigung zur Übertragung des Eigentums an einer unbeweglichen Sache) vor dem Notar erklärt worden sein. Davon indessen steht in unserer Sachverhaltsschilderung nichts, weswegen man aber das Vorliegen einer Auflassung trotzdem nicht verneinen darf, **denn**: Der K wird später nach Vorlage der erforderlichen Schriftstücke durch N ins Grundbuch eingetragen. Das macht das Grundbuchamt gemäß **§ 29 GBO** (Grundbuchordnung, Schönfelder Nr. 114) aber nur, wenn sämtliche erforderlichen Erklärungen hinsichtlich einer Eintragung vorliegen. Zu diesen erforderlichen Erklärungen zählt gemäß **§ 20 GBO** (lesen!) vor allem die Einigung hinsichtlich des Rechtsüberganges, und das ist natürlich die Auflassung nach § 925 BGB.

In den Fallgestaltungen der vorliegenden Art kann und muss deshalb der Bearbeiter vom Vorliegen einer solchen Auflassung ausgehen, selbst wenn im Sachverhalt eine entsprechende ausdrückliche Schilderung dahingehend fehlt. Angesichts der erfolgten Eintragung ins Grundbuch ist vom Vorliegen einer entsprechenden Auflassung auszugehen.

Feinkostabteilung: Im richtigen Leben – also beim Notar – werden das schuldrechtliche Geschäft und die dingliche Einigung übrigens regelmäßig in ***ein*** Schriftstück aufgenommen (möglich und durchaus üblich, vgl. **§ 925 a BGB**). Das sieht dann so aus, dass zunächst einige Seiten lang die schuldrechtliche Vereinbarung – also der Kaufvertrag über das Grundstück – niedergeschrieben wird; da stehen dann alle möglichen Abreden drin, also neben dem Kaufpreis z.B. die genaue Bezeichnung des Grundstücks, mögliche Kredit- bzw. Abzahlungsvereinbarungen, Nutzungsbeschränkungen für das Grundstück usw. usw. In dem gleichen Schriftstück folgt dann später ein neuer Abschnitt, meist überschrieben mit **»Auflassung«** oder auch »Auflassung und Grundbuchvollzug«, in dem dann die Einigung hinsichtlich des Eigentumsüberganges separat erklärt und auch von den Parteien und dem Notar unterschrieben wird. In dieser Auflassungsvereinbarung nehmen die Parteien dann Bezug zu dem schuldrechtlichen Vertrag und erklären eine Einigung zur Eigentumsübertragung an dem im schuldrechtlichen Vertrag bezeichneten Grundstück.

In unserem Fall nun haben die Parteien eine solche Auflassung nach § 925 Abs. 1 BGB auch erklärt, wie gesagt, die Eintragung nach Vorlage der erforderlichen Unterlagen ins Grundbuch, die dies indiziert, hat ja tatsächlich stattgefunden.

bb) Einen Augenblick müssen wir nun aber noch darüber nachdenken, ob diese Auflassung selbst auch tatsächlich wirksam war, denn die Heilung nach § 311 b Abs. 1 Satz 2 BGB betrifft nur das schuldrechtliche Grundgeschäft, funktioniert aber nicht, wenn die Auflassung, die ein Bestandteil des Heilungsvorganges ist, selbst wieder unwirksam war (BGHZ **29**, 9; BGHZ **160**, 368; *Palandt/Grüneberg* § 311 b BGB Rz. 47; PWW/*Medicus/Stürner* § 311 b BGB Rz. 16). Man könnte auf den Gedanken kommen, dass die von den Parteien erklärte Auflassung auch wegen **§ 117 Abs. 1 BGB** nichtig ist, denn sie nimmt ja Bezug auf das schuldrechtliche Grundgeschäft, von dem wir weiter oben festgestellt haben, dass es eben nach § 117 Abs. 1 BGB nichtig war; die Parteien hatten dem Notar bei dem Kaufvertrag den falschen Kaufpreis vorgeschwindelt. Und wenn sie nun darauf folgend gleich eine entsprechende Auflassung erklären und Bezug nehmen auf das Grundgeschäft, bietet sich eine identische Nichtigkeit nach § 117 Abs. 1 BGB an.

Aber: Bei der späteren Auflassung erklären die Parteien nur, dass sie eine Eigentumsübertragung an dem im schuldrechtlichen Vertrag bezeichneten Grundstück vornehmen wollen. Es handelt sich also um ein ***rein dingliches*** Geschäft bzw. eine dingliche Einigung, die losgelöst ist vom Kaufpreis und sonstigen möglichen schuldrechtlichen Vereinbarungen. Eine dingliche Einigung hinsichtlich der Rechtsübertragung am Grundstück wollten die Parteien in jedem Falle vornehmen. Und deshalb haben die Parteien diese ***dingliche*** Einigungserklärung auch nicht nur zum Schein im Sinne des § 117 Abs. 1 BGB abgegeben. Kapiert!?

Luxus: Beachte bitte in diesem Zusammenhang noch (Sonderpunkte!), dass diese dingliche Einigung, die ja im Gefolge des schuldrechtlichen Scheingeschäfts steht, ***nicht*** nichtig ist wegen Verstoßes gegen ein gesetzliches Verbot nach **§ 134 BGB** oder wegen Sittenwidrigkeit nach **§ 138 BGB**, obwohl die Parteien ja den Notar um seine Kohle prellen und im Übrigen auch Steuer rechtswidrig sparen. Dies berührt solange nicht die dingliche Einigung, solange die dahinter stehende Straftat nicht der Hauptzweck des Vertrages ist (BGH VersR **1978**, 915; OLG Hamm BB **1989**, 651; PWW/*Medicus/Stürner* § 311 b BGB Rz. 13; *Soergel/Hefermehl* § 134 BGB Rz. 65; *Keim* in NJW 2012, 119). In unserem Fall stand im Vordergrund die Eigentumsübertragung am Grundstück, die Straftat (u.a. Betrug) war nur Mittel zum Zweck.

ZE.: Die dingliche Einigungserklärung nach § 925 Abs. 1 BGB zur Herbeiführung des Rechtsüberganges am Grundstück (= Auflassung) ist wirksam. Sie erfolgte nicht zum Schein, sondern entsprach dem Willen der Parteien und war auch nicht nach den §§ 134, 138 BGB nichtig. Die Tatsache, dass der der Auflassung zugrunde liegende Kaufvertrag nichtig war wegen § 117 Abs. 1 BGB, berührt die spätere Auflassung in ihrer Wirksamkeit nicht.

ZE.: Die Voraussetzungen des § 311 b Abs. 1 Satz 2 BGB liegen vor; der K ist ins Grundbuch eingetragen worden und die Auflassung nach § 925 Abs. 1 BGB war wirksam. Damit wird der ohne Beachtung der Formvorschriften intern geschlossene Vertrag seinem ganzen Inhalt nach gültig gemäß § 311 b Abs. 1 Satz 2 BGB.

ZE.: Damit ist zum Zeitpunkt der Eintragung des K ins Grundbuch der intern geschlossene Kaufvertrag zwischen V und K mit dem Kaufpreis von 200.000 Euro **wirksam** zustande gekommen.

Erg.: Dem V steht gegen K ein Anspruch auf Zahlung von 200.000 Euro aus § 433 Abs. 2 BGB zu. Und der Anspruch ist auch ***fällig***, denn V hat seine Verpflichtung aus dem Kaufvertrag (Eigentumsübertragung!) mit der Eintragung des K im Grundbuch erfüllt.

Zur Vervollständigung

Da in der Fallfrage nach der »Rechtslage« gefragt ist, wollen wir uns noch die sonstigen Punkte bzw. Ansprüche kurz ansehen:

1.) Wir haben oben schon geklärt, dass der vor dem Notar geschlossene Vertrag über den Kaufpreis von 100.000 Euro wegen § 117 Abs. 1 BGB nichtig ist. ***Dieser*** Vertrag nun kann nicht nachträglich geheilt werden nach § 311 b Abs. 1 Satz 2 BGB, denn die gerade genannte Vorschrift heilt nur ***Formmängel***, nicht aber Mängel anderer rechtsgeschäftlicher Art, wie z.B. Nichtigkeit nach § 117 BGB (RGZ **137**, 352; BGHZ **29**, 9; BGH DNotZ **1969**, 350; *Palandt/Grüneberg* § 311 b BGB Rz. 46; PWW/*Medicus/Stürner* § 311 b BGB Rz. 13/14). Die Erklärung des K, er zahle nur 100.000 Euro, weil dies ja auch im notariell beurkundeten Vertrag stehe, geht somit fehl; dieser Vertrag ist (und bleibt!) nichtig wegen § 117 Abs. 1 BGB und kann folglich keine Ansprüche begründen.

2.) Der K ist – entgegen seiner geäußerten Zweifel – im vorliegenden Fall tatsächlich auch Eigentümer des Grundstücks geworden. Wir haben oben gelernt, dass die Eigentumsübertragung am Grundstück gemäß **§ 873 Abs. 1 BGB** eine Einigung betreffend die Rechtsänderung (= Auflassung nach § 925 Abs. 1 BGB) sowie eine Eintragung dieser Rechtsänderung ins Grundbuch erfordert.

Das aber ist vorliegend geschehen. V und K haben sich dinglich zweifelsfrei und ohne rechtsgeschäftlichen Mangel geeinigt im Sinne des § 925 Abs. 1 BGB und der K ist dann später auch als neuer Eigentümer ins Grundbuch eingetragen worden. Damit sind die Voraussetzungen des § 873 Abs. 1 BGB erfüllt.

3.) Schließlich kommt eine bereicherungsrechtliche Abwicklung nach den §§ 812 ff. BGB zwischen V und K auch nicht mehr in Frage, **denn**: Der der Eigentumsübertragung zugrunde liegende Kaufvertrag über 200.000 Euro ist, wie wir oben ausführlich geprüft und festgestellt haben, wegen § 311 b Abs. 1 Satz 2 BGB wirksam (geworden). Daher bestand für die Übertragung des Eigentums von V auf K ein ***Rechtsgrund*** mit der Folge, dass ein Anspruch aus § 812 Abs. 1 BGB auf Rückübertragung des Eigentums nicht in Betracht kommt. Die Vorschrift des § 812 BGB betrifft nur Vermögensverschiebungen »ohne rechtlichen Grund« (bitte im Gesetz prüfen).

Erg.: K muss an V die 200.000 Euro Kaufpreis aus § 433 Abs. 2 BGB zahlen, ist dafür aber Eigentümer des Grundstücks geworden. Andere Ansprüche zwischen V und K bestehen nicht.

Gutachten

V könnte gegen K ein Anspruch auf Zahlung aus § 433 Abs. 2 BGB zustehen.

Voraussetzung für einen Zahlungsanspruch des V gegen K aus § 433 Abs. 2 BGB ist ein wirksamer Kaufvertrag und eine aus diesem Kaufvertrag resultierende fällige Forderung des V gegen K.

1.) V und K haben sich intern über einen Kaufpreis in Höhe von 200.000 Euro für das Grundstück geeinigt. Für den Fall, dass diese vertragliche Absprache wirksam ist, steht dem V gegen K ein Zahlungsanspruch in Höhe von 200.000 Euro aus § 433 Abs. 2 BGB zu.

Der Wirksamkeit dieses Vertrages könnte aber § 125 Satz 1 BGB in Verbindung mit § 311 b Abs. 1 Satz 1 BGB entgegenstehen. Gemäß § 311 b Abs. 1 Satz 1 BGB bedarf ein Vertrag, durch den sich der eine Teil verpflichtet, das Eigentum an einem Grundstück zu übertragen oder zu erwerben, der notariellen Beurkundung. Bezüglich der vertraglichen Abrede über den Verkauf des Grundstücks zum Preis von 200.000 Euro fehlt es an einer notariellen Beurkundung, denn die Erklärungen vor dem Notar haben die Parteien nur hinsichtlich des Vertrages über 100.000 Euro abgegeben. Daraus folgt, dass der Vertrag über 200.000 Euro der Formvorschrift des § 311 b Abs. 1 Satz 1 BGB widerspricht. Wenn eine vom Gesetz vorgeschriebene Form nicht eingehalten wird, hat dies gemäß § 125 Satz 1 BGB die Nichtigkeit des Rechtsgeschäfts zur Folge. Der Vertrag über den Verkauf des Grundstücks zum Preis von 200.000 Euro ist somit wegen Verstoßes gegen die Formvorschrift des § 311 b Abs. 1 Satz 1 BGB gemäß § 125 Satz 1 BGB nichtig.

2.) Unter Beachtung der soeben genannten Formvorschriften ist aber der Vertrag über 100.000 Euro geschlossen worden mit der möglichen Konsequenz, dass V aus dieser Absprache ein Zahlungsanspruch zustehen könnte.

Dem wiederum könnte aber § 117 Abs. 1 BGB entgegenstehen. Der vor dem Notar geschlossene Vertrag war zur Vertuschung des anderen Vertrages und um Steuern sowie Notarkosten zu sparen, zwischen V und K verabredet worden. Daher handelt es sich bei den entsprechenden Willenserklärungen nur um solche, die zum Schein abgegeben worden sind. Werden Willenserklärungen, die jemand anderem gegenüber abzugeben sind, mit dessen Einverständnis nur zum Schein abgegeben, so sind die Erklärungen gemäß § 117 Abs. 1 BGB nichtig. Auch der vor dem Notar geschlossene Vertrag über 100.000 Euro ist somit nichtig. Da auch der intern verabredete Vertrag – wie eben erörtert – wegen § 125 Satz 1 BGB nichtig ist, bleibt zunächst keine wirksame vertragliche Einigung mit der Folge, dass kein Zahlungsanspruch aus einem Kaufvertrag begründet ist.

3.) Etwas anderes könnte sich aber noch aus § 311 b Abs. 1 Satz 2 BGB ergeben. Demnach wird ein ohne Beachtung der in § 311 b Abs. 1 Satz 1 BGB vorgeschriebenen Form geschlossener Vertrag seinem ganzen Inhalt nach gültig, wenn die Auflassung und die Eintragung ins Grundbuch erfolgen. Im vorliegenden Fall ist festgestellt worden, dass der heimlich geschlossene Vertrag nach § 125 Satz 1 BGB nichtig war, da er nicht der von § 311 b Abs. 1 Satz 1 BGB geforderten Form entsprach. Gemäß § 311 b Abs. 1 Satz 2 BGB kann dieser Formmangel geheilt werden, wenn die Auflassung und die Eintragung ins Grundbuch erfolgen.

a) Die zur Heilung des Formmangels des intern geschlossenen Vertrages nach § 311 b Abs. 1 Satz 2 BGB erforderliche Eintragung der Rechtsänderung ins Grundbuch ist erfolgt. Der K wird als neuer Eigentümer ins Grundbuch eingetragen.

b) Des Weiteren muss eine wirksame Auflassung vorliegen, um die Rechtsfolgen des § 311 b Abs. 1 Satz 2 BGB herbeizuführen.

aa) Im vorliegenden Fall haben die Parteien eine solche Auflassung nach § 925 Abs. 1 BGB erklärt, die Eintragung ins Grundbuch nach Vorlage der entsprechenden Schriftstücke, wozu auch gemäß § 20 GBO die Auflassung gehört, hat stattgefunden.

bb) Es fragt sich indessen, ob diese Auflassung auch wirksam gewesen ist. Die Heilung nach § 311 b Abs. 1 Satz 2 BGB betrifft nur das schuldrechtliche Grundgeschäft, tritt aber nicht ein, wenn die Auflassung, die ein Bestandteil des Heilungsvorganges ist, selbst wieder unwirksam war.

Zu prüfen ist daher, ob die von den Parteien erklärte Auflassung auch wegen § 117 Abs. 1 BGB nichtig ist, denn sie nimmt Bezug auf das schuldrechtliche Grundgeschäft, von dem weiter oben festgestellt wurde, dass es nach § 117 Abs. 1 BGB nichtig war. Die Parteien hatten dem Notar bei dem Kaufvertrag den falschen Kaufpreis vorgeschwindelt. Wenn sie nun darauf folgend gleich eine entsprechende Auflassung erklären und Bezug nehmen auf das Grundgeschäft, kommt eine identische Nichtigkeit nach § 117 Abs. 1 BGB in Betracht. Indes muss insoweit beachtet werden, dass die Parteien bei der späteren Auflassung nur erklären, dass sie eine Eigentumsübertragung an dem im schuldrechtlichen Vertrag bezeichneten Grundstück vornehmen wollen. Es handelt sich also um ein rein dingliches Geschäft bzw. eine dingliche Einigung, die losgelöst ist vom Kaufpreis und sonstigen möglichen schuldrechtlichen Vereinbarungen. Eine dingliche Einigung hinsichtlich der Rechtsübertragung am Grundstück wollten die Parteien in jedem Falle vornehmen. Deshalb haben die Parteien diese dingliche Einigungserklärung auch nicht nur zum Schein im Sinne des § 117 Abs. 1 BGB abgegeben.

In diesem Zusammenhang beachtlich ist schließlich noch, dass diese dingliche Einigung, die im Gefolge des schuldrechtlichen Scheingeschäfts steht, nicht nichtig ist wegen Verstoßes gegen ein gesetzliches Verbot nach § 134 BGB oder wegen Sittenwidrigkeit nach § 138 BGB, obwohl die Parteien den Notar um einen Teil seines Honorars betrügen und im Übrigen auch Steuer rechtswidrig sparen. Dies berührt solange nicht die dingliche Einigung, solange die dahinter stehende Straftat nicht der Hauptzweck des Vertrages ist. Im vorliegenden Fall stand im Vordergrund die Eigentumsübertragung am Grundstück, die Straftat (u.a. Betrug) war nur Mittel zum Zweck.

Die dingliche Einigungserklärung nach § 925 Abs. 1 BGB zur Herbeiführung des Rechtsüberganges am Grundstück ist wirksam. Sie erfolgte nicht zum Schein, sondern entsprach dem Willen der Parteien und war auch nicht nach den §§ 134, 138 BGB nichtig. Die Tatsache, dass der der Auflassung zugrunde liegende Kaufvertrag nichtig war wegen § 117 Abs. 1 BGB, berührt die spätere Auflassung in ihrer Wirksamkeit nicht. Die Voraussetzungen des § 311 b Abs. 1 Satz 2 BGB liegen vor. K ist ins Grundbuch eingetragen worden und die Auflassung nach § 925 Abs. 1 BGB war wirksam. Damit wird der ohne Beachtung der Formvorschriften intern geschlossene Vertrag seinem ganzen Inhalt nach gültig gemäß § 311 b Abs. 1 Satz 2 BGB. Mithin ist zum Zeitpunkt der Eintragung des K ins Grundbuch der intern geschlossene Kaufvertrag zwischen V und K mit dem Kaufpreis von 200.000 Euro wirksam zustande gekommen.

Erg.: V steht gegen K ein Anspruch auf Zahlung von 200.000 Euro aus § 433 Abs. 2 BGB zu. Der Anspruch ist zudem auch fällig, denn V hat seine Verpflichtung aus dem Kaufvertrag mit der Eintragung des K im Grundbuch erfüllt.

Fall 20

34 oder 43?

Bauer B ist Eigentümer mehrerer Grundstücke und will eines davon an den Landwirt L veräußern. Nach einer Besichtigung einigen sich B und L über den Verkauf eines Ackergrundstückes, das direkt an das Anwesen des L grenzt und im Grundbuch die Parzellennummer 34 trägt (Kaufpreis: 60.000 Euro). Beim Notartermin eine Woche später verwechseln B und L allerdings die Ziffern und geben das dem B auch gehörende Grundstück mit der Parzellennummer 43 als Kaufgegenstand an. Der Kaufvertragsschluss und die Auflassung erfolgen im Übrigen formgerecht, und L wird zwei Monate danach im Grundbuch als neuer Eigentümer der Parzelle 43 eingetragen. Erst mit der Benachrichtigung darüber bemerken B und L die Verwechselung.

B verlangt von L jetzt die 60.000 Euro. L weigert sich und meint, er sei ja noch gar nicht Eigentümer des Grundstücks Nr. 34 geworden. **Rechtslage?**

Schwerpunkte: Willensmängel beim Grundstückskauf; Wirkung einer unbewussten Falschbezeichnung; Funktion des § 311 b Abs. 1 BGB; Voraussetzungen der Eigentumsübertragung nach §§ 873, 925 BGB; Eintragung der Falschbezeichnung ins Grundbuch; Berichtigungsanspruch aus § 894 BGB.

Lösungsweg

Anspruch des B gegen L auf Zahlung von 60.000 Euro

AGL.: **§ 433 Abs. 2 BGB**

I.) Anspruchsentstehung

Voraussetzung dafür ist selbstverständlich ein wirksamer Kaufvertrag nach § 433 BGB über das Grundstück mit der Parzellennummer 34 zwischen B und L zum Kaufpreis von 60.000 Euro:

1.) Dass sich die Parteien über einen solchen Kaufvertrag geeinigt haben, steht ausdrücklich im Sachverhalt und ist deshalb auch nicht fraglich.

2.) Das Problem liegt nun aber offensichtlich darin, dass die Parteien vor dem Notar tatsächlich etwas anderes erklärt haben und auch im Grundbuch eine andere Rechtslage dokumentiert ist, nämlich der Eigentumsübergang am Grundstück mit der

Nr. 43. Angesichts dessen fragt sich, ob die Einigung zwischen B und L über das Grundstück Nr. 34 zum Preis von 60.000 Euro gemäß § 433 BGB überhaupt wirksam zustande gekommen ist. Im Einzelnen:

a) Gemäß **§ 311 b Abs. 1 Satz 1 BGB** bedarf ein Vertrag, durch den sich der eine Teil verpflichtet, das Eigentum an einem Grundstück zu übertragen oder zu erwerben, der notariellen Beurkundung. Und hinsichtlich des Vertrages über das Grundstück mit Nr. 34 ist dies auf den ersten Blick nun offenbar ***nicht*** geschehen, der beurkundete Kaufvertrag beinhaltete das Grundstück Nr. 43. Der eigentlich gewollte Kaufvertrag über die Parzelle Nr. 34 ist daher möglicherweise wegen Formmangels und Verstoßes gegen § 311 b Abs. 1 Satz 1 BGB gemäß **§ 125 Satz 1 BGB** (lesen!) nichtig.

b) Etwas anderes könnte sich aber daraus ergeben, dass die Parteien hier beide das Gleiche (Nr. 34) gewollt, indessen lediglich irrtümlich etwas anderes erklärt haben (Nr. 43). Es fragt sich, ob diese irrtümliche Falschbezeichnung nicht nach den Grundsätzen der **»falsa demonstratio non nocet«** unbeachtlich ist mit der Folge, dass trotz falscher Bezeichnung und Beurkundung dennoch ein wirksamer und vor allem formgültiger Kaufvertrag über die Parzelle Nr. 34 zustande gekommen ist.

Durchblick: Im klausurmäßigen Normalfall geht das bei einem Irrtum oder einer Falschbezeichnung über den Kaufgegenstand zumeist so, dass dieser Irrtum nur ***einer*** Partei unterläuft. Diese Partei kann dann den Kaufvertrag oder die Willenserklärung anfechten (§ 119 BGB) und das Rechtsgeschäft mit dieser Anfechtung rückwirkend vernichten (§ 142 BGB). Es bleibt dann in der Regel ein Ersatzanspruch aus § 122 BGB und/oder eine Rückgabepflicht nach § 812 BGB. Keine Aktion. Bei der ***falsa demonstratio*** liegt die Sache anders, und zwar so, dass hier jetzt ***beide*** Parteien im Irrtum sind, indessen beide Parteien subjektiv über den ***Inhalt*** des Erklärten ***einig*** waren. Sie irren sich eben nur bei der Benennung bzw. der Bezeichnung der Kaufsache, sind sich aber einig über den gemeinten Gegenstand. Die rechtliche Abwicklung dieser Situation ist seit dem 08. Juni **1920** (!) einheitlich und vor allem auch unstreitig: Das Reichsgericht hat in dem oberberühmten Fall um das **»Haakjöringsköd«** (= norwegisch = Haifischfleisch) entschieden, dass die beidseitig falsche Bezeichnung des Kaufgegenstandes ***nicht*** schadet und vor allem den Vertragsschluss über das tatsächlich Gewollte nicht hindert (RGZ **99**, 147). Der Vertrag ist dann dennoch nur über das subjektiv Gewollte zustande gekommen.

Merke: Wenn sich die Parteien subjektiv über den Kaufgegenstand geeinigt haben, spielt es keine Rolle, sollten sie diesen Kaufgegenstand dann irrtümlich falsch benennen. Es gilt in diesem Fall das zwischen den Parteien subjektiv Gewollte, die falsche Bezeichnung schadet insoweit nicht = *falsa demonstratio non nocet* (BGH NJW **2008**, 1658; BGH NJW **1998**, 747; BGH NJW **1996**, 1679; BGHZ **20**, 110; OLG Schleswig NJW-RR **2011**, 1233; PWW/*Medicus/Stürner* § 311 b BGB Rz. 13; *Palandt/Grüneberg* § 311 b BGB Rz. 37; *Palandt/Ellenberger* § 133 BGB Rz. 8; *Martinek* in JuS 1997, 136).

Zum Fall: Hier bei unserer Sachverhaltsgestaltung wollen B und L das Grundstück mit der Nr. 34 zum Kaufgegenstand machen, tatsächlich erklären sie vor dem Notar aber irrtümlich die Nr. 43 zur verkauften Sache. Nach dem, was wir über die *falsa demonstratio* gerade gelernt haben, müsste nun eigentlich klar sein, dass diese Falschbezeichnung unschädlich ist für das Zustandekommen des Kaufvertrages. Die Parteien hätten also dann trotz falscher Benennung den Vertrag über die Nr. 34 und nicht über die tatsächlich beurkundete Nr. 43 geschlossen.

Problem: Allerdings kommt in unserem Fall die Besonderheit hinzu, dass der hier in Frage stehende Vertrag nicht – wie herkömmliche Kaufverträge über Autos oder Möbel usw. – einfach nur formlos oder auch nur privatschriftlich geschlossen wird. Vielmehr erfolgt bei dem Grundstückskaufvertrag wegen **§ 311 b Abs. 1 Satz 1 BGB** immer eine notarielle Beurkundung des Vertrages; die Abrede ist somit quasi durch den Notar »offiziell« und vor allem wegen § 311 b Abs. 1 Satz 1 BGB auch erst mit diesem »offiziellen« Akt überhaupt nur ***wirksam*** geworden. Es fragt sich, ob angesichts dessen jetzt immer noch davon gesprochen werden kann, dass die falsche Bezeichnung, die nun hier auch in die Notarurkunde aufgenommen wurde, unschädlich ist.

Lösung: Die Regeln über die Unschädlichkeit der beidseitig falschen Bezeichnung gelten nach allgemeiner Ansicht auch für ***formbedürftige*** Rechtsgeschäfte, namentlich für Kaufverträge über Grundstücke:

> **Merke:** Haben die Parteien unbewusst Unrichtiges beurkunden lassen, obwohl sie über das in Wahrheit Gewollte einig waren, ist der Vertrag über das Gewollte gleichwohl gültig; insbesondere die Form des § 311 b Abs. 1 Satz 1 BGB ist hinsichtlich des Gewollten gewahrt (!), da der Normzweck des § 311 b Abs. 1 Satz 1 BGB durch die Beurkundung erreicht ist (BGH NJW **2008**, 1658; BGH NJW **2002**, 1038; BGH DNotP **2001**, 348; BGHZ **87**, 152; BGH NJW-RR **1988**, 971; OLG Schleswig NJW-RR **2011**, 1233; *Medicus/Petersen* BR Rz. 124; PWW/*Medicus/Stürner* § 311 b BGB Rz. 13; *Palandt/Grüneberg* § 311 b BGB Rz. 37).

Demnach ist auch die in den notariell beurkundeten Kaufvertrag aufgenommene Falschbezeichnung unbeachtlich. Es kommt selbst in diesem Fall der Vertrag zustande über das von den Parteien subjektiv Gewollte, und nicht über das, was die Parteien irrtümlich haben beurkunden lassen (BGH NJW **2002**, 1038; OLG Schleswig NJW-RR **2011**, 1233). Die von § 311 b Abs. 1 Satz 1 BGB intendierte Warn- und Beratungsfunktion (*Palandt/Grüneberg* § 311 b BGB Rz. 2) ist gewahrt, denn die Parteien wollen ja fraglos die Veräußerung des Grundstücks herbeiführen, benennen den Gegenstand nur falsch (BGH NJW **2008**, 1658; BGHZ **87**, 150; PWW/*Medicus/Stürner* § 311 b BGB Rz. 13; *Palandt/Grüneberg* § 311 b BGB Rz. 37; *Medicus/Petersen* BR Rz. 124).

Im vorliegenden Fall haben somit B und L vor dem Notar einen nach § 311 b Abs. 1 Satz 1 BGB wirksamen Kaufvertrag gemäß § 433 BGB über das Grundstück Nr. 34 zum Preis von 60.000 Euro geschlossen.

ZE.: Der Anspruch des B gegen L auf Zahlung der 60.000 Euro aus § 433 Abs. 2 BGB bezüglich des Kaufvertrages über die Nr. 34 ist durch den rein formal beurkundeten Vertrag über die Nr. 43 (!) ***entstanden***; B und L haben einen wirksamen, und vor allem der Formvorschrift des § 311 b Abs. 1 Satz 1 genügenden Vertrag über die Nr. 34 geschlossen. Aus diesem Vertrag ist L zur Zahlung von 60.000 Euro an B verpflichtet (§ 433 Abs. 2 BGB).

II.) Gegenrechte des L

Diesem Anspruch des B gegen L auf Zahlung der 60.000 Euro könnte indessen ein Zurückbehaltungsrecht des L aus **§ 320 Abs. 1 BGB** (bitte lesen) entgegenstehen. Gemäß § 320 Abs. 1 BGB kann derjenige, der aus einem gegenseitigen Vertrag verpflichtet ist, die ihm obliegende Leistung bis zur Bewirkung der Gegenleistung verweigern, es sei denn, dass er vorzuleisten verpflichtet ist.

Ansatz: In unserem Fall haben B und L einen wirksamen Kaufvertrag über das Grundstück mit der Nr. 34 geschlossen (vgl. die Prüfung oben). Aus diesem Kaufvertrag ist nun aber nicht nur der L zur Kaufpreiszahlung gemäß § 433 Abs. 2 BGB verpflichtet; vielmehr muss der B seinerseits dem L auch das Eigentum an dem Grundstück Nr. 34 verschaffen (**§ 433 Abs. 1 BGB!**). Und weil diese beiden Forderungen im Gegenseitigkeitsverhältnis stehen und keine Partei vorzuleisten verpflichtet ist, kann L gemäß § 320 Abs. 1 BGB die Zahlung des Kaufpreises solange verweigern, bis der B seine Leistungspflicht, also die Eigentumsübertragung an dem Grundstück Nr. 34, erbracht hat. Sollte B dem L das Eigentum an der Sache noch nicht verschafft haben, muss L auch den Kaufpreis noch nicht zahlen, es stünde ihm dann das Zurückbehaltungsrecht aus § 320 Abs. 1 BGB (= Einrede) zu; der L würde dann nur ***Zug um Zug*** gegen Übereignung des Grundstücks zur Zahlung verurteilt bzw. verpflichtet sein (bitte lies: § 322 BGB). Hat der B dem L hingegen das Eigentum im vorliegenden Fall schon verschafft, muss L dann auch den Kaufpreis ohne Gegenrecht an B zahlen.

Also: Es ist im Rahmen des § 320 Abs. 1 BGB zu prüfen, ob L durch die Vereinbarung mit B und die spätere Eintragung ins Grundbuch bereits das Eigentum an der Parzelle **Nr. 34** erlangt hat.

Die Eigentumsübertragung an Grundstücken setzt gemäß **§ 873 Abs. 1 BGB** eine Einigung bezüglich des Rechtsüberganges (= ***Auflassung*** gemäß § 925 BGB) und die ***Eintragung*** der Rechtsänderung ins Grundbuch voraus. Erst und nur wenn beide Voraussetzungen erfüllt sind, ist das Eigentum übergegangen und der Schuldner hat seine Verpflichtung aus dem Grundgeschäft erfüllt (BGH NJW **1994**, 2947; OLG Frankfurt NJW-RR **1997**, 1308).

1.) Es ergeben sich zunächst Bedenken hinsichtlich einer wirksamen Auflassung nach § 925 Abs. 1 BGB bezüglich des Grundstücks mit der Parzellennummer 34. Die Bedenken resultieren daher, dass B und L sich rein formal vor dem beurkundenden Notar nicht auf den Eigentumsübergang an der Nr. 34, sondern auf den Eigentumsübergang an der Nr. 43 geeinigt haben. Berücksichtigt man, dass zur Wirksamkeit der Auflassung gemäß § 925 Abs. 1 BGB die notarielle Beurkundung erforderlich ist, und im vorliegenden Fall in der beurkundeten Auflassung die Parzelle Nr. 43 vermerkt ist, könnte schon hier die erste Voraussetzung für den Eigentumserwerb gemäß § 873 Abs. 1 BGB an der Parzelle Nr. 34 fehlen.

Aber: Bei der Auflassung nach § 925 BGB, also dem dinglichen Vertrag bei der Eigentumsübertragung am Grundstück, gelten die Regeln der ***falsa demonstratio*** ebenso wie bei der schuldrechtlichen Abrede (BGH RNotZ **2008**, 374; BGH NJW **2002**, 1038; BGH DNotP **2001**, 348; BGHZ **87**, 152; BGH NJW-RR **1988**, 971; PWW/*Huhn* § 925 BGB Rz. 10; *Medicus/Petersen* BR Rz. 124; *Palandt/Bassenge* § 925 BGB Rz. 14). Entscheidend ist demnach nicht notwendig, was die Parteien irrtümlich in die Notarurkunde aufgenommen haben; soweit die Parteien beide das Gleiche meinen, wird der von den Parteien gewollte Gegenstand bzw. das Grundstück zum Inhalt der Auflassungserklärung und nicht das irrtümlich Bezeichnete (BGH RNotZ **2008**, 374; BGH NJW **2002**, 1038; OLG Schleswig NJW-RR **2011**, 1233).

Daraus folgt, dass im vorliegenden Fall die notariell beurkundete Auflassungserklärung das Grundstück mit der Nr. 34 zum Inhalt und insoweit auch Gültigkeit erlangt hat. Die falsche Bezeichnung schadet somit auch hier nicht.

ZE.: Eine wirksame Auflassungserklärung nach § 925 Abs. 1 BGB als erste Voraussetzung der Eigentumsübertragung gemäß § 873 Abs. 1 BGB hinsichtlich der Parzelle **Nr. 34** liegt vor.

2.) Schließlich ist zu prüfen, ob der Eigentumserwerb auf Seiten des L gemäß § 873 Abs. 1 BGB durch die ***Eintragung*** ins Grundbuch bezüglich der Nr. 34 endgültig vollzogen worden ist. Da sich die Auflassung – wie eben erörtert – auf die Nr. 34 bezog, muss nun auch eine entsprechende Eintragung vorliegen. Und das Problem liegt offensichtlich darin, dass L nicht unter der Nr. 34, sondern unter der Nr. 43 als Eigentümer ins Grundbuch eingetragen worden ist. Fraglich ist somit, ob auch diese Eintragung einen Eigentumserwerb an der Nr. 34 herbeiführen kann.

Und jetzt aufgepasst:

Wir haben im Laufe der Falllösung bislang gesehen, dass die irrtümliche Falschbezeichnung des Grundstücks sowohl im Kaufvertrag als auch in der Auflassungserklärung tatsächlich insgesamt unbeachtlich geblieben ist, weil es sich um einen Fall der ***falsa demonstratio*** handelt, wonach der Parteiwille, sofern er übereinstimmt, über einer irrtümlich falschen Benennung der Kauf- bzw. Übereignungssache steht.

Bei der Eintragung ins Grundbuch gilt nun aber etwas **anderes**: Und um das zu kapieren, müssen wir zunächst noch mal genauer hinschauen, ***warum*** im vorliegenden Fall die Regeln der *falsa demonstratio* bislang bedenkenlos angewendet werden konnten: Das liegt nämlich daran, dass es sich sowohl bei dem Kaufvertrag als auch bei der Auflassung um Geschäfte gehandelt hat, die lediglich zwischen den Parteien geschlossen wurden und die vor allem insoweit noch ***keinerlei Außenwirkung*** im Rechtsverkehr hatten. Deshalb entstand auch noch kein Vertrauenstatbestand für dritte Personen, die möglicherweise an die irrtümliche Bezeichnung hätten glauben können und müssen.

> **Beachte:** Der Grundssatz der *falsa demonstratio non nocet*, wonach eine objektiv falsche Bezeichnung unschädlich ist, dient ausschließlich dazu, die betreffenden Vertragsparteien zu schützen; es handelt sich um eine eigene Art der Vertragsauslegung zugunsten des von den Parteien Gewollten (*Medicus/Petersen* BR Rz. 124 oder auch *Martinek* in JuS 1997, 136). Insoweit kann dann ausnahmsweise ausschließlich auf das ***subjektiv Gewollte*** abgestellt werden, weil dies bei den Parteien unstreitig und damit auch gewünscht ist. Auf eine Auslegung aus der Sicht des objektiven Dritten in der Person des Empfängers, wie das normalerweise bei Willenserklärungen funktioniert, kann zugunsten der Parteien verzichtet werden. Die Parteien bekommen – plastisch ausgedrückt – das, was sie wollten, auch wenn sie etwas anderes gesagt haben.

Die Grenzen der Regeln der *falsa demonstratio* sind nach dem gerade Gesagten logischerweise aber dann erreicht, wenn die irrtümliche Bezeichnung nach ***außen*** tritt und in den ***Rechtsverkehr*** gelangt. Dann nämlich kann es nicht mehr nur allein auf das von den Parteien Gewollte ankommen; nun sind auch dritte Personen betroffen, die lediglich das nach außen Sichtbare erkennen und nichts vom abweichenden Parteiwillen wissen (*Medicus/Petersen* BR Rz. 124; MüKo/*Kohler* § 873 BGB Rz. 64). Bei einer Eintragung in das für jedermann einsehbare Grundbuch (lies: § 892 BGB) gilt deshalb das aus der Sicht eines objektiven Dritten Erklärte und nicht das subjektiv von den Parteien Gewollte (BGH WM **1993**, 2176; OLG Köln FGPrax **1996**, 5; MüKo/*Kohler* § 873 BGB Rz. 64; PWW/*Huhn* § 925 BGB Rz. 10; *Medicus/Petersen* BR Rz. 124; *Palandt/Bassenge* § 873 BGB Rz. 13).

Zum Fall: Ein Eigentumserwerb des L an der Nr. 34 durch die Eintragung ins Grundbuch unter der Nr. 43 nach den Regeln der *falsa demonstratio* kommt ***nicht*** in Betracht. Mit der Eintragung ins Grundbuch tritt die falsche Bezeichnung nach außen, schafft unter anderem den Rechtsschein bzw. die Vermutung der **§§ 891, 892 BGB** und ist damit nicht mehr tauglich für eine Auslegung allein nach dem von den Parteien Gewollten (*Medicus/Petersen* BR Rz. 124). Die *falsa demonstratio* kann hier wegen der Außenwirkung des Geschäfts nicht mehr herhalten, es gilt aus der Sicht des Rechtsverkehrs allein das objektiv Erklärte bzw. Eingetragene; und das ist im vorliegenden Fall die **Nr. 43**, und nicht die Nr. 34.

Merke: Der Eigentumserwerb nach § 873 BGB kann stets nur insoweit in Betracht kommen, wie die Auflassung und die objektiv auszulegende Eintragung im Grundbuch ***übereinstimmen***; ein von den Parteien entgegen der objektiv erfolgten Eintragung subjektiv gewünschter Wille findet bei der Eintragung und deren Auslegung keine Berücksichtigung (BGH NJW **2002**, 1038; BGH DNotP **2001**, 348; BGH NJW **2000**, 806; *PWW/Huhn* § 873 BGB Rz. 19; *Palandt/Bassenge* § 873 BGB Rz. 12; *Baur/Stürner* § 18 Rz. 3).

In unserem Fall haben sich B und L – wie wir oben ausführlich erörtert hatten – geeinigt auf den Eigentumsübergang an der **Nr. 34**, eingetragen ist aber etwas ***anderes***, nämlich die **Nr. 43**. Auflassung und Eintragung stimmen mithin nicht überein. Und daraus folgt, dass auch kein Eigentumsübergang gemäß § 873 Abs. 1 BGB an der Nr. 34 vollzogen werden konnte, da hierfür die Eintragung unter der Nr. 34 notwendig gewesen wäre. Nur wenn sowohl Auflassung als auch die entsprechende Eintragung erfolgt sind, tritt der Eigentumserwerb im Sinne des § 873 Abs. 1 BGB ein (BGH NJW **1994**, 2947; MüKo/*Kohler* § 873 BGB Rz. 64; *Palandt/Bassenge* § 873 BGB Rz. 21). Logischerweise übrigens ist der L dann natürlich auch nicht Eigentümer der Nr. 43 geworden, obwohl dies jetzt im Grundbuch steht. Denn insoweit fehlt es an einer erforderlichen Auflassung, die war ja nur auf die Nr. 34 bezogen (vgl. oben). Das Grundbuch widerspricht mit der Eintragung des L als neuem Eigentümer der Nr. 43 insoweit jetzt vielmehr der materiellen Rechtslage (Eigentümer der Nr. 43 ist B geblieben) und ist folglich ***unrichtig*** im Sinne des § 894 BGB (dazu später mehr).

<u>ZE.</u>: Der L ist mit der Eintragung ins Grundbuch unter der Nr. 43 ***nicht*** Eigentümer der eigentlich gewollten Nr. 34 geworden, da die Grundbucheintragung objektiv betrachtet und ausgelegt werden muss und es insoweit dann an einer Übereinstimmung zwischen Auflassung (Nr. 34) und Eintragung (Nr. 43) fehlt. Die Eintragung unter der Nr. 43 kann ***nicht*** nach dem Parteiwillen und den Regeln der *falsa demonstratio* als eine Eintragung für die Nr. 34 mit dann entsprechendem Eigentumsübergang gemäß § 873 Abs. 1 BGB angesehen werden.

<u>ZE.</u>: Der L ist somit bislang ***nicht*** Eigentümer des Grundstücks Nr. 34 geworden, es fehlt an der mit der Auflassung übereinstimmenden Eintragung ins Grundbuch gemäß § 873 Abs. 1 BGB.

<u>ZE.</u>: Der B hat somit seine Verpflichtung aus dem mit L geschlossenen Kaufvertrag aus § 433 Abs. 1 BGB auf Übertragung des Eigentums am Grundstück mit der Nr. 34 noch nicht erfüllt. Es fehlt die zum Rechtserwerb neben der Auflassung zwingend notwendige Eintragung ins Grundbuch.

<u>ZE.</u>: Mithin steht dem L – weil sein Anspruch aus § 433 Abs. 1 BGB noch nicht erloschen ist – das Zurückbehaltungsrecht aus § 320 Abs. 1 BGB gegenüber dem B zu und L ist gemäß § 322 BGB nur Zug um Zug gegen Übertragung des Eigentums zur Zahlung der 60.000 Euro verpflichtet.

Erg.: B kann nur Zug um Zug gegen die Verschaffung des Eigentums an der Nr. 34 von L die 60.000 Euro aus § 433 Abs. 2 BGB verlangen. Dem L übrigens steht der Anspruch auf Eintragung unter der Nr. 34 gegen B aus § 433 Abs. 1 BGB (!) zu, denn B ist aus dem Kaufvertrag zur Eigentumsübertragung – also auch zur richtigen Eintragung – verpflichtet.

Anspruch des B gegen L auf Grundbuchberichtigung der Nr. 43

AGL.: **§ 894 BGB**

Das ist jetzt kein Problem mehr, wir haben es oben schon angesprochen: Die Eintragung des L als neuen Eigentümer des Grundstücks Nr. 43 entspricht ***nicht*** der wirklichen Rechtslage, denn es mangelt für einen entsprechenden Eigentumsübergang nach § 873 Abs. 1 BGB an der erforderlichen Auflassungserklärung gemäß § 925 Abs. 1 BGB. B und L hatten zwar die Nr. 43 beurkunden lassen, mithilfe der Grundsätze der *falsa demonstratio* war indessen tatsächlich eine Auflassung des Grundstücks Nr. 34 erklärt worden (vgl. oben). Der Anspruch aus § 894 BGB ist somit begründet.

Feinkost: Die Vorschrift des § 894 BGB ist deshalb überhaupt notwendig und existent, weil das Grundbuchamt, das die Eintragungen ausschließlich vornimmt, an die vermutete Richtigkeit des Grundbuchs gemäß § 891 BGB gebunden ist (BGH MDR **2014**, 710; OLG Zweibrücken FGPrax **1997**, 127; BayObLG Rpfleger **1992**, 56; PWW/*Huhn* § 894 BGB Rz. 1). Das Grundbuchamt kann sich nämlich logischerweise auch nur an dem orientieren, was es selbst in das Grundbuch eingetragen hat.

Also: Im Grundbuch steht zur Zeit der L als Eigentümer der Nr. 43, demnach ist er für das Grundbuchamt und auch den Rechtsverkehr der wirkliche Eigentümer (→ **§ 891 BGB!**). Damit der B als materiell-rechtlich tatsächlich berechtigter Eigentümer wieder ins Grundbuch gelangt, muss er nun nach § 13 GBO (Grundbuchordnung, Schönfelder Nr. 114) einen Antrag stellen und dabei gemäß **§ 29 GBO** die erforderlichen Bewilligungen vorlegen. Gemäß **§ 19 GBO** ist eine Bewilligung vor allem desjenigen erforderlich, dessen Recht von der Eintragung betroffen wird (lies auch: § 22 Abs. 2 GBO). Und weil der L als Eigentümer im Grundbuch steht, ist sein – vermeintliches – Recht betroffen. Wie gesagt, das Grundbuchamt glaubt wegen § 891 BGB an die Richtigkeit der Eintragung des L, und deshalb ist das Recht des L hier auch betroffen. Selbst wenn das materiell-rechtlich, wie wir inzwischen ja wissen, tatsächlich unrichtig ist.

Erg.: Der B kann von L die Zustimmung zur Änderung des Grundbuchs gemäß § 894 BGB verlangen. Diese Zustimmung kann und muss (!) der B dann dem Grundbuchamt wegen § 19 GBO vorlegen und wird dann als (neuer bzw. alter) rechtmäßiger Eigentümer des Grundstücks mit der Parzellennummer 43 wieder ins Grundbuch eingetragen.

Anspruch des L gegen B auf Grundbuchberichtigung der Nr. 34

AGL.: **§ 894 BGB**

Ein solcher Anspruch des L gegen B würde nun logischerweise wieder voraussetzen, dass das Grundbuch, in dem der B zur Zeit noch als Eigentümer der Nr. 34 steht, mit seiner jetzigen Eintragung ***unrichtig*** ist, also der ***materiellen*** Rechtslage widerspricht (vgl. aktuell BGH MDR **2014**, 710).

> **Aber:** Wir haben es ja oben ausführlich erörtert: Für einen Eigentumsübergang nach § 873 Abs. 1 BGB ist erforderlich, dass sowohl eine Einigung im Sinne des § 925 Abs. 1 BGB als eine entsprechende Eintragung ins Grundbuch erfolgt ist. Nur bei Vorliegen ***beider*** Voraussetzungen tritt der Rechtsübergang ein; die Auflassung alleine bewirkt noch keine Rechtsänderung (BGH NJW **1994**, 2947; BGH NJW-RR **1988**, 1274; MüKo/*Kohler* § 873 BGB Rz. 64; *Palandt/Bassenge* § 873 BGB Rz. 12). Der L ist mithin zurzeit noch nicht der neue Eigentümer des Grundstücks mit der Nr. 34 geworden. Und deshalb ist auch das Grundbuch, in dem der B jetzt noch als Eigentümer der Nr. 34 steht, nicht unrichtig, es entspricht vielmehr exakt der Rechtslage, wie sie sich zurzeit darstellt.

Merke: Das Grundbuch ist nur dann unrichtig im Sinne des § 894 BGB, wenn eine Eintragung ohne eine entsprechende Einigung erfolgt, das Grundbuch demnach ***materiell unrichtig*** ist (BGH MDR **2014**, 710; MüKo/*Kohler* § 873 BGB Rz. 64). Erfolgt hingegen eine Einigung, aber noch keine entsprechende Eintragung, ist das Eigentum noch nicht übergegangen und das Grundbuch dokumentiert die tatsächlich bestehende Rechtslage.

Erg.: Der L kann von B nicht die Zustimmung zur Änderung des Grundbuchs gemäß § 894 BGB verlangen, das Grundbuch ist nicht unrichtig.

Gutachten

B könnte gegen L ein Anspruch auf Zahlung von 60.000 Euro aus § 433 Abs. 2 BGB zustehen.

I.) Voraussetzung für die Entstehung des Anspruchs ist ein wirksamer Kaufvertrag nach § 433 BGB über das Grundstück mit der Parzellennummer 34 zwischen B und L zum Kaufpreis von 60.000 Euro.

1.) Die Parteien haben sich über einen solchen Kaufvertrag intern geeinigt.

2.) Zu prüfen ist jedoch, welche Auswirkungen der Umstand hat, dass die Parteien vor dem Notar tatsächlich etwas anderes erklärt haben und auch im Grundbuch eine andere Rechtslage dokumentiert ist, nämlich der Eigentumsübergang am Grundstück mit der Nr. 43. Angesichts dessen fragt es sich, ob die Einigung zwischen B und L über das Grundstück Nr. 34 zum Preis von 60.000 Euro gemäß § 433 BGB überhaupt wirksam zustande gekommen ist.

a) In Betracht kommt eine Nichtigkeit dieser vertraglichen Abrede gemäß § 125 Satz 1 BGB in Verbindung mit § 311 b Abs. 1 BGB. Gemäß § 311 b Abs. 1 Satz 1 BGB bedarf ein Vertrag, durch den sich der eine Teil verpflichtet, das Eigentum an einem Grundstück zu übertragen oder zu erwerben, der notariellen Beurkundung. Hinsichtlich des Vertrages über das Grundstück mit der Nr. 34 ist dies nicht geschehen, der beurkundete Kaufvertrag beinhaltete das Grundstück Nr. 43. Der eigentlich gewollte Kaufvertrag über die Parzelle Nr. 34 ist daher zunächst wegen Formmangels und Verstoßes gegen § 311 b Abs. 1 Satz 1 BGB gemäß § 125 BGB nichtig.

b) Etwas anderes könnte sich aber daraus ergeben, dass die Parteien hier beide das Gleiche (Nr. 34) gewollt, indessen lediglich irrtümlich etwas anderes erklärt haben (Nr. 43). Es fragt sich, ob diese irrtümliche Falschbezeichnung nicht nach den Grundsätzen der falsa demonstratio non nocet unbeachtlich ist mit der Folge, dass trotz falscher Bezeichnung und Beurkundung dennoch ein wirksamer und vor allem formgültiger Kaufvertrag über die Parzelle Nr. 34 zustande gekommen ist.

aa) Nach den Grundsätzen der falsa demonstratio wird angenommen, dass es, wenn sich die Parteien subjektiv über den Kaufgegenstand geeinigt haben, keine Rolle spielt, sollten sie diesen Kaufgegenstand dann irrtümlich falsch benennen. Es gilt in diesem Fall das zwischen den Parteien subjektiv Gewollte, die falsche Bezeichnung schadet nicht. Im vorliegenden Fall wollen B und L das Grundstück mit der Nr. 34 zum Kaufgegenstand machen, tatsächlich erklären sie vor dem Notar aber irrtümlich die Nr. 43 zur verkauften Sache. Diese Falschbezeichnung ist somit grundsätzlich unschädlich für das Zustandekommen des Kaufvertrages. Die Parteien haben somit trotz falscher Benennung den Vertrag über die Nr. 34, und nicht über die tatsächlich beurkundete Nr. 43 geschlossen.

bb) Etwas anderes könnte sich aber aus dem Umstand ergeben, dass der hier in Frage stehende Vertrag nicht formlos geschlossen wird. Vielmehr erfolgt bei dem Grundstückskaufvertrag wegen § 311 b Abs. 1 Satz 1 BGB immer eine notarielle Beurkundung des Vertrages. Die Abrede wird durch den Notar und wegen § 311 b Abs. 1 Satz 1 BGB erst mit diesem offiziellen Akt überhaupt nur wirksam. Daraus könnte zu folgern sein, dass insoweit die Regeln der falsa demonstratio hier nicht anwendbar sind. Dies ist jedoch nicht anzunehmen. Die Regeln über die Unschädlichkeit der beidseitig falschen Bezeichnung gelten nach allgemeiner Ansicht auch für formbedürftige Rechtsgeschäfte, namentlich für Kaufverträge über Grundstücke. Haben die Parteien unbewusst Unrichtiges beurkunden lassen, obwohl sie über das in Wahrheit Gewollte einig waren, ist der Vertrag über das Gewollte gleichwohl gültig; insbesondere die Form des § 311 b Abs. 1 Satz 1 BGB ist hinsichtlich des Gewollten gewahrt, da auch insoweit der Normzweck des § 311 b Abs. 1 Satz 1 BGB durch die Beurkundung erreicht ist.

Demnach ist auch die in den notariell beurkundeten Kaufvertrag aufgenommene Falschbezeichnung unbeachtlich. Es kommt der Vertrag zustande über das von den Parteien subjektiv Gewollte. Im vorliegenden Fall haben somit B und L vor dem Notar einen nach § 311 b Abs. 1 Satz 1 BGB wirksamen Kaufvertrag gemäß § 433 BGB über das Grundstück Nr. 34 zum Preis von 60.000 Euro geschlossen. Der Anspruch des B gegen L auf Zahlung der 60.000 Euro aus § 433 Abs. 2 BGB bezüglich des Kaufvertrages über die Nr. 34 ist durch den rein formal beurkundeten Vertrag über die Nr. 43 entstanden. Aus diesem Vertrag ist L zur Zahlung von 60.000 Euro an B verpflichtet.

II.) Diesem Anspruch des B gegen L auf Zahlung der 60.000 Euro könnte indessen ein Zurückbehaltungsrecht des L aus § 320 Abs. 1 BGB entgegenstehen. Gemäß § 320 Abs. 1 BGB kann derjenige, der aus einem gegenseitigen Vertrag verpflichtet ist, die ihm obliegende Leistung bis zur Bewirkung der Gegenleistung verweigern, es sei denn, dass er vorzuleisten verpflichtet ist.

Im vorliegenden Fall haben B und L einen wirksamen Kaufvertrag über das Grundstück mit der Nr. 34 geschlossen. Aus diesem Kaufvertrag ist L zur Zahlung und B gemäß § 433 Abs. 1 BGB verpflichtet, dem L das Eigentum an dem Grundstück Nr. 34 verschaffen. Diese beiden Forderungen stehen im Gegenseitigkeitsverhältnis, keine Partei ist vorzuleisten verpflichtet mit der Konsequenz, dass L gemäß § 320 Abs. 1 BGB die Zahlung des Kaufpreises solange verweigern kann, bis der B seine Leistungspflicht, also die Eigentumsübertragung an dem Grundstück Nr. 34, erbracht hat. Es ist im Rahmen des § 320 Abs. 1 BGB daher zu prüfen, ob L durch die Vereinbarung mit B und die spätere Eintragung ins Grundbuch bereits das Eigentum an der Parzelle Nr. 34 erlangt hat.

Die Eigentumsübertragung an Grundstücken setzt gemäß § 873 Abs. 1 BGB eine Einigung bezüglich des Rechtsüberganges und die Eintragung der Rechtsänderung ins Grundbuch voraus. Erst und nur wenn beide Voraussetzungen erfüllt sind, ist das Eigentum übergegangen und der Schuldner hat seine Verpflichtung aus dem Grundgeschäft erfüllt.

1.) Es ergeben sich zunächst Bedenken hinsichtlich einer wirksamen Auflassung nach § 925 Abs. 1 BGB bezüglich des Grundstücks mit der Parzellennummer 34. Die Bedenken resultieren daher, dass B und L sich vor dem beurkundenden Notar nicht auf den Eigentumsübergang an der Nr. 34, sondern auf den Eigentumsübergang an der Nr. 43 geeinigt haben. Berücksichtigt man, dass zur Wirksamkeit der Auflassung gemäß § 925 Abs. 1 BGB die notarielle Beurkundung erforderlich ist, und im vorliegenden Fall in der beurkundeten Auflassung die Parzelle Nr. 43 vermerkt ist, könnte schon die erste Voraussetzung für den Eigentumserwerb gemäß § 873 Abs. 1 BGB an der Parzelle Nr. 34 fehlen. Dies kann jedoch nicht angenommen werden. Bei der Auflassung nach § 925 BGB gelten die Regeln der falsa demonstratio ebenso wie bei der schuldrechtlichen Abrede.

Entscheidend ist demnach nicht notwendig, was die Parteien irrtümlich in die Notarurkunde aufgenommen haben; soweit die Parteien beide das Gleiche meinen, wird der von den Parteien gewollte Gegenstand bzw. das Grundstück zum Inhalt der Auflassungserklärung. Daraus folgt, dass im vorliegenden Fall die notariell beurkundete Auflassungserklärung das Grundstück mit der Nr. 34 zum Inhalt und insoweit auch Gültigkeit erlangt hat.

2.) Des Weiteren ist zu prüfen, ob der Eigentumserwerb auf Seiten des L gemäß § 873 Abs. 1 BGB durch die Eintragung ins Grundbuch bezüglich der Nr. 34 endgültig vollzogen worden ist. Da sich die Auflassung – wie eben erörtert – auf die Nr. 34 bezog, muss nun auch eine entsprechende Eintragung vorliegen. Das Problem liegt darin, dass L nicht unter der Nr. 34, sondern unter der Nr. 43 als Eigentümer ins Grundbuch eingetragen worden ist. Fraglich ist somit, ob auch diese Eintragung einen Eigentumserwerb an der Nr. 34 herbeiführen kann.

a) In Betracht kommt auch hier die Anwendung der Grundsätze der falsa demonstratio mit der möglichen Folge, dass die Falscheintragung unbeachtlich bleibt und die Rechtsänderung am gewollten Objekt eingetreten ist. Indessen ist hier bei der Eintragung ins Grundbuch eine andere Beurteilung angezeigt. Beachtet werden muss, dass mit der Eintragung ins Grundbuch die falsche Bezeichnung in den Rechtsverkehr gelangt und daher nicht mehr einer Auslegung zugänglich ist, die sich allein an dem von den Parteien Gewollten richtet. Die Grenzen der Regeln der falsa demonstratio sind erreicht, wenn die irrtümliche Bezeichnung nach außen tritt und in den Rechtsverkehr gelangt.

Bei einer Eintragung in das für jedermann einsehbare Grundbuch gilt deshalb das aus der Sicht eines objektiven Dritten Erklärte und nicht das subjektiv von den Parteien Gewollte. Der Eigentumserwerb nach § 873 BGB kann stets nur insoweit in Betracht kommen, wie die Auflassung und die objektiv auszulegende Eintragung im Grundbuch übereinstimmen. Ein von den Parteien entgegen der objektiv erfolgten Eintragung subjektiv gewünschter Wille findet bei der Eintragung und deren Auslegung keine Berücksichtigung.

b) Im vorliegenden Fall nun haben sich B und L auf den Eigentumsübergang an der Nr. 34 geeinigt, eingetragen ist aber die Nr. 43. Auflassung und Eintragung stimmen mithin nicht überein. Daraus folgt, dass auch kein Eigentumsübergang gemäß § 873 Abs. 1 BGB an der Nr. 34 vollzogen werden konnte. Das Grundbuch widerspricht mit der Eintragung des L als neuem Eigentümer der Nr. 43 insoweit jetzt der materiellen Rechtslage und ist folglich unrichtig im Sinne des § 894 BGB. Der L ist mit der Eintragung ins Grundbuch unter der Nr. 43 nicht Eigentümer der eigentlich gewollten Nr. 34 geworden.

Der B hat somit seine Verpflichtung aus dem mit L geschlossenen Kaufvertrag aus § 433 Abs. 1 BGB auf Übertragung des Eigentums am Grundstück mit der Nr. 34 noch nicht erfüllt. Es fehlt die zum Rechtserwerb neben der Auflassung zwingend notwendige Eintragung ins Grundbuch. Mithin steht dem L – weil sein Anspruch aus § 433 Abs. 1 BGB noch nicht erloschen ist – das Zurückbehaltungsrecht aus § 320 Abs. 1 BGB gegenüber dem B zu und L ist gemäß § 322 BGB nur Zug um Zug gegen Übertragung des Eigentums zur Zahlung der 60.000 Euro verpflichtet.

Erg.: B kann nur Zug um Zug gegen die Verschaffung des Eigentums an der Nr. 34 von L die 60.000 Euro aus § 433 Abs. 2 BGB verlangen. Für die Eigentumsübertragung ist eine Eintragung des L unter der Nr. 34 erforderlich. Dem L steht gegen B ein Anspruch darauf aus § 433 Abs. 1 BGB zu.

B könnte gegen L einen Anspruch auf Berichtigung des Grundbuchs aus § 894 BGB haben.

Voraussetzung dafür ist die Unrichtigkeit des Grundbuchs, also die fehlende Übereinstimmung zwischen der objektiven Eintragung und der materiellen Rechtslage. Es ist soeben geprüft und festgestellt worden, dass die Eintragung des L als neuer Eigentümer des Grundstücks Nr. 43 nicht der wirklichen Rechtslage entspricht. Es mangelt für einen entsprechenden Eigentumsübergang nach § 873 Abs. 1 BGB an der erforderlichen Auflassungserklärung gemäß § 925 Abs. 1 BGB. B und L hatten zwar die Nr. 43 beurkunden lassen, tatsächlich war vor dem Notar eine Auflassung des Grundstücks Nr. 34 erklärt worden. Der Anspruch des B gegen L aus § 894 BGB ist somit begründet.

Erg.: Der B kann von L die Zustimmung zur Änderung des Grundbuchs gemäß § 894 BGB verlangen.

Schließlich könnte auch L gegen B ein Anspruch auf Berichtigung des Grundbuchs aus § 894 BGB zustehen.

Ein solcher Anspruch des L gegen B würde voraussetzen, dass das Grundbuch, in dem der B zur Zeit noch als Eigentümer der Nr. 34 steht, mit der jetzigen Eintragung unrichtig ist, also der materiellen Rechtslage widerspricht.

Das ist jedoch nicht der Fall. L ist bislang nicht Eigentümer der Nr. 34 geworden. Für einen Eigentumsübergang nach § 873 Abs. 1 BGB ist erforderlich, dass sowohl eine Einigung im Sinne des § 925 Abs. 1 BGB als auch eine entsprechende Eintragung ins Grundbuch erfolgt ist. Nur bei Vorliegen beider Voraussetzungen tritt der Rechtsübergang ein. Die Auflassung alleine bewirkt noch keine Rechtsänderung. Der L ist mithin zurzeit noch nicht der neue Eigentümer des Grundstücks mit der Nr. 34 geworden. Deshalb ist auch das Grundbuch, in dem der B jetzt noch als Eigentümer der Nr. 34 steht, nicht unrichtig. Es entspricht der Rechtslage, wie sie sich zurzeit darstellt.

Erg.: Der L kann von B nicht die Zustimmung zur Änderung des Grundbuchs gemäß § 894 BGB verlangen, das Grundbuch ist nicht unrichtig.

7. Abschnitt

Grundstücksrecht II:
Hypothek und Grundschuld

Fall 21

Ferrari Testarossa

Rechtsanwalt R hat sich beim Autohändler A einen *Ferrari Testarossa* zum Preis von 250.000 Euro gekauft. Zur Sicherung der bislang nicht beglichenen Kaufpreisforderung des A gegen R hat der Kollege E des R dem A wirksam eine Briefhypothek in Höhe von 250.000 Euro an seinem Grundstück bestellt. A gerät wenig später in finanzielle Schwierigkeiten und tritt seine Forderung gegen R zur Tilgung einer Schuld mündlich an den Gläubiger G 1 ab, dem er allerdings die Hypothek verschweigt. Drei Tage später übergibt A mit Hinweis auf den Kaufvertrag über das Auto seinem Gläubiger G 2 den Hypothekenbrief, erwähnt aber nicht die Abtretung an G 1. Auf Bitten des rechtlich unerfahrenen G 2 hin setzt A noch ein Schriftstück auf, in dem er G 2 »das Recht am Grundstück« überschreibt.

Welche Ansprüche stehen G 1 und G 2 gegen R und E zu?

Schwerpunkte: Akzessorietät von Forderung und Hypothek, §§ 1153, 1154 BGB; Erwerb einer Hypothek durch Abtretung der Forderung gemäß § 1154 Abs. 1 BGB; Mitlaufgebot der Hypothek; Anspruch aus § 1147 BGB.

Lösungsweg

Anspruch des G 1 gegen R auf Zahlung von 250.000 Euro

<u>AGL.</u>: **§§ 433 Abs. 2, 398, 1154 BGB**

Voraussetzungen:

G 1 muss Inhaber der Forderung geworden sein, ursprünglich stand die Forderung ja dem A zu. Und das – der Forderungsübergang – ist zunächst mal kein Problem, denn der Sachverhalt spricht eindeutig davon, dass A die Forderung an den G 1 abgetreten hat (= Einigung nach § 398 BGB). Dass das Ganze dann nicht schriftlich erfolgt ist, ist auf den ersten Blick uninteressant und vor allen Dingen rechtlich unerheblich, denn Forderungen können nach allgemeiner Ansicht grundsätzlich auch ***formfrei*** übertragen werden (BGHZ **89**, 46; PWW/*Schmidt* § 398 BGB Rz. 8; *Jauernig/Stürner* § 398 BGB Rz. 4; *Palandt/Grüneberg* § 398 BGB Rz. 6). Damit wäre G 1 an sich Inhaber der Forderung geworden.

Aber: Ganz so einfach ist es im vorliegenden Fall natürlich nicht, denn an der Forderung hängt hier ja noch die Hypothek dran – und in diesem Fall gelten für die Übertragung der Forderung andere Regeln, nämlich:

Dass Forderung und Hypothek grundsätzlich nicht getrennt werden dürfen (= ***akzessorisch***), steht in den §§ 1153 und 1154, und hier muss vor allem **§ 1154 BGB** beachtet werden. Demnach muss gemäß § 1154 Abs. 1 BGB zur Übertragung der Forderung, die durch eine Hypothek gesichert ist, zum einen eine ***schriftliche*** Abtretungserklärung vorliegen und zum anderen auch der ***Hypothekenbrief*** übergeben worden sein (bitte im Gesetz überprüfen). Unter diesen Umständen nämlich nur ist gewährleistet, dass sowohl die Forderung und auch – quasi im Schlepptau – die Hypothek auf den Erwerber übergegangen ist. Und das ist notwendig, denn Forderung und Hypothek dürfen grundsätzlich nicht getrennt werden (lies § 401 BGB).

In unserem Fall nun fehlt zum einen die schriftliche Abtretungserklärung, und im Übrigen mangelt es auch an der Übergabe des Hypothekenbriefs mit der Folge, dass G 1 die Forderung von A wegen Verstoßes gegen § 1154 Abs. 1 BGB ***nicht*** wirksam erwerben konnte.

Erg.: G 1 hat somit die Forderung des A nicht gemäß § 398 BGB erworben, da diese Forderung durch eine Hypothek gesichert ist, dem G 1 aber weder eine schriftliche Abtretungserklärung erteilt wurde noch der Hypothekenbrief von A übergeben worden ist und damit die Voraussetzungen des § 1154 Abs. 1 BGB ***nicht*** gegeben sind. G 1 hat keine Forderung gegen R erworben.

Und: G 1 hat damit des Weiteren natürlich auch ***keine*** Hypothek und einen entsprechenden Anspruch gegen E erworben, denn diese Hypothek ist abhängig von der Forderung. Und wenn keine Forderung übertragen wurde, kann auch die Hypothek nicht übergegangen sein (§ 1153 BGB). G 1 steht somit weder gegen R ein Anspruch auf Zahlung aus abgetretenem Recht (§§ 433 Abs. 2, 398, 1154 BGB) noch gegen E ein Anspruch aus der Hypothek (§ 1147 BGB) zu.

Wir merken uns: Forderungen können grundsätzlich formfrei und ohne sonstige Vollzugsakte übertragen werden, vgl. § 398 BGB. Anders ist das aber bei Forderungen, die durch eine Hypothek gesichert werden: Hier muss zur Wirksamkeit der Forderungsabtretung **§ 1154 Abs. 1 BGB** beachtet werden, wonach neben einer jetzt ***schriftlichen*** Abtretungserklärung auch der ***Hypothekenbrief*** (bei der Briefhypothek) übergeben werden muss (beachte bitte auch § 1154 Abs. 2 und 3 BGB). Dieser Forderungsübergang hat dann immer zwingend auch den Hypothekenübergang zur Folge. Die Hypothek hängt an der Forderung (§ 1153 BGB). Bitte beachte, dass das Gesetz deshalb auch nur den ***Forderungsübergang*** im Rahmen des Hypothekenrechts in § 1154 BGB explizit regelt (Überschrift der Norm bitte lesen); eine Norm, die den Übergang nur der Hypothek regelt, gibt es überhaupt nicht. Wie gesagt, die Hypothek hängt an der Forderung und mit der Regelung des

Überganges der Forderung in § 1154 BGB wird automatisch auch der Hypothekenübergang angeordnet.

Anspruch des G 2 gegen R auf Zahlung von 250.000 Euro

AGL.: §§ 433 Abs. 2, 398, 1154 BGB

Die Frage ist, ob G 2 die Kaufpreisforderung des A gegen R aus § 433 Abs. 2 BGB durch eine Abtretung erworben hat. Und hier gelten natürlich wieder die gleichen Regeln, die wir eben schon kennengelernt haben, nämlich die §§ 398, 1154 BGB: Es muss gemäß § 1154 Abs. 1 BGB zur Übertragung der Forderung sowohl eine schriftliche Abtretungserklärung als auch die Übergabe des Hypothekenbriefes vorliegen.

Ohne Probleme erfüllt ist die zweite gerade genannte Voraussetzung, der Hypothekenbrief ist dem G 2 von A übergeben worden (steht so im Fall). Die Frage, die sich stellt, ist nun aber, ob es auch eine schriftliche Abtretungserklärung bezüglich der ***Forderung*** gibt (bitte das Gesetz lesen: § 1154 Abs. 1 BGB). Grundsätzlich muss diese schriftliche Abtretungserklärung die Bezeichnung der Forderung und der abgetretenen Zinsen sowie den Zedenten und den Zessionar umfassen (BGH NJW-RR **1992**, 178; BGHZ **22**, 132; OLG Frankfurt NJW-RR **1993**, 1299; PWW/*Waldner* § 1154 BGB Rz. 2; *Palandt/Bassenge* § 1154 BGB Rz. 5). Und angesichts dessen stößt unsere Erklärung hier auf beachtliche Bedenken, denn A und G 2 haben sich bei genauem Lesen des Sachverhaltes noch nicht mal auf eine Übertragung der Forderung an sich geeinigt, sondern vielmehr ausdrücklich nur *»das Recht am Grundstück«* schriftlich übertragen. Man könnte daraus folgern, dass es an der erforderlichen Abtretungserklärung mangelt und G 2 mithin wegen Verstoßes gegen § 1154 BGB nicht wirksam die Forderung erwerben konnte.

> **Aber:** Bei unklaren bzw. unvollständigen Willenserklärungen im Rahmen einer »Hypothekenübertragung« muss die entsprechende Erklärung selbstverständlich ***ausgelegt*** werden. Insoweit ist zunächst beachtlich, dass eine Übertragung allein der Hypothek – so wie im vorliegenden Fall möglicherweise geschehen – wegen § 1153 Abs. 2 BGB schon gar nicht möglich und daher zwingend (!) ***nichtig*** ist (*Palandt/Bassenge* § 1153 BGB Rz. 2; *Bamberger/Roth/Rohe* § 1153 BGB Rz. 3). Der Erwerber aus einer solchen Vereinbarung würde letztlich weder die Forderung noch die Hypothek erhalten. Das aber entspricht im Zweifel nicht dem Parteiwillen und insbesondere nicht dem Willen des Empfängers einer solchen Willenserklärung.

Daher: Eine Formulierung dergestalt, dass etwa nur *»die Hypothek«* oder *»das Recht am Grundstück«* abgetreten bzw. übertragen oder überschrieben wird, ist aus der Sicht des Erklärungsempfängers – und das ist stets der Erwerbende – so auszulegen, dass trotz der scheinbar im Schriftstück nur gewollten Hypothekenübertragung insbesondere auch die ***Forderung***, selbst wenn sie nicht ausdrücklich in die Abrede aufgenommen wird, übergeht (RG JW **1938**, 44; PWW/*Waldner* § 1153 BGB Rz. 1; MüKo/*Eickmann* § 1153 BGB Rz. 5; *Baur/Stürner* § 38 Rzn. 5 und 10; *Palandt/Bassenge* § 1153 BGB Rz. 2). Wir haben ja oben schon gelernt, dass aus der Sicht bzw. der Terminologie des Gesetzgebers sowieso immer nur die ***Forderung*** übertragen werden kann, die Hypothek fungiert gleichsam nur als »Anhängsel« der übertragenen Forderung (*Baur/Stürner* § 38 Rz. 3). Und aus diesem Grund steht in § 1154 Abs. 1 BGB dann auch nur die Regel zur Übertragung der ***Forderung*** und in § 1153 BGB, dass die Hypothek dieser Forderung folgt. Eine separate Übertragung der Hypothek ist nicht möglich. Die Hypothek folgt zwingend der Forderung (**»Mitlaufgebot«**).

Zum Fall: Den Erfordernissen des § 1154 Abs. 1 BGB zum Übergang der durch die Hypothek gesicherten Forderung ist somit auch mit einer schriftlich formulierten Erklärung genüge getan, die lediglich von der Überschreibung *»des Rechts am Grundstück«* spricht. Denn dies entspricht dem Willen des Erklärungsempfängers, wie man dann auch an unserem Fall sehen kann: Der rechtlich unerfahrene G 2 weiß vom Kaufvertrag, will aber selbstverständlich auch und vor allem Inhaber der *Hypothek* werden; und wenn dies – wie wir jetzt wissen – wegen § 1154 BGB nur durch Abtretungserklärung bezüglich der Forderung funktioniert, ist dem Willen des Erwerbers G 2 entsprechend zu unterstellen, dass die von A gefertigte schriftliche Erklärung diesen Rechtserwerb an der Hypothek herbeiführen soll, unabhängig davon, ob ausdrücklich auch die Forderung benannt ist. Mit der vorliegenden Erklärung ist somit die Forderung aus dem Kaufvertrag des A mit R auf G 2 schriftlich abgetreten worden. Die falsche Bezeichnung schadet nicht.

Feinkost: Diese scheinbar undeutlichen Erklärungen kommen übrigens in der Praxis häufig deshalb zustande, weil es den Vertragsparteien hauptsächlich um die ***Hypothek*** und weniger um die Forderung geht. Denn die Befriedigung des Gläubigers erfolgt regelmäßig aus der Hypothek, diese verspricht nämlich sicheres Kapital; die hinter bzw. vor der Hypothek stehende Forderung lässt sich im Zweifel aus dem sonstigen Vermögen des Schuldners nicht befriedigen. Und weil die Parteien einer Hypothekenübertragung das wissen, nehmen sie in ihre schriftliche Vereinbarung dann oft nur die »**Hypothek**« oder »**das Recht am Grundstück**« als Gegenstand der Abtretung auf. Die Forderung bleibt ein – vergleichsweise wertloses – Beiwerk, geht aber gleichwohl, wie wir jetzt wissen, immer mit über.

ZE.: A hat dem G 2 durch die Übergabe des Hypothekenbriefes und der schriftlichen Abtretungserklärung über »das Recht am Grundstück« wirksam gemäß den §§ 398, 1154 Abs. 1 BGB die Forderung (und damit natürlich auch die Hypothek) verschafft. Und da der A auch Forderungsinhaber gewesen ist (die Übertragung auf G 1 hatte ja nicht geklappt), hat G 2 die Forderung auch vom Berechtigten erworben.

Erg.: G 2 steht gegen R ein Anspruch auf Zahlung der 250.000 Euro aus abgetretenem Recht gemäß den §§ 433 Abs. 2, 398, 1154 BGB zu.

Anspruch des G 2 gegen E auf Duldung der Zwangsvollstreckung

AGL.: **§ 1147 BGB**

Vorab: Wir haben ja nun gerade festgestellt, dass G 2 gegen R ein Anspruch auf Zahlung der 250.000 Euro zusteht, und zwar aus abgetretenem Recht der Kaufpreisforderung gemäß den §§ 433 Abs. 2, 398, 1154 BGB. Macht der G 2 von diesem Recht gegen R Gebrauch und setzt seine Forderung aus den §§ 433 Abs. 2, 398, 1154 BGB durch, kann er dann natürlich nicht mehr gegen E aus der Hypothek vorgehen. Mit der Zahlung durch R würde nämlich die Forderung des G 2 gegen R nach § 362 BGB wegen Erfüllung untergehen; und wenn keine Forderung mehr besteht, erlischt logischerweise auch die die Forderung sichernde Hypothek. Die Hypothek verschwindet dann allerdings nicht von der Bildfläche, sondern wandelt sich vielmehr gemäß §§ 1163 Abs. 1 Satz 2, 1177 BGB um in eine ***Eigentümergrundschuld*** zugunsten des Eigentümers (hier also des E).

Der G 2 hätte allerdings auch die Möglichkeit, zunächst aus der Hypothek gemäß § 1147 BGB gegen den Eigentümer E vorzugehen. Das Recht zur Befriedigung aus der Hypothek und das Recht zur Durchsetzung der dieser Hypothek zugrunde liegenden ursprünglichen Forderung bestehen ***gleichwertig*** nebeneinander; der Gläubiger kann also wählen, gegen wen er wann seine Forderung geltend machen will, er kann sogar beide gleichzeitig geltend machen (*Palandt/Bassenge* § 1113 BGB Rz. 21). Was passiert, wenn der Gläubiger zunächst gegen den persönlichen Schuldner aus der Forderung vorgeht, haben wir im letzten Absatz gerade schon gesagt: Mit dem Erlöschen der Forderung verliert der Gläubiger sein Recht aus der Hypothek, es entsteht eine ***Eigentümergrundschuld*** zugunsten des Grundstückseigentümers, der die Hypothek bestellt hat (§§ 1163, 1177 BGB). Geht der Gläubiger hingegen zuerst gegen den Eigentümer aus der Hypothek vor (also über § 1147 BGB), verliert er mit der Befriedigung aus der Hypothek seine Forderung gegen den persönlichen Schuldner an den Grundstückseigentümer; und das steht in **§ 1143 Abs. 1 Satz 1 BGB** (lesen). § 1143 BGB normiert damit einen gesetzlichen Forderungsübergang zugunsten des den Gläubiger befriedigenden Hypothekenschuldners.

Zurück zum Anspruch aus § 1147 BGB:

Und das ist inhaltlich nun kein Problem mehr, denn wir haben weiter oben festgestellt, dass die Forderung des A gegen R wirksam auf G 2 übertragen wurde nach den §§ 433 Abs. 2, 398, 1154 BGB. Und da wir weiter oben auch schon gelernt haben, dass die Hypothek der Forderung zwingend folgt (lies: § 401 BGB und § 1153 Abs. 1 BGB), ist der G 2 mit dem Übergang der Forderung auch Hypothekengläubiger gegenüber dem Eigentümer E geworden; es liegt eine wirksame Einigung gemäß den §§ 873 Abs. 1, 1113, 1117 BGB vor.

Erg.: Dem G 2 steht neben dem Anspruch aus der abgetretenen Forderung gegen R (§§ 433 Abs. 2, 398, 1154 BGB) auch ein Anspruch auf Duldung der Zwangsvollstreckung gemäß § 1147 BGB gegen E zu. Beide Ansprüche bestehen nebeneinander und können von G 2 geltend gemacht werden.

Nachschlag

Bitte beachte, dass die Regeln zur Abhängigkeit der Hypothek von der zugrunde liegenden Forderung aus den §§ 1153, 1154 BGB vor allen Dingen für den Fall gelten, dass sowohl Forderung als auch Hypothek zunächst einmal ***wirksam*** entstanden sind und ohne rechtsgeschäftliche Mängel übertragen werden. So war das in unserem Fall, denn die Schilderung des Sachverhaltes spricht davon, dass sowohl die Kaufpreisforderung des A gegen R als auch die Hypothekenbestellung durch E zugunsten des A wirksam erfolgt sind. Des Weiteren liegen bei keinem weiteren Geschäft Mängel im Rechte vor, das mit G 1 getätigte Geschäft scheitert lediglich an Formfragen. Unter diesen Voraussetzungen nun können die §§ 1153 und 1154 BGB konsequent angewandt werden und schreiben vor, dass Forderung und Hypothek nicht separat übertragen werden können.

Diese Regeln gelten aber keinesfalls absolut. Es gibt davon selbstverständlich auch Ausnahmen, die sich vor allen Dingen dann zeigen, wenn die Entstehung oder Übertragung der Forderung mit Mängeln behaftet ist.

Beispiel: E räumt der Bank B an seinem Grundstück für ein zukünftiges Darlehen (möglich → § 1113 Abs. 2 BGB) eine Hypothek ein. Die Bank B wird dann auch im Grundbuch als Hypothekengläubiger der zukünftigen Forderung eingetragen, weigert sich aber später, dem E das Darlehen auszuzahlen. Sodann tritt die Bank die Hypothek an den gutgläubigen G ab. **Hat G die Hypothek und/oder eine Forderung erworben?**

Lösung: Da eine Forderung tatsächlich nicht bestand (die Bank hat ja nicht ausgezahlt), ist auch die Hypothek zugunsten der Bank ***nicht*** wirksam entstanden. Es handelt sich vielmehr um eine Eigentümergrundschuld gemäß § 1163 BGB zugunsten des E. Da die Bank aber im Grundbuch fälschlich bzw. unbegründet als Hypothekengläubiger eingetragen ist, konnte G gemäß **§ 1138 i.V.m. § 892 BGB *gutgläubig*** die Hypothek von der Bank erwerben, ohne dass es eine zu sichernde Forderung gab. Der G hat somit zwar eine Hypothek zulasten des E erworben (sogenannte »Fremdhypothek«), nicht aber auch eine Forderung, denn eine solche kann man – im Gegensatz zur Hypothek – nach dem BGB mit Ausnahme des § 405 BGB nicht gutgläubig erwerben. Insoweit führt übrigens der Wortlaut des § 1138 BGB gelegentlich zu Missverständnissen, denn die Norm ermöglicht ***nicht*** den gutgläubigen Erwerb einer Forderung, sondern sagt nur, dass der gute Glaube des die Hypothek Erwerbenden auch auf das Bestehen einer der Hypothek scheinbar zugrunde liegenden Forderung bezogen sein kann (KG FGPrax **2009**, 201; *Palandt/Bassenge* § 1138 BGB Rz. 6; MüKo/*Eickmann* § 1138 BGB Rz. 15; a.A. *Maurer* in JuS 2012, 397). Merken. § 1138 BGB fingiert lediglich in Verbindung mit § 1153 Abs. 2 BGB das Bestehen einer Forderung.

Wie man an diesem kleinen Fall sieht, ist also auch der Erwerb einer Hypothek ohne das Bestehen einer Forderung durchaus möglich. Die Regeln der §§ 1153 und 1154

BGB, die wir oben in unserem Ausgangsfall gelernt haben, gelten – wie eben erwähnt – nicht ausschließlich. Gerade im Rahmen des gutgläubigen Erwerbes einer Hypothek, die eine in Wahrheit nicht bestehende Forderung sichern soll, sind vor allem durch die Vorschrift des § 1138 BGB Ausnahmen möglich.

Gutachten

I.) G 1 könnte gegen R ein Anspruch auf Zahlung von 250.000 Euro aus den §§ 433 Abs. 2, 398, 1154 BGB zustehen.

1.) Voraussetzung dafür ist, dass G 1 Inhaber der Forderung aus § 433 Abs. 2 BGB geworden ist. Ursprünglich stand die Forderung dem A zu. A hat die gegen R bestehende Forderung aus § 433 Abs. 2 BGB mündlich an den G 1 abgetreten und damit die Voraussetzungen des § 398 BGB erfüllt. Demnach wäre G 1 grundsätzlich Inhaber der Forderung geworden.

2.) Etwas anderes kann sich jedoch aus dem Umstand ergeben, dass zur Sicherung dieser Forderung des A gegen R seitens des E eine Hypothek bestellt wurde. Gemäß § 1154 Abs. 1 BGB muss zur Übertragung der Forderung, die durch eine Hypothek gesichert ist, eine schriftliche Abtretungserklärung vorliegen und der Hypothekenbrief übergeben worden sein. Im vorliegenden Fall fehlt zum einen die schriftliche Abtretungserklärung, und im Übrigen mangelt es auch an der Übergabe des Hypothekenbriefs mit der Folge, dass G 1 die Forderung von A wegen Verstoßes gegen § 1154 Abs. 1 BGB nicht wirksam erwerben konnte.

Erg.: G 1 hat die Forderung des A nicht gemäß § 398 BGB erworben.

II.) G 2 könnte gegen R ein Anspruch auf Zahlung der 250.000 Euro aus den §§ 433 Abs. 2, 398, 1154 BGB zustehen.

Fraglich ist insoweit, ob G 2 die Kaufpreisforderung des A gegen R aus § 433 Abs. 2 BGB durch eine Abtretung gemäß § 398 BGB erworben hat. Diesbezüglich gelten wiederum die Regeln der §§ 398, 1154 BGB. Es muss gemäß § 1154 Abs. 1 BGB zur Übertragung der Forderung sowohl eine schriftliche Abtretungserklärung als auch die Übergabe des Hypothekenbriefes vorliegen.

1.) Der Hypothekenbrief ist dem G 2 von A übergeben worden.

2.) Es ist zu prüfen, ob auch eine schriftliche Abtretungserklärung bezüglich der Forderung vorliegt. Grundsätzlich muss diese schriftliche Abtretungserklärung die Bezeichnung der Forderung und der abgetretenen Zinsen sowie den Zedenten und den Zessionar umfassen. Angesichts dessen stößt die von G 2 verfasste Erklärung hier auf Bedenken, denn A und G 2 haben sich noch nicht einmal auf eine Übertragung der Forderung an sich geeinigt, sondern vielmehr ausdrücklich nur *»das Recht am Grundstück«* schriftlich übertragen. Man könnte daraus folgern, dass es an der erforderlichen Abtretungserklärung mangelt und G 2 mithin wegen Verstoßes gegen § 1154 BGB nicht wirksam die Forderung erwerben konnte. Allerdings muss bei unklaren bzw. unvollständigen Willenserklärungen im Rahmen einer Hypothekenübertragung die entsprechende Erklärung ausgelegt werden.

Insoweit ist zunächst beachtlich, dass eine Übertragung allein der Hypothek wegen § 1153 Abs. 2 BGB nicht möglich und daher zwingend nichtig wäre. Der Erwerber aus einer solchen Vereinbarung würde letztlich weder die Forderung noch die Hypothek erhalten. Das aber entspricht im Zweifel nicht dem Parteiwillen und insbesondere nicht dem Willen des Empfängers einer solchen Willenserklärung.

Eine Formulierung dergestalt, dass etwa nur *»das Recht am Grundstück«* abgetreten bzw. übertragen oder überschrieben wird, ist daher aus der Sicht des Erklärungsempfängers so auszulegen, dass trotz der scheinbar im Schriftstück nur gewollten Hypothekenübertragung insbesondere auch die Forderung, selbst wenn sie nicht ausdrücklich in die Abrede aufgenommen wird, übergeht. Diese Auslegung folgt unter anderem daraus, dass aus der Sicht bzw. der Terminologie des Gesetzgebers sowieso immer nur die Forderung übertragen werden kann, die Hypothek fungiert gleichsam nur als »Anhängsel« der übertragenen Forderung. Aus diesem Grund steht in § 1154 Abs. 1 BGB nur die Regel zur Übertragung der Forderung und in § 1153 BGB, dass die Hypothek dieser Forderung folgt. Eine separate Übertragung der Hypothek ist nicht möglich. Die Hypothek folgt zwingend der Forderung. Den Erfordernissen des § 1154 Abs. 1 BGB zum Übergang der durch die Hypothek gesicherten Forderung ist somit auch mit einer schriftlich formulierten Erklärung genüge getan, die lediglich von der Überschreibung *»des Rechts am Grundstück«* spricht. Dies entspricht dem Willen des Erklärungsempfängers. Mit der vorliegenden Erklärung ist somit die Forderung aus dem Kaufvertrag des A mit R auf G 2 schriftlich abgetreten worden.

A hat dem G 2 durch die Übergabe des Hypothekenbriefes und der schriftlichen Abtretungserklärung über »das Recht am Grundstück« wirksam gemäß den §§ 398, 1154 Abs. 1 BGB die Forderung und damit auch die Hypothek verschafft. Und da der A auch Forderungsinhaber gewesen ist, hat G 2 die Forderung auch vom Berechtigten erworben.

Erg.: G 2 steht gegen R ein Anspruch auf Zahlung der 250.000 Euro aus abgetretenem Recht gemäß den §§ 433 Abs. 2, 398, 1154 BGB zu.

III.) G 2 könnte ferner gegen E ein Anspruch auf Duldung der Zwangsvollstreckung aus § 1147 BGB zustehen.

1.) Insoweit ist zunächst zu beachten, dass der Anspruch aus § 1147 BGB gegen den E nicht dadurch gehindert wird, dass G 2 bereits ein Zahlungsanspruch gegen R aus abgetretenem Recht zusteht. Das Recht zur Befriedigung aus der Hypothek und das Recht zur Durchsetzung der dieser Hypothek zugrunde liegenden ursprünglichen Forderung bestehen gleichwertig nebeneinander. Der Gläubiger kann wählen, gegen wen und wann er seine Forderung geltend machen will.

2.) Hinsichtlich der inhaltlichen Voraussetzungen des Anspruchs aus §§ 1147 BGB ist nun Folgendes festzustellen: Die Forderung des A gegen R ist wirksam auf G 2 übertragen worden nach den §§ 433 Abs. 2, 398, 1154 BGB. Gemäß § 1153 Abs. 1 BGB folgt die Hypothek zwingend der Forderung mit der Folge, dass G 2 mit dem Übergang der Forderung auch Hypothekengläubiger gegenüber dem Eigentümer E geworden ist.

Erg.: G 2 steht neben dem Anspruch aus der abgetretenen Forderung gegen R auch ein Anspruch auf Duldung der Zwangsvollstreckung gemäß § 1147 BGB gegen E zu. Beide Ansprüche bestehen nebeneinander und können von G 2 geltend gemacht werden.

Fall 22

Angefochtenes Darlehen

S hat bei der Bank B ein Darlehen in Höhe von 100.000 Euro erhalten. Zur Sicherung der Forderung hat der Vater V des S der B eine Briefhypothek in Höhe der Darlehenssumme an seinem Grundstück bestellt; die B wird entsprechend ins Grundbuch eingetragen und erhält von V den Hypothekenbrief.

S bemerkt nun einige Wochen später, dass ihm beim Abschluss des Darlehensvertrags ein Irrtum unterlaufen war und ficht den Vertrag wegen Willensmangels wirksam an. Danach stellt sich heraus, dass V zum Zeitpunkt der Hypothekenbestellung zugunsten der B unrichtig als Eigentümer des Grundstücks im Grundbuch eingetragen war. Eigentümer war vielmehr der E, der dem V einige Monate vorher das Grundstück mit einer von den Parteien und vom Grundbuchamt übersehenen formnichtigen Auflassung übereignet hatte.

B will nun wissen, welche Ansprüche ihr gegen S, V und E zustehen.

Schwerpunkte: Gutgläubiger Erwerb einer Hypothek; § 892 BGB beim Hypothekenerwerb; Voraussetzungen der Einigung nach den §§ 873, 1113, 1117 BGB; Eigentümergrundschuld gemäß § 1163 BGB; Hypothek für Ersatzforderung aus § 812 BGB?; Anspruch aus § 1147 BGB; Anspruchsgegner gemäß § 1148 BGB.

Lösungsweg

Ansprüche der B gegen S auf Rückzahlung der 100.000 Euro

<u>AGL.</u>: **§ 488 Abs. 1 Satz 2, 491 BGB**

Voraussetzung für diesen Anspruch aus der vertraglichen Verpflichtung ist selbstverständlich eine entsprechende Einigung nach § 488 BGB. Und eine solche konnte und musste nach der Schilderung des Sachverhaltes zunächst einmal angenommen werden. Damit wäre der Anspruch auf Rückzahlung aus § 488 Abs. 1 Satz 2 BGB auch entstanden.

Aber: Dieser Anspruch auf Rückzahlung aus der vertraglichen Verpflichtung ist wegen der wirksam erklärten Anfechtung gemäß **§ 142 Abs. 1 BGB** wieder untergegangen. S hat den Vertrag wegen Willensmangels nach § 119 BGB angefochten mit der

Rechtsfolge, dass das angefochtene Rechtsgeschäft als von Anfang an nichtig anzusehen ist (bitte lesen: § 142 Abs. 1 BGB).

Erg.: B steht gegen S kein Anspruch auf Rückzahlung der 100.000 Euro aus dem Darlehensvertrag gemäß § 488 Abs. 1 Satz 2 BGB zu.

AGL.: § 812 Abs. 1 Satz 1, 1. Alt. BGB

Voraussetzungen: S müsste durch Leistung eines Anderen etwas ohne rechtlichen Grund erlangt haben (Gesetz lesen, § 812 Abs. 1 Satz 1 BGB).

S hat durch bewusste und zweckgerichtete Vermehrung seines Vermögens durch die B (= Leistung) die 100.000 Euro (= etwas) ohne rechtlichen Grund erlangt, denn der Rechtsgrund der Leistung in Form des Darlehensvertrages ist aufgrund der wirksamen Anfechtung rückwirkend weggefallen.

> **Feinkost:** Beachte insoweit bitte, dass nach einer anderen Meinung die Anfechtung nach § 142 Abs. 1 BGB ein Fall des § 812 Abs. 1 Satz 2 BGB, also der spätere Wegfall des Rechtsgrundes, ist (*Palandt/Sprau* § 812 BGB Rz. 26; RGRK/*Heimann-Trosien* § 812 BGB Rz. 82; *Conrad* in JuS 2009, 397), da der Rechtsgrund bis zur Anfechtung Bestand gehabt haben soll. Folgt man hingegen dem Wortlaut des Gesetzes in § 142 Abs. 1 BGB, erscheint die Anfechtung wohl eher als Fall des § 812 Abs. 1 Satz 1 BGB, da § 142 Abs. 1 BGB die ***rückwirkende*** Nichtigkeit anordnet (so etwa *Staudinger/Lorenz* § 812 BGB Rz. 88; *Soergel/Schmidt/Kessel/Hadding* § 812 BGB Rz. 97; MüKo/*Schwab* § 812 BGB Rz. 351). Wie man sich entscheidet, ist übrigens im besten Sinne des Wortes »gleichgültig«, denn Fallrelevanz hat dieser Streit nicht. Man kann bei einer Anfechtung sowohl § 812 Abs. 1 Satz 1 BGB als auch § 812 Abs. 1 Satz 2 BGB als Anspruchsgrundlage wählen, je nach dem, wie man die Wirkung der Anfechtung einordnet. Wir haben uns oben für § 812 Abs. 1 Satz 1 BGB entschieden.

Erg.: Damit ist S gemäß § 812 Abs. 1 Satz 1 BGB (wer will § 812 Abs. 1 Satz 2 BGB) zur Rückzahlung der 100.000 Euro an die B verpflichtet.

Ansprüche der B gegen V

AGL.: § 1147 BGB (Duldung der Zwangsvollstreckung)

Voraussetzungen: Die B-Bank muss Hypothekengläubigerin am Grundstück (des E) geworden und der V muss auch der richtige Anspruchsgegner des Begehrens aus § 1147 BGB sein.

Und jetzt wird es interessant: Der E ist der wahre Eigentümer des Grundstücks, im Grundbuch steht eine Hypothek zulasten des Grundstücks des V (!) zugunsten der B und die B ist auch im Besitz des von V übergebenen Hypothekenbriefes. Man wird sich nun im Rahmen einer Prüfung des Anspruchs von B gegen V aus § 1147 BGB gleich mehrere Fragen stellen müssen: Nämlich zum einen, ob die B-Bank überhaupt eine Hypothek vom Nichteigentümer V am Grundstück des E erwerben konnte, ob diesem möglichen Erwerb nicht die Anfechtung des Vertrages seitens des Hauptschuldners S entgegen steht und schließlich, ob V denn überhaupt der richtige Anspruchsgegner des Begehrens aus § 1147 BGB ist, immerhin ist Eigentümer des belasteten Grundstücks der E.

Im Einzelnen:

1.) Die erste Frage ist, ob die B wirksam eine Briefhypothek am Grundstück des E, mit dem sie keinerlei Vereinbarung getroffen hat, erwerben konnte. Der Erwerb einer Briefhypothek richtet sich nach den **§§ 873, 1113, 1117 BGB**:

a) Und augenscheinlich mangelt es zunächst an einer für §§ 873 Abs. 1, 1113 BGB erforderlichen Einigung, denn diese muss erfolgen zwischen dem Erwerber und dem ***Eigentümer*** des Grundstücks (vgl. §§ 1116 Abs. 2 Satz 3 oder 1117 Abs. 1 Satz 1 BGB); die B-Bank und der insoweit berechtigte Eigentümer E haben aber keinerlei Vereinbarungen getroffen.

> Diese mangelnde Einigung mit dem Berechtigten (E!) könnte aber geheilt werden durch die Norm des **§ 892 Abs. 1 BGB**. Demnach gilt zugunsten desjenigen, welcher ein Recht an einem Grundstück erwirbt (z.B. eine Hypothek), der Inhalt des Grundbuchs als richtig. Das hat zur Konsequenz, dass der eingetragene (Nicht-)Berechtigte als wahrer Berechtigter gilt und dass das eingetragene Recht als bestehend angenommen wird (BGH NJW **2007**, 3204; *Bamberger/Roth/Eckert* § 892 BGB Rz. 26).

Die B hat sich also, da sie mangels entgegenstehender Angaben im Sachverhalt gutgläubig war, bei der Einigung mit dem V gemäß § 892 Abs. 1 BGB mit dem ***Berechtigten*** – hier also dem scheinbaren ***Eigentümer*** – über die Bestellung einer Hypothek an dem Grundstück geeinigt. Eine wirksame Einigung zur Begründung einer Hypothek am Grundstück gemäß den §§ 873, 1113 BGB liegt somit unter Heranziehung des § 892 BGB vor.

b) Berücksichtigt werden muss nun aber noch des Weiteren, dass es sich im vorliegenden Fall um eine ***Briefhypothek*** handelt, und für deren Erwerb gilt neben der Einigung und der Eintragung im Grundbuch auch noch **§ 1117 BGB**, wonach der Erwerb erst mit der Übergabe des Hypothekenbriefes durch den ***Eigentümer*** eintritt (bitte das Gesetz lesen).

Und der Eigentümer E hat hier den Brief tatsächlich nicht übergeben, sondern vielmehr der Nichtberechtigte V. Es fragt sich, ob die Übergabe durch den Nichtberechtigten auch ausreicht, um dem Erfordernis des § 1117 BGB gerecht zu werden und eine Hypothek zugunsten des Erwerbers zu begründen:

Hier gilt folgende Regel: Der Erwerber kann nur dann auf die Richtigkeit des Hypothekenbriefs vertrauen, wenn der Inhalt des Briefs mit der Eintragung im Grundbuch übereinstimmt. Liegt diese Voraussetzung vor und ist der Erwerber diesbezüglich auch gutgläubig, tritt die Rechtsfolge des gutgläubigen Hypothekenerwerbes auch dann ein, wenn der Brief vom Nichtberechtigten übergeben wird und den Nichtberechtigten als scheinbar Berechtigten ausweist. Diese Regel folgt im Umkehrschluss aus **§ 1140 Abs. 1 BGB** (bitte lesen!), der für den Fall, dass Grundbuch und Briefeintragung divergieren, die Gutglaubensvorschriften für unanwendbar erklärt. Genau genommen ergibt sich daraus, dass der Hypothekenbrief für sich allein betrachtet keinen öffentlichen (guten) Glauben genießt, sondern diesen nur in Verbindung mit der Eintragung im Grundbuch erhält (*Baur/Stürner* § 38 Rz. 41; MüKo/*Eickmann* § 1140 BGB Rz. 5; *Palandt/Bassenge* § 1140 BGB Rz. 1;).

ZE.: Im vorliegenden Fall stimmen Grundbucheintragung und Hypothekenbriefeintragung überein mit der Folge, dass die Vorschriften des gutgläubigen Erwerbes nicht ausgeschlossen sind und die B tatsächlich grundsätzlich auch vom Nichtberechtigten V die Hypothek am Grundstück des E durch Einigung mit V, Grundbucheintragung und entsprechender Briefübergabe gemäß den §§ 873, 1113, 1117, 892 BGB erwerben konnte.

2.) Das gilt – trotz des gerade geprüften gutgläubigen Erwerbes – aber natürlich nur dann, wenn dieser Hypothek auch eine zu ***sichernde Forderung*** zugrunde liegt (bitte lesen: § 1113 BGB). Bitte beachte insoweit, dass der gutgläubige Erwerb, den wir eben geprüft haben, nur den Umstand heilt, dass der Hypothekenbesteller ein Nichtberechtigter hinsichtlich des Grundstücks – also der Nichteigentümer – gewesen ist. Nicht geheilt ist damit aber der Umstand, dass dieser Hypothekenerwerb noch daran scheitern könnte, dass gar keine zu sichernde Forderung vorliegt.

> **Durchblick:** Hypothek und zu sichernde Forderung hängen zwingend zusammen (§§ 1153, 1154 BGB); die Hypothek ist nicht ohne Forderung, die Forderung nicht ohne Hypothek übertragbar. Wer also Hypothekengläubiger ist, ist gleichzeitig auch immer Gläubiger der zugrunde liegenden Forderung. Ein Auseinanderfallen dieser beiden Ansprüche auf zwei Personen ist grundsätzlich nicht möglich. Im vorliegenden Fall nun haben wir eben festgestellt, dass B gutgläubig eine Hypothek vom Nichtberechtigten V zulasten des Grundstücks des E erworben hat. Es spielte keine relevante Rolle, dass der Besteller gar nicht der Eigentümer des Grundstücks war, hier halfen die Gutglaubensvorschriften, insbesondere § 892 BGB.

Damit ist aber noch nicht geklärt, ob die Hypothekenbestellung nicht daran scheitert, dass es an einer zu sichernden Forderung mangelt. Besteht die Forderung, für die die Hypothek bestellt war, nicht oder fällt sie später weg, kann auch keine Hypothek zur Entstehung gelangen, sie wandelt sich dann um in eine ***Eigentümergrundschuld*** nach **§ 1163 Abs. 1 BGB** (bitte lesen, steht da so drin). Und in unserem Fall hat diese gerade aufgezeigte Regel zur Folge, dass wir prüfen müssen, ob denn überhaupt eine Forderung seitens der B bestand, die durch die Hypothek zu sichern war. Ursprünglich war das die Darlehensforderung aus § 488 Abs. 1 Satz 2 BGB gegen den S, und diese sollte nach dem Parteiwillen auch durch die Hypothek gesichert werden.

Und es fragt sich nun, welche Auswirkungen die Anfechtung des Darlehensvertrages durch S gemäß den **§§ 142, 119 BGB** auf den Bestand der Hypothek unter Berücksichtigung des § 1163 Abs. 1 BGB hat.

a) Zunächst muss gesehen werden, dass mit der ***rückwirkenden*** (bitte lesen: § 142 Abs. 1 BGB) Vernichtung des Darlehensvertrages aus § 488 BGB die mit der Hypothek zu sichernde Forderung aus § 488 Abs. 1 Satz 2 BGB weggefallen ist. Es fehlt also aufgrund der wirksamen Anfechtung des Darlehensvertrages gemäß § 142 BGB die der Hypothek nach dem Parteiwillen von B und V zugrunde liegende und zu sichernde Forderung. Und da eine Hypothek – wie wir eben schon gesagt haben – ohne Forderung grundsätzlich nicht bestehen kann (§ 1163 BGB), könnte unter Berücksichtigung dessen auch die Hypothek der B am Grundstück des E weggefallen sein und sich zu einer Eigentümergrundschuld zugunsten des E umgewandelt haben gemäß § 1163 Abs. 1 Satz 2 BGB. Und dies bedeutet, dass die B-Bank aufgrund der wirksamen Anfechtung des Darlehensvertrages durch S mangels einer zu sichernden Forderung trotz ihres guten Glaubens an die Berechtigung des V keine Hypothek erworben hätte.

b) Es fragt sich allerdings, ob das Fehlen der Forderung aus § 488 Abs. 1 Satz 2 BGB wegen der von S erfolgten Anfechtung nicht ersetzt wird durch den ***Bereicherungsanspruch*** aus **§ 812 Abs. 1 BGB**, der der Bank – wie wir weiter oben gesehen haben – zusteht. Konkret muss geklärt werden, ob die Hypothekenbestellung nur den Anspruch aus dem Darlehensvertrag sichern soll oder ob eine Auslegung ergibt, dass die Hypothek notfalls auch einen quasi ***ersatzweise*** entstandenen Bereicherungsanspruch (sogenannter »Ersatzanspruch«) absichern sollte.

Die Beantwortung dieser Frage ist streitig:

(Wobei diese Behauptung nicht so ganz stimmt, denn streitig ist das tatsächlich nur für den Fall, dass dem Parteiwillen nicht sowieso schon entnommen werden kann, dass die Hypothek auch oder gerade nicht für eine Ersatzforderung bestellt wird. Haben die Parteien etwa in ihre Einigung zur Hypothekenbestellung einen Passus aufgenommen, wonach die Hypothek auch eine etwaige Ersatzforderung absichern soll, wird diese dann natürlich auch gesichert und ein Wegfall der Hauptforderung bleibt insoweit unbeachtlich (vgl. etwa OLG Hamburg MDR **1968**, 756). Indiz dagegen kann z.B. auch sein, dass die Parteien bei einer zu sichernden Darlehensforderung ausdrücklich auch die Zinsen mit eingeschlossen haben (OLG Hamburg a.a.O.). Dann wird eine Ersatzforderung – etwa aus § 812 BGB – nicht erfasst.)

In unserem Fall nun fehlt eine solche oder sogar jede Angabe im Sachverhalt über den Inhalt der Einigung mit der Konsequenz, dass die Frage, ob eine Ersatzforderung bei mangelnder Bezeichnung in der Vertragsabrede auch von der Hypothekenhaftung erfasst werden soll, geklärt werden muss:

- Nach ***einer Auffassung*** soll der Parteiwille auch bei fehlender Benennung grundsätzlich stets eine mögliche Ersatzforderung nach Bereicherung mit umfassen

(OLG Schleswig ZIP **1982**, 160: MüKo/*Eickmann* § 1113 BGB Rz. 72; *Baur/Stürner* § 37 Rz. 48; *Westermann/Eickmann* § 95 II 3; zum Pfandrecht: BGH NJW **1968**, 1134; *Soergel/Konzen* § 1113 BGB Rz. 15). Zur Begründung heißt es, die Bereicherungsforderung trete anstelle der Hauptforderung und habe in der Regel identischen Inhalt. Daher entfalle auch ein Verstoß gegen das im Sachenrecht geltende Bestimmtheitsgebot (*Baur/Stürner* a.a.O.). Ein Ausnehmen der Ersatzforderung widerspreche der Interessenlage der Beteiligten.

- Nach ***anderer Ansicht*** kann die Ersatzforderung ***nicht*** von der Hypothek erfasst werden (Staudinger/Wolfsteiner § 1113 BGB Rz. 25; *Erman/Wenzel* § 1163 BGB Rz. 8; *Prütting* Rz. 638; *Palandt/Bassenge* § 1113 BGB Rz. 16; *Schwerdtner* in Jura 1986, 262; *Jauernig/Berger* § 1113 BGB Rz. 8; RGRK-*Thumm* § 1113 BGB Rz. 8). Diese Ansicht bezweifelt den identischen Inhalt von Hauptforderung und Bereicherungsanspruch, unter anderem mit dem Hinweis darauf, dass die Darlehensforderung (bei Fälligkeit) später als der Anspruch aus § 812 BGB (sofort) fällig wird; im Übrigen stehe dem Bereicherungsanspruch unter Umständen § 818 BGB entgegen, was bei der Darlehensforderung mangels entsprechender Norm nicht in Betracht kommt.

Hier muss man sich nun entscheiden, wobei nach meiner Ansicht der erstgenannten Auffassung der Vorzug zu gewähren ist, und zwar aus folgendem Grund: Tatsächlich handelt es sich zwar bei dem Anspruch aus dem Darlehen und dem Anspruch aus § 812 BGB um verschiedenartige Forderungen, für die auch unterschiedliche Regeln, etwa hinsichtlich der Fälligkeit oder auch der Beschränkung des Anspruchs existieren (für die Beschränkung konkret § 818 BGB). Allerdings muss gesehen werden, dass die Forderung aus § 812 BGB grundsätzlich deckungsgleich an Stelle der Hauptforderung tritt und eine ungerechtfertigte Bereicherung des Begünstigten verhindern soll. Es erscheint unbillig, den Hypothekar aus der Haftung für diese Bereicherung des Hauptschuldners nun herauszunehmen, obwohl der Inhalt der Forderung tatsächlich identisch ist, lediglich die Anspruchsgrundlage hat sich geändert (so auch MüKo/*Eickmann* § 1113 BGB Rz. 72). Sofern sich der Forderungsschuldner auf den Wegfall der Bereicherung gemäß § 818 Abs. 3 BGB berufen sollte, stünde diese Einwendung (BGHZ **118**, 383) über **§ 1137 BGB** auch dem Hypothekenschuldner zu mit der Folge, dass keine Risikoverschiebung stattfindet

ZE.: Wir wollen hier deshalb – ohne Wertung – der Auffassung folgen, die sagt, dass auch der Ersatzanspruch aus § 812 BGB bei fehlender vertraglicher Abrede von der Hypothekenhaftung erfasst ist und die B-Bank demnach dennoch aus § 1147 BGB vorgehen kann. Denn die bestellte Hypothek muss auch für den Rückzahlungsanspruch des S gegen die B-Bank aus § 812 BGB herhalten (a.A. aber gut vertretbar, dann ist die Prüfung hier **beendet**).

3.) Nachdem wir nun festgestellt haben, dass die B-Bank zum einen die Hypothek am Grundstück erworben hat, obwohl sie die rechtsgeschäftliche Einigung und die Briefübergabe mit dem Nichtberechtigten durchführte und zum anderen auch nicht (nach der hier vertretenen Meinung) schädlich war, dass die ursprünglich zu sichernde Forderung durch den Bereicherungsanspruch ersetzt wurde, stellt sich jetzt noch die Frage, ob denn der V überhaupt der richtige Anspruchsgegner für das Begehren aus § 1147 BGB ist. Denn V ist – wie wir jetzt reichhaltig nachgewiesen haben – lediglich der Nichtberechtigte und vor allem auch nicht der Eigentümer des in Anspruch genommenen Grundstücks.

Aber: Erstaunlicherweise ist der Nichtberechtigte V dennoch der richtige in Anspruch zu nehmende Schuldner aus § 1147 BGB. Und das steht sogar im Gesetz, nämlich in **§ 1148 Satz 1 BGB** (bitte lesen). Wer hätte es gedacht: Der öffentliche Glaube des Grundbuchs gilt auch für die ***Durchsetzung*** des Anspruchs aus § 1147 BGB mit der Folge, dass die Klage zu richten ist gegen denjenigen, der im Grundbuch als Eigentümer eingetragen ist.

Erg.: In unserem Fall also kann die B-Bank den V erfolgreich verklagen auf Duldung der Zwangsvollstreckung am Grundstück des E (!) aus § 1147 BGB. Der Anspruch aus unserem Obersatz ist demnach begründet.

Anspruch der B-Bank gegen E

<u>AGL.</u>: **§ 1147 BGB (Duldung der Zwangsvollstreckung)**

Erläuterung: Wir haben soeben gesehen, dass der Anspruch der B-Bank gegen den Nichtberechtigten V aus § 1147 BGB begründet ist und B mithin von V die Duldung der Zwangsvollstreckung verlangen kann.

> Da der Anspruch aus § 1147 BGB auf Duldung der Zwangsvollstreckung gerichtet ist und mithin quasi nicht gegen eine Person, sondern sozusagen gegen das Grundstück zielt, hat der Gläubiger neben dem Anspruch gegen den Nichtberechtigten nun auch die Möglichkeit, den Berechtigten – vorausgesetzt, er kennt ihn! – aus § 1147 BGB zu verklagen (*Palandt/Bassenge* § 1148 BGB Rz. 1). Dieser Anspruch ist inhaltlich auch stets begründet, denn der Eigentümer steht ja mit ***seinem*** Grundstück für die Schuld ein und muss deshalb, wenn er verklagt wird, auch die Zustimmung zur Vollstreckung erteilen. Wenn der Gläubiger diesen Weg gegen den Eigentümer wählt, muss er gemäß **§ 14 GBO** (Grundbuchordnung, Schönfelder Nr. 114) die Eintragung des Berechtigten ins Grundbuch beantragen, denn gemäß **§ 17 ZVG** (Gesetz über die Zwangsversteigerung, Schönfelder Nr. 108) darf die Zwangsversteigerung nur angeordnet werden, wenn der Schuldner als Eigentümer des Grundstücks im Grundbuch eingetragen ist.

In unserem Fall hätte die B-Bank somit auch die Möglichkeit, den E auf Duldung der Zwangsvollstreckung zu verklagen; nach der Sachverhaltsschilderung ist die Sachlage ja zum Zeitpunkt der Fallfrage offen gelegt. Die B müsste dann zudem auch einen Antrag auf Berichtigung des Grundbuchs nach § 14 GBO stellen und könnte dann die

Zwangsvollstreckung gegen E betreiben. Die Prüfung der inhaltlichen Voraussetzungen des § 1147 BGB wäre im Übrigen gleich, denn die Hypothek am Grundstück ist entstanden. Lediglich der Anspruchsgegner ist ein anderer.

Erg.: Der B steht auch gegen E ein Anspruch auf Duldung der Zwangsvollstreckung aus § 1147 BGB zu.

Merksätze: Liegen die sonstigen materiellen Erwerbsvoraussetzungen vor, ist der Anspruch auf Duldung der Zwangsvollstreckung aus § 1147 BGB sowohl gegen den ***Nichtberechtigten*** als auch gegen den ***Eigentümer*** des Grundstücks der Sache nach begründet. Wegen § 1148 Satz 1 BGB kann der Gläubiger nun den Anspruch gegen den Nichtberechtigten einklagen, übrigens selbst dann, wenn er die Unrichtigkeit des Grundbuchs mittlerweile kennt (MüKo/*Eickmann* § 1148 BGB Rz. 1; *Palandt/Bassenge* § 1148 BGB Rz. 1; *Jauernig/Berger* § 1148 BGB Rz. 1). Dieser Anspruch zwingt dann den Nichtberechtigten, die Zwangsvollstreckung in das fremde Grundstück zu dulden. In diesem Falle stehen dem Berechtigten über **§ 1148 Satz 2 BGB** sämtliche Einwendungen gegen die Hypothek zu, er kann die Vollstreckung insoweit – wenn entsprechende Gründe vorliegen – verhindern (im Wege der Drittwiderspruchsklage nach § 771 ZPO). Der Gläubiger kann auch **alternativ** den Weg wählen, gegen den wahren Eigentümer aus § 1147 BGB vorzugehen, allerdings nur, wenn er ***nach*** der Entstehung der Hypothek von der Unrichtigkeit des Grundbuchs erfährt (wenn er es ***vorher*** erfährt, ist kein gutgläubiger Erwerb möglich!). Geht der Gläubiger gegen den wahren Eigentümer vor, muss er gleichzeitig die Berichtigung des Grundbuchs gemäß § 14 GBO beantragen, ansonsten funktioniert die Zwangsversteigerung nicht, § 17 ZVG.

Zusammenfassung für unseren Fall:

Die B-Bank kann zunächst den Zahlungsanspruch gegen S aus § 812 BGB geltend machen. Daneben kann sie gleichzeitig (*Palandt/Bassenge* § 1113 BGB Rz. 19) den Anspruch aus der Hypothek gemäß § 1147 BGB geltend machen. Und hierbei hat sie die Wahl, ob sie gegen den Nichtberechtigten V klagt (§ 1148 Satz 1 BGB) oder aber **alternativ** den Anspruch gegen E durchzusetzen versucht.

Sofern sie den S aus § 812 BGB in Anspruch nimmt und S tatsächlich bezahlt, wandelt sich die Hypothek um in eine Eigentümergrundschuld gemäß § 1163 BGB (lesen!) zugunsten des Eigentümers E, denn dann ist ja die Forderung, die mit der Hypothek gesichert werden sollte, erloschen. Sofern die Befriedigung aus dem Grundstück im Rahmen des § 1147 BGB erfolgt, geht die Forderung der B-Bank gegen S gemäß § 1143 BGB auf den E über. Und zwar unabhängig davon, wen die B verklagt, also egal ob V oder E, denn die Befriedigung wird jedenfalls aus dem Grundstück des E (!) bewirkt.

Und noch mal erinnern: Das soeben Gesagte gilt in Bezug auf § 1147 BGB natürlich nur dann, wenn man den Anspruch aus § 812 BGB als zu sichernde Forderung anerkennt; wir hatten uns oben ja ausführlich der Frage gewidmet, ob dieser Ersatzanspruch überhaupt von der Hypothek gesichert werden kann. Wer dies abgelehnt hatte, musste den Anspruch aus der Hypothek daran scheitern lassen, dass keine zu sichernde Forderung bestand. Die ganze Erörterung um § 1147 BGB ist dann vom Tisch; dann steht der B nur der Anspruch gegen S aus § 812 BGB zu.

Gutachten

I.) B könnte gegen S einen Anspruch auf Rückzahlung der Darlehenssumme in Höhe von 100.000 Euro aus den §§ 488 Abs. 1 Satz 2, 491 BGB haben.

Durch die Vereinbarung zwischen B und S und die Auszahlung der Summe ist bei Fälligkeit der Anspruch auf Rückzahlung entstanden. Indessen ist dieser Anspruch gemäß den § 142 Abs. 1, 119 BGB wieder untergegangen, denn S hat den Darlehensvertrag wirksam angefochten.

Erg.: Ein Anspruch der B gegen S auf Rückzahlung des Darlehens aus den §§ 488 Abs. 1 Satz 2, 491 BGB besteht nicht.

II.) B könnte gegen S ein Anspruch auf Zahlung von 100.000 Euro aus § 812 Abs. 1 Satz 1 BGB zustehen.

Dann müsste S durch Leistung eines anderen etwas ohne rechtlichen Grund erlangt haben. S hat durch bewusste und zweckgerichtete Vermehrung seines Vermögens durch die B die 100.000 Euro ohne rechtlichen Grund erlangt. Der Rechtsgrund der Leistung in Form des Darlehensvertrages ist aufgrund der wirksamen Anfechtung rückwirkend weggefallen.

Erg.: Damit ist S gemäß § 812 Abs. 1 Satz 1 BGB zur Rückzahlung der 100.000 Euro an die B verpflichtet.

III.) B könnte gegen V einen Anspruch auf Duldung der Zwangsvollstreckung aus § 1147 BGB haben.

Dann muss die B-Bank Hypothekengläubigerin am Grundstück geworden und der V auch der richtige Anspruchsgegner des Begehrens aus § 1147 BGB sein. Beachtlich ist insoweit zunächst, dass E der wahre Eigentümer des Grundstücks ist, im Grundbuch aber eine Hypothek zulasten des Grundstücks des V zugunsten der B steht. Die B ist auch im Besitz des von V übergebenen Hypothekenbriefes. Es ist im Rahmen einer Prüfung des Anspruchs von B gegen V aus § 1147 BGB somit zu erörtern, ob die B-Bank überhaupt eine Hypothek vom Nichteigentümer V am Grundstück des E erwerben konnte, ob diesem möglichen Erwerb nicht die Anfechtung des Vertrages seitens des Hauptschuldners S entgegen steht und schließlich, ob V der richtige Anspruchsgegner des Begehrens aus § 1147 BGB ist.

1.) Fraglich ist demnach zunächst, ob die B wirksam eine Briefhypothek am Grundstück des E, mit dem sie keinerlei Vereinbarung getroffen hat, erwerben konnte. Der Erwerb einer Briefhypothek richtet sich nach den §§ 873, 1113, 1117 BGB.

a) Insoweit mangelt es an einer für §§ 873 Abs. 1, 1113 BGB erforderlichen Einigung, denn diese muss erfolgen zwischen dem Erwerber und dem Eigentümer des Grundstücks. Die B-Bank und der berechtigte Eigentümer E haben aber keinerlei Vereinbarungen getroffen. Diese mangelnde Einigung mit dem Berechtigten könnte indessen geheilt werden durch die Vorschrift des § 892 Abs. 1 BGB. Demnach gilt zugunsten desjenigen, welcher ein Recht an einem Grundstück erwirbt, der Inhalt des Grundbuchs als richtig. Dies hat zur Konsequenz, dass der eingetragene (Nicht-)Berechtigte als wahrer Berechtigter gilt und dass das eingetragene Recht als bestehend angenommen wird. Die B hat sich also, da sie mangels entgegenstehender Angaben im Sachverhalt gutgläubig war, bei der Einigung mit dem V gemäß § 892 Abs. 1 BGB mit dem Berechtigten über die Bestellung einer Hypothek an dem Grundstück geeinigt. Eine wirksame Einigung zur Begründung einer Hypothek am Grundstück gemäß den §§ 873, 1113 BGB liegt somit unter Heranziehung des § 892 BGB vor.

b) Berücksichtigt werden muss des Weiteren, dass es sich im vorliegenden Fall um eine Briefhypothek handelt, und für deren Erwerb gilt neben der Einigung und der Eintragung im Grundbuch auch noch die Vorschrift § 1117 BGB, wonach der Erwerb erst eintritt mit der Übergabe des Hypothekenbriefes durch den Eigentümer. Der Eigentümer E hat hier den Brief nicht übergeben, sondern vielmehr der Nichtberechtigte V. Es fragt sich, ob die Übergabe durch den Nichtberechtigten auch ausreicht, um dem Erfordernis des § 1117 BGB gerecht zu werden und eine Hypothek zugunsten des Erwerbers zu begründen.

Der Erwerber kann dann auf die Richtigkeit des Hypothekenbriefs vertrauen, wenn der Inhalt des Briefs mit der Eintragung im Grundbuch übereinstimmt. Liegt diese Voraussetzung vor und ist der Erwerber diesbezüglich auch gutgläubig, tritt die Rechtsfolge des gutgläubigen Hypothekenerwerbes auch dann ein, wenn der Brief vom Nichtberechtigten übergeben wird und den Nichtberechtigten als scheinbar Berechtigten ausweist. Diese Regel folgt im Umkehrschluss aus § 1140 Abs. 1 BGB, der für den Fall, dass Grundbuch und Briefeintragung divergieren, die Gutglaubensvorschriften für unanwendbar erklärt. Im vorliegenden Fall stimmen Grundbucheintragung und Hypothekenbriefeintragung überein mit der Folge, dass die Vorschriften des gutgläubigen Erwerbes nicht ausgeschlossen sind und die B grundsätzlich auch vom Nichtberechtigten V die Hypothek am Grundstück des E durch Einigung mit V, Grundbucheintragung und entsprechender Briefübergabe gemäß den §§ 873, 1113, 1117, 892 BGB erwerben konnte.

2.) Das gilt indessen gemäß § 1163 BGB nur dann, wenn dieser Hypothek auch eine zu sichernde Forderung zugrunde liegt. Der gutgläubige Erwerb heilt nur den Umstand, dass der Hypothekenbesteller ein Nichtberechtigter hinsichtlich des Grundstücks – also der Nichteigentümer – gewesen ist. Nicht geheilt ist damit aber der Umstand, dass dieser Hypothekenerwerb noch daran scheitern könnte, dass gar keine zu sichernde Forderung vorliegt. Im vorliegenden Fall hat dies zur Folge, dass geprüft werden muss, ob überhaupt eine Forderung seitens der B bestand, die durch die Hypothek zu sichern war. Ursprünglich war das die Darlehensforderung aus § 488 Abs. 1 Satz 2 BGB gegen den S, und diese sollte nach dem Parteiwillen auch durch die Hypothek gesichert werden. Es fragt sich, welche Auswirkungen die Anfechtung des Darlehensvertrages durch S gemäß den §§ 142, 119 BGB auf den Bestand der Hypothek unter Berücksichtigung des § 1163 Abs. 1 BGB hat.

a) Insoweit ist zunächst zu beachten, dass mit der rückwirkenden Vernichtung des Darlehensvertrages aus § 488 BGB die mit der Hypothek zu sichernde Forderung aus § 488 Abs. 1 Satz 2 BGB weggefallen ist. Es fehlt also aufgrund der wirksamen Anfechtung des Darlehensvertrages gemäß § 142 BGB die der Hypothek nach dem Parteiwillen von B und V zugrunde liegende und zu sichernde Forderung. Und da eine Hypothek ohne Forderung grundsätzlich nicht bestehen kann, könnte unter Berücksichtigung dessen auch die Hypothek der B am Grundstück des E weggefallen sein und sich zu einer Eigentümergrundschuld zugunsten des E umgewandelt haben gemäß § 1163 Abs. 1 Satz 2 BGB.

b) Es fragt sich allerdings, ob das Fehlen der Forderung aus § 488 Abs. 1 Satz 2 BGB wegen der von S erfolgten Anfechtung nicht ersetzt wird durch den Bereicherungsanspruch aus § 812 Abs. 1 BGB, der der Bank zusteht. Konkret muss geklärt werden, ob die Hypothekenbestellung nur den Anspruch aus dem Darlehensvertrag sichern oder ob eine Auslegung ergibt, dass die Hypothek notfalls auch einen quasi ersatzweise entstandenen Bereicherungsanspruch absichern sollte. Die Beantwortung dieser Frage ist streitig.

aa) Nach einer Ansicht kann die Ersatzforderung nicht von der Hypothek erfasst werden. Diese Meinung bezweifelt den identischen Inhalt von Hauptforderung und Bereicherungsanspruch, unter anderem mit dem Hinweis darauf, dass die Darlehensforderung (bei Fälligkeit) später als der Anspruch aus § 812 BGB (sofort) fällig wird; im Übrigen stehe dem Bereicherungsanspruch unter Umständen § 818 BGB entgegen, was bei der Darlehensforderung mangels entsprechender Norm nicht in Betracht kommt.

bb) Diese Auffassung übersieht jedoch, dass es sich zwar bei dem Anspruch aus dem Darlehen und dem Anspruch aus § 812 BGB tatsächlich um verschiedenartige Forderungen handelt, für die auch unterschiedliche Regeln, etwa hinsichtlich der Fälligkeit oder auch der Beschränkung des Anspruchs existieren (für die Beschränkung konkret § 818 BGB). Allerdings muss gesehen werden, dass die Forderung aus § 812 BGB grundsätzlich deckungsgleich anstelle der Hauptforderung tritt und eine ungerechtfertigte Bereicherung des Begünstigten verhindern soll. Es erscheint unbillig, den Hypothekar aus der Haftung für diese Bereicherung des Hauptschuldners nun herauszunehmen, obwohl der Inhalt der Forderung tatsächlich identisch ist und lediglich die Anspruchsgrundlage sich geändert hat. Sofern sich der Forderungsschuldner auf den Wegfall der Bereicherung gemäß § 818 Abs. 3 BGB berufen sollte, stünde diese Einwendung über § 1137 BGB auch dem Hypothekenschuldner zu mit der Folge, dass keine Risikoverschiebung stattfindet.

Aus den genannten Gründen soll der Parteiwille auch bei fehlender Benennung deshalb grundsätzlich auch eine mögliche Ersatzforderung nach Bereicherung mit umfassen. Dies hat zur Folge, dass die B-Bank aus § 1147 BGB vorgehen kann. Denn die bestellte Hypothek muss auch für den Rückzahlungsanspruch des S gegen die B-Bank aus § 812 BGB herhalten.

3.) Schließlich fragt sich, ob V der richtige Anspruchsgegner für das Begehren aus § 1147 BGB ist. V ist lediglich der Nichtberechtigte und vor allem auch nicht der Eigentümer des in Anspruch genommenen Grundstücks. Insoweit ist allerdings § 1148 Satz 1 BGB zu beachten. Der öffentliche Glaube des Grundbuchs gilt auch für die Durchsetzung des Anspruchs aus § 1147 BGB mit der Folge, dass die Klage zu richten ist gegen denjenigen, der im Grundbuch als Eigentümer eingetragen ist.

Erg.: Im vorliegenden Fall kann die B-Bank den V erfolgreich verklagen auf Duldung der Zwangsvollstreckung am Grundstück des E aus § 1147 BGB.

IV.) B könnte schließlich gegen E ein Anspruch auf Duldung der Zwangsvollstreckung aus § 1147 BGB zustehen.

1.) Der Anspruch auf Duldung der Zwangsvollstreckung gegen den wahren Eigentümer ist inhaltlich begründet. Der Eigentümer steht mit seinem Grundstück für die Schuld ein und muss deshalb, wenn er verklagt wird, auch die Zustimmung zur Vollstreckung erteilen. Wenn der Gläubiger diesen Weg gegen den Eigentümer wählt, muss er gemäß § 14 GBO die Eintragung des Berechtigten ins Grundbuch beantragen, denn gemäß § 17 ZVG darf die Zwangsversteigerung nur angeordnet werden, wenn der Schuldner als Eigentümer des Grundstücks im Grundbuch eingetragen ist.

2.) Im vorliegenden Fall hätte die B-Bank somit auch die Möglichkeit, den E auf Duldung der Zwangsvollstreckung zu verklagen. Nach der Sachverhaltsschilderung ist die Sachlage zum Zeitpunkt der Fallfrage offen gelegt. Die B müsste zudem auch einen Antrag auf Berichtigung des Grundbuchs nach § 14 GBO stellen und könnte dann die Zwangsvollstreckung gegen E betreiben. Die Prüfung der inhaltlichen Voraussetzungen des § 1147 BGB wäre im Übrigen gleich, denn die Hypothek am Grundstück ist entstanden. Lediglich der Anspruchsgegner ist ein anderer.

Ergebnis: Der B steht auch gegen E ein Anspruch auf Duldung der Zwangsvollstreckung aus § 1147 BGB zu.

Fall 23

Wandelnde Sonnenbänke

E betreibt eine öffentliche Saunaanlage und hat zur Erweiterung des Angebots bei V fünf Solarien zum Gesamtpreis von 100.000 Euro gekauft. An den Sonnenbänken hat sich V das Eigentum bis zur vollständigen Zahlung des Kaufpreises vorbehalten. Als E einige Wochen später ein größeres Darlehen zur Renovierung der Anlage braucht, überträgt er der Bank B, die vom Eigentumsvorbehalt weiß, sein Recht an den Solarien zur Sicherheit, die Sonnenbänke verbleiben aber zur weiteren Nutzung auf dem Grundstück des E. Sechs Monate später zahlt E an V den vollständigen Kaufpreis für die Solarien.

Und aus der Geschichte wird jetzt auch ein richtiger Fall, denn E hatte die ganze Saunaanlage vor Jahren nur mithilfe eines durch eine Hypothek zugunsten des H gesicherten Darlehens errichten können. Der H will nun aus der Hypothek in das Grundstück des E vollstrecken und dabei auch die Sonnenbänke verwerten.

Darf er das?

Schwerpunkte: Haftungsumfang der Hypothek, §§ 1120 ff. BGB; Erstreckung auf Zubehör; Durchgangserwerb beim Eigentumsvorbehalt?; Haftung der Hypothek bei Eigentumsvorbehalt gemäß § 449 BGB?; Anspruch aus § 1147 BGB.

Lösungsweg

Anspruch des H gegen E auf Duldung der Zwangsvollstreckung in das Grundstück einschließlich der Sonnenbänke

AGL.: §§ 1147, 1120 BGB

Der Anspruch auf Duldung der Zwangsvollstreckung auch in die Sonnenbänke ist dann begründet, wenn die Solarien von der Hypothekenhaftung aus den §§ 1147, 1120 BGB erfasst sind. Die insoweit fragliche Norm ist **§ 1120 BGB**, wonach sich die Hypothek auch auf die von dem Grundstück getrennten Erzeugnisse und sonstigen Bestandteile sowie auf das Zubehör des Grundstücks erstreckt mit Ausnahme der Zubehörstücke, die nicht in das Eigentum des Eigentümers des Grundstücks gelangt sind:

1.) Festzustellen ist zunächst, dass die Sonnenbänke ***keine*** wesentlichen Bestandteile des Grundstücks im Sinne des **§ 94 Abs. 1 Satz 1 BGB** sind, da sie nicht mit dem Grund und Boden fest verbunden sind. Des Weiteren handelt es sich bei den Solarien auch nicht um (einfache) Bestandteile des Grundstücks, da das nur angenommen werden könnte, wenn Grundstück und Solarien eine sogenannte »**zusammengesetzte Sache**« wären. Eine zusammengesetzte Sache liegt dann vor, wenn mehrere Sachen fest zusammengefügt werden (*Brox/Walker* AT Rz. 738; *Palandt/Ellenberger* § 93 BGB Rz. 2). Das Grundstück und die Solarien sind nicht fest zusammengefügt worden. Daher sind die Solarien in Bezug auf das Grundstück keine Bestandteile im Sinne der §§ 93 ff. BGB.

Die Solarien können aber ***Zubehör*** im Sinne des § 1120 BGB sein. Der Begriff des Zubehörs ist in **§ 97 Abs. 1 Satz 1 BGB** geregelt. Demnach sind Zubehör bewegliche Sachen, die, ohne Bestandteil der Hauptsache zu sein, dem wirtschaftlichen Zwecke der Hauptsache zu dienen bestimmt sind und zu ihr in einem dieser Bestimmung entsprechenden räumlichen Verhältnisse stehen (Gesetz lesen). Und diese Definition wird man hier dann zwanglos subsumieren können und auch müssen, denn die Sonnenbänke sind – wie gesehen – zum einen keine Bestandteile im Sinne der §§ 93 ff. BGB und zum anderen dienen sie dem wirtschaftlichen Zwecke der Hauptsache, nämlich der Saunaanlage des E (vgl. zum Begriff des Zubehörs auch den instruktiven Fall des BGH aus NJW **2006**, 993).

<u>ZE.</u>: Die Sonnenbänke sind Zubehör im Sinne der §§ 1120, 97 BGB und können somit grundsätzlich auch der Hypothekenhaftung unterliegen.

2.) Es stellt sich indessen die Frage, ob auch die zweite Voraussetzung des § 1120 BGB erfüllt ist, wonach das Zubehör nur dann der Hypothekenhaftung unterliegt, wenn die Zubehörstücke in das Eigentum des Eigentümers des Grundstücks gelangt sind (Gesetz lesen). Soll heißen, der Eigentümer des Grundstücks haftet nur mit den Gegenständen, die – zumindest vorübergehend – in sein Eigentum gelangt sind.

Durchblick: Ob Zubehör der Hypothekenhaftung des Grundstücks unterliegt, richtet sich gemäß **§ 1120 BGB** danach, ob dieses Zubehör wenigstens vorübergehend dem Eigentümer gehörte. Wenn dieser Eigentumserwerb ***nach*** der Hypothekenbestellung zu irgendeinem Zeitpunkt eingetreten ist, ist der Gegenstand zunächst einmal in die Haftung über § 1120 BGB eingeflossen. Verliert der Eigentümer danach nun wieder das Eigentum an der Sache, etwa weil er es veräußert, richtet sich die ***Enthaftung*** nach den **§§ 1121, 1122 BGB** (*Erman/Wenzel* vor §§ 1120 ff. BGB Rz. 1; PWW/*Waldner* § 1120 BGB Rz. 6). Und demnach kommt eine Enthaftung gemäß § 1121 Abs. 1 BGB dann in Betracht, wenn die Sache veräußert ***und*** vom Grundstück entfernt worden ist oder aber gemäß § 1122 Abs. 2 BGB ihre Zubehöreigenschaft verloren hat (Gesetz lesen). Da diese Voraussetzungen, namentlich die Entfernung vom Grundstück, hinsichtlich der Sonnenbänke nicht vorliegen, hängt die Frage, ob die Solarien der Haftung aus § 1120 BGB unterliegen, davon ab, ob sie überhaupt jemals im Haftungsverbund der Hypothek gewesen sind.

Als die Sachen auf das Grundstück des E gelangt sind, blieben sie zunächst im Eigentum des V, denn V hatte sich das Eigentum bis zur vollständigen Zahlung des Kaufpreises vorbehalten. In dieser Vereinbarung lässt sich zwanglos eine bedingte Übereignung nach den §§ 929, 158 BGB mit der schuldrechtlichen Grundlage aus **§ 449 Abs. 1 BGB** erkennen, sodass der Eigentumsübergang gemäß § 158 Abs. 1 BGB erst mit der Begleichung des Kaufpreises eintritt. E hatte lediglich ein Anwartschaftsrecht erworben.

Dieses Anwartschaftsrecht hat E auf die Bank übertragen, wobei Folgendes insoweit zu beachten ist: Die Übertragung eines Anwartschaftsrechts erfolgt ohne Mitwirkung des Verkäufers (BGHZ **20**, 88) und regelt sich nach den **§§ 929 ff. BGB**, die entsprechend angewendet werden (MüKo/*Oechsler* § 929 BGB Rz. 17; *Palandt/Bassenge* § 929 BGB Rz. 45; PWW/*Prütting* § 929 BGB Rz. 21). Da E der Bank B sein Recht an den Solarien übertragen wollte, gleichzeitig aber den unmittelbaren Besitz an den Gegenständen behalten hat, kommt nur eine Übertragung nach den **§§ 929, 930 BGB** in Betracht, wobei hinsichtlich der Sachen ein Besitzmittlungsverhältnis im Sinne des § 868 BGB vereinbart wird. Demnach verbleibt der unmittelbare Besitz beim Veräußerer des Rechts (hier also beim E), der Erwerber hingegen erhält den mittelbaren Besitz an der Sache. Das Besitzmittlungsverhältnis nun ersetzt die von § 929 Satz 1 BGB eigentlich erforderliche Übergabe der Sache, die regelmäßig notwendig ist, um das Eigentum – oder eben die Anwartschaft – zu übertragen.

Die Bank B hat mithin durch das Rechtsgeschäft mit E die Anwartschaft des E auf den Eigentumserwerb an den Solarien in entsprechender Anwendung der §§ 929, 930 BGB erworben. Und mit der Zahlung der letzten Rate durch E sechs Monate später ist dann die Bedingung, unter der die Sache dem E übereignet wurde, eingetreten mit der Folge, dass nun **§ 158 Abs. 1 BGB** gilt: Es tritt die von dem Eintritt der Bedingung abhängig gemachte Wirkung ein; und das ist der Eigentumserwerb bei B, denn B hatte ja – wie soeben erklärt – von E die Anwartschaft zur Sicherung des gewährten Darlehens erhalten.

Also: Zunächst war E mit der Übergabe der Sachen durch V und der entsprechenden Vereinbarung Anwartschaftsberechtigter in Bezug auf den Eigentumserwerb an den Solarien. Dann hat E diese Anwartschaft gemäß den §§ 929, 930 BGB auf die Bank B übertragen, und schließlich ist diese Anwartschaft durch die Zahlung des Kaufpreises sechs Monate später zum Vollrecht erstarkt, nämlich zum Eigentumserwerb bei B. Und aus dem Gesagten ergeben sich nun ***zwei*** Möglichkeiten, unter denen eine Haftung der Solarien im Rahmen der Vollstreckung nach den §§ 1147, 1120 BGB begründet werden kann, **nämlich**:

a) Zum einen käme eine Haftung dann in Betracht, wenn man mit der Zahlung der letzten Rate an den V das Eigentum zunächst für eine sogenannte »juristische Sekunde« auf den E übergehen lässt, um es dann an die B-Bank, der ja das Anwartschaftsrecht von E übertragen worden war, weiterleitet. Es wäre also zu fragen, ob der Erwerb des Eigentums bei der B-Bank quasi ***ohne Zwischenstation*** bei E erfolgt (→ »**Direkterwerb**«), oder aber ob das Eigentum für eine »juristische Sekunde« bei E verbleibt, um dann auf B weitergeleitet zu werden (→ »**Durchgangserwerb**«). Im zweiten Fall hätte unser E vorübergehend das Eigentum erlangt und damit wäre eine Haftung über § 1120 BGB grundsätzlich möglich.

b) Zum anderen könnte sich die Haftung des Grundstücks auf die Sachen deshalb erstrecken, weil das Anwartschaftsrecht möglicherweise entgegen dem Wortlaut des § 1120 BGB, in dem nur vom Eigentum die Rede ist, dem Eigentum ***gleichgestellt*** wird und der E ein solches Anwartschaftsrecht an den Solarien ja bis zur Übertragung dieses Rechtes auf die B-Bank erworben hatte; die spätere Veräußerung des Anwartschaftsrechtes an die B-Bank wäre dann unter Berücksichtigung der §§ 1121 Abs. 1, 1122 BGB noch auf eine mögliche Enthaftung hin zu überprüfen.

Und so wird es gelöst:

a) Nach ziemlich herrschender Auffassung in der Literatur und auch nach Meinung des BGH soll der Eigentumserwerb beim Erwerber des Anwartschaftsrechts (hier also der Bank) ***direkt,*** und damit ohne Zwischenstation beim vormaligen Berechtigten – hier also bei E – eintreten (BGHZ **20**, 88; **28**, 16; *Palandt/Bassenge* § 929 BGB Rz. 49; *Baur/Stürner* § 39 Rz. 35; *Medicus/Petersen* BR Rz. 484; *Prütting* Rz. 394; *Krüger* in JuS 1994, 905; a.A. *Henrichs* in DB 1993, 1707). Es erfolgt somit ***kein*** sogenannter »**Durchgangserwerb**« mit einer Zwischenstation bei E mit der Konsequenz, dass im vorliegenden Fall der E zu keiner Zeit der Eigentümer der Solarien gewesen ist. Eine Haftung nach § 1120 BGB für Zubehör des Grundstückseigentümers entfällt folglich, ohne dass es einer Erörterung einer möglichen Enthaftung nach den §§ 1121, 1122 BGB bedürfte.

<u>ZE.</u>: Eine Vollstreckung auch in die Sonnenbänke scheitert nach dem Wortlaut des § 1120 BCB zunächst daran, dass der E zu keiner Zeit der Eigentümer der Sachen gewesen ist.

b) Nach fast ganz herrschender Ansicht unterliegt allerdings dafür dann das Anwartschaftsrecht den Vorschriften der §§ 1120 ff. BGB mit der Folge, dass das Entstehen des Anwartschaftsrechtes an sich auf dem Grundstück befindenden Sachen bereits die Rechtsfolgen des § 1120 BGB auslöst (BGHZ **35**, 85 ff.; BGHZ **92**, 280; BGH NJW **1965**, 1475; MüKo/*Eickmann* § 1120 BGB Rz. 38; *Staudinger/Wolfsteiner* § 1120 BGB Rz. 36; *Bamberger/Roth/Rohe* § 1120 BGB Rz. 8; *Erman/Wenzel* § 1121 BGB Rz. 9; PWW/*Waldner* § 1120 BGB Rz. 8; *Palandt/Bassenge* § 1120 BGB Rz. 8; *Medicus/Petersen* BR Rz. 484; *Baur/Stürner* § 39 Rz. 35; a.A. *Kupisch* in JZ 1976, 417). Die Gegenstände, an denen ein solches Recht aus einem Eigentumsvorbehalt besteht, fließen somit nach dieser Auffassung in den Haftungsverband des Grundstückes ein, sobald sie auf das Grundstück gelangen.

<u>ZE.</u>: Mit dem Erwerb des Anwartschaftsrechtes durch E sind die Solarien in den Haftungsverbund der Hypothek in entsprechender Anwendung des § 1120 BGB eingeflossen.

3.) Nun kommt dann schließlich noch eine mögliche ***Enthaftung*** unter den Voraussetzungen der **§§ 1121, 1122 BGB** in Frage. Die Sachen bzw. die Anwartschaften müssen demnach entweder veräußert ***und*** vom Grundstück entfernt werden (§ 1121 Abs. 1 BGB) oder aber die Sachen müssen ihre Zubehöreigenschaft verloren haben (§ 1122 Abs. 2 BGB).

Beide Möglichkeiten sind allerdings vorliegend ***nicht*** erfüllt, denn die Solarien befinden sich zum einen noch auf dem Grundstück und zum anderen ist nicht ersichtlich, dass sie ihre Eigenschaft als Zubehör im Sinne des § 97 BGB verloren haben.

<u>ZE.</u>: Durch den Erwerb der Anwartschaft und dem Verbringen der Solarien auf das Grundstück sind die Solarien in den Haftungsverband der Hypothek aus § 1120 BGB eingeflossen. Eine Enthaftung nach den §§ 1121, 1122 BGB scheitert zum einen daran, dass die Sachen sich noch auf dem Grundstück befinden und zum anderen daran, dass die Gegenstände ihre Eigenschaft als Zubehör im Sinne des § 97 BGB nicht verloren haben.

Erg.: Damit kann H bei der Vollstreckung in das Grundstück des E gemäß den §§ 1147, 1120 BGB auch auf die Solarien zurückgreifen bzw. sie verwerten.

Zum Verständnis: Die B-Bank hat nun zwar das Eigentum an den Sonnenbänken erworben, kann die Vollstreckung in das Grundstück und damit auch in die Gegenstände aber dennoch nicht verhindern, da ihr Eigentumsrecht an den Solarien wegen § 1120 BGB quasi »schwächer« ist als das Recht des H aus der Hypothek. Eine Drittwiderspruchsklage gemäß § 771 ZPO der B-Bank gegen die Vollstreckung des H wäre deshalb auch unbegründet.

Kommt es nun im Rahmen der Zwangsvollstreckung zur Versteigerung des Grundstücks, würde die Bank B dann sogar mit dem Zuschlag an den Erwerber des Grundstücks ihr Eigentum an den Solarien gemäß den **§§ 90 Abs. 2, 55 Abs. 1, 20 Abs. 2 ZVG** (Gesetz zur Zwangsversteigerung, Schönfelder Nr. 108), 1120, 97 Abs. 1 BGB verlieren.

Gutachten

H könnte gegen E einen Anspruch auf Duldung der Zwangsvollstreckung in das Grundstück einschließlich der Sonnenbänke gemäß den §§ 1147, 1120 BGB haben.

Der Anspruch auf Duldung der Zwangsvollstreckung auch in die Sonnenbänke ist dann begründet, wenn die Solarien von der Hypothekenhaftung aus den §§ 1147, 1120 BGB erfasst sind. Zu beachten ist insoweit § 1120 BGB, wonach sich die Hypothek auch auf die von dem Grundstück getrennten Erzeugnisse und sonstigen Bestandteile sowie auf das

Zubehör des Grundstücks erstreckt mit Ausnahme der Zubehörstücke, die nicht in das Eigentum des Eigentümers des Grundstücks gelangt sind.

1.) Die Sonnenbänke sind nicht mit dem Grund und Boden fest verbunden mit der Folge, dass sie keine wesentlichen Bestandteile des Grundstücks im Sinne des § 94 Abs. 1 Satz 1 BGB sind. Des Weiteren handelt es sich bei den Solarien auch nicht um einfache Bestandteile des Grundstücks, da das nur angenommen werden könnte, wenn Grundstück und Solarien eine sogenannte »zusammengesetzte Sache« wären. Eine zusammengesetzte Sache liegt dann vor, wenn mehrere Sachen fest zusammengefügt werden. Das Grundstück und die Solarien sind nicht fest zusammengefügt worden. Daher sind die Solarien in Bezug auf das Grundstück keine Bestandteile im Sinne der §§ 93 ff. BGB.

Die Solarien können aber Zubehör im Sinne des § 1120 BGB sein. Der Begriff des Zubehörs ist in § 97 Abs. 1 Satz 1 BGB geregelt. Demnach sind Zubehör bewegliche Sachen, die, ohne Bestandteil der Hauptsache zu sein, dem wirtschaftlichen Zwecke der Hauptsache zu dienen bestimmt sind und zu ihr in einem dieser Bestimmung entsprechenden räumlichen Verhältnisse stehen. Die Sonnenbänke sind zum einen keine Bestandteile im Sinne der §§ 93 ff. BGB und zum anderen dienen sie dem wirtschaftlichen Zwecke der Hauptsache, nämlich der Saunaanlage des E. Die Sonnenbänke sind Zubehör im Sinne der §§ 1120, 97 BGB und können somit grundsätzlich auch der Hypothekenhaftung unterliegen.

2.) Es stellt sich indessen die Frage, ob auch die zweite Voraussetzung des § 1120 BGB erfüllt ist, wonach das Zubehör nur dann der Hypothekenhaftung unterliegt, wenn die Zubehörstücke in das Eigentum des Eigentümers des Grundstücks gelangt sind. Der Eigentümer des Grundstücks haftet nur mit den Gegenständen, die – zumindest vorübergehend – in sein Eigentum geflossen sind. Dies ist vorliegend in Bezug auf die Sonnenbänke zu prüfen.

Als die Sachen auf das Grundstück des E gelangten, blieben sie zunächst im Eigentum des V. V hatte sich das Eigentum bis zur vollständigen Zahlung des Kaufpreises vorbehalten. In dieser Vereinbarung ist eine bedingte Übereignung nach den §§ 929, 158 BGB mit der schuldrechtlichen Grundlage aus § 449 Abs. 1 BGB zu sehen, sodass der Eigentumsübergang gemäß § 158 Abs. 1 BGB erst mit der Begleichung des Kaufpreises eintritt. E hatte lediglich ein Anwartschaftsrecht erworben. Dieses Anwartschaftsrecht hat E auf die Bank übertragen. Die Bank B hat durch das Rechtsgeschäft mit E die Anwartschaft des E auf den Eigentumserwerb an den Solarien in entsprechender Anwendung der §§ 929, 930 BGB erworben. Mit der Zahlung der letzten Rate durch E dann 6 Monate später ist die Bedingung, unter der die Sache dem E übereignet wurde, eingetreten mit der Folge, dass § 158 Abs. 1 BGB Anwendung findet. Es tritt die von dem Eintritt der Bedingung abhängig gemachte Wirkung ein. Das ist der Eigentumserwerb bei B, denn B hatte von E die Anwartschaft zur Sicherung des gewährten Darlehens erhalten. Die B ist somit durch die Zahlung der letzten Rate Eigentümerin der Sonnenbänke geworden.

Angesichts dessen ist nunmehr fraglich, inwieweit die Sonnenbänke in den Haftungsverband der Hypothek eingeflossen sind. Zum einen kommt eine Haftung in Betracht, wenn mit der Zahlung der letzten Rate an V das Eigentum zunächst für eine sogenannte »juristische Sekunde« auf den E übergegangen ist, um dann an die B-Bank, der das Anwartschaftsrecht von E übertragen worden war, weiterleitet wurde. Es wäre also zu fragen, ob der Erwerb des Eigentums bei der B-Bank bei E direkt erfolgt, oder aber ob das Eigentum für eine »juristische Sekunde« bei E verbleibt, um dann auf B weitergeleitet zu werden. Im zweiten Fall hätte E vorübergehend das Eigentum erlangt und damit wäre eine Haftung über § 1120 BGB grundsätzlich möglich. Zum anderen könnte sich die Haftung des Grundstücks auf die Sachen deshalb erstrecken, weil das Anwartschaftsrecht möglicherweise entgegen dem Wortlaut des § 1120 BGB, in dem nur vom Eigentum die Rede ist, dem Eigentum gleichgestellt wird und der E ein solches Anwartschaftsrecht an den Solarien bis zur Übertragung dieses Rechtes auf die B-Bank erworben hatte. Die spätere Veräußerung des Anwartschaftsrechtes an die B-Bank wäre dann unter Berücksichtigung der §§ 1121 Abs. 1, 1122 BGB noch auf eine mögliche Enthaftung hin zu überprüfen.

a) Nach herrschender Auffassung erfolgt der Eigentumserwerb beim Erwerber des Anwartschaftsrechts (hier also der B-Bank) direkt, und damit ohne Zwischenstation beim vormaligen Berechtigten. Es erfolgt somit kein Durchgangserwerb mit einer Zwischenstation bei E mit der Konsequenz, dass im vorliegenden Fall der E zu keiner Zeit der Eigentümer der Solarien gewesen ist. Eine Haftung nach § 1120 BGB für Zubehör des Grundstückseigentümers entfällt folglich, ohne dass es einer Erörterung einer möglichen Enthaftung nach den §§ 1121, 1122 BGB bedürfte. Eine Vollstreckung auch in die Sonnenbänke scheitert nach dem Wortlaut des § 1120 BGB zunächst daran, dass der E zu keiner Zeit der Eigentümer der Sachen gewesen ist.

b) Allerdings unterliegt das Anwartschaftsrecht den Vorschriften der §§ 1120 ff. BGB mit der Folge, dass das Entstehen des Anwartschaftsrechtes an auf dem Grundstück sich befindenden Sachen bereits die Rechtsfolgen des § 1120 BGB auslöst. Die Gegenstände, an denen ein solches Recht aus einem Eigentumsvorbehalt besteht, fließen in den Haftungsverband des Grundstückes ein, sobald sie auf das Grundstück gelangen. Mit dem Erwerb des Anwartschaftsrechtes durch E sind die Solarien in den Haftungsverbund der Hypothek in entsprechender Anwendung des § 1120 BGB eingeflossen.

3.) Schließlich kommt noch eine mögliche Enthaftung unter den Voraussetzungen der §§ 1121, 1122 BGB in Frage. Die Sachen bzw. die Anwartschaften müssen demnach entweder gemäß § 1121 BGB veräußert und vom Grundstück entfernt werden oder aber die Sachen müssen gemäß § 1122 Abs. 2 BGB ihre Zubehöreigenschaft verloren haben.

Beide Möglichkeiten sind allerdings vorliegend nicht erfüllt, denn die Solarien befinden sich zum einen noch auf dem Grundstück und zum anderen ist nicht ersichtlich, dass sie ihre Eigenschaft als Zubehör im Sinne des § 97 BGB verloren haben. Durch den Erwerb der Anwartschaft und das Verbringen der Solarien auf das Grundstück sind die Solarien in den Haftungsverband der Hypothek aus § 1120 BGB eingeflossen. Eine Enthaftung nach den §§ 1121, 1122 BGB scheitert demnach daran, dass die Sachen sich noch auf dem Grundstück befinden und dass die Gegenstände ihre Eigenschaft als Zubehör im Sinne des § 97 BGB nicht verloren haben.

Erg.: Damit kann H bei der Vollstreckung in das Grundstück des E gemäß den §§ 1147, 1120 BGB auch auf die Solarien zurückgreifen bzw. sie verwerten.

8. Abschnitt

Grundstücksrecht III:

Die Vormerkung (§§ 883 ff. BGB)

Fall 24

Die Mutter aller Fälle

V und K schließen einen notariell beurkundeten Kaufvertrag über das Grundstück des V zum Preis von 500.000 Euro. Zugunsten des K wird auf Bewilligung des V eine Auflassungsvormerkung im Grundbuch eingetragen. K soll Eigentümer werden, wenn er den Kaufpreis gezahlt hat. Wider Erwarten kann K die vereinbarte Summe aber zunächst nicht aufbringen. Als der vermögende D dem V dann für das Grundstück ebenfalls 500.000 Euro bietet, verkauft V das Grundstück an D und lässt es formgerecht auf. D wird als Eigentümer ins Grundbuch eingetragen.

K, der ohne Kenntnis der weiteren Vorgänge mittlerweile den Kaufpreis an V bezahlt hat, will wissen, welche Ansprüche ihm nun gegen V und D zustehen.

Schwerpunkte: Die Vormerkung, Erwerb und Wirkung, §§ 883 ff. BGB; relative Unwirksamkeit gemäß § 883 Abs. 2 BGB; Voraussetzungen einer wirksamen Vormerkung nach § 885 BGB; Anspruch aus § 888 BGB; Anspruch aus § 894 BGB.

Lösungsweg

Ansprüche des K gegen V

AGL.: § 433 Abs. 1 BGB (Übereignung der Grundstücks)

Vorüberlegung: Der Anspruch auf Übereignung des Grundstücks wird – wenn er begründet ist – dazu führen, dass K von V aus § 433 Abs. 1 BGB die Einigungserklärung gemäß den §§ 873, **925** BGB (= Auflassung) verlangen kann und dann auch entsprechend als neuer Eigentümer ins Grundbuch eingetragen werden muss. Dies sind nämlich die Akte, die zur Eigentumsübertragung am Grundstück notwendig sind. Und diese Eigentumsübertragung schuldet der V bei Bestehen eines Kaufvertrages aus § 433 Abs. 1 BGB. Bitte beachte insoweit zum leichteren Verständnis noch, dass der Anspruch auf Abgabe einer Einigungserklärung gemäß den §§ 873, 925 BGB im Falle einer Weigerung durch den Schuldner nach **§ 894 ZPO** dadurch realisiert wird, dass die Erklärung mit der Rechtskraft des Urteils als abgegeben gilt; logischerweise kann man niemanden tatsächlich dazu zwingen, eine Willenserklärung abzugeben. In solchen Fällen bedient man sich mithilfe des § 894 ZPO einer Fiktion.

Jetzt zum Fall:

Zweifel an der Wirksamkeit des Kaufvertrages über das Grundstück bestehen nach Lektüre des Sachverhaltes nicht, denn dieser spricht von einem notariell beurkundeten Vertrag und somit ist neben dem Erfordernis der Einigung auch die Formvorschrift des § 311 b Abs. 1 Satz 1 BGB eingehalten.

ZE.: K und V haben einen wirksamen Kaufvertrag gemäß den §§ 433 Abs. 1, 311 b Abs. 1 Satz 1 BGB über das Grundstück geschlossen mit der Folge, dass der Anspruch auf Übereignung des Grundstücks zugunsten des K entstanden ist.

Aber: Dieser Anspruch auf Übereignung des Grundstücks könnte wegen nachträglicher Unmöglichkeit gemäß **§ 275 Abs. 1 BGB** wieder untergegangen sein.

Durchblick: Einen Anspruch auf Übereignung des Grundstücks kann der K nur dann noch haben, wenn V auch rechtlich in der Lage ist, ihm das Grundstück unter Abgabe einer Einigungserklärung wirksam zu übereignen. Und dafür ist gemäß den §§ 873, 925 BGB vor allen Dingen erforderlich, dass sich der »**Berechtigte**« mit dem Erwerber einigt (bitte lesen: § 873 Abs. 1 BGB). Ob der V zum Zeitpunkt der Anspruchsstellung seitens des K noch ***Berechtigter*** im Sinne der Normen ist, hängt davon ab, wie sich die mit D getätigten Geschäfte auf das Rechtsverhältnis mit K auswirken. Dass der V ursprünglich, also beim Abschluss des Vertrages mit K, zur Übereignung fähig war, steht außer Zweifel. Die Frage lautet, ob V im Verhältnis zu K trotz des nachträglich geschlossenen Geschäfts mit D immer noch »Berechtigter« im Sinne des § 873 Abs. 1 BGB ist. Wäre er das nicht mehr, könnte er dem K auch nicht mehr das Eigentum am Grundstück gemäß den §§ 873, 925 BGB verschaffen, die Leistungsverpflichtung wäre für V ***unmöglich***, und damit träte die Rechtsfolge des § 275 Abs. 1 BGB ein, der Anspruch auf Übereignung gegen V wäre ***ausgeschlossen*** (lies: § 275 Abs. 1 BGB).

Und das prüfen wir jetzt:

Es stellt sich somit die Frage, ob V sein Eigentum am Grundstück und damit auch seine Berechtigung gegenüber K zur Eigentumsübertragung im Sinne der §§ 873 Abs. 1, 925 BGB an den D durch die Geschäfte mit D und der entsprechenden Grundbucheintragung verloren hat.

1.) Insoweit muss nun als Erstes gesehen werden, dass in jedem Falle die ***schuldrechtliche*** Verpflichtung des V mit D wirksam ist und keinesfalls durch den bereits bestehenden Vertrag des V mit K gehindert wird. Denn selbstverständlich kann V über sein Grundstück mehrere wirksame Verträge schließen; sein Problem ist dann später zwar, dass er natürlich nicht alle Verträge erfüllen kann (= Schadensersatzpflicht), auf die Wirksamkeit der Verträge an sich hat das indessen keinen Einfluss. V hat sich somit nicht nur gegenüber K, sondern auch gegenüber D zur Eigentumsübertragung verpflichtet.

Aber: Diese schuldrechtliche Verpflichtung gegenüber D hat wegen des ***Abstraktionsprinzips*** natürlich keinerlei Einfluss auf die dingliche Rechtslage und somit auch nicht auf die »Berechtigung« zur Eigentumsübertragung, denn V ist bis dahin, also bis zum Abschluss des schuldrechtlichen Vertrages mit D, weiterhin Eigentümer des Grundstückes und damit »Berechtigter« auch gegenüber K geblieben.

2.) Anders könnte das unter Umständen dann schon mit der ***dinglichen*** Seite der Geschäfte aussehen. Im Gegensatz zum schuldrechtlichen Vertrag, den man – wie gesehen – durchaus mit mehreren Personen wirksam schließen kann, kann eine Verfügung (= dingliches Geschäft) grundsätzlich nur ***einer*** Person gegenüber wirksam erfolgen. Deshalb müssen wir uns nun überlegen, ob eine wirksame Veräußerung an D vorliegt, und ob eine solche Veräußerung auf die »**Berechtigung**« des V gegenüber K entscheidenden Einfluss hat:

> Und hinsichtlich der Frage, ob V sein Eigentum und damit unter Umständen auch seine »Berechtigung« gegenüber K an D gemäß den §§ 873, 925 BGB verloren hat, ist nun zunächst beachtlich, dass die im Grundbuch für den K eingetragene Vormerkung ***keine*** Verfügungsbeschränkung für den Eigentümer V zur Folge hat; vielmehr kann der Eigentümer V trotz eingetragener Auflassungsvormerkung für den K über das Grundstück weiterhin frei verfügen. Die Vormerkung hat des Weiteren selbstverständlich auch noch keinen Rechtsübergang (also Eigentumsübergang) zur Folge; Eigentümer ist nach wie vor der Veräußerer des Grundstücks, hier damit der V. Die Wirkung der Vormerkung kann man sich prima mit folgendem Begriff merken: Die Vormerkung **»prophezeit«** lediglich die zukünftige Übertragung (Eintragung) des Rechts, nimmt sie aber noch nicht vor (*Schreiber* Rz. 402).

Daraus ergibt sich also zunächst, dass eine Eigentumsübertragung des Grundstücks von V auf D nicht an der für K eingetragenen Vormerkung scheitert. Der V hat dem D im Übrigen das Grundstück formgerecht (steht so im SV!) aufgelassen, und D ist dann auch ins Grundbuch eingetragen worden. Und da die für K eingetragene Vormerkung – wie wir soeben gelernt haben – keinen Einfluss auf die Verfügungsberechtigung des V hatte, liegen sämtliche Voraussetzungen der Eigentumsübertragung am Grundstück gemäß den §§ 873, 925 BGB vor mit der Konsequenz, dass D tatsächlich Eigentümer des Grundstücks geworden ist.

Feinkost: Bitte beachte, dass die eingetragene Vormerkung zugunsten des K nicht die Eintragung des D als Eigentümer im Grundbuch hindert. Eine Vormerkung hat nämlich ***keine*** sogenannte »Grundbuchsperre« von Seiten des Grundbuchamtes zur Folge, vielmehr muss das Grundbuchamt – trotz Vormerkung – bei Vorliegen der Erwerbsvoraussetzungen den Erwerber eintragen, auch wenn zugunsten eines anderen eine Vormerkung besteht (BGH VIZ **01**, 103; *Jauernig/Berger* § 883 BGB Rz. 13; *Bamberger/Roth/Eckert* § 883 BGB Rz. 54).

ZE.: Mit dem dinglichen Rechtsgeschäft, das V mit D vollzogen hat, und der Eintragung ins Grundbuch ist der D neuer Eigentümer des Grundstücks geworden.

<u>ZE.</u>: Und aufgrund dieses Eigentumsverlustes zugunsten des D könnte V seine **Berechtigung** zur Einigungserklärung nach den §§ 873, 925 BGB gegenüber K verloren haben mit der Folge, dass die Leistungspflicht zur Eigentumsübertragung auf K aus § 433 Abs. 1 BGB für V ***unmöglich*** geworden ist im Sinne des § 275 Abs. 1 BGB. Und damit wäre dann der Anspruch des K gegen V aus § 433 Abs. 1 BGB, den wir ja die ganze Zeit prüfen, untergegangen.

Aber: Etwas anderes könnte sich noch aus **§ 883 Abs. 2 BGB** ergeben. Gemäß dieser Norm (bitte mal lesen) ist eine Verfügung, die nach der Eintragung der Vormerkung über das Grundstück oder das Recht getroffen wird, insoweit unwirksam, als sie den Anspruch vereiteln oder beeinträchtigen würde.

Durchblick: Ist die Auflassungsvormerkung wirksam bzw. begründet eingetragen worden, so entfaltet sie zugunsten desjenigen, der mit der Vormerkung im Grundbuch steht, in Bezug auf Verfügungen des Berechtigten gemäß § 883 Abs. 2 BGB eine ***relative Unwirksamkeit*** (BayObLG NJW-RR **1991**, 567; MüKo/*Kohler* § 883 BGB Rz. 49; PWW/*Huhn* § 883 BGB Rz. 17; *Erman/Lorenz* § 883 BGB Rz. 30). Der Berechtigte kann zwar über das Recht wirksam verfügen (vgl. oben), diese Verfügungen sind aber in Bezug auf den Vormerkungsberechtigten ***unwirksam*** (*Westermann* Rz. 406). Wird eine Sache bzw. konkret hier das Grundstück unter diesen Umständen übereignet, wird der Erwerber im Verhältnis zur Allgemeinheit zwar Eigentümer, dagegen verbleibt im Verhältnis zum durch die Vormerkung Geschützten die Verfügungsbefugnis beim Veräußerer (MüKo/*Kohler* § 883 BGB Rz. 49; PWW/*Huhn* § 883 BGB Rz. 17). Wichtig, bitte merken.

Schauen wir uns mal an unserem Fall an: Der Berechtigte in Bezug auf das Grundstück war ursprünglich der V. Trotz der eingetragenen Vormerkung zugunsten des K, die ja noch keinen Rechtsübergang bewirkt (nur »prophezeit«), konnte V über das Recht am Grundstück verfügen und dem D das Eigentum verschaffen. Der D ist nun dadurch im Verhältnis zur Allgemeinheit tatsächlich neuer Eigentümer des Grundstücks geworden; im Verhältnis zum durch die Vormerkung berechtigten K indessen ist die Verfügungsbefugnis bei V verblieben. V kann also jetzt, obwohl der D schon Eigentümer geworden ist, über dieses fremde Recht wegen § 883 Abs. 2 BGB verfügen.

<u>ZE.</u>: Und damit hätten wir genau das, was wir weiter oben noch in Frage gestellt haben, nämlich die Tatsache, dass V dem K trotz Übereignung an D noch das Eigentum an dem Grundstück gemäß den §§ 873, 925 BGB als »Berechtigter« verschaffen kann.

3.) Allerdings müssen wir jetzt vorher logischerweise noch prüfen, ob denn der K auch tatsächlich wirksam eine Vormerkung erlangt hat. Denn nur dann auch treten die eben beschriebenen Rechtsfolgen aus § 883 Abs. 2 BGB ein. Und wie man wirksam eine Vormerkung erlangt, steht in den §§ 883 und 885 BGB, im Einzelnen:

a) Damit überhaupt eine Vormerkung wirksam erworben werden kann, muss zunächst gemäß § 883 Abs. 1 Satz 1 BGB ein zu sichernder ***schuldrechtlicher Anspruch***, der auf eine dingliche Rechtsänderung gerichtet ist, bestehen (RGZ **60**, 425; PWW/*Huhn* § 883 BGB Rz. 6; *Bamberger/Roth/Eckert* § 883 BGB Rz. 13). Besteht ein solcher Anspruch nicht, entsteht auch keine wirksame Vormerkung, selbst wenn diese dann irrtümlich ins Grundbuch eingetragen wird. Und hier in unserem Fall ist das kein Problem, denn V und K haben einen wirksamen Kaufvertrag geschlossen und aus diesem Kaufvertrag ist V zur dinglichen Rechtsänderung am Grundstück verpflichtet (§ 433 Abs. 1 BGB). Es besteht also ein schuldrechtlicher Anspruch gerichtet auf eine dingliche Rechtsänderung, zu dessen Sicherung eine Vormerkung in das Grundbuch eingetragen wurde.

b) Zur Entstehung einer wirksamen Vormerkung muss des Weiteren gemäß **§ 885 Abs. 1 BGB** entweder eine Bewilligung des Berechtigten vorliegen oder aber die Eintragung mittels einer einstweiligen Verfügung beantragt worden sein. Auch das ist vorliegend kein Problem, denn die Eintragung der Vormerkung erfolgte aufgrund einer Bewilligung des Berechtigten und Eigentümers V (steht so im Fall).

c) Und schließlich erforderlich ist nach den §§ 883 Abs. 1, 885 Abs. 1 BGB natürlich noch die Eintragung der Vormerkung ins Grundbuch. Diese Eintragung ist hier auch erfolgt, und damit sind sämtliche Voraussetzungen des wirksamen Erwerbes einer Auflassungsvormerkung zugunsten des K erfüllt.

ZE.: Damit hat K zum Zeitpunkt der Eintragung ins Grundbuch wirksam eine Auflassungsvormerkung gemäß den §§ 883, 885 BGB erworben. Und damit tritt die Rechtsfolge des § 883 Abs. 2 BGB, die sogenannte relative Unwirksamkeit weiterer Verfügungen seitens des V über das Grundstück zugunsten des K ein. Aufgrund dessen ist V trotz der wirksamen Veräußerung und Übereignung des Grundstücks an D auch weiterhin hinsichtlich des vorgemerkten K »**Berechtigter**« in Bezug auf eine Einigungserklärung gemäß den §§ 873, 925 BGB.

ZE.: Deshalb ist die Leistungspflicht des V gegenüber K aus dem Kaufvertrag über das Grundstück gemäß § 433 Abs. 1 BGB ***nicht*** unmöglich geworden.

ZE.: Die Voraussetzungen des § 275 Abs. 1 BGB liegen mithin nicht vor, V ist ***nicht*** von der Verpflichtung zur Leistung aus § 433 Abs. 1 BGB frei geworden.

Erg.: Dem K steht gegen V aus § 433 Abs. 1 BGB ein Anspruch auf Abgabe einer Einigungserklärung gemäß den §§ 873, 925 BGB zur dinglichen Rechtsänderung am Grundstück zu.

Problem: Mit der Abgabe dieser Erklärung oder des Ersatzes durch § 894 ZPO wäre der K aber noch nicht Eigentümer des Grundstückes, denn dann bleibt ja immer noch die Tatsache, dass der D im Grundbuch als Eigentümer steht. Ohne Eintragung ins

Grundbuch aber erwirbt K noch kein Eigentum, denn dafür erforderlich sind immer Einigung + **Eintragung** (lies: § 873 BGB). Und deshalb muss nun noch dafür gesorgt werden, dass K auch ins Grundbuch als neuer Eigentümer eingetragen wird und der D entsprechend rausfliegt (gelöscht wird). Für diese Eintragungen ist grundsätzlich das ***Grundbuchamt*** zuständig. Dieses Grundbuchamt ist bei Eintragungen ins Grundbuch an vergleichsweise strenge Regeln gebunden; diese Regeln stehen in der Grundbuchordnung (GBO, im *Schönfelder* die Nr. 114), und die sehen wir uns jetzt mal an den entscheidenden Stellen an:

In unserem Fall muss K erreichen, dass der D gelöscht und er selbst dafür eingetragen wird. Bislang haben wir festgestellt, dass dem K insoweit das entsprechende Recht in jedem Falle materiell-rechtlich zusteht (das war die Prüfung oben des § 433 Abs. 1 BGB). Für eine Änderung des Grundbuches nun ist gemäß § 13 Abs. 1 Satz 1 GBO grundsätzlich ein Antrag notwendig. Im Sinne von § 13 Abs. 1 Satz 2 GBO ist unser K auch antragsberechtigt; allerdings muss K gemäß den **§§ 19, 20 und 29 GBO** bei der Änderung einer Eintragung die Einigung des Berechtigten (hier der K selbst) und des anderen Teils, das ist derjenige, der noch im Grundbuch steht (also der D), nachweisen. Der D muss also seine Zustimmung in die Rechtsänderung erklären, was er im Normalfall natürlich nicht tun wird.

Beachte: In solchen Fällen muss der Anspruchssteller sein Begehren auf Löschung gegen den im Grundbuch Eingetragenen (§ 891 BGB) mit einer entsprechenden ***Anspruchsgrundlage*** geltend machen können, damit er dem Grundbuchamt (§ 29 GBO!) dann auch die entsprechende Erklärung vorlegen kann (sonst tragen die Herrschaften da nichts ein). Er muss also sozusagen seine materiell-rechtliche Berechtigung nun auch gegen den noch Eingetragenen durchsetzen, um mit dieser Eintragung dann tatsächlich das Eigentum erwerben zu können (bitte beachte § 873 Abs. 1 BGB). Dies geht – haben wir eben schon gelernt – wegen **§ 19 GBO** aber nur, wenn der im Grundbuch noch Eingetragene seine Zustimmung erteilt. Und da der das im Zweifel freiwillig nicht machen wird, gibt es für solche Fälle nun **§ 888 BGB** und **§ 894 BGB**, die den Anspruchsgegner bei Vorliegen der jeweiligen Voraussetzungen zur Abgabe einer solchen Erklärung verpflichten (vgl. BGH NJW **2012**, 2032 = BGHZ **193**, 152). Hat man nach einer dieser Normen dann die Zustimmung erstritten (im Zweifel wieder über § 894 ZPO), kann man diese Erklärung oder die Ersetzung durch rechtskräftiges Urteil dann dem Grundbuchamt vorlegen und dann erst wird die Rechtsänderung ins Grundbuch eingetragen.

Welche der beiden Normen, also entweder § 888 BGB oder § 894 BGB, im konkreten Fall einschlägig ist, hängt davon ab, ob das Grundbuch ***materiell-rechtlich*** bislang ***richtig*** (dann **§ 888 BGB**) oder aber ***unrichtig*** (dann **§ 894 BGB**) war (vgl. BGH MDR **2014**, 710). In unserem Fall muss man also fragen, ob die Eintragung des D als neuer Eigentümer das Grundbuch unrichtig gemacht hat oder nicht.

Und insoweit ist festzustellen, dass das Grundbuch mit der Eintragung des D als neuem Eigentümer trotz ebenfalls eingetragener Vormerkung gerade ***nicht*** unrichtig geworden ist. Die Eintragung einer vormerkungswidrigen Verfügung hat keine Unrichtigkeit des Grundbuchs zur Folge (OLG Hamm FGPrax **1996**, 210; *Palandt/Bassenge* § 888 BGB Rz. 2). Der D steht in unserem Fall zu Recht (!) als Eigentümer im Grundbuch: Er hat dieses Eigentum – wie wir weiter oben ausführlich erläutert haben – ***wirksam*** gegenüber jedermann erworben, nur hinsichtlich des K besteht wegen der Vormerkung (§ 833 Abs. 2 BGB) noch eine Verfügungsbefugnis seitens des V. Und genau ***diesen*** Zustand dokumentiert das Grundbuch, in dem der D als Eigentümer und K als Vormerkungsberechtigter steht. Das Grundbuch spiegelt mit seinen Eintragungen also genau die Rechtslage wider, die den Tatsachen entspricht. Und deshalb ist das Grundbuch ***nicht*** unrichtig und deshalb gibt's auch keinen Anspruch des K gegen D aus § 894 BGB, sondern aus § 888 BGB. Kapiert!?

Anspruch des K gegen D

AGL.: § 888 Abs. 1 BGB

Bitte erst noch mal die Vorschrift in Ruhe lesen.

So. Diese vergleichsweise schwierige Norm können wir jetzt nach dem Lesen des Gesetztextes und der bisher in der Lösung geleisteten Vorarbeit tatsächlich entspannt verstehen und auch locker subsumieren: Wir haben festgestellt, dass wegen § 883 Abs. 2 BGB der Erwerb des Rechts durch D gegenüber demjenigen, zu dessen Gunsten die Vormerkung besteht (K!), unwirksam ist; und deshalb kann der K von D gemäß § 888 Abs. 1 BGB die Zustimmung zur Löschung des D und die Zustimmung zur Eintragung seiner eigenen Person verlangen.

Erg.: K steht gegen D ein Anspruch auf Zustimmung zur Änderung des Grundbuchs zu seinen Gunsten aus § 888 BGB zu. Dieser Anspruch wird – ebenso wie die Einigungserklärung nach den §§ 873, 925 BGB, die wir oben geprüft haben – notfalls gemäß § 894 ZPO ersetzt. Und wenn der K diese Erklärung dann dem Grundbuchamt vorlegt (§ 29 GBO!), wird er auch als neuer Eigentümer eingetragen und hat das, was ihm zusteht.

Gesamtergebnis: K steht gegen V ein Anspruch auf Abgabe der Einigungserklärung nach den §§ 873, 925 BGB, die auf die Eigentumsübertragung gerichtet ist, zu. Des Weiteren kann K von D die Zustimmung zur Änderung des Grundbuchs gemäß § 888 BGB verlangen. Beide Ansprüche verhelfen K zur Eigentümerstellung am Grundstück. Welcher Anspruch gegen wen zuerst geltend gemacht wird, kann sich der Gläubiger übrigens aussuchen (BGH NJW **2000**, 3496). Er kann sogar beide gleichzeitig in einem Verfahren geltend machen, es liegt ein Fall der Streitgenossenschaft gemäß § 59 ZPO vor.

Gutachten

K könnte gegen V ein Anspruch auf Übereignung des Grundstücks aus § 433 Abs. 1 BGB zustehen.

I.) Voraussetzung dafür ist zunächst ein wirksamer Kaufvertrag über das Grundstück. Insoweit ist festzustellen, dass V und K sich entsprechend geeinigt und im Übrigen aufgrund der notariellen Beurkundung auch die Formvorschrift des § 311 b Abs. 1 Satz 1 BGB beachtet haben. Ein wirksamer Kaufvertrag über das Grundstück liegt mithin vor. Der Anspruch auf Übereignung ist entstanden.

II.) Dieser Anspruch auf Übereignung des Grundstücks könnte wegen nachträglicher Unmöglichkeit gemäß § 275 Abs. 1 BGB wieder untergegangen sein. Ein Anspruch auf Übereignung des Grundstücks kann K nur dann zustehen, wenn V auch rechtlich in der Lage ist, ihm das Grundstück unter Abgabe einer Einigungserklärung wirksam zu übereignen. Insoweit ist gemäß den §§ 873, 925 BGB erforderlich, dass sich der Berechtigte mit dem Erwerber einigt. Ob der V zum Zeitpunkt der Anspruchsstellung seitens des K noch Berechtigter im Sinne der Normen ist, hängt davon ab, wie sich die mit D getätigten Geschäfte auf das Rechtsverhältnis mit K auswirken. Es ist zu prüfen, ob V im Verhältnis zu K trotz des nachträglich geschlossenen Geschäfts mit D immer noch Berechtigter im Sinne des § 873 Abs. 1 BGB ist.

1.) Insoweit ist zunächst zu beachten, dass die schuldrechtliche Verpflichtung des V gegenüber D wirksam ist und keinesfalls durch den bereits bestehenden Vertrag des V mit K gehindert wird. V kann rechtlich bedenkenlos über sein Grundstück mehrere wirksame schuldrechtliche Verträge schließen. Diese schuldrechtlichen Verträge berühren die dingliche Berechtigung des V gegenüber K nicht.

2.) Es fragt sich jedoch, ob dies auch für die von V getätigten dinglichen Geschäfte gegenüber D gilt. Im Gegensatz zum schuldrechtlichen Vertrag, den man mit mehreren Personen wirksam schließen kann, kann eine Verfügung grundsätzlich nur einer Person gegenüber wirksam erfolgen. Es ist daher zu erörtern, ob eine wirksame Veräußerung an D vorliegt, und ob eine solche Veräußerung auf die Berechtigung des V gegenüber K entscheidenden Einfluss hat.

a) Zu beachten ist zunächst, dass die im Grundbuch für den K eingetragene Vormerkung keine Verfügungsbeschränkung für den Eigentümer V zur Folge hat. Vielmehr kann der Eigentümer V trotz eingetragener Auflassungsvormerkung für den K über das Grundstück weiterhin frei verfügen. Die Vormerkung hat des Weiteren keinen Rechtsübergang zur Folge. Eigentümer ist nach wie vor der Veräußerer des Grundstücks, hier damit der V. Daraus ergibt sich, dass eine Eigentumsübertragung des Grundstücks von V auf D nicht an der für K eingetragenen Vormerkung scheitert. V hat D im Übrigen das Grundstück formgerecht aufgelassen, und D ist dann auch ins Grundbuch eingetragen worden. Da die für K eingetragene Vormerkung keinen Einfluss auf die Verfügungsberechtigung des V hatte, liegen sämtliche Voraussetzungen der Eigentumsübertragung am Grundstück gemäß den §§ 873, 925 BGB vor mit der Konsequenz, dass D Eigentümer des Grundstücks geworden ist.

Aufgrund dieses Eigentumsverlustes zugunsten des D könnte V seine Berechtigung zur Einigungserklärung nach den §§ 873, 925 BGB gegenüber K verloren haben mit der Folge, dass die Leistungspflicht zur Eigentumsübertragung auf K aus § 433 Abs. 1 BGB für V unmöglich geworden ist im Sinne des § 275 Abs. 1 BGB. Und damit wäre dann der Anspruch des K gegen V aus § 433 Abs. 1 BGB untergegangen.

b) Etwas anderes könnte sich noch aus § 883 Abs. 2 BGB ergeben. Gemäß dieser Norm ist eine Verfügung, die nach der Eintragung der Vormerkung über das Grundstück oder das Recht getroffen wird, insoweit unwirksam, als sie den Anspruch vereiteln oder beeinträchtigen würde. Die Vorschrift entfaltet somit eine relative Unwirksamkeit der Geschäfte zugunsten des Vormerkungsberechtigten. Der Berechtigte in Bezug auf das Grundstück war ursprünglich der V. Trotz der eingetragenen Vormerkung zugunsten des K, die noch keinen Rechtsübergang bewirkt, konnte V über das Recht am Grundstück demnach verfügen und dem D das Eigentum verschaffen. Der D wäre im Verhältnis zur Allgemeinheit neuer Eigentümer des Grundstücks geworden. Im Verhältnis zum durch die Vormerkung Berechtigten K indessen ist die Verfügungsbefugnis bei V verblieben, wenn K eine wirksame Vormerkung erworben hat. Es ist demnach zu prüfen, ob K wirksam eine Vormerkung erlangt hat.

aa) Es muss zunächst gemäß § 883 Abs. 1 Satz 1 BGB ein zu sichernder schuldrechtlicher Anspruch, der auf eine dingliche Rechtsänderung gerichtet ist, bestehen. Besteht ein solcher Anspruch nicht, entsteht auch keine wirksame Vormerkung, selbst wenn diese dann irrtümlich ins Grundbuch eingetragen wird. V und K haben einen wirksamen Kaufvertrag geschlossen und aus diesem Kaufvertrag ist V zur dinglichen Rechtsänderung am Grundstück verpflichtet. Es besteht ein schuldrechtlicher Anspruch gerichtet auf eine dingliche Rechtsänderung, zu dessen Sicherung eine Vormerkung im Grundbuch eingetragen wurde.

bb) Zur Entstehung einer wirksamen Vormerkung muss des Weiteren gemäß § 885 Abs. 1 BGB entweder eine Bewilligung des Berechtigten vorliegen oder aber die Eintragung mittels einer einstweiligen Verfügung beantragt worden sein. Die Eintragung der Vormerkung erfolgte aufgrund einer Bewilligung des Berechtigten und Eigentümers V.

cc) Schließlich erforderlich ist nach den §§ 883 Abs. 1, 885 Abs. 1 BGB die Eintragung der Vormerkung ins Grundbuch. Diese Eintragung ist erfolgt.

Damit sind sämtliche Voraussetzungen des wirksamen Erwerbes einer Auflassungsvormerkung zugunsten des K erfüllt. K hat zum Zeitpunkt der Eintragung ins Grundbuch wirksam eine Auflassungsvormerkung gemäß den §§ 883, 885 BGB erworben. Somit treten die Rechtsfolgen des § 883 Abs. 2 BGB ein. Aufgrund dessen ist V trotz der wirksamen Veräußerung und Übereignung des Grundstücks an D auch weiterhin hinsichtlich des vorgemerkten K Berechtigter in Bezug auf eine Einigungserklärung gemäß den §§ 873, 925 BGB. Die Leistungspflicht des V gegenüber K aus dem Kaufvertrag über das Grundstück ist folglich gemäß § 433 Abs. 1 BGB nicht unmöglich geworden.

Die Voraussetzungen des § 275 Abs. 1 BGB liegen nicht vor, V ist nicht von der Verpflichtung zur Leistung aus § 433 Abs. 1 BGB frei geworden.

Erg.: K steht gegen V aus § 433 Abs. 1 BGB ein Anspruch auf Abgabe einer Einigungserklärung gemäß den §§ 873, 925 BGB zur dinglichen Rechtsänderung am Grundstück zu.

K könnte gegen V des Weiteren ein Anspruch auf Zustimmung zur Änderung des Grundbuchs aus § 888 Abs. 1 BGB zustehen.

Es ist festgestellt worden, dass wegen § 883 Abs. 2 BGB der Erwerb des Rechts durch D gegenüber demjenigen, zu dessen Gunsten die Vormerkung besteht, unwirksam ist. Deshalb kann der K von D gemäß § 888 Abs. 1 BGB die Zustimmung zur Löschung des D und die Zustimmung zur Eintragung seiner eigenen Person verlangen.

Erg.: K steht gegen D ein Anspruch auf Zustimmung zur Änderung des Grundbuchs zu seinen Gunsten aus § 888 BGB zu. Dieser Anspruch wird notfalls gemäß § 894 ZPO ersetzt. Legt K diese Erklärung dem Grundbuchamt gemäß § 29 GBO vor, wird er als neuer Eigentümer eingetragen. K steht somit gegen V zum einen ein Anspruch auf Abgabe der Einigungserklärung nach den §§ 873, 925 BGB, die auf die Eigentumsübertragung gerichtet ist, zu. Zum anderen kann K von D die Zustimmung zur Änderung des Grundbuchs gemäß § 888 BGB verlangen.

Fall 25

Lästiger Mietvertrag

V und K haben im Januar einen formgerechten Kaufvertrag über das Grundstück des V, auf dem ein Wohnhaus steht, geschlossen. Zugunsten des K ist am 01. Februar eine Auflassungsvormerkung ins Grundbuch eingetragen worden. Ohne Kenntnis des K, der danach für zwei Monate auf Geschäftsreise geht, vermietet V das Haus einige Tage darauf an den ahnungslosen M, der eine Woche später auch einzieht.

Nach der Rückkehr des K wird das Grundstück am 15.04. ordnungsgemäß von V an K aufgelassen und die Eigentumsübertragung am 20.05. ins Grundbuch eingetragen. Erst am 01.06. stellt der K anlässlich einer Besichtigung zu seiner Verblüffung fest, dass das Haus seit vier Monaten von M bewohnt wird.

K will wissen, ob er von M die Herausgabe des Grundstücks verlangen kann.

Schwerpunkte: Wirkung der Vormerkung; relative Unwirksamkeit eines Mietvertrages gemäß § 535 BGB nach § 883 Abs. 2 BGB?; Begriff der Verfügung in § 883 BGB; Rechtsübergang aus § 566 BGB auch bei Eintragung einer Vormerkung?

Lösungsweg

Anspruch des K gegen M auf Herausgabe des Grundstücks

<u>AGL.</u>: **§ 985 BGB**

Damit der Anspruch aus § 985 BGB begründet ist, muss K der Eigentümer und M der unmittelbare Besitzer ohne Recht zum Besitz sein.

1.) Die Eigentümerstellung des K ist im vorliegenden Fall nicht problematisch, denn das Grundstück ist an K am 15.04. aufgelassen (§ 925 Abs. 1 BGB) und K ist auch am 20.05. als neuer Eigentümer ins Grundbuch eingetragen worden. Mit diesem Tag ist K somit neuer Eigentümer des Grundstücks gemäß den **§§ 873 Abs. 1, 925 BGB** geworden.

2.) Den unmittelbaren Besitz an der Sache (dem Grundstück bzw. dem Haus) im Sinne des **§ 854 Abs. 1 BGB** hat der M spätestens mit seinem Einzug in das Haus erlangt. Bitte beachte, dass gemäß den §§ 93, 94 BGB das Haus ein wesentlicher Bestandteil des Grundstücks ist und daher an dem Haus selbst keine besonderen Rechte begründet werden können. Mit der Besitzergreifung hinsichtlich des Hauses hat M mithin auch Besitz an dem Grundstück erlangt.

3.) Es fragt sich indessen, ob dem M nicht ein Recht zum Besitz im Sinne des **§ 986 Abs. 1 BGB** an dem Grundstück zusteht. Ein solches kann sich ergeben aus dem Mietvertrag nach § 535 BGB, den M zunächst mit V geschlossen hat und in den der K als neuer Eigentümer des Grundstücks am 20.05. gemäß **§ 566 Abs. 1 BGB** möglicherweise eingetreten ist. Bitte beachte insoweit zunächst, dass die Rechtsfolge des Vertragsüberganges nach § 566 Abs. 1 BGB eintritt mit der ***dinglichen*** Übereignung, also dem Eigentumsübergang, nicht schon mit der schuldrechtlichen Abrede (BGH ZIP **2003**, 1658; PWW/*Riecke* § 566 BGB Rz. 8).

Durchblick: Fraglos gewährt der Mietvertrag nach § 535 BGB als sogenannter »Gebrauchsüberlassungsvertrag« ein Recht zum Besitz im Sinne des § 986 Abs. 1 BGB für die Dauer der jeweiligen vertraglichen Abrede (*Palandt/Bassenge* § 986 BGB Rz. 3). Mit dem Abschluss des Vertrages zwischen V und M war daher ein solches Besitzrecht bei M gegenüber V entstanden, wobei gesondert darauf hinzuweisen ist, dass der V wegen der bis dahin noch nicht erfolgten Eigentumsübertragung auf K auch (noch) berechtigt war, den Mietvertrag über das Haus mit M abzuschließen.

Die Frage, die sich nun aber stellt, ist die, ob mit der Eigentumsübertragung von V auf K am 20.05. (Eintragung ins Grundbuch) der K nun auch tatsächlich in dieses Mietverhältnis zwischen V und M gemäß § 566 Abs. 1 BGB eingetreten ist. Und das ist deshalb fraglich, weil zugunsten des K im Februar – also schon ***vor*** Abschluss des Mietvertrages – eine Auflassungsvormerkung ins Grundbuch eingetragen worden war. Man könnte daher aufgrund dieser Auflassungsvormerkung die Vorschrift des **§ 883 Abs. 2 BGB** anwenden mit der Folge, dass der Mietvertrag, den V mit M geschlossen hat, gegenüber dem K ***relativ unwirksam*** gewesen ist bzw. der Rechtsübergang nach § 566 Abs. 1 BGB nicht angenommen werden kann, weil er das Recht des K aus der Vormerkung beeinträchtigt (bitte mal § 883 Abs. 2 BGB lesen). Immerhin musste der K dann den M als Mieter dulden, was die eigene Nutzung des Grundstücks – mit Ausnahme des Mietzinses – für den K so gut wie wertlos macht.

Ansatz: Gemäß **§ 883 Abs. 2 BGB** ist eine Verfügung, die nach der Eintragung der Vormerkung über das Grundstück oder das Recht getroffen wird, insoweit unwirksam, als sie den Anspruch vereiteln oder beeinträchtigen würde.

Wiederholung: Diese Regel aus § 883 Abs. 2 BGB existiert – wie wir schon im vorherigen Fall gelernt haben – zugunsten des Vormerkungsberechtigten, dem damit ein Schutz vor den sein vorgemerktes Recht beeinträchtigenden Rechtshandlungen Dritter erwächst. Der § 883 Abs. 2 BGB entfaltet zugunsten desjenigen, der mit der Vormerkung im Grundbuch steht, in Bezug auf weitere Verfügungen des Berechtigten eine ***relative Unwirksamkeit*** (MüKo/*Kohler* § 883 BGB Rz. 49; PWW/*Huhn* § 883 BGB Rz. 17; *Erman/Lorenz* § 883 BGB Rz. 30; *Palandt/Bassenge* § 883 BGB Rz. 22). Bitte beachte, dass trotz der eingetragenen Vormerkung der andere Teil ja immer noch Eigentümer und damit auch Berechtigter hinsichtlich des Grundstücks ist, die Vormerkung führt noch keinen Rechtsübergang herbei, sondern kündigt (»**prophezeit**«) diesen bekanntlich nur an. Wegen § 883 Abs. 2 BGB kann der Berechtigte zwar weiter über das Recht grundsätzlich wirksam verfügen, diese Verfügungen sind allerdings in Bezug auf den Vormerkungsberechtigten ***unwirksam*** (MüKo/*Kohler* § 883 BGB Rz. 49; PWW/*Huhn* § 883 BGB Rz. 17; *Erman/Lorenz* § 883 BGB Rz. 30).

Im vorliegenden Fall hat V das Grundstück, das er später an K übereignet hat, nach dem Abschluss des Kaufvertrages und der Eintragung der Vormerkung an den M vermietet. Sollte es sich bei diesem Mietvertrag um ein Rechtsgeschäft handeln, das unter § 883 Abs. 2 BGB fällt, wäre dieses Rechtsgeschäft bzw. der Vertragsübergang nach § 566 Abs. 1 BGB gegenüber dem Vormerkungsberechtigten K unwirksam und M könnte mithin aus diesem Mietvertrag kein Besitzrecht gegenüber dem K herleiten. Er müsste das Grundstück dann an K gemäß § 985 BGB herausgeben.

Frage: Fällt ein Mietvertrag aus § 535 BGB mit entsprechendem Rechtsübergang nach § 566 Abs. 1 BGB unter den Begriff der »**Verfügung**« aus § 883 Abs. 2 BGB mit der Folge, dass dieses Rechtsgeschäft und die in diesem Zusammenhang erfolgte Besitzüberlassung dem Vormerkungsberechtigten gegenüber unwirksam wäre?

Antwort: Streitig.

- Nach einer Meinung unterliegt ein Mietvertrag ***nicht*** der Regel des § 883 Abs. 2 BGB und die Vorschrift hat somit im vorliegenden Fall auch keine entsprechende Unwirksamkeit des Rechtsüberganges nach § 566 Abs. 1 BGB gegenüber dem Erwerber K zur Folge. Vielmehr tritt der Vormerkungsberechtigte gemäß § 566 Abs. 1 BGB in den vom Eigentümer geschlossenen Mietvertrag ein und kann sich nicht auf die relative Unwirksamkeit dieses Rechtsgeschäfts berufen, nur weil zu seinen Gunsten vor Abschluss des Mietvertrages eine Vormerkung im Grundbuch eingetragen war (BGH NJW **1989**, 451; BGHZ **13**, 1; OLG München NJW **1963**, 601; PWW/*Huhn* § 883 BGB Rz. 15; *Bamberger/Roth/Eckert* § 883 BGB Rz. 52; *Finger* in JR 1974, 8; *Baur/Stürner* § 20 Rz. 41; *Soergel/Stürner* § 883 BGB Rz. 30; *Jauernig/Berger* § 883 BGB Rz. 4; *Wertheimer* in Jura 1991, 206).

Begründung: Die Vorschrift des § 883 Abs. 2 BGB verlangt ihrem Wortlaut nach eine ***Verfügung***, also ein nach allgemeiner Auffassung ***dingliches*** Rechtsgeschäft, durch das ein Recht unmittelbar übertragen, belastet, geändert oder aufgehoben wird (vgl. BGHZ **101**, 24; BGHZ **75**, 226; *Brox/Walker* AT Rz. 102). Der Abschluss des Mietvertrages aber ist unstreitig keine solche Verfügung, sondern vielmehr nur ein schuldrechtliches Geschäft, das nicht auf den Bestand eines Rechts im soeben benannten Sinne einwirkt. Des Weiteren sei zu beachten, dass der soziale Schutz des Mieters, den § 566 Abs. 1 BGB beabsichtigt und der sich im Übrigen auch aus dem Sozialstaatsprinzip des Grundgesetzes ableitet, dem Vormerkungsschutz aus dem Grundstücksrecht vorgehe (*Baur/Stürner* § 20 Rz. 41 und *Finger* in JR 1974, 8). Der Grundstückserwerber habe bislang nämlich – trotz der Vormerkung – auch nur einen schuldrechtlichen Anspruch auf Übereignung erworben, indessen gerade noch nicht die möglicherweise schützenswerte Eigentümerstellung erreicht. Schließlich stehe der Erwerber nicht ohne Rechte dem Mieter gegenüber, er habe vielmehr aufgrund des Rechtsüberganges nun ja auch den Anspruch auf den Mietzins erworben (BGHZ **13**, 1).

Folgt man dieser Auffassung, ist K trotz Vormerkung in das von V mit M geschlossene Rechtsverhältnis des Mietvertrages aus § 535 BGB gemäß § 566 Abs. 1 BGB eingetreten und kann sich insoweit nicht auf § 883 Abs. 2 BGB berufen. M hätte mithin gegenüber K ein Recht zum Besitz am Grundstück im Sinne des § 986 Abs. 1 BGB aus dem übergegangenen Mietvertrag.

- Nach anderer Meinung allerdings kommt im vorliegenden Fall zwar keine unmittelbare, dafür aber wenigstens eine ***entsprechende*** Anwendung des § 883 Abs. 2 BGB in Betracht; der vom vormaligen Eigentümer geschlossene Mietvertrag ist daher in Bezug auf den Vormerkungsberechtigten ***relativ unwirksam*** und geht folglich ***nicht*** gemäß § 566 Abs. 1 BGB auf den Vormerkungsberechtigten über (*Staudinger/Gursky* § 883 BGB Rz. 211; MüKo/*Kohler* § 883 BGB Rz. 54; *Erman/Lorenz* § 883 BGB Rz. 37; *Prütting* Rz. 190; *Palandt/Bassenge* § 883 BGB Rz. 21; *Tiedkte* in Jura 1981, 365).

Begründung: Wenn das Gesetz in § 883 Abs. 2 BGB den Vormerkungsberechtigten ausdrücklich gegen Verfügungen über das Grundstück schützt, muss dies ***erst recht*** auch für diejenigen schuldrechtlichen Grundgeschäfte gelten, die – wie etwa der Mietvertrag – zur Vorenthaltung des Besitzes führen. Diese Geschäfte stehen insoweit in ihrer Wirkung der Verfügung gleich, denn sie binden den Erwerber und berauben ihn des Besitzes und damit der tatsächlichen Möglichkeit der Nutzung der Sache (wörtlich so bei *Prütting* Rz. 190). Die Vorenthaltung des unmittelbaren Besitzes aufgrund eines schuldrechtlichen Geschäfts beeinträchtigt den Erwerber im Zweifel sogar mehr, als es eine dingliche Belastung könnte. Des Weiteren ist nicht einsehbar, warum die Interessen des Mieters – wie die Gegenmeinung behauptet – schutzwürdiger sein sollen als die des Vormerkungsberechtigten, zumal der Mieter im Grundbuch das Risiko absehen kann, während dem Vormerkungsberechtigten diese Möglichkeit nicht offen steht, da Mietverhältnisse im Grundbuch keinen Niederschlag finden. Der Mieter wird schließlich auch nicht geschützt, wenn er irrtümlich, weil er sich im Grundbuch vorher nicht informiert hat, mit einem Nichteigentümer einen Vertrag schließt. Warum soll er dann aber geschützt werden, wenn er zwar mit dem Eigentümer kontrahiert, dessen Recht aber im Grundbuch mit einer Vormerkung beeinträchtigt ist.

Folgt man dieser Ansicht, verhindert § 883 Abs. 2 BGB, dass K den Mietvertrag wegen § 566 Abs. 1 BGB gegen sich gelten lassen muss. Dieses Rechtsgeschäft des V mit M ist in Bezug auf K gemäß § 883 Abs. 2 BGB relativ unwirksam. Unter diesen Umständen steht M somit kein Besitzrecht gegenüber K zu, mit dem er nach § 986 Abs. 1 BGB die Herausgabe verweigern könnte.

Ergebnis: Der Ausgang unseres Falles hängt somit von der favorisierten Meinung ab. Wer sich der erstgenannten Ansicht anschließt, muss im vorliegenden Fall den Herausgabeanspruch des K gegen M aus § 985 BGB ***verneinen***, da dem M dann ein Recht zum Besitz durch den nach § 566 Abs. 1 BGB übergegangenen Mietvertrag aus § 986 Abs. 1 BGB zusteht. Wer hingegen der zweiten Auffassung von oben den Vorzug gewährt, muss dem K den Anspruch aus § 985 BGB ***zusprechen***, insbesondere mangelt es dem M dann am Recht zum Besitz aus einem Mietvertrag. Beide Meinungen übrigens sind tatsächlich gleichwertig und »gleichgültig« vertretbar, keine Ansicht wird von den Lehrbüchern oder Kommentaren als herrschend oder als Mindermeinung benannt.

Gutachten

K könnte gegen M einen Anspruch auf Herausgabe des Grundstücks aus § 985 BGB haben.

Damit der Anspruch aus § 985 BGB begründet ist, muss K der Eigentümer und M der unmittelbare Besitzer ohne Recht zum Besitz am Grundstück sein.

1.) K ist nach erfolgter formgerechter Auflassung vom 15.04. am 20.05. als neuer Eigentümer ins Grundbuch eingetragen worden. Mit diesem Tag ist K demnach neuer Eigentümer des Grundstücks gemäß den §§ 873 Abs. 1, 925 BGB geworden.

2.) Den unmittelbaren Besitz an der Sache im Sinne des § 854 Abs. 1 BGB hat der M spätestens mit seinem Einzug in das Haus erlangt. Damit liegen die Voraussetzungen des § 985 BGB grundsätzlich vor, K ist Eigentümer und M Besitzer der Sache.

3.) Es fragt sich indessen, ob dem M ein Recht zum Besitz im Sinne des § 986 Abs. 1 BGB an dem Grundstück zusteht. Ein solches kann sich ergeben aus dem Mietvertrag nach § 535 BGB, den M zunächst mit V geschlossen hat und in den der K als neuer Eigentümer des Grundstücks am 20.05. gemäß § 566 Abs. 1 BGB eingetreten ist. Die Rechtsfolge des Vertragsüberganges nach § 566 Abs. 1 BGB tritt ein mit der dinglichen Übereignung, also mit dem Eigentumsübergang, nicht schon mit der schuldrechtlichen Abrede. Der Mietvertrag nach § 535 BGB gewährt als sogenannter Gebrauchsüberlassungsvertrag ein Recht zum Besitz im Sinne des § 986 Abs. 1 BGB für die Dauer der jeweiligen vertraglichen Abrede. Mit dem Abschluss des Vertrages zwischen V und M war daher ein solches Besitzrecht bei M gegenüber V entstanden, wobei zu beachten ist, dass V wegen der bis dahin noch nicht erfolgten Eigentumsübertragung auf K berechtigt war, den Mietvertrag über das Haus mit M abzuschließen.

Es fragt sich nunmehr, ob mit der Eigentumsübertragung von V auf K am 20.05. der K in dieses Mietverhältnis zwischen V und M gemäß § 566 Abs. 1 BGB eingetreten ist. Das ist deshalb fraglich, weil zugunsten des K im Februar, und damit vor Abschluss des Mietvertrages, eine Auflassungsvormerkung ins Grundbuch eingetragen worden war. Insoweit kommt die Anwendung des § 883 Abs. 2 BGB in Betracht mit der möglichen Folge, dass der Mietvertrag, den V mit M geschlossen hat, gegenüber dem K relativ unwirksam gewesen ist bzw. der Rechtsübergang nach § 566 Abs. 1 BGB nicht angenommen werden kann. Gemäß § 883 Abs. 2 BGB ist eine Verfügung, die nach der Eintragung der Vormerkung über das Grundstück oder das Recht getroffen wird, insoweit unwirksam, als sie den Anspruch vereiteln oder beeinträchtigen würde.

Im vorliegenden Fall hat der V das Grundstück, das er später an K übereignet hat, nach dem Abschluss des Kaufvertrages und der Eintragung der Vormerkung an den M vermietet. Sollte es sich bei diesem Mietvertrag um ein Rechtsgeschäft handeln, das unter § 883 Abs. 2 BGB fällt, wäre dieses Rechtsgeschäft bzw. der Vertragsübergang nach § 566 Abs. 1 BGB gegenüber dem Vormerkungsberechtigten K unwirksam und M könnte mithin aus diesem Mietvertrag kein Besitzrecht gegenüber dem K herleiten. Er müsste das Grundstück dann an K gemäß § 985 BGB herausgeben. Es ist mithin zu prüfen, ob ein Mietvertrag aus § 535 BGB mit entsprechendem Rechtsübergang nach § 566 Abs. 1 BGB unter den Begriff der Verfügung aus § 883 Abs. 2 BGB fällt.

a) Nach einer Meinung kommt im vorliegenden Fall zwar keine unmittelbare, dafür aber eine entsprechende Anwendung des § 883 Abs. 2 BGB in Betracht. Der vom vormaligen Eigentümer geschlossene Mietvertrag ist daher in Bezug auf den Vormerkungsberechtigten relativ unwirksam und geht folglich nicht gemäß § 566 Abs. 1 BGB auf den Vormerkungsberechtigten über.

Begründet wird dies zum einen damit, dass wenn das Gesetz in § 883 Abs. 2 BGB den Vormerkungsberechtigten ausdrücklich gegen Verfügungen über das Grundstück schützt, dies erst recht auch für diejenigen schuldrechtlichen Grundgeschäfte gelten müsse, die – wie etwa der Mietvertrag – zur Vorenthaltung des Besitzes führen. Diese Geschäfte stünden insoweit in ihrer Wirkung der Verfügung gleich, denn sie binden den Erwerber und berauben ihn des Besitzes und damit der tatsächlichen Möglichkeit der Nutzung der Sache. Die Vorenthaltung des unmittelbaren Besitzes aufgrund eines schuldrechtlichen Geschäfts beeinträchtige den Erwerber im Zweifel sogar mehr, als es eine dingliche Belastung könnte. Des Weiteren sei nicht einsehbar, warum die Interessen des Mieters schutzwürdiger sein sollen als die des Vormerkungsberechtigten, zumal der Mieter im Grundbuch das Risiko absehen kann, während dem Vormerkungsberechtigten diese Möglichkeit nicht offen steht, da Mietverhältnisse im Grundbuch keinen Niederschlag finden. Der Mieter wird schließlich auch nicht geschützt, wenn er irrtümlich, weil er sich im Grundbuch vorher nicht informiert hat, mit einem Nichteigentümer einen Vertrag schließt. Warum soll er dann aber geschützt werden, wenn er zwar mit dem Eigentümer kontrahiert, dessen Recht aber im Grundbuch mit einer Vormerkung beeinträchtigt ist.

b) Diese Meinung übersieht jedoch, dass die Vorschrift des § 883 Abs. 2 BGB ihrem Wortlaut nach eine Verfügung verlangt, also ein nach allgemeiner Auffassung dingliches Rechtsgeschäft, durch das ein Recht unmittelbar übertragen, belastet, geändert oder aufgehoben wird. Der Abschluss des Mietvertrages aber ist unstreitig keine solche Verfügung, sondern vielmehr nur ein schuldrechtliches Geschäft, das nicht auf den Bestand eines Rechts im soeben benannten Sinne einwirkt. Des Weiteren ist zu beachten, dass der soziale Schutz des Mieters, den § 566 Abs. 1 BGB beabsichtigt und der sich im Übrigen auch aus dem Sozialstaatsprinzip des Grundgesetzes ableitet, dem Vormerkungsschutz aus dem Grundstücksrecht vorgeht. Der Grundstückserwerber hat bislang nämlich – trotz der Vormerkung – auch nur einen schuldrechtlichen Anspruch auf Übereignung erworben, indessen gerade noch nicht die möglicherweise schützenswerte Eigentümerstellung erreicht. Schließlich steht der Erwerber nicht ohne Rechte dem Mieter gegenüber, er hat vielmehr aufgrund des Rechtsüberganges nun auch den Anspruch auf den Mietzins erworben.

Der Mietvertrag unterliegt aus den genannten Gründen deshalb nicht der Regel des § 883 Abs. 2 BGB und die Vorschrift hat somit im vorliegenden Fall auch keine entsprechende Unwirksamkeit des Rechtsüberganges nach § 566 Abs. 1 BGB gegenüber dem Erwerber K zur Folge. Vielmehr tritt der Vormerkungsberechtigte gemäß § 566 Abs. 1 BGB in den vom Eigentümer geschlossenen Mietvertrag ein und kann sich nicht auf die relative Unwirksamkeit dieses Rechtsgeschäfts berufen, nur weil zu seinen Gunsten vor Abschluss des Mietvertrages eine Vormerkung im Grundbuch eingetragen war. K ist somit trotz Vormerkung in das von V mit M geschlossene Rechtsverhältnis des Mietvertrages aus § 535 BGB gemäß § 566 Abs. 1 BGB eingetreten. M hat mithin gegenüber K ein Recht zum Besitz am Grundstück im Sinne des § 986 Abs. 1 BGB aus dem übergangenen Mietvertrag.

Erg.: K steht gegen M kein Anspruch auf Herausgabe des Grundstücks zu; M kann sich auf den Mietvertrag als Besitzrecht im Sinne des § 986 Abs. 1 BGB berufen.

Fall 26

Dieser Fall ist schwer!

E ist Eigentümer zweier nebeneinander liegender Grundstücke. Auf dem einen Grundstück steht eine Hotelanlage, das andere Grundstück ist unbebaut. Im Januar veräußert E das unbebaute Grundstück mit notariellem Kaufvertrag an den K. Da E keinesfalls eine Beeinträchtigung seiner Hotelanlage wünscht, wird in den Kaufvertrag folgender Passus aufgenommen:

»Der Käufer verpflichtet sich zu einer ausschließlich gärtnerischen Nutzung des Grundstücks und verzichtet auf die Errichtung von Bauwerken. Insoweit soll alsbald eine Grunddienstbarkeit zugunsten des Verkäufers eingetragen werden.«

Nach Übereignung des Grundstücks im März unterbleibt vorläufig die Eintragung der Grunddienstbarkeit. K errichtet auf dem Gelände ab April einen Schrottplatz. Im Juni verkauft K das Grundstück an den D. Um Steuern und Notarkosten zu sparen, geben K und D dem Notar lediglich einen Kaufpreis von 100.000 Euro an und verschweigen den intern verabredeten Preis in Höhe von 250.000 Euro. Zugunsten des D wird sodann eine Auflassungsvormerkung am 20. Juni ins Grundbuch eingetragen. Am 05. September erfolgt schließlich die Eintragung des Rechtsüberganges auf D im Grundbuch. Inzwischen allerdings hatte E am 20. August gegen K eine einstweilige Verfügung erwirkt, aufgrund derer am 22. August eine Vormerkung zur Sicherung des Anspruchs auf Eintragung der Grunddienstbarkeit in das Grundbuch eingetragen worden war.

E begehrt nun von D die Zustimmung zur Eintragung dieser durch die Vormerkung gesicherten Grunddienstbarkeit. Zu Recht?

Schwerpunkte: Anspruch aus § 888 Abs. 1 BGB; Entstehung der Vormerkung gemäß den §§ 883, 885 BGB; Wirkung des § 883 Abs. 2 BGB; Akzessorietät von Vormerkung und Anspruch; Rückwirkung des § 311 b Abs. 1 Satz 2 BGB; Begriff der Grunddienstbarkeit aus § 1018 BGB.

Lösungsweg

E gegen D auf Zustimmung zur Eintragung der Grunddienstbarkeit

AGL.: § 888 Abs. 1 BGB

1.) E muss als Anspruchssteller der »**Vormerkungsberechtigte**« sein (bitte mal die Überschrift der Vorschrift lesen). Vormerkungsberechtigter im Sinne des § 888 Abs. 1 BGB ist man dann, wenn man ***wirksam*** eine Vormerkung erworben hat.

Zugunsten des E wurde am 22. August per einstweiliger Verfügung eine Vormerkung zur Sicherung des Anspruchs auf Eintragung der Grunddienstbarkeit in das Grundbuch eingetragen (bitte lesen: § 885 Abs. 1 BGB). Diese Vormerkung müsste nun zunächst wirksam gemäß den §§ 883, 885 BGB zugunsten des E eingetragen worden sein.

a) Da die Vormerkung gemäß § 883 Abs. 1 BGB stets zur Sicherung eines schuldrechtlichen Anspruchs eingetragen wird (= ***akzessorisch***), muss ein solcher zu sichernder Anspruch auch bestehen (BGH NJW **2012**, 2032 = BGHZ **193**, 152; PWW/*Huhn* § 883 BGB Rz. 1; MüKo/*Kohler* § 883 BGB Rz. 5).

Der Anspruch, der durch die Vormerkung gesichert werden sollte, kann sich nur aus dem Vertrag vom Januar ergeben. Nach dem dort aufgeführten Passus hatte sich der Käufer K verpflichtet, das Grundstück lediglich gärtnerisch zu nutzen und keine Gebäude zu errichten. Bei einer solchen Verpflichtung handelt es sich um eine sogenannte ***Grunddienstbarkeit*** gemäß **§ 1018 BGB**. Bei einer Grunddienstbarkeit wird ein Grundstück zugunsten eines anderen Grundstückes (genauer: des Eigentümers dieses Grundstücks) belastet (vgl. etwa BGH NJW **2014**, 311). K hatte sich verpflichtet, das Grundstück nur gärtnerisch zu nutzen und keine Gebäude zu errichten. Diese Verpflichtung lässt sich zwanglos unter § 1018 BGB subsumieren mit der Folge, dass ein entsprechender Anspruch des E gegen K aus der vertraglichen Vereinbarung vom Januar bestand.

ZE.: Ein durch eine Vormerkung zu sichernder schuldrechtlicher Anspruch auf Bestellung einer Grunddienstbarkeit gemäß § 1018 BGB bestand.

b) Die Vormerkung des E wurde aufgrund einer einstweiligen Verfügung ins Grundbuch eingetragen und erfüllt somit auch die weitere Bestellungsvoraussetzung des § 885 BGB.

ZE.: Damit hat E am 22. August wirksam eine Vormerkung erworben.

2.) Diese Vormerkung des E muss aber auch ***gegenüber D*** wirksam geworden sein.

An dieser Stelle nun muss gesehen werden, dass D seinerseits im Juni – also ***vor*** Eintragung der Vormerkung des E – aufgrund des Kaufvertrages mit K eine Auflassungsvormerkung ins Grundbuch hatte eintragen lassen. Sollte diese Vormerkung des D ebenfalls wirksam bzw. begründet eingetragen worden sein, wäre gemäß **§ 883**

Abs. 2 BGB unter Umständen die später für E eingetragene Vormerkung insoweit unwirksam, und E könnte gegen D ***nicht*** aus § 888 Abs. 1 BGB vorgehen. Denn dann hätte seine später eingetragene Vormerkung in Bezug auf den D, der früher mit seiner Vormerkung im Grundbuch steht, wegen § 883 Abs. 2 BGB ***keine*** Wirkungen (= relative Unwirksamkeit).

Durchblick: Der § 883 Abs. 2 BGB schützt den Vormerkungsberechtigten vor Verfügungen, die nach der Eintragung seiner Vormerkung getätigt werden und den Anspruch aus der Vormerkung beeinträchtigen können. In unserem Fall will der D (!) mithilfe der Vormerkung aus dem Juni das unbelastete Eigentum an dem Grundstück erwerben; bitte beachte, dass der D von K das Grundstück wegen § 433 Abs. 1 Satz 2 BGB ***frei von Rechtsmängeln*** (= unbelastet) fordern kann. Durch die Eintragung der Vormerkung des E im August nun ist dieser Anspruch des D unter Umständen beeinträchtigt oder sogar vereitelt, denn wenn das Recht aus der Vormerkung des E später eingetragen wird, hat D ein mit einer Grunddienstbarkeit belastetes Grundstück. Und das entspricht nicht seinem vertraglichen Anspruch gegen den K (§ 433 Abs. 1 Satz 2 BGB). Deshalb würde die Vormerkung des E das Recht des D beeinträchtigen.

Die Frage lautet demnach, ob der D seine Auflassungsvormerkung aus dem Juni, die gerichtet war auf die Übertragung ***lastenfreien*** Eigentums (§ 433 Abs. 1 Satz 2 BGB), wirksam erworben hat. Wenn dem so ist, würde diese Auflassungsvormerkung des D dann gemäß **§ 883 Abs. 2 BGB** eine relative Unwirksamkeit jeder weiteren Verfügung, die das Recht des D aus dieser Vormerkung beeinträchtigt, entfalten. Und da der E ja die Belastung des Grundstücks mit einer Grunddienstbarkeit begehrt, würde diese Belastung das Recht des D auf lastenfreies Eigentum beeinträchtigen. Und deshalb prüfen wir jetzt, ob der D seine Vormerkung wirksam erlangt hat, müssen aber vorher kurz noch Folgendes feststellen:

a) Zur Erfüllung des Tatbestandes § 883 Abs. 2 BGB ist zunächst erforderlich, dass die per einstweiliger Verfügung erfolgte Eintragung der Vormerkung des E ins Grundbuch überhaupt eine »**Verfügung**« darstellt (bitte das Gesetz lesen).

Und diesbezüglich merken wir uns bitte, dass zum einen unstreitig auch die Vormerkung unter den Begriff der »**Verfügung**« im Sinne des § 883 Abs. 2 BGB fällt (OLG Dresden NZM **1999**, 632; PWW/*Huhn* § 883 BGB Rz. 15; *Soergel/Stürner* § 883 BGB Rz. 30/31; *Bamberger/Roth/Eckert* § 883 BGB Rz. 52; *Staudinger/Gursky* § 883 BGB Rz. 341; *Palandt/Bassenge* § 883 BGB Rz. 20). Zum anderen ist mit der einstweiligen Verfügung als Grund der Eintragung auch das Merkmal »im Wege der Arrestvollziehung« aus § 883 Abs. 2 Satz 2 BGB erfüllt, wie sich aus den §§ 936, 928 ZPO ergibt (*Palandt/Bassenge* § 883 BGB Rz. 24). Dass der Vormerkung des E schließlich ein zu sichernder Anspruch (gegen K aus der vertraglichen Abrede) zugrunde lag, haben wir weiter oben schon geprüft.

ZE.: Mit der Eintragung der Vormerkung des E im August ist eine Verfügung im Wege der Arrestvollziehung gemäß § 883 Abs. 2 BGB erfolgt.

Jetzt aber zum eigentlichen Problem des Falles, das wir eben ja auch schon angesprochen haben, nämlich:

b) Der D muss seine Vormerkung aus dem Juni, die auf die Übertragung lastenfreien Eigentums gerichtet war, natürlich selbst wirksam erworben haben. Ansonsten kann keine relative Unwirksamkeit jeder weiteren Verfügung – also auch in Bezug auf die Vormerkung des E – nach § 883 Abs. 2 BGB eintreten. Grundlage einer jeden Vormerkung ist der mit der Vormerkung zu sichernde Anspruch auf die dingliche Rechtsänderung; die Vormerkung ist streng ***akzessorisch*** zum schuldrechtlichen Anspruch, der mit ihr gesichert werden soll (BGH NJW **2012**, 2032 = BGHZ **193**, 152; BGH NJW **2002**, 2314; BGH ZfIR **01**, 741; BGH NJW **2000**, 805; PWW/*Huhn* § 883 BGB Rz. 3). Besteht kein schuldrechtlicher Anspruch, kann auch die Vormerkung nicht wirksam entstehen. Und als Grundlage eines zu sichernden Anspruches für die Vormerkung des D kommt im vorliegenden Fall selbstverständlich nur der zwischen K und D geschlossene Kaufvertrag gemäß § 433 BGB über das Grundstück in Betracht. Die Wirksamkeit dieses Vertrages stößt aber auf Bedenken:

aa) Der D und der K haben dem Notar einen Kaufpreis in Höhe von 100.000 Euro vorgeschwindelt. Dieser vom Notar beurkundete Vertrag ist wegen **§ 117 BGB** ohne Probleme ***nichtig***, denn der Kaufpreis wurde von beiden Parteien nur zum Schein erklärt (vgl. insoweit Fall 19 vorne).

bb) Nichtig ist des Weiteren auch der heimlich vereinbarte Vertrag mit der tatsächlichen Kaufpreissumme von 250.000 Euro; denn dieser Vertrag ist nicht notariell beurkundet, was aber gemäß § 311 b Abs. 1 Satz 1 BGB bei Grundstückskaufverträgen notwendig ist. Der heimlich verabredete Vertrag leidet somit an einem klassischen Formmangel, was nach der Vorschrift des **§ 125 BGB** (aufschlagen!) ebenfalls Nichtigkeit zur Folge hat.

ZE.: Ein wirksamer Kaufvertrag als schuldrechtliche Grundlage der eingetragenen Vormerkung für den D liegt zunächst einmal nicht vor.

Aber: Etwas anderes könnte sich noch aus **§ 311 b Abs. 1 Satz 2 BGB** ergeben, wonach ein ohne Beachtung der in Satz 1 beschriebenen Form geschlossener Vertrag seinem ganzen Inhalt nach ***gültig*** wird, wenn die Auflassung und die Eintragung ins Grundbuch erfolgt (sogenannte »Heilungswirkung«).

Da der D im September als neuer Eigentümer ins Grundbuch eingetragen worden ist, könnte diese Eintragung nun zur Folge haben, dass der heimlich geschlossene Kaufvertrag aus dem Juni, der wegen Verstoßes gegen § 125 BGB nichtig war, jetzt aufgrund des § 311 b Abs. 1 Satz 2 BGB ***rückwirkend*** geheilt wird mit der Konsequenz, dass es dann eben doch einen schuldrechtlichen Anspruch, der durch die Vormerkung gesichert wurde, gibt. Das wiederum hätte zur Folge, dass die Vormerkung des D vom 20. Juni jetzt wegen der Rückwirkung des § 311 b Abs. 1 Satz 2 BGB wirksam entstanden ist (es lag ja dann ein wirksamer schuldrechtlicher Anspruch zugrunde) und mithin gemäß § 883 Abs. 2 BGB eine relative Unwirksamkeit zulasten der Vormerkung des E entfaltet.

So geht es aber nicht: Nach allgemeiner Meinung nämlich ist eine Rückwirkung der Heilung bei § 311 b Abs. 1 Satz 2 BGB zumindest in den Fällen, in denen Dritte beteiligt sind, ***nicht*** möglich. Insbesondere bleibt eine vorher eingetragene Auflassungsvormerkung wirkungslos (BGHZ **54**, 63; BGH NJW **1983**, 1545; *Jauernig/Stadler* § 311b BGB Rz. 41; *Bamberger/Roth/Gehrlein* § 311 b BGB Rz. 37; *Palandt/Grüneberg* § 311 b BGB Rz. 56; *Medicus/Petersen* BR Rz. 555). Als Begründung kann zum einen vor allem der Wortlaut der Norm angeführt werden, wo es ausdrücklich heißt »wird ... gültig«. Hieraus ergibt sich, dass § 311 b Abs. 1 Satz 2 BGB dem Vertrag lediglich ex-nunc zur Wirksamkeit verhilft. Zum anderen wird in der Rückwirkung auch eine nicht hinzunehmende Gefahr der Verschlechterung von Rechtspositionen Dritter gesehen (BGHZ a.a.O.; *Medicus/Petersen* BR Rz. 555; vgl. auch OLG Hamm NJW **1986**, 136), die in solchen Fällen über dem Parteiwillen steht.

ZE.: § 311 b Abs. 1 Satz 2 BGB hat nicht zur Folge, dass die Eintragung des D zurückwirkt auf den schon im Juni geschlossenen Kaufvertrag und somit natürlich auch nicht auf die Vormerkung, die am 20.06. für D eingetragen wurde. Der Vormerkung fehlt demnach nach wie vor der zu sichernde schuldrechtliche Anspruch.

Luxus: Wer richtig Sonderpunkte abkassieren wollte, konnte an dieser Stelle jetzt noch überlegen, ob der formnichtige Kaufvertrag dem D nicht einen vormerkungsfähigen ***zukünftigen*** (!) Übereignungsanspruch verschafft. Auch ein solcher wäre nämlich grundsätzlich vormerkungsfähig, wie sich aus **§ 883 Abs. 1 Satz 2 BGB** ergibt. Allerdings muss ein solcher zukünftiger Anspruch auf einem sogenannten »**festen Rechtsboden**« stehen (BGHZ **134**, 182; BGHZ **54**, 56; BGHZ **12**, 115). Gerade das aber ist mit der oben schon benannten herrschenden Meinung für einen Übereignungsanspruch aus einem nicht der gesetzlichen Form entsprechenden Grundstückskaufvertrag zu verneinen. Ein künftiger Anspruch besteht vor der Heilung des Mangels noch nicht, weil der Käufer diesen Anspruch nämlich nicht unabhängig vom Willen des Verkäufers begründen kann (BGHZ **54**, 56; *Medicus/Petersen* BR Rz. 555).

ZE.: Der Kaufvertrag ist somit zum einen nicht gemäß § 311 b Abs. 1 Satz 2 BGB geheilt und kann folglich auch keine Grundlage der eingetragenen Vormerkung für D darstellen; zum anderen kann dieser formnichtige Vertrag auch nicht als zukünftiger Anspruch im Sinne des § 883 Abs. 1 Satz 2 BGB angesehen werden und mithin auch insoweit nicht die schuldrechtliche Basis der Vormerkung des D sein.

ZE.: Damit fehlt der Vormerkung des D vom 20. Juni insgesamt die schuldrechtliche Grundlage mit der Konsequenz, dass aufgrund der Akzessorietät von Vormerkung und Anspruch die Vormerkung des D ***nicht*** wirksam entstanden ist.

ZE.: Aus diesem Grund wirkt die Vormerkung des D nicht gegenüber der später eingetragenen Vormerkung des E. Die Voraussetzungen des § 883 Abs. 2 BGB liegen *nicht* vor.

Und jetzt zurück zu § 888 Abs. 1 BGB:

Unser E ist also Vormerkungsberechtigter und der D hat keine wirksame Vormerkung erworben, die die Rechte des E insoweit wegen § 883 Abs. 2 BGB beschränken könnte. Das haben wir bis jetzt geprüft.

3.) D müsste nun des Weiteren aber noch ein »eingetragenes Recht« erworben haben (Gesetz lesen, § 888 Abs. 1 BGB). Durch den am 05. September mit der Eintragung vollzogenen Eigentumserwerb zugunsten des D hat D ein solches »eingetragenes Recht« im Sinne des § 888 Abs. 1 BGB erworben.

Feinkostabteilung: Hier konnte man nun nochmals reichlich Pluspunkte abschöpfen, wenn man gesehen hatte, dass die Übereignung aufgrund der Täuschung beim Kaufvertragsschluss möglicherweise wegen den §§ 134, 138 BGB nichtig sein könnte. Dieses Scheingeschäft mit dem Hintergrund der Steuerersparnis führt – wie wir mittlerweile schon gelernt haben (vgl. weiter vorne den Fall Nr. 19) – nur dann zur Nichtigkeit auch der Übereignung nach den soeben genannten Vorschriften, wenn die Straftat den Hauptzweck des Vertrages darstellt (*Soergel/Hefermehl* § 134 BGB Rz. 65; BGH VersR **1978**, 915; OLG Hamm BB **1989**, 651). Im vorliegenden Fall war die Steuerhinterziehung jedoch nicht der Hauptzweck, im Vordergrund stand natürlich die Veräußerung des Grundstücks; eine Nichtigkeit der Übereignung ergab sich somit nicht aus den §§ 134, 138 BGB.

ZE.: D hat ein eingetragenes Recht im Sinne des § 888 Abs. 1 BGB mit der Eintragung seiner Eigentümerstellung am 05. September erworben.

4.) Und ganz zum Schluss muss dieser Eigentumserwerb nun gemäß § 888 Abs. 1 BGB gegenüber demjenigen, zu dessen Gunsten die Vormerkung besteht, unwirksam sein. Und das ist kein Problem mehr. Die relative Unwirksamkeit des Eigentumserwerbes des D im Verhältnis zu E folgt aus § 883 Abs. 2 BGB und rechtfertigt sich daraus, dass eine dem E gegenüber wirksame Eigentumsübertragung auf den D den Anspruch des E auf Bestellung der Grunddienstbarkeit »vereiteln« (lies: § 883 Abs. 2 BGB) würde, da der K (!) diesen nach dem Eigentumsübergang auf D nicht mehr erfüllen könnte.

Ergebnis: Sämtliche Voraussetzungen des § 888 Abs. 1 BGB liegen vor mit der Folge, dass E von D die Zustimmung zur Eintragung der Grunddienstbarkeit im Grundbuch zusteht.

Noch ein kurzer Nachschlag

Wir haben in unserem Fall gesehen, dass eine Vormerkung nur dann wirksam entstehen kann, wenn es auch einen zu sichernden schuldrechtlichen Anspruch gibt. Das war die sogenannte ***Akzessorietät*** (= Abhängigkeit) der Vormerkung vom zugrunde liegenden Anspruch, und die folgt aus § 883 Abs. 1 Satz 1 BGB (BGH NJW **2012**, 2032 = BGHZ **193**, 152). Des Weiteren haben wir gesehen, dass eine Vormerkung grundsätzlich auch zur Sicherung eines ***zukünftigen*** Anspruchs bestellt werden kann (§ 883 Abs. 1 Satz 2 BGB) und dass ein formnichtiger Anspruch aus einem Grundstückskaufvertrag ***kein*** solcher zukünftiger Anspruch ist und es auch nicht nach § 311 b Abs. 1 Satz 2 BGB rückwirkend werden kann. Das sind wichtige Regeln und die sollte man sich deshalb unbedingt merken.

Zum Schluss noch ein kurzer Hinweis auf eine Entscheidung des BGH vom **12. Juni 2002** zum gleichen Problemkreis (BGH NJW **2002**, 2461). Die Dinger sind ziemlich selten, deshalb wollen wir sie uns mal in gebotener Kürze ansehen. Es ging – etwas vereinfacht – um Folgendes:

> Vater V schenkt seinem Sohn S mit wirksamem Schenkungsvertrag ein Grundstück, lässt sich aber vertraglich für den Fall des groben Undanks (§ 530 BGB) den Anspruch auf Rückübereignung aus den §§ 530, 531 BGB versprechen und dann auch mit einer Vormerkung im Grundbuch eintragen. **Hat V wirksam diese Vormerkung erworben?**

Klingt von der Aktion her ziemlich bescheuert (wer macht so was?), ist es wohl auch, aber dennoch oder gerade deshalb handelt es sich um einen rechtlich außerordentlich wertvollen Fall, denn: Die Vormerkung kann – wie wir mittlerweile wissen – grundsätzlich nur dann wirksam eingetragen werden, wenn entweder ein zu sichernder schuldrechtlicher Anspruch besteht (vgl. § 883 Abs. 1 Satz 1 BGB) oder aber es sich um einen zukünftigen oder einen bedingten Anspruch handelt (vgl. § 883 Abs. 1 Satz 2 BGB).

Ein bereits bestehender Anspruch aus der vertraglichen Abrede im Schenkungsvertrag kommt in dem Fall nicht in Betracht, denn der Anspruch auf Rückübereignung entsteht erst, wenn der S sich grob undankbar verhält. Und davon ist ja noch nicht die Rede. In Frage kam somit gemäß **§ 883 Abs. 1 Satz 2 BGB** nur entweder ein zukünftiger oder aber ein bedingter Anspruch, wobei die Vorinstanz (OLG Hamm NJW-RR **2000**, 1611) beides abgelehnt hatte mit der Begründung, der Anspruch stehe noch nicht auf »sicherem Rechtsboden«, da er von zu vielen Unwägbarkeiten abhinge und somit gegen das Publizitätsprinzip und die Bestimmtheit des Grundbuchs verstoße. Der BGH hingegen hat hier einen ***bedingten Anspruch*** gemäß § 883 Abs. 1 Satz 2 BGB angenommen und festgestellt (BGH NJW **2002**, 2642):

> *.... Nach den von den Beteiligten getroffenen Abreden können sie sich der rechtlichen Bindung nicht mehr einseitig entziehen. Sie können lediglich durch ihr zukünftiges Verhalten*

> *den Eintritt der Bedingung verhindern. Eine solche Potestativbedingung (§ 158 Abs. 1 BGB) nimmt dem vertraglich begründeten Rückübereignungsanspruch jedoch nicht die erforderliche feste Grundlage. Denn auch wenn der Erwerber den Eintritt der Bedingung frei bestimmen kann, so tritt die an sein Verhalten geknüpfte Rechtsfolge unabhängig davon ein, ob sie zu diesem Zeitpunkt noch von ihm gewollt ist oder nicht. Angesichts dieser bei Abschluss des Rechtsgeschäfts eingegangenen vertraglichen Bindung stehen die für die Vormerkbarkeit künftiger Ansprüche entwickelten Einschränkungen, wonach die Entstehung des Anspruchs nicht ausschließlich vom Willen des Verpflichteten bzw. nur noch vom Willen des künftigen Berechtigten abhängen darf, der Eintragung solcher an Potestativbedingungen geknüpfter Ansprüche nicht entgegen (BGHZ* ***134****,185).*

Und zur Frage der Bestimmbarkeit des Anspruchs heißt es (BGH NJW **2002**, 2643):

> *... Zwar bleibt die Frage, wann eine als grober Undank zu wertende Verfehlung im Sinne des § 530 BGB anzunehmen ist, weitgehend der nach den konkreten Umständen des jeweiligen Einzelfalles vorzunehmenden Würdigung des Gerichts vorbehalten; die höchstrichterliche Rechtsprechung hat den Rechtsbegriff des groben Undanks jedoch näher ausgefüllt und ihm damit einen objektiv bestimmbaren Beurteilungsinhalt verliehen ...* (dann kommen die Grundzüge zur Frage des groben Undanks).

Schadet sicher nicht, das mal gehört zu haben. Die Entscheidung ist zwar schon mehr als zehn Jahre alt, taucht aber immer wieder als Klausur oder Hausarbeit auf. Wie oben schon mal angedeutet, BGH-Entscheidungen zur Vormerkung sind sehr selten und werden dann entsprechend gierig von den Prüfern verwertet.

Und ganz zum Schluss noch der Hinweis auf eine relativ frische und ebenfalls prüfungstechnisch interessante Entscheidung des BGH vom 3. Mai **2012** (→ BGH NJW **2012**, 2032 = BGHZ **193**, 152), in der der BGH die gerade beschriebene Rechtsprechung bestätigt und außerdem feststellt, dass ein durch eine Vormerkung gesicherter ***Rückforderungsanspruch*** jedenfalls dann erlischt (und die Vormerkung entsprechend gelöscht werden muss), wenn der Anspruchsberechtigte stirbt. Im konkreten Fall bestand die Besonderheit, dass sich der zunächst bedingte, nicht abtretbare und unvererbliche Rückforderungsanspruch (auf Rückgabe einer Eigentumswohnung) vor dem Tode des Gläubigers, aber schon ***nach*** Eintragung der Vormerkung, nach dem Willen der Parteien ***inhaltlich*** geändert hatte. Der ursprünglich bedingte, nicht abtretbare und nicht vererbliche Anspruch war von den Parteien in einen unbedingten, abtretbaren und auch vererblichen Anspruch umgewandelt worden. Dies aber sah der BGH als relevant für die Vormerkung an, denn wegen der ***Akzessorietät*** zwischen Vormerkung und zugrundeliegender Forderung mache eine solche Änderung des zugrundeliegenden Anspruchs das Grundbuch ***unrichtig*** mit der Folge, dass der Berechtigte die Löschung verlangen könne (BGH NJW **2012**, 2032 = BGHZ **193**, 152). Die bislang herrschende Meinung sah das anders und erlaubte einen solchen Wechsel des zugrundeliegenden Anspruchs, hierdurch sei die Akzessorietät von Anspruch und Vormerkung noch nicht verletzt (vgl. OLG Bremen DNotZ **2011**, 689; KG RPfleger **2011**, 365; OLG Köln FGPrax **2010**, 14; OLG Schleswig FGPrax **2010**, 282).

Gutachten

E könnte gegen D ein Anspruch auf Zustimmung zur Eintragung der Grunddienstbarkeit aus § 888 Abs. 1 BGB zustehen.

1.) E muss als Anspruchssteller zunächst der Vormerkungsberechtigte sein. Vormerkungsberechtigter im Sinne des § 888 Abs. 1 BGB ist, wer wirksam eine Vormerkung erworben hat. Zugunsten des E wurde am 22. August per einstweiliger Verfügung eine Vormerkung zur Sicherung des Anspruchs auf Eintragung der Grunddienstbarkeit in das Grundbuch eingetragen. Diese Vormerkung müsste wirksam gemäß den §§ 883, 885 BGB zugunsten des E eingetragen worden sein.

a) Die Vormerkung wird gemäß § 883 Abs. 1 BGB zur Sicherung eines schuldrechtlichen Anspruchs eingetragen. Es muss demnach ein solcher zu sichernder Anspruch bestehen. Der Anspruch, der im vorliegenden Fall durch die Vormerkung gesichert werden sollte, kann sich nur aus dem Vertrag vom Januar ergeben. Nach dem in dem Vertrag aufgenommenen Passus hatte sich der Käufer K verpflichtet, das Grundstück lediglich gärtnerisch zu nutzen und keine Gebäude zu errichten. Bei einer solchen Verpflichtung handelt es sich um eine Grunddienstbarkeit gemäß § 1018 BGB. Diese Verpflichtung ist unter § 1018 BGB zu subsumieren mit der Folge, dass ein entsprechender Anspruch des E gegen K aus der vertraglichen Vereinbarung bestand.

b) Die Vormerkung des E wurde aufgrund einer einstweiligen Verfügung ins Grundbuch eingetragen und erfüllt somit auch die weitere Bestellungsvoraussetzung des § 885 BGB. Damit hat E am 22. August wirksam eine Vormerkung erworben.

2.) Diese Vormerkung des E muss aber auch gegenüber D wirksam geworden sein. Insoweit ist zu beachten, dass D seinerseits im Juni – also vor Eintragung der Vormerkung des E – aufgrund des Kaufvertrages mit K eine Auflassungsvormerkung ins Grundbuch hatte eintragen lassen. Sollte diese Vormerkung des D ebenfalls wirksam bzw. begründet eingetragen worden sein, wäre gemäß § 883 Abs. 2 BGB möglicherweise die später für E eingetragene Vormerkung insoweit unwirksam, und E könnte gegen D nicht aus § 888 Abs. 1 BGB vorgehen.

a) Zur Erfüllung des Tatbestandes des § 883 Abs. 2 BGB ist zunächst erforderlich, dass die per einstweiliger Verfügung erfolgte Eintragung der Vormerkung des E ins Grundbuch überhaupt eine Verfügung darstellt. Unstreitig fällt zum einen auch die Vormerkung unter den Begriff der Verfügung im Sinne des § 883 Abs. 2 BGB. Zum anderen ist mit der einstweiligen Verfügung als Grund der Eintragung auch das Merkmal im Wege der Arrestvollziehung aus § 883 Abs. 2 Satz 2 BGB erfüllt. Dies ergibt sich aus den §§ 936, 928 ZPO. Dass der Vormerkung des E schließlich ein zu sichernder Anspruch zugrunde lag, ist bereits geprüft worden.

b) D muss seine Vormerkung aus dem Juni selbst wirksam erworben haben. Ansonsten kann keine relative Unwirksamkeit jeder weiteren Verfügung – also auch in Bezug auf die Vormerkung des E – nach § 883 Abs. 2 BGB eintreten. Grundlage einer jeder Vormerkung ist der mit der Vormerkung zu sichernde Anspruch auf die dingliche Rechtsänderung. Als Grundlage eines zu sichernden Anspruches für die Vormerkung des D kommt im vorliegenden Fall der zwischen K und D geschlossene Kaufvertrag gemäß § 433 BGB über das Grundstück in Betracht. Es fragt sich indessen, ob dieser Vertrag wirksam zustande gekommen ist.

aa) D und K haben dem Notar einen Kaufpreis in Höhe von 100.000 Euro vorgeschwindelt. Dieser vom Notar beurkundete Vertrag ist wegen § 117 Abs. 1 BGB nichtig, denn der Kaufpreis wurde von beiden Parteien nur zum Schein erklärt.

bb) Nichtig ist des Weiteren auch der heimlich vereinbarte Vertrag mit der tatsächlichen Kaufpreissumme von 250.000 Euro. Dieser Vertrag ist nicht notariell beurkundet, was aber gemäß § 311 b Abs. 1 Satz 1 BGB bei Grundstückskaufverträgen notwendig ist. Der heimlich verabredete Vertrag leidet somit an einem Formmangel, was nach § 125 BGB ebenfalls Nichtigkeit zur Folge hat. Ein wirksamer Kaufvertrag als schuldrechtliche Grundlage der eingetragenen Vormerkung für den D liegt zunächst einmal nicht vor.

cc) Etwas anderes könnte sich aber noch aus § 311 b Abs. 1 Satz 2 BGB ergeben. Demnach wird ein ohne Beachtung der in Satz 1 beschriebenen Form geschlossener Vertrag seinem ganzen Inhalt nach gültig, wenn die Auflassung und die Eintragung ins Grundbuch erfolgt. Da D im September als neuer Eigentümer ins Grundbuch eingetragen worden ist, könnte diese Eintragung zur Folge haben, dass der heimlich geschlossene Kaufvertrag aus dem Juni, der wegen Verstoßes gegen § 125 BGB nichtig war, jetzt aufgrund des § 311 b Abs. 1 Satz 2 BGB rückwirkend geheilt wird mit der Konsequenz, dass es dann doch einen schuldrechtlichen Anspruch, der durch die Vormerkung gesichert wurde, gibt. Das wiederum hätte zur Folge, dass die Vormerkung des D vom 20. Juni jetzt wegen der Rückwirkung des § 311 b Abs. 1 Satz 2 BGB wirksam entstanden ist und mithin gemäß § 883 Abs. 2 BGB eine relative Unwirksamkeit zulasten der Vormerkung des E entfaltet.

Dies kann jedoch nicht angenommen werden. Nach allgemeiner Meinung ist eine Rückwirkung der Heilung bei § 311 b Abs. 1 Satz 2 BGB zumindest in den Fällen, in denen Dritte beteiligt sind, nicht möglich. Insbesondere bleibt eine vorher eingetragene Auflassungsvormerkung wirkungslos. Dies begründet sich vor allem mit dem Wortlaut der Norm, wonach der Vertrag gültig »wird«. Hieraus ergibt sich, dass § 311 b Abs. 1 Satz 2 BGB dem Vertrag lediglich ex-nunc zur Wirksamkeit verhilft. Zum anderen wäre in der Rückwirkung auch eine nicht hinzunehmende Gefahr der Verschlechterung von Rechtspositionen Dritter zu sehen, die in solchen Fällen über dem Parteiwillen steht.

Der § 311 b Abs. 1 Satz 2 BGB hat somit nicht zur Folge, dass die Eintragung des D ins Grundbuch zurückwirkt auf den schon im Juni geschlossenen Kaufvertrag und somit natürlich auch nicht auf die Vormerkung, die am 20.06. für D eingetragen wurde. Der Vormerkung fehlt demnach nach wie vor der zu sichernde schuldrechtliche Anspruch. Der Kaufvertrag ist somit zum einen nicht gemäß § 311 b Abs. 1 Satz 2 BGB geheilt und kann folglich auch keine Grundlage der eingetragenen Vormerkung für D darstellen. Zum anderen kann dieser formnichtige Vertrag auch nicht als zukünftiger Anspruch im Sinne des § 883 Abs. 1 Satz 2 BGB angesehen werden und mithin auch insoweit nicht die schuldrechtliche Basis der Vormerkung des D sein. Damit fehlt der Vormerkung des D vom 20. Juni insgesamt die schuldrechtliche Grundlage mit der Konsequenz, dass aufgrund der Akzessorietät von Vormerkung und Anspruch die Vormerkung des D nicht wirksam entstanden ist. Aus diesem Grund wirkt die Vormerkung des D nicht gegenüber der später eingetragenen Vormerkung des E. Die Voraussetzungen des § 883 Abs. 2 BGB liegen nicht vor. E ist demnach Vormerkungsberechtigter und D hat keine wirksame Vormerkung erworben, die die Rechte des E insoweit wegen § 883 Abs. 2 BGB beschränken könnten.

3.) D müsste nun des Weiteren noch ein »eingetragenes Recht« im Sinne des § 888 BGB erworben haben. Durch den am 05. September mit der Eintragung vollzogenen Eigentumserwerb zugunsten des D hat D ein solches »eingetragenes Recht« erworben.

4.) Schließlich muss dieser Eigentumserwerb gemäß § 888 Abs. 1 BGB gegenüber demjenigen, zu dessen Gunsten die Vormerkung besteht, unwirksam sein. Die relative Unwirksamkeit des Eigentumserwerbes des D im Verhältnis zu E folgt aus § 883 Abs. 2 BGB und rechtfertigt sich daraus, dass eine dem E gegenüber wirksame Eigentumsübertragung auf den D den Anspruch des E auf Bestellung der Grunddienstbarkeit vereiteln würde.

Ergebnis: Sämtliche Voraussetzungen des § 888 Abs. 1 BGB liegen vor mit der Folge, dass E von D die Zustimmung zur Eintragung der Grunddienstbarkeit im Grundbuch zusteht.

Sachverzeichnis